大陸對臺研究精粹：歷史篇

李祖基 主編

崧燁文化

目錄

總序

澎湖不屬同安考

周嬰《東番記》研究

澎湖危機——貿易、戰爭與談判（1622—1624年）

評荷蘭在臺灣海峽的商戰策略

明鄭臺灣建置考

論清代移民臺灣之政策——兼評《中國移民史》之「臺灣的移民墾殖」

從閩臺物緣看福建移民及其影響

清代臺灣的地權交易——以典契為中心的一個研究

晚清閩臺的商業貿易往來（1860—1894）

論清代臺灣社會的轉型

日據時期（1922年以前）臺灣農家經濟與「米糖相剋」問題

1895—1937年臺灣地方社會的教育和殖民當局的同化政策
　　　——讀臺灣鄉土文獻

日據時期臺灣經濟總體評價

日據時期臺灣社會的中國意識與臺灣意識

光復前臺灣農業水資源的開發與利用

臺胞在大陸組織統一革命團體推動臺灣光復運動

李友邦有關歷史問題探討

光復初期臺灣的行政長官公署制

臺灣光復初期的經濟問題——兼論「二·二八」事件的起因

試論臺灣二·二八事件中的民主與地方自治要求

總序

1980年的7月9日，廈門大學臺灣研究院的前身廈門大學臺灣研究所成立，這是大陸方面提出「尊重臺灣的現狀和臺灣各界人士的意見，採取合情合理的方法，不使臺灣人民蒙受損失」的對臺政策新主張後，海峽兩岸第一家公開成立的臺灣問題綜合研究學術機構。從那時起，以專業的學術眼光和深厚的人文關懷觀察和研究臺灣問題，就成為一代又一代廈大臺灣研究學者的神聖使命。

在過去，廈門大學臺灣研究團隊湧現出陳碧笙、朱天順、陳在正、陳孔立、范希周、黃重添、翁成受、韓清海、李強、林長華、林仁川等一大批知名學者，沒有這些曾經為廈大臺灣研究嘔心瀝血的學者專家不懈的努力，就不會有廈門大學臺灣研究院今天的格局。在此，我們要特別紀念陳碧笙教授、朱天順教授、范希周教授、黃重添教授等故去的學者，他們為廈大臺灣研究做出的重大貢獻，早已鐫刻在海內外臺灣研究界不朽的豐碑中。

廈門大學的臺灣研究最早可以溯及1960年代的「鄭成功研究」。臺灣研究所成立後，研究觸角迅速擴展到臺灣的歷史、經濟、政治、社會和文化研究各個領域，最近由陳孔立教授撰寫的《臺灣學導論》公開出版，標幟著廈門大學的臺灣研究開始朝嚴謹的學科體系建設方向發展。勿庸諱言，廈門大學的臺灣研究與海內外許多成熟的研究機構一樣，有自己的風格特色，因此也得到社會各界的普遍讚譽。但在眾多「溢美」之詞中，我們始終對各種以「某某派」相稱的戲謔之言敬謝不敏，因為廈大臺灣研究的特色遠非這些簡約的語彙所能準確描述。首先，廈大臺灣研究團隊有一個比較寬鬆自由的學術環境，團隊內部向來「百花齊放、百家爭鳴」，如果有誰要以「某某派」自稱，在研究院內部就會立刻招致非議；其次，廈大臺灣研究團隊一直注意吸收海內外臺灣研究學者不同的思想精

華，廈大臺灣研究學術生命的延續離不開海內外同行的「知識加持」。個人認為，廈門大學臺灣研究的最大特色，就在於有完整的學科體系為依託，注重基礎研究，特別注意研究的學術規範性。廈門大學的臺灣研究還得益於多學科綜合研究優勢，政治學、經濟學、歷史學和文學等不同學科之間的交叉滲透，打造了廈大臺灣研究最堅實的知識基礎。

劉國深

澎湖不屬同安考

陳孔立

長期以來流行一種說法：「澎湖在歷史上曾經屬於同安縣管轄」。有關這種說法，可以舉出一些史料作為依據，至於這些依據是否可靠，則需要經過一番考訂，才能得出結論。早在25年前，我就寫了《元置澎湖巡檢司考》[1]，說明元代澎湖屬於晉江縣。本文的重點則是探討明代澎湖是否屬於同安縣。為了把問題說清楚，還需要從元代講起。

元代澎湖屬於晉江縣

至今仍有不少著作提出，元代所設澎湖巡檢司屬於同安縣。他們的依據主要有兩條：

一、康熙二十四年（1685）林謙光：《臺灣紀略》指出：「澎湖舊屬同安縣」。

二、乾隆三十五年（1770）胡建偉：《澎湖紀略》指出：「迨元末時，（澎湖）始置巡檢司以官斯地，隸屬泉州郡同安縣治」。

實際上，更晚的光緒十九年（1893）林豪《澎湖廳志》也說：元時澎湖巡檢司「隸同安縣兼轄」。

此外，還有一些地方志書（包括新編的《同安縣志》）沿用了這個說法。但是，上述三條史料是不可靠的。理由是在此之前，沒有任何史料說明「屬同安縣」，而全部說是「屬晉江縣」。請看：

早在南宋寶慶元年（1225）趙汝適寫的《諸番志》就指出：「泉有海島，曰澎湖，隸晉江縣」。

《閩書》卷七引用「宋志」說：「澎湖嶼在巨浸中，……有爭訟者，取決於晉江縣」。這也是宋代的記載。[2]

元代汪大淵寫的《島夷志略》指出：澎湖「隸泉州晉江縣，至元年間立巡檢司」。

明代黃仲昭編撰的《八閩通志》在卷七晉江縣條目之下，記載了澎湖。

明代後期陳懋仁寫的《泉南雜誌》也重複了澎湖「有爭訟者，取決於晉江縣」的說法。

這說明在林謙光之前，沒有人說過澎湖屬於同安。林謙光的說法是沒有史料依據的。後來胡建偉進一步發展了上述錯誤，他把元代澎湖巡檢司說成屬於同安。可見，「屬同安說」的錯誤是設巡檢司後大約400年後才形成的。

明代澎湖不屬同安縣

有人主張明代澎湖屬於同安縣，也有一些史料依據：

一、康熙三十三年（1694）高拱乾：《臺灣府志》寫道：「明嘉靖間，澎湖屬泉同安，設巡檢守之。旋以海天遙阻，棄之」。

二、康熙四十九年（1710）周元文：《重修臺灣府志》沿襲了上述說法。

在此之前，沒有任何人說明代澎湖屬於同安，相反的，一些可靠的史料卻證明澎湖仍然屬於晉江。請看：

一、上文已經提出《八閩通志》《泉南雜誌》等明代著作都說澎湖屬於晉江。

二、明萬曆年間擔任福建巡撫的許孚遠在《議處海壇疏》中明確指出：「彭湖屬晉江地面」。作為當年的「省長」，他對自己管轄範圍的說法應當是具有權威性的。

三、明萬曆年間何喬遠：《閩書》在晉江縣條目下寫了彭湖嶼，引用《宋志》：「有爭訟者，取決於晉江縣」，並在「彭湖遊」下指出「晉江海外絕島也」。

四、乾隆五年（1740）周於仁、胡格：《澎湖志略》寫道：澎湖「明隸泉州府晉江縣」。

明代澎湖作為一個被當局把居民全部遷出而「墟其地」的海島，顯然沒有必要特地為之更改其隸屬關係。透過資料排比，可以發現「明代澎湖屬同安說」是由於高拱乾的錯誤引起的，後來撰寫臺灣府志的人（如范咸、余文儀等）就沒有再重複這種說法了。

關於「澎湖遊兵」

主張明代澎湖屬於同安的，估計還受到「澎湖遊兵」的影響。

道光十九年（1839）周凱：《廈門志》在「兵制略」中指出：「萬曆二十年，移南路參將駐鷺門，居中調度，轄銅山、浯嶼二寨，浯銅、彭湖二遊」。乾隆二十八年（1763）《泉州府志》、光緒四年（1878）《漳州府志》都有類似記載。此外，《廈門志》「職官表」「武秩」有：「南路參將，萬曆二十年自漳州移駐」，「澎湖游擊，萬曆二十五年增設，屬南路參將，駐廈門，而澎湖其遙領也」。

「澎湖遊兵」與澎湖的隸屬有什麼關係呢？現將相關原始資料介紹如下：

一、王家彥：《閩省海防議》寫道：「萬曆二十四年撫臣金學聖委分守張鼎思、都司鄧鐘躬閱汛地，復請添設　山、海壇、湄州、浯銅、懸鐘、礵山、臺山、彭湖諸遊於一寨之中，以一遊翼之」。《明實錄》萬曆二十五年福建巡撫金學聖奏：「唯彭湖去泉州程僅一日，綿亙延袤，恐為倭據，議以南路游擊汛期往守」。這個建議得到「部覆，允行」。但是，局勢稍為平靜之後，「會哨之法遂杳然矣」。

二、《天下郡國利病書》也提到「澎湖遊兵」：萬曆「二十五年冬，初創一遊、一總、四哨，冬烏船二十艘，目兵八百有奇。二十六年春，又慮孤島寡援，增設一遊總哨」。「今僅有一總二哨，冬烏船二十艘，官兵八百五十有奇，月糈則漳泉共餉之」。

三、明代後期福建巡撫黃承玄《條議海防事宜疏》指出：萬曆二十年「當事

者始建議戍之。鎮以二遊，列以四十艘，屯以千六百餘兵，而今裁其大半矣」。他還說官兵視戍守澎湖為畏途，經常尋找藉口「偷泊別澳」，實際上是「有守之名，無守之實」，因而建議：「今合以彭湖並隸浯彭遊，請設欽依把總一員，專一面而兼統焉」。

四、沈鈇：《上南巡撫暨巡海公祖請建澎湖城堡置將屯兵永為重鎮書》建議：專設游擊一員，鎮守湖內；招募精兵二千餘名，環守湖外。

這些資料表明，當年為了防倭，在萬曆二十年（1592）以後，才考慮在澎湖設置「遊兵」，但沒有接納派兵駐守的建議，而是採取「會哨」巡查的方式，軍糧還要漳泉兩地分攤，實際上是有名無實，作用很小。

這裡還要說明兩個問題：一是南路參將。據《福建通志》「兵制」載：明代分福建地方為三路，以福寧為北路、興化為中路、漳州為南路。又「職官」載：「南路參將，嘉靖間置，駐漳州」。澎湖遊兵屬南路參將。二、「澎湖游擊，萬曆二十五年增設」，這是1996年版《廈門志》職官表的記載。我懷疑「澎湖游擊」應是「澎湖遊兵」之誤，因為「澎湖游擊」是天啟五年（1625）才設立的，《明實錄》記載，當年六月，命鑄「彭湖新設游擊關防」。《明史》兵志也說：「天啟中，築城於彭湖，設游擊一、把總二，統兵三千」。

總之，上述資料已經表明，「澎湖遊兵」只涉及兵制，而不涉及行政隸屬關係。《廈門志》編者周凱還是把握原則的，他把「澎湖遊兵」列入「兵制」和「武秩」，而不列入「建置」和「職官」（文職）之中。所以，沒有任何理由認為因為澎湖遊兵屬南路參將，明代澎湖就要改屬於同安縣。

明代澎湖是否設巡檢司

上面引述高拱乾《臺灣府志》：「明嘉靖間，澎湖屬泉同安，設巡檢守之。旋以海天遙阻，棄之」。後來，乾隆七年（1742）劉良璧的《重修福建臺灣府志》寫得更加具體：「嘉靖四十二年，流寇林道乾擾亂邊海，都督俞大猷征之，追及澎湖，道乾遁入臺。大猷……留偏師駐澎……道乾既遁，澎之駐師亦罷，因設巡檢守之，既以海天遙阻，裁棄」。這是有關明代澎湖設巡檢司的主要依據。後來由於連橫《臺灣通史》也沿用這個說法，因此流傳甚廣。

這些史料說明：第一，巡檢司的設立與嘉靖四十二年俞大猷追擊林道乾有關；第二，巡檢司設置不久就廢除了，此後就沒有再設。

先看俞大猷的史料。除了一些臺灣方志以外，有關原始資料及俞大猷傳記資料，都沒有俞大猷追擊林道乾到澎湖的記載。《明實錄》嘉靖四十二年（1563）有關俞大猷的記載有：正月，漳州月港設守備，聽總兵俞大猷節制；四月，新倭自長樂登岸，俞大猷等合兵擊退；又擊犯興化倭於平海衛，平之；五月，因俞大猷赴援不及，「戴罪自效」；七月，因四月平海大捷，俞大猷獲賞銀二十兩；十月，福建巡撫譚綸奏：「總兵官俞大猷宜復還伸威營」。這說明嘉靖四十二年沒有俞大猷與林道乾作戰的記載，可能是由於當時林道乾只是吳平集團中的一股勢力，尚未單獨成為官兵的對手，所以，《明實錄》中還沒有出現林道乾的名字。

現在查到一條有關史料是《南澳縣志》的記載：嘉靖四十五年（1566）三月，林道乾與曾一本結為聲援，犯詔安。「總兵俞大猷逐之，遁入北港。大兵不敢進，只留偏師駐守澎湖」，道乾南奔占城。[3]這與臺灣一些方志的記載相當接近，只是時間相差了3年。此外，《明史》列傳，「呂宋」也有類似的記載：「萬曆四年（1576），官軍追海寇林道乾至其國（呂宋）」，不過，時間比嘉靖四十二年晚了13年。這說明林道乾究竟是哪一年被官兵追擊到臺灣，是有不同說法的。此外，《明史》雞籠山條記載：「嘉靖末，倭寇擾閩，大將戚繼光敗之，倭遁於此，其黨林道乾從之」，而沒有提到俞大猷。

再看林道乾的資料。嘉靖四十四年十月，俞大猷與戚繼光夾擊海賊吳平於南澳。四十五年吳平敗，林道乾是吳平的「餘黨」。早在70多年前，前輩學者就對林道乾事跡做過考證，張星烺寫了《林道乾事跡考》，黎光明做了補正。黎先生認為有關林道乾的事跡「遍覽各書所載，無早於嘉靖四十三年（1564）者」，那就是張燮的《東西洋考》所說，嘉靖四十三年戚繼光「討吳平、林道乾於詔安，滅之」，因為「二林（指林道乾、林鳳）雖皆吳平之餘黨，而在吳平未死之前，固尚屬跳樑之小丑」[4]。

嘉靖四十五年九月開始，《明實錄》才有林道乾的資料：「時吳平既敗，餘

黨陳新老、林道乾等後窺南澳」。隆慶三年（1569）提到「撫賊林道乾叛服不常」，「林道乾最號黠狡」，又說「撫民林道乾等實用命，宜許贖罪」；六年提到，林道乾名為「招安」，至今無可奈何；萬曆元年（1573）林道乾「叛招出海」投奔外國；到了萬曆六年，提及林道乾曾經打暹羅國船不勝，要打劫海門各所；八年，林道乾「以大泥、暹羅為之窟穴」。這說明在嘉靖四十五年以後，沒有林道乾到澎湖的有關記載。值得注意的是，福建巡撫塗澤民在嘉靖四十五年以後寫的《行廣東撫鎮》指出：「其實道乾自聚黨下海，實未嘗驚動閩中一草一木，閩中實不忍無故加之以兵，以阻其向善之念」。似乎福建官民對林道乾還有好感。

此外，在臺灣的方志中有關林道乾還有一些傳說，包括其妹埋在金山、林道乾掠殺土番等等，早已有人提出質疑。林道乾究竟是廣東惠來人、澄海人，還是福建泉州人？是1563年到臺灣，還是1566年？是從北港上岸，還是從打狗山、蘇澳上岸？退出臺灣後，是到大泥（北大年），還是到占城、崑崙或呂宋？說法都不一樣。

羅列這些資料是為了說明：「嘉靖四十二年俞大猷征林道乾於澎湖」的說法有不少矛盾，是令人懷疑的。如果無法證實，那麼由此而引發的設巡檢司，也就成問題了。臺灣學者曹永和在《早期臺灣的開發與經營》一文中指出，沒有林道乾「逃至臺灣的確實記載」。可能有鑒於此，在他的論文和許雪姬專門研究明代澎湖的論文中[5]，都不提設巡檢司的事，這是一種慎重的態度。

值得注意的是，《明實錄》卻有林鳳的相關記載：萬曆二年十月，福建海賊林鳳自澎湖逃往東番魍港，總兵胡守仁等追擊之。四年九月，把總王望高等以呂宋夷兵敗賊林鳳於海。這說明與林道乾相比，有關林鳳到達澎湖、臺灣的說法則是有原始資料作為依據的。

最後，還要澄清一種說法：「澎湖巡檢司兼轄臺灣地區」。實際上，巡檢司是一個最小的官，職權十分有限。《元史》「百官七」載：「巡檢司，秩九品，巡檢一員」。《明史》「職官志」指出：「巡檢司：巡檢、副巡檢，俱從九品，主緝捕盜賊，盤詰奸偽。凡在外各府州縣關津要害處俱設，俾率徭役弓兵警備不

虞」。讓晉江縣裡最小的官，管澎湖三十六島，已經夠吃力的了，要他管整個臺灣，怎能擔當得起。

　　總之，本文的結論是：一、歷史上的澎湖曾經屬於晉江縣，從未屬於同安縣。二、明代澎湖設巡檢司一事，沒有可靠的史料依據，應當存疑。

周嬰《東番記》研究

李祖基

一、引言

明末莆田周嬰撰寫的《東番記》是臺灣早期歷史，特別是臺灣原住民歷史的最重要文獻之一，收在氏著詩文集《遠遊編》之中，清前期私人的筆記文集及臺灣地方的志書中曾屢有提及，然而，在其後相當長的一段時間內，《東番記》竟遭湮沒，很少人見到，以至於後人的著述提到其作者時，或張冠李戴；或認為《遠遊篇》中所載之《東番記》為連江人陳第所撰。本文試從古籍中有關周嬰《東番記》的記載、今人對周嬰《東番記》的研究、兩種《東番記》的比較、周嬰《東番記》部分內容之分析以及周嬰《東番記》的資料來源等幾個方面對周著《東番記》作一探討，謬誤和欠妥之處，希望學者、先進不吝批評、指正。

二、古籍中有關周嬰《東番記》的記載

據目前所見，古籍中最早提到周嬰《東番記》的為《臺灣隨筆》。該書作者徐懷祖於康熙三十四年（1695）由福建漳州的石碼登舟，經廈門、金門渡海赴臺，在臺島居留一載始回內地。徐氏在《臺灣隨筆》中記道：「臺灣，於古無考。唯明季莆田周嬰著《遠遊篇》載《東番記》一篇，稱臺灣為『臺員』，蓋閩音也。然以為古探國，疑非是」[6]。《臺灣隨筆》刊出後影響很大，黃叔璥的《臺海使槎錄》、張湄的《瀛壖百詠》都相繼引證[7]。

乾隆年間成書的臺灣地方志，如劉良璧的《重修福建臺灣府志》、范咸的《重修臺灣府志》、魯鼎梅的《重修臺灣縣志》以及余文儀的《續修臺灣府志》均轉錄了《臺灣隨筆》的內容，並將《東番記》列為臺灣文獻之首，註明「明莆

田周嬰著」。

　　嘉慶十七年，俞正燮在其《臺灣府屬渡口考》一文中稱：「宣德時，閹使入洋，東至臺，始知之，謂之臺員，見周嬰《東番記》，亦謂之北港」[8]。

　　連橫《臺灣通史》卷一「開闢紀」中論及「臺灣之名，始於何時」時，也引用了張湄《瀛壖百詠序》曰：「明季周嬰《遠遊篇》，載東番一篇，稱其地為臺員，蓋閩音之訛也。臺灣之名入中國始於此」。連橫還進一步指出：「據是，則土番之時，閩人已呼東番為臺灣矣。周嬰，閩之莆田人，當明中葉，漳、泉人已有入臺僑住者，一葦可航，聞見較確」[9]。

　　綜上所見，清初史籍中提到周嬰《東番記》者，一般均引自徐懷祖的《臺灣隨筆》，或是受《臺灣隨筆》的影響，至於這些作者是否看到《東番記》原文，則恐未必。而且，古籍中之所以引用周嬰的《東番記》，是因為時人認為臺灣地名的起源與周嬰《東番記》中提到的「臺員」有關。

　　除了國人的著作之外，日本學者所撰的臺灣史著作中也有提到周嬰《東番記》的。如明治三十五年（光緒二十八年，1902）著名臺灣史專家伊能嘉矩編《臺灣慣習紀事》第二卷第一號附錄「臺灣年表」附「形勢便覽」有關臺灣書目中提到：「《東番記》，一卷，著者名莆田，明人」[10]。伊能嘉矩於同年出版的另一部著作《臺灣志》卷一「附言」二「中國人所著書目」中亦曰：「《東番記》，明莆田著」[11]。將《東番記》作者之籍貫（莆田）誤為作者的名字實在是一件很可笑的事，這點方豪在《陳第〈東番記〉考證》一文中已經予以指出。然而，這並不表示伊能嘉矩對周嬰毫無所知，因為在《臺灣志》卷一第一章臺灣地名的沿革中伊能先生就分別援引了《瀛壖百詠序》及《臺灣隨筆》中「明季莆田周嬰著《遠遊編》載《東番記》一篇，稱臺灣為臺員」等語。

　　另外，伊能嘉矩在其臺灣史巨著《臺灣文化志》上卷第一篇附錄：《明代以後中國人所命名臺灣地名之變遷》（一）「雞籠山（雞籠）、北港、東番」條下也提到：「文書中亦有與雞籠山及北港並稱為東番者，此原係漢人指其土番之稱呼，使其與據居中國大陸西方邊疆之西番相對，出於東方海外番人之意。如康熙三十四年徐懷祖著《臺灣隨筆》云：『明季，莆田周嬰著《遠遊編》載《東番

記》一篇』之語。因周嬰即世所稱翠舉先生,宣德、正德年間之人(成化中進士)……」[12],云云。在這裡,周嬰的生活年代又變為「宣德、正德年間」,與明季相去幾近兩世紀,方豪先生對此極為不解,質疑道:「不知伊能何所據而云然!」[13]無獨有偶,1850年代王世慶等人纂修的《臺灣省通志稿》卷一《土地誌地理篇》也沿襲了伊能嘉矩的這一說法,稱:「臺員名稱既始見於周嬰之《東番記》,按周嬰為明之宣德、正德年間人,則臺員之名,宣德、正德前已見稱之,明矣」。

其實,伊能嘉矩所以會將周嬰誤為「宣德、正德年間」人,顯然是將周嬰與另一位莆田人周瑛混為一談了,這從其所說的「周嬰即世所稱翠舉先生」一語可以看出。「翠渠」是周瑛的號,據《莆田縣志》記載,周瑛,號翠渠,成化進士,正好是宣德、正德年間人,與周嬰的生活年代相距二百年。不過由於兩人都是明代人,又為莆田同鄉,都是姓周,「嬰」與「瑛」恰好又是同音,伊能氏不察,張冠李戴,並不奇怪。不過,這也反映出伊能嘉矩對周嬰的瞭解是極為有限的。

三、今人對周嬰《東番記》的研究

今人較早注意到周嬰《東番記》的應首推方豪先生。方豪,字杰人,浙江諸暨人,1910年出生。抗戰前後曾在《益世報》和《中央日報》任職,1948年在復旦大學任教職,1949年2月赴臺後,臺灣地方的歷史和文獻引起了他濃厚的興趣。對於徐懷祖《臺灣隨筆》及張湄《瀛壖百詠序》等著作中提到周嬰《遠遊篇》載有《東番記》稱臺灣為臺員一事,方豪認為「這是臺灣史上一大問題」,但苦於《遠遊篇》無處可覓,無從入手研究。後來方豪看了《閩書》及各種臺灣地方志,從中得到連江人陳第也曾撰寫過東番之文的蛛絲馬跡,開始對《遠遊篇》中之《東番記》是否為周嬰所著產生懷疑。雖然陳第文章中的「大員」與周嬰《遠遊篇》中《東番記》所稱的「臺員」不同,但方豪認為:「閩南人讀『大』『臺』二字之音頗近似,可能為周嬰所誤記,亦可能為徐懷祖諸人所誤傳;況陳第卒於萬曆四十五年(1617),而周嬰賜進士且在崇禎十三年(1640),以時代言,周嬰輯《遠遊編》時當可見及陳第所為文;周嬰,莆田

人,陳第,連江人,相去亦不甚遠,按地域言,周嬰亦易見陳第所為文,有此數端,余仍信《遠遊編》所載可能即陳第文也」[14]。

於是方豪開始積極尋找關於陳第的著述資料以證實其推論。1949年四月,方豪獲得其在福建協和大學(現福建師範大學前身)講學的朋友陳增輝先生寄贈金雲銘所編《陳第年譜》一書,從中確證陳第曾作有《東番記》之後,更堅定了自己的判斷。同年十二月十九日,方豪應邀在臺灣文化協進會第七屆文化講座上發表題為《臺灣文獻的散佚與今日的迫切工作》的演講,將自己這一「幸運的發現」向學術界公開宣布,稱周嬰《遠遊篇》中之《東番記》即陳第所作。「因為原書不存,後人讀書又不細心,所以很多人的著作中,甚至誤認《東番記》就是《遠遊編》中的一篇文字,連帶也誤認《東番記》就是周嬰作的」[15]。並將他認為「因讀書不細心」而犯了這一錯誤的俞正燮、連橫以及日據時期臺北帝大(現臺灣大學前身)總長幣坦原等人批評了一通[16]。

1955年冬,方豪得到日本學者小崛岩等人的幫助,從日本東京大學東洋文化研究所藏書中尋獲沈有容輯《閩海贈言》一書,見到了收錄於其中的陳第《東番記》,次年四月,方豪在臺灣大學文史哲學報第7期發表了《陳第《東番記》考證》一文,仍然謂:「周嬰著《遠遊編》存亡不卜,《遠遊編》所載《東番記》遂亦不可究詰,吾人固冀其猶存天壤間也。唯在《遠遊編》重現前,乃不得不假定《遠遊編》所載之《東番記》可能為他人所作,而為周嬰收入其纂輯之遊記彙編,蓋周嬰非好遊者,亦未聞其曾有較遠之遊蹤也」[17]。

當然也不是所有的學者都同意方豪的觀點,當時臺灣大學歷史系的楊雲萍就對此表示了不同的看法,他在《臺灣風物》第2卷第3期《備忘小錄》一文中認為:「不能因為陳第有一篇《東番記》,就斷定所謂《東番記》的著者,一定不是周嬰」[18]。不過,作為一位學者,方豪也希望《遠遊編》能重現於世,以解決這一學術疑案。然而,方豪教授已經作古,在其有生之年並未見到周嬰的《東番記》,誠為一件憾事。所以,方豪先生對周嬰《東番記》的研究,嚴格而言,還不能算作研究,只不過作為陳第《東番記》之提出而列舉一些反證資料罷了。

另一位對周嬰《東番記》進行研究的是原中央民族學院的張崇根先生。張崇

根曾有不少關於臺灣歷史的論著，80年代初他從北京圖書館（現為國家圖書館）善本部藏書中檢得周嬰文集《遠遊篇》，周嬰所作《東番記》即載於該書第十二卷。其後即在《社會科學輯刊》1982年第1期上發表了《周嬰〈東番記〉考證》一文（以下簡稱張文）。該文共分四個部分：（一）《遠遊篇》版本；（二）周嬰《東番記》賦舉要；（三）周嬰《東番記》寫作過程；（四）周嬰《東番記》著錄糾謬。最後還將周嬰《東番記》全文附錄於後，「以饗海峽兩岸之同好」。這樣，湮沒達三百年之久的周著《東番記》終於得以重見天日，《遠遊篇》所載《東番記》是否為周嬰所作的學術疑案至此也水落石出，不辯自明，張崇根先生可謂功不可沒。

據「張文」介紹，北京圖書館善本部所藏《遠遊篇》有兩部，一為明末刊本，共12卷，分裝6冊；一為清濯耒亭鈔本。刊本半頁10行，行20字。封面無題籤。烏絲欄。口無魚尾。卷首有林贊序，大字，半頁5行，行10字。林序散佚前4翻，僅存二翻零數行。以下有黃光（字若木）及費元祿（字無學）二篇序。由於林序佚去前4翻，殘存部分無直接關於《遠遊篇》編纂、刊行之記事，故張先生認為「此本究竟刊於『明末』還是稍晚，不無疑問」[19]。

關於《遠遊篇》，除了張先生介紹北圖所藏的兩種版本外，據筆者所知還有福建省立圖書館和福建師範大學圖書館庋藏的兩種的鈔本以及廈門大學圖書館根據省立圖書館鈔本的傳鈔本。傳鈔本林贊序中雖然有部分字句缺漏，但比「張文」所説的北圖明末刊本的完整。在林贊序之前還有兩篇傳文，一篇是從《莆田縣志》卷二十二「人物・文苑」中錄來的周嬰「傳」，落款為「介園遊定遠錄」，並鈐有「定遠」陽陰文圖章各一枚；另一篇是《蘭陔詩話》中關於周嬰的介紹，落款為「古歡齋主人遊定遠錄，時庚申夏曆端午後三日」。全篇目錄為：原序二首；卷一賦十二首；卷二詩一百六首；卷三詩三十九首；卷四詩四十八首、樂府二十八首；卷五表二首、箋二首、書十四首；卷六序十四首；卷七序九首、贊一首；卷八論四首、連珠十三首、銘一首、誄二首；卷九碑文四首、墓表二首、墓誌二首、文三首；十卷七言律詩二百十一首；十一卷啓七十首；十二卷啓四十六首、狀五首、記一首、祭文七首。正文內容與張文所介紹的明末刊本基本相同。從林贊序文的內容可知，周嬰與林贊為同輩之人，且林贊作序時，周嬰

已從上猶知縣任上致仕賦歸。所以《遠遊篇》即使為明末刊本，其付梓的時間最早也是在崇禎末年。

在《遠遊篇》中，「賦」與「記」是分得很清楚的，《東番記》收在《遠遊篇》第十二卷中，是全書唯一的一篇「記」。張崇根在文章中把它歸入「賦」，稱之為「周賦」或「周嬰《東番記》賦」明顯與作者的原意不符。

張崇根先生在其文章的第三部分對周嬰《東番記》寫作過程進行了探討，認為周嬰《東番記》的資料來源有二種：其一，以陳第《東番記》為藍本，經過「材料的取捨，事實的歸併，先後秩序的調整」等創作；其二，天啟五年（1625）周嬰曾到廈門，從車壽叔（游擊）料兵於海，「由於他的廈門之行，必然使他聽到許多關於臺灣的情況傳聞，以及明朝地方官吏對於荷蘭侵占臺灣的種種議論。因此，才能在《東番記》賦中，增加了開頭與末尾的那些內容」[20]。

四、兩種《東番記》之比較

方豪先生認為周嬰《遠遊篇》所載《東番記》是陳第所著；張崇根先生認為周嬰《東番記》係以陳第《東番記》為藍本。所以，在研究周嬰《東番記》之前，必須先對陳第《東番記》作一些瞭解。

陳第，字季立，號一齋，福建連江人，早年曾追隨俞大猷和戚繼光，在薊遼邊塞效力，官至游擊將軍。萬曆十一年，辭官南歸，福建巡撫許孚遠、金學曾等屢聘其出山，均辭不就，挾書遠遊。七十歲後，復遍登五嶽，浮洞庭，渡彭蠡以歸。其行程所經，有明一代，除徐霞客外實不多見。陳第博覽群書，著有《毛詩古音考》、《尚書衍義》、《屈宋古音義》及《薊門塞曲》、《兩粵遊草》詩集等。金雲銘稱其「以名將而兼碩儒，且為明代之大旅行家」[21]，乃名副其實之言。

陳第與安徽宣城沈有容情誼甚篤，交往極深。萬曆三十年臘月，任職福建海疆的浯嶼水寨欽依把總沈有容（駐地在晉江石湖）奉命率水師前往臺灣（當時稱為「東番」）追剿盤踞在那裡的倭寇，陳第「適有觀海之興」，隨軍前往。倭平之後，舟師收泊大員港，陳第利用明軍在臺灣休整的時間，在當地踏勘地形，探

詢、採訪平埔族的生活習慣、民情風俗。除夕之夜，舟師凱旋。不久，陳第就將自己在臺灣的所見所聞記了下來，並抄贈沈有容，這就是陳第《東番記》[22]。沈將其與閩中官員、縉紳及士人的贈言合在一起，編輯成書，名為《閩海贈言》。何喬遠的《閩書》以及張燮的《東西洋考》也錄有陳第《東番記》的部分內容[23]。

為了讓大家對兩種《東番記》及其關係有一個大致的瞭解，下面以列表的方式對它們作一比較（「周記」中加重點號的為與「陳記」不同之處）。

表1　陳第《東番記》與周嬰《東番記》主要內容比較

	陳第《東番記》	周嬰《東番記》
方位與航程	東番之人不知所自始，居澎湖外洋海島中；從烈嶼諸澳乘北風航海，一晝夜至澎湖，又一晝夜至加老灣，近矣。	大壑之中，有澎湖之島焉。若夫氣斂天末，霧霽海東，每見攢峰連雲，遙林如黛，蓋古裸國也，是爲東番。順風揚帆，窮日至岸。
居所地名	起魍港、加老灣、歷大員、堯港、打狗嶼、小淡水、雙溪口、加哩林、沙巴里、大幫坑，皆其居也，斷續凡千餘里。	其地爲：蟒港、打狗嶼、小淡水、大封坑、鹿耳門、沙八里、雙溪口、伽老灣、家哩林、臺員港。
好勇喜鬥	性好勇,喜鬥。鄰社有隙則興兵，期而後戰，疾力相殺傷，次日及解怨，往來如初，不相仇。所斬敵首，剔肉存骨，懸之門。其門懸骷髏多者稱壯士	喜鬥而易動，疾戰而輕解。起而兩社相攻，休則親戚不仇。斬敵首者懸之門，多骷髏者謂之武。

續表

	陳第《東番記》	周嬰《東番記》
善走	無事晝夜習走，足蹋皮厚數分，履荊棘如平地，速不後奔馬，能終日不息，縱之，度可數百里。	方幼無事，習走爲業。走則足趾趨而先馬，趺磔磔以拍臀。履巉不異平原，蹋棘以爲弱草。
婚俗	娶則視女子可室者，遣人遺瑪瑙珠雙，女子不受則已，受，夜造其家，不呼門，彈口琴挑之。口琴薄鐵所製，齧而鼓之，錚錚有聲，女聞，納宿，未明徑去，不見女父母。自是宵來晨去必以星，累歲月不改。迨產子女，婦始往婿家迎婿，如親迎，婿始見女父母，遂家其家，養女父母終身，其本父母不得子也。故生女喜倍男，爲女可繼嗣，男不足著代故也。妻喪復娶。夫喪不復嫁，號爲鬼殘，終莫之醮。	將嫁者自夸其麗，欲室者自擇其娃。晨入婦家，委傳機以爲聘，夜叩女戶，彈口琴而請入。口琴者，樂器也。考則不鳴，質類金鐵。囓之以鼓，聲若絲桐，女賞其工，因納共寢，未明輒去，既夕復來。迨女產兒，乃子其婿矣。女子謂之胤胤，生則倍歡。寡婦號爲鬼殘，嫁終不售。
喪葬	家有死者，擊鼓哭，置屍於地，環爇以烈火，乾，露置屋內，不棺；屋壞重建，坎屋基下，立而埋之，不封，屋又覆其上。屋不建，尸不埋。	死則擊鼓而哭之，炙其屍於烈火。不棺而廢之，疊其臘於居屋。敝廬既傾，乃瘞屋基之下。宮功重執，仍覆坎屍之上。
耕作	當其耕時，不言不殺，男婦雜作山野，默默如也。道路以目，少者背立，長者過，不問答，即華人侮之，不怒，禾熟復初。謂不如是，則天不祐，神不福，將凶歉，不獲有年也。	無祭祀禋賽之禮，無鬼神巫祝之崇。其所拘忌，獨在耕稼，于時男女雜坐，默然無聲。亞旅相遭、委而不問。新穀既升，滯穗悉拔，然後侏離猶故，喧笑復常。
武器	人精用鏢，鏢竹棟，鐵鏃，長五尺有咫，銛甚，出入攜自隨，試鹿鹿斃、試虎虎斃。倭鳥銃長技，東番獨恃鏢，故弗格。	無他兵器，獨恃鏢槍。柄竹飄疾，鏃鐵犀利。出則攜鏢自隨，如倭以刀爲佩耳。倭矜丟刀之技，彼擅銛鏢之法，故倭雖謀之不能害也。
宴會歌舞	時燕會，則置大罍團坐，各酌以竹筒，不設肴；樂起跳舞，口亦烏烏若歌曲。社社無不飽鹿者。取其餘肉，離而臘之。鹿舌、鹿鞭(鹿陽也)、鹿筋亦臘。	燕會席地，男女間坐。中置罍樽，酌以竹筒，其餙剖鹿不臘，生魚不燔。視其腥血流溢，詫爲鮮肉甘美。酒酣亦傚傲屢舞，嗚嗚爲歌，自謂至樂也。
服飾	地暖，冬夏不衣。婦女結草裙微蔽下體而已。男子剪髮，留數寸，披垂；女子則否；男子穿耳，女子斷齒，以爲飾也（女子年十五六，斷去唇兩旁二齒）	男子鬖黑，捲木葉以束其陰；婦人白皙，懸草花以蔽其下。男飾在於剪髮，女冶由乎斷齒。

續表

	陳第《東番記》	周嬰《東番記》
捕鹿	山最宜鹿，儦儦俟俟，千百爲群。……居常，禁不許私捕鹿。冬，鹿群出，則約百十人即之，窮追既及，合圍衷之，鏢發命中，獲若丘陵。 習篤嗜鹿，剖其腸中新嚥草將糞未糞者，名百草膏，旨食之不厭，華人見輒嘔。	麋鹿決驟，千百成群。林潤寒肅，持鏢共掎，鏢無虛發，中多疊雙。追及走險之原，窮其擇音之處，日暮乃罷，朝而後往，使之委墳山谷，積若丘陵。 番人珍其腸草，華人貴其筋鞭。華人笑彼之食惡，彼亦哂華之不知味也。
不食禽肉	食豕不食雞，蓄雞任自生長，惟拔其尾飾旗。射雉亦只拔其尾。見華人食雞雉輒嘔，夫孰知正味乎？	食用走獸之肉，不嘗飛鳥之味。蓄雞射雉，僅取尾以飾旌。執豕捕鹿，則置藏而登俎。
物產	地多竹，大數拱，長十丈。伐竹構屋，茨以茅，廣長數雉。 無水田，治畬種禾，山花開則耕，禾熟，拔其穗，粒米比中華稍長，且甘香。 穀有大小豆，有胡麻，又有薏仁，食之已瘴癘。無麥。蔬有蔥、有薑，有番薯，有蹲鴟，無他菜。	其竹修巨，而任爲梁楹。其禾畬種而水耨事寡。其粟粒長，而風吹聞香。胡麻、薏苡，足以引年，蕃薯、蹲鴟，足以除饉。
習性	居島中，不能舟，酷畏海。捕魚則於溪澗，故老死不與他夷相往來。間遺之故衣，喜藏之，或見華人一著，旋復脫去，得布亦藏之。	其人畏舟楫，故不交關諸夷。客饋大布之衣，色以緋綠。埏埴之器，繪以花卉，傳觀之以爲奇，藏去之以爲重。
紀年	無日曆文字，計月圓爲一月，十月爲一年，久則忘之，故率不紀歲。	不知紀年，不曉改歲。以月滿爲晦，以花開爲春。繁霜鋪不爲之寒，金石流不爲之暑。
周邊鄰界		其國北邊之界，接於淡水之夷；南向望洋，遠矚呂宋，東乃滄溟萬里，以天爲岸，流彼東逝，滔滔不歸，潮汐之候，窮於此矣。
與大陸的關係	居山，後始通中國，今則日盛。漳、泉之惠民、充龍、烈嶼諸澳，往往譯其語，與貿易。以瑪瑙、瓷器、布鹽、銅簪杯之類，易其鹿脯鹿角。 自通中國，頗有悅好，奸人又以濫惡、之物欺之，彼亦漸悟。恐淳樸日散矣。	泉、漳間民，漁其海者什七，薪其嶠者什三。語言漸同，嗜欲漸一。唯以雕僞之物，欺誘其情。異海翁之狎鷗，等狙公之賦芧。疆場喜事之徒，爰有郡縣彼土之議矣。

　　從上表的比較可以看出「周記」的內容與「陳記」有許多相似之處，兩者之間的淵源關係是勿庸置疑的。陳第《東番記》在先，周嬰《東番記》在後，周嬰在寫《東番記》之前應該是見過陳第的《東番記》的。雖然方豪關於《遠遊篇》中《東番記》爲陳第所作的推斷已被事實證明是錯誤的，但他從地域相近，時代

相同得出周嬰「當可見及陳第所為文」的意見與史實還是比較相近的。

如上所述，張燮的《東西洋考》錄有陳第《東番記》的部分內容，張燮見過陳第的《東番記》，應是沒有疑問的。而周嬰與張燮也有交往，《遠遊篇》中收有二人唱和的詩作，如卷四的《張紹和（張燮字紹和）招同劉真卿經叔遊虎窟萬石山席上共用因字》（旁邊還有《附張紹和詩》）以及《別張紹和》二首詩，這點張崇根先生在其文章中已經提到。另外，在卷十之中，周嬰還有一首題為《寄張紹和》的律詩。除張燮之外，另一位間接的關係人是侯官的曹能始。能始，字學佺。《遠遊篇》中也收有多首週嬰與其唱和之作，如《暮冬五日曹能始移尊徐興公汗竹巢同陳振狂叔度林導卿茂禮汝大因爰餐薛當世及興公次郎存永令孫器之之賦》、《和能始先生秋宵即事韻》等等。同樣曹能始與沈有容也有交往。在《閩海贈言》中也收有曹能始贈沈有容的詩：《贈沈寧海將軍東沙獲倭還宛陵》和《送元戎沈寧海之任登萊》等。周嬰「博極群書[24]」，知交遍海內，他從張燮或曹能始等第三者處間接看到陳第《東番記》的可能性是完全存在的。

五、周嬰《東番記》相關內容之分析

除了相同性之外，從上表的比較中我們也可以看到，周嬰《東番記》所載的部分內容與陳第《東番記》有明顯的不同之處，而且，這些差異還不止張崇根所說僅是開頭與末尾的那些內容。眾所周知，陳第是到過臺灣的，且「親睹其人與事」[25]，所記內容的真實性、可靠性是不容置疑的。那麼周嬰《東番記》記載的與陳第《東番記》不同的內容的可信度如何呢？讓我們作一考察。

《蘭陔詩話》稱：「方叔弱冠擅才名，工六朝聲偶之文。所撰《卮林》，考訂前人紕繆，極稱典核。《詮鐘》一編，力排景陵之說，尤為精確」[26]。可見，周嬰不僅在文學創作上有較高的造詣，而且還是一位態度嚴謹的學者。筆者查閱了清代前期的一些文獻，周嬰《東番記》中那些不同於陳第的記載均可從其他史料中得到印證。現將其列舉如下：

（一）在文章開頭的10個居所地名中[27]，周嬰《東番記》少了「堯港」，卻多了一個「鹿耳門」。

凡對臺灣歷史地理稍有瞭解的人都知道，在早期，鹿耳門是船隻進入大員港（又稱臺江，即後來的安平港）的必經之道。1661年3月，鄭成功率領的復臺大軍艦隊就是在何斌的指引下，從鹿耳門進入臺江，登陸禾寮港，最後經過數月激戰，趕走荷蘭殖民者，收復了臺灣。蔣毓英《臺灣府志》記道：「從來鹿耳門石關隱險，屈曲盤旋，沙浮水淺，舟師非諳於水道者，不易得渡。鄭舟至鹿耳，水忽漲十餘丈，巨艦畢入」[28]。徐懷祖《臺灣隨筆》稱：「鹿耳門為臺灣門戶，其中沙石環瀠，出入危險，舟行畏之」[29]。

清初至臺灣採硫的郁永河還有詠鹿耳門竹枝詞一首：

鐵板沙連到七鯤，鯤身激浪海天昏。

任教巨舶難輕犯，天險生成鹿耳門[30]。

清統一臺灣之後規定鹿耳門為臺灣唯一的與大陸正式往來的口岸，與大陸的廈門單口對渡達整整100年之久，直到乾隆四十九年才又開放中部的鹿港與泉州蚶江對渡。就筆者目前所見，歷史文獻中最早提到「鹿耳門」這一地名的就是周嬰的《東番記》。

（二）關於宴會飲酒，陳第記道：「時燕會，則置大罍團坐，各酌以竹筒，不設肴」；周嬰則記道：「燕會席地，男女間坐。中置罍樽，酌以竹筒。其肴刳鹿不臘，生魚不燔。視其腥血流雜，詫為鮮肉甘美」。

東番人這種生食的習俗為陳第《東番記》所未載。其實臺灣原住民生食的習俗，在清初的文獻中也屢有提及：

郁永河《裨海紀遊》記道：「諸羅、鳳山無民，所隸皆土著番人。番有土番、野番之別。野番在深山中……巢居穴處，血飲毛茹者，種類實繁」[31]。「山中多麋鹿，射得輒飲其血，肉之生熟不甚較，果腹而已」[32]。

黃叔璥《臺海使槎錄》卷五《番俗六考》記道：「小魚熟食，大則醃食，就魚口納鹽，藏甕中，俟年餘，生食之……獲鹿即剝割，群聚而飲」[33]。

巡臺御史六十七《番社採風圖考》載：「臺地未入版圖以前，番唯射鹿為

生……得鹿則刺喉吮其血，或禽兔生啖之」[34]。

劉良璧《重修福建臺灣府志》載：「凡鳥獸之肉，傅諸火，帶血而食；或吮生血至盡乃剝，但不茹毛」[35]。

鄧其照《臺灣番社考》載：「喜殺人，以殺人多者為勇。……喜設機弩陷阱以伺虎熊，食其肉，寢其皮……喜食生獸，亦間有燔熟始食者」[36]。

從以上各種記載可以看出，臺灣原住民生食是很普遍的，即使入清以後受漢化等因素影響，這種習俗仍或多或少地保留著。

（三）關於東番之人男女膚色的差別，陳第《東番記》未載。周嬰則記道：「男子黧黑……婦人白皙」，觀察得十分仔細。這一條也可以從其他人的記載中得到印證。

郁永河《裨海紀遊》載：「番婦多白皙妍好者」[37]。

吳桭臣《閩遊偶記》載：「土番風俗，無姓氏，不知曆日；知有父母，而無叔伯、甥舅，不知祖先祭祀，亦不知庚甲。男女皆裸，跣足……男體極黑，婦體甚白」[38]，與周嬰《東番記》中所載完全吻合。

（四）關於東番的周邊鄰界，陳第《東番記》未載。周嬰《東番記》中則記得很清楚，謂：「其國北邊之界，接於淡水之夷。南嚮往洋，遠矚呂宋。東乃滄溟萬里，以天為岸。流彼東逝，滔滔不歸。潮汐之候，窮於此矣」。與臺島最南端的地理位置完全相符。張燮的《東西洋考》中則把東番與淡水混為一談，稱：「雞籠山、淡水洋在彭湖嶼之東北，故名北港，又名東番云」[39]，地理概念含混不清。

（五）關於大陸人民與東番的關係，周嬰記道：「泉、漳間民，漁其海者什七，薪其嶺者什三……疆埸喜事之徒，爰有郡縣彼土之議」。這些也是陳第所沒有記載的。

實際上，除了《東番記》之外，《遠遊篇》的其他詩文中也有不少地方提到臺灣及澎湖的。如卷六〈車壽叔凱歌詩序〉中提到：「歲在閼逢，時當夏首。紫

髠丹發之虜，末盧對馬之酋，糾結彭湖，窺覦城邑。而海濱亡命，內地奸宄，盜名字於荒島，弄甲兵於深潢。聽彼指揮，乘而寇攘……海捍東西，盡為虜境，波路南北，無復商艘。斗米千錢，軍糧半菽。人皆思亂，國實阽危」。車將軍奉命率軍揚帆出擊，奮勇戰鬥，大破敵軍，「和蘭奪心，棄城思竄；倭奴破膽，委甲求歸……」[40]，講的是天啟四年福建巡撫南居益發兵進剿盤踞在澎湖的荷蘭殖民者的歷史事實。

卷九中周嬰在為其莆田同鄉林鳴盛所作的《中憲大夫河南彰德府知府丹山林公墓表》提到：「他若彭湖，內藩南郡，外控東番。夷艦經由，輒規窟穴。公令鎮以閫帥，宿以重兵。則寇皆梟泛遙馳，魚睨斜去」。

卷十中的《湄洲雜詩》有「流波萬里迥無隄，天入南荒曙色低。遙望夷州如點黛，東封欝島失丸泥」等句，這裡的夷州指的就是臺灣。

另周嬰《同車遊擊料兵夜宿大擔嶼天妃宮次韻》中也有「紫壑揚帆濟，蒼山弭棹升。微茫眺鑿齒，出沒見奇肱」之句[41]，古代臺灣原住民有斷髮文身鑿齒之習俗，這裡的「鑿齒」、「奇肱」意指臺灣無疑。

又如卷八的《御夷論》，洋洋六千餘言，指出了當時在防禦外夷（主要是荷蘭殖民者）方面存在的五種缺失，並向當局提出自己的七點建議：1.增兵益戍，以固疆圉；2.移輕就重，以判利害；3.明罰敕法，以威將吏；4.增築城塢，以內散民；5.訓練人民，以作勇氣；6.斷絕鐵冶，以鑠奸本；7.譏禁淫巧，以杜盜竿，等等。若非經過充分、認真的調查、研究，並對沿海形勢以及敵我雙方情況有相當深入的瞭解是不可能寫出這樣觀點鮮明，論述透徹，有理有據的宏篇大論的。

六、周嬰《東番記》資料來源之探討

綜上所述，我們可以得出結論，那就是周嬰在寫作《東番記》時除了參考陳第的《東番記》之外，肯定還有其他的資料來源。在當時尚未有其他文獻記載可供參考的情況下，這一資料來源到底是周嬰親身的所見所聞，還是得自道聽途說呢？換句話，也就是周嬰有沒有到過臺灣呢？這是本文要探討的一個主要問題。

而要回答這個問題首先必須對周嬰的生平事跡與活動有一大致的瞭解。

《莆田縣志》卷二十二「人物・文苑」記載：「周嬰，字方叔，弱冠擅才名，博極群書，嘗著五色鸚鵡賦，一時傳誦。巡撫朱運昌偶見之，意以為古人也。詢知為嬰作，遂聘之。時尚困童子科，馳驛至三山，運昌置酒堂上，講賓主禮，欲以儒士送入闈，會運昌卒，不果。後為諸生。崇禎庚辰以明經貢入京，適揀選天下舉貢，御賜進士特用，嬰與焉。授上猶知縣，持廉白，革舊弊，崇尚文雅，邑人化之。未幾，賦歸。家居淡泊，與故舊結耆碩會。罕規城市，有香山洛社之風。著述甚富，所傳唯《遠遊篇》四冊、《卮林》四冊而已。時同郡黃光，字若木，與周嬰齊名，嘗分纂《興化府志》，天啟丁卯鄉薦授來安知縣，有《十一洲詩集》」[42]。

《蘭陔詩話》云：「方叔弱冠擅才名，工六朝聲偶之文。所撰《卮林》，考訂前人紕繆，極稱典核。《詮鐘》一篇，力排景陵之說，尤為精確。晚年召對，賜第宰邑，多善政。嘗攝崇義縣，值軍興之際，寬舊賦，除橫徵。市無強價，庭無留訟，崇人悅之……」[43]。

林贄序曰：「與予一輩角秋名場者，獨方叔與黃若木以外家之語，擅長一時。予每見之，未嘗不潸然意下，以齊梁名手相推遜也。若木晚始脫穎，方叔更遲之，遭值特典，臨軒射策，勒石辟雍，一依故事。而方叔意殊不自得。出宰一邑，績用乖成，骨體不媚，屢牘乞休。歸田卸任，先後諸稿，仍以遠遊名篇。又有《卮林》一刻，上下千古，包括百家，掎摭是非，曲直同異，既精既博，超出予輩筆叢之上。予讀之始嘆：天之厚與方叔以不朽，而非同輩所逮也……」[44]。

費元祿序中稱：周嬰「少膺儒雅，韜含六籍。清靜少欲，常以著書自娛。不輕交接俗人，里中唯黃子光時時過從，商略千古而已。然篇章流布，令聞洋溢。會昆明朱公節鎮八閩，幕府初開，廣招群俊，遂首致君。攝衣延置上座，朱公喟然以班馬淵雲復出也。是時，君名動一時，諸公卿貴人，無不願交歡君。……要皆以朱公故，非真能知君者……朱公亡，而君不偶如故。感知己之難逢，傷賞音之不再。諸公卿貴人門，君遂絕造請。而諸公卿貴人亦無與憐才者。君賦才既饒，學復博洽，終日下帷，諷誦不已……」[45]。

朱運昌，萬曆二十九年（1601）調任閩撫，招周嬰入幕時，嬰年方弱冠（二十歲），茲根據上述有限的資料及《遠遊篇》中的一些線索，試對周嬰的生平作一簡單的勾劃：

萬曆十一年（1583），周嬰出生於莆田縣清浦村。

萬曆二十九年（1603），周嬰著五色鸚鵡賦，一時傳誦，得到閩撫朱運昌賞識和器重，受聘至福州。其時周嬰約20歲，尚為童生，未中秀才，朱運昌欲以儒士送入闈，然因朱病逝，不果。《遠遊篇》中有《上鸚鵡賦啟》、《上赤鸚鵡賦啟》、《上開府朱公寄園銘箋》、《謝朱中丞賚葛》、《謝賚錦衣》、《謝賚梨》、《謝賚人參》、《謝公讌》、《謝生日晏》、《問朱公寢疾》、《辭朱公還莆口箋》及《還莆田謝護送》等等。後中秀才（時間不詳），並參加鄉試，其好友黃光（字若木）於天啟丁卯年（1627）鄉試中舉，官來安知縣，周嬰則屢試不第。

崇禎十三年庚辰（1640）周嬰約57歲，以明經貢入京，適揀選天下舉貢，御賜進士特用。《遠遊篇》卷五有《謝御賜進士特用表》。不久，即授江西上猶知縣，後又兼攝崇義縣（正德十二年由上猶縣析出），頗多善政。未及三年秩滿即辭官歸里，其時約60歲。《遠遊篇》有《崇義縣作》、《去上猶別吏民》、《乞休致文》、《辭攝崇義縣文》等等。

未幾，李自成率農民起義軍攻入北京，崇禎皇帝在煤山上吊自盡，明朝滅亡。晚年的周嬰淡泊為懷，過著近乎隱居的生活。《遠遊篇》中也未見其入清以後的作品，唯鄭郏的《皆山詩集》中有作者與周嬰交往的兩首詩，一首為：《重陽周方叔先生過訪夜話》

但逢佳節厭稱詩，愁絕黃花落酒卮。

此夜寒雲盍舊榻，一天暮雨逼新籬。

情深久坐無交態，語到流離自失時。

與子相逢忘再世，不堪回首夢魂悲。

另一首為：《同周方叔先生往東村看菊即席有賦》

驅煙出戶起相思，籬落寒英秋色時。

扶杖偶逢蜂有意，穿花無語客何疑。

亭亭黃白寒仍發，冉冉幽香晚自奇。

相對詩成機慮靜，誰云陶令笑人痴！[46]

這兩首詩雖無落款時間，但從詩中意思及此詩前數題有《辛卯元日》，可知此詩約作於順治八年（1651）。鄭郏和其兄鄭郊皆為明季諸生，曾入黃道周門下，一生為反清復明奔走，與抗清志士徐孚遠、方以智、陸圻二勝和尚等來往密切，與莆籍反清遺民余颺、林嵋等更是情同手足。周嬰《遠遊篇》中有《送宣城令余颺之之官》一詩即是送余颺赴任的。蔣維錟先生曾指出入清後，周嬰可能也會參與反清的地下活動。實際上，即使沒有直接參加反清活動，在清初那種的政治環境之下，作為故明遺臣，周嬰的處境和心情也是可想而知的。「情深久坐無交態，語到流離自失時。與子相逢忘再世，不堪回首夢魂悲」，可以說是周嬰晚年生活的真實寫照。縣志「傳文」稱其賦歸後，「家居淡泊，與故舊結耆碩會，罕規城市」，應該是比較合乎歷史實際的。

由於資料的缺乏，周嬰自萬曆三十一年朱運昌去世後至崇禎十三年獲賜進士之前三十多年的生平活動，難以得知。不過，仔細檢閱《遠遊篇》的內容，我們還是可以發現周嬰青壯年時期活動的一些蹤跡。

《遠遊篇》卷一《尋山賦》序中記道：「予弱齡旅食，微軀道長。自甲辰以來，歲星一週，復更六載，無歲不有行役。方冬輒在羈旅，備嘗險阻之艱，詎知安坐之樂……夫客行既思返鄉，室處又懷涉遠……」[47]。卷一《望夫石賦並序》中有「戊申春中，予將適楚」；卷十有《金陵訪熊兆履光祿》等詩作。由此看來，周嬰雖無陳第遍登五嶽，遊洞庭、渡彭蠡的紀錄，但也不像方豪和張崇根所說的「不是好遊之人」[48]。

周嬰是一位憂國憂民的愛國之士，除了上文所說的以書面的形式向當道上《御夷論》，為抵禦荷蘭殖民者的侵略出謀獻策之外，還以實際行動投身到抗荷鬥爭中，活躍在抗荷鬥爭的最前線。《遠遊篇》卷三《大擔嶼》詩序記道：「乙

丑孟夏之五日,從車遊擊料兵於海」。大擔嶼,在廈門南海中,距城水程五十里,與浯嶼、小擔犄角相援,皆海口要害[49]。車遊擊即車應山,字壽叔,為周嬰好友,曾任「都司僉書管南日寨事」[50],周嬰《湄洲天妃宮碑》曾提到:「橫海將軍武平車應山,即前溫處參將車公梁之子也,克世其職,典戍茲洲……於時歲在甲寅」[51]。湄洲島在南日水寨的防區之內,《遠遊篇》卷十有《車壽叔於湄洲招同林仁祖、梁明珍度文甲門,中流濤湧,予遂唱還,因梁將軍樓覽海》一詩。後來,車氏調任浯銅遊指揮。周嬰有七言律詩《送車壽叔移帥浯銅》,最後一句「只今節鉞南移後,惆悵青峰隔暮雲」[52],表達了周嬰對即將離任南行的好友難捨難分的真摯情感,頗有李白「桃花潭水深千尺,不及汪倫送我情」的意境。

據《鷺江志》載,浯銅遊指揮為隆慶四年增設,統以名色把總一員,兵五百三十六,駐中左所。「天啟初年,設泉南遊擊一員,統轄浯嶼寨軍、浯銅遊兵以備紅夷」[53]。紅夷即荷蘭殖民者,1602年東印度公司成立之後荷蘭即在亞洲擴展勢力,與葡萄牙、西班牙爭奪殖民地。1604年(萬曆三十二年)荷蘭艦隊司令韋麻郎入據澎湖,要求互市,後被浯嶼寨把總沈有容將軍諭退。1622年(天啟二年)7月雷約茲率荷蘭艦隊再次入據澎湖,要求互市,在遭到福建當局的拒絕後,派兵船到閩南沿海,在廈門、鼓浪嶼等地燒殺搶掠。史籍記載:「彭湖為漳、泉門戶,實閩南要地也。自紅夷竊據以來,堅城列銃,盤踞雄崖;巨艦利兵,游移內地。商漁舉(俱)遭荼毒,村落相顧驚逃,疆宇民情,已岌岌乎有動搖之勢矣」[54]。天啟三年,朝廷命南居益接替商周祚為福建巡撫,南居益「未出都門,輒痛心切齒,毅然以必誅紅夷為己任」[55],到任之後,即「申明大義,獎率三軍」,一方面「檄行各道將,略抽水兵之精銳五千,列艦海上,以張渡彭聲討之勢」;另一方面「仍分布水陸之兵,連營信地,以為登岸豕突之防」[56]。車壽叔大約就是在這個時候由南日水寨調任浯銅遊指揮的。同年十月,南居益在廈門計擒荷蘭艦隊司令弗朗斯,並焚燬其戰船。廈門戰役的勝利大大增強了福建軍民渡海驅荷的信心,經過周密部署,天啟四年正月,南居益調派水師向盤踞在澎湖的入侵之敵發起進攻,到七月,被明軍圍困的紅夷不得不樹白旗投降,並拆毀城堡,退出澎湖。車壽叔將軍是參加了這次澎湖戰役的,並因功而擢升泉南遊擊。《彭湖平夷功次殘稿》載:「原任都司僉書管南日寨事今升泉南遊擊車應

山，撫士情同甘苦，御夷力有擔當」[57]；《兵部題〈彭湖捷功〉殘稿》稱「都司僉書今升泉南遊擊車應山，叱吒鋒摧百戰，睥睨膽敵萬人，夷在目中，劍橫天外」[58]。周嬰《車壽叔凱歌詩序》也是為褒揚、歌頌其在抗荷戰鬥的英勇表現而作的。

《大擔嶼詩序》記周嬰隨車壽叔料兵於海的時間是乙醜孟夏五日，即1625年夏天。蔡國耀在《順治時興化人參與驅荷復臺》[59]一文中稱《同車遊擊料兵夜宿大擔嶼天妃宮次韻》等詩為周嬰隨鄭成功軍隊入臺時所作，是完全沒有根據的，是錯誤的。至於周嬰何時從莆田來到廈門，不得而知。但《遠遊篇》的詩作中留下了不少周嬰與車遊擊在廈軍旅生活的記錄，如上文提到的《同車遊擊料兵夜宿大擔嶼天妃宮次韻》、《宿大營》、《鷺門營中夜坐示黃若木》、《車將軍鷺門席上送林體向》及《鷺門別壽叔》等等。從這些詩作推測，周嬰隨車壽叔游擊海上料兵的時間不會太短暫。其時荷蘭殖民者雖已被趕出澎湖，但卻乘機占領了與之一水之隔的臺灣島，沿海形勢並不太平。福建軍民，特別是漳、泉兩地的有識之士，痛定思痛，作亡羊補牢之計，相繼提出了許多防夷、抗夷以及把荷蘭殖民者趕出臺灣的建議[60]。如天啟四年（1624）冬荷蘭人剛退據大員不久，詔安鄉官沈鈇即上書南居益，建議「給以公檄，選擇武士帶諭暹羅島主，嚴令紅裔（夷）速歸本土，不許久駐大灣，引誘日本奸佞互市」[61]；接著，沈鈇又作《上南撫臺暨巡海公祖請建彭湖城堡置將屯兵永為重鎮書》[62]。崇禎八年（1635）工科給事中何楷又上靖海之策，提出用武力將荷蘭人趕出臺灣[63]。對於如何將荷蘭人趕出臺灣，如何確保海疆的安寧，應該也是車壽叔等守邊將士此時經常談論的話題，如果能在臺灣置將屯兵，設立行政機構也不失為一種杜絕外人覬覦之心，確保海疆安寧的有效措施。《東番記》中最後提到的「疆場喜事之徒，爰有郡縣彼土之議」，即明朝地方將吏曾有過在臺灣設立行政機構的動議一事，應該就是來自周嬰隨車將軍料兵時的所見所聞的記錄。如果這一推測成立的話，那麼，周嬰《東番記》的寫作時間應該是在天啟四年（1624）以後。

關於1625年周嬰隨車將軍廈門料兵一事，張崇根的文章中已有提及。除此之外，《遠遊篇》的詩作中還保留了許多周嬰在閩南一帶來往活動的蹤跡。如

《洛陽橋》、《重次楓亭贈溫氏》、《登漳州城樓》、《南遊過白水寨》、《庚午（1630）九月朔日晉安逢熊兆履》、《夜至小盈》、《北歸除夕至楓亭因懷若木在盧小金處》及《己卯處暑日重過小盈嶺舊店姬亟趨來訊感賦》等[64]。其中庚午為1630年，己卯為崇禎13年即1639年，也就是周嬰被貢入京師的前一年，如加上1625年在廈門料兵，目前確切可以見到的周嬰在閩南一帶往來活動的時間跨度至少有15年之久。尤其值得我們注意的是周嬰與廈門的池致夫、池直夫兄弟及龍溪的張燮等人交往極深，不少詩作反映了周嬰在廈門島上及其附近地區的活動的情況。如上文提到的《張紹和招同劉真卿、張經叔遊虎䂬萬石山席上共用因字》、《遊鼓浪洞》[65]、《登雞嶼》[66]、《同洪翀雲遊普照寺》[67]、《同池致夫、楊能玄、池直夫遊玉屏席上得身字》、《同車壽叔、劉伯甄、林聿脩、楊能玄、池直夫遊虎溪共用壁間韻》[68]、《集池直夫園亭》、《集池直夫竹樓同劉伯甄、張維遠分賦得佳字》、《同壽叔、致夫、聿脩於紫雲寺雨中觀石塔分得元字》[69]及《題池致夫丈室》等等[70]。

廈門當時不僅是抗荷鬥爭的最前線，也是大陸與臺灣往來的最主要、最便捷的口岸。即使1624年以後，臺灣暫時被荷蘭殖民者侵占，但兩地的交往並未中斷，每年都有為數眾多的漁船和商船往返於廈門、安海、烈嶼等大陸港口與大員之間，閩南地區也陸續有人民移居臺灣島上[71]。據《大員商館日誌》記載，自1637年6月至1638年12月的一年半時間內，從廈門、安海、烈嶼等大陸港口出發前往大員的船隻達723艘，搭載人數11632人；而同期自大員前往大陸各地的船隻有508艘，搭載人數10927人[72]。這些資料表明當時大陸與臺灣之間船隻往返十分頻繁，交通頗為便利。所以，儘管目前尚未見到文獻資料的確切記載，但周嬰在閩南地區活動那麼多年，不能排除在這期間他有經由廈門前往臺灣的可能。

七、結語

明末莆田周嬰撰寫的《東番記》是臺灣早期歷史，特別是臺灣原住民歷史的最重要文獻之一，它雖然與陳第所作的《東番記》有淵源關係，但也記載了不少陳第《東番記》所沒有的內容。這些內容翔實可靠，彌足珍貴。其來源除了間接的耳聞之外，也有親眼目睹的成分。特別是文中所說的「其國北邊之界，接於淡

水之夷。南嚮往洋，遠矖呂宋。東乃滄溟萬里，以天為岸。流彼東逝，滔滔不歸。潮汐之候，窮於此矣」。臺島南端隔著巴士海峽與菲律賓（古稱呂宋）遙遙相望，東臨碧波萬頃、浩瀚無邊的太平洋。若非身臨其境，是很難有如此清晰的地理概念，也很難寫出這樣氣勢磅 ，生動感人的辭句。而且，周嬰又長期在廈門等與臺灣關係密切的地區活動，所以，筆者認為不能排除周嬰曾經有到過臺灣的可能性。周嬰《東番記》中那些不同於陳第《東番記》的內容也許就是周嬰本人在臺所見所聞的記錄。

（原載《臺灣研究集刊》）

澎湖危機——貿易、戰爭與談判（1622—1624年）

陳小沖

　　17世紀上半葉的臺灣歷史，實際上是一部中外關係史。荷蘭東印度公司在臺灣38年的殖民統治，是臺灣地方史上的一個重要階段，也是17世紀中歐交通和遠東國際商務關係的一個重要方面，理應引起我們足夠的重視。但是，由於種種原因（譬如資料的獲取及閱讀諸方面的限制），這一時期歷史的研究工作，進展得十分緩慢，並留下一些似是而非、模糊不清的問題，亟待我們去撥開它的面紗。1622—1624年的澎湖危機，就是其中之一。這次危機最終導致了荷蘭殖民者對臺灣的侵占，由於危機中的一些重要問題尚未有明確的結論，因而對荷蘭殖民者占據臺灣的性質，不免眾說紛紜，有些國外著作甚至稱之為「割讓」，至今仍有個別學者聲稱臺灣最早是荷蘭的領土。因此，正確地分析1622—1624年的澎湖危機，在今天仍然有它的現實意義。同時，由於這次危機涉及面較廣，解剖這只麻雀，對理解明末遠東及中國的社會狀況，亦不無裨益。

　　本文資料主要依據當時人的記載，包括荷蘭人的日記、航海記，西班牙、葡萄牙商人和傳教士的著作，明代官方檔案、私家文集以及各種地方志，並參考中國內外學者的研究成果（其中主要是日本學者的成果），在此基礎上，對這次危機的背景、進程、影響各方面，作一次嘗試性的探討，以求得出較為正確的結論，並就其中一些帶爭議的問題提出自己的看法。

　　由於學力有限，文中不妥之處，敬請各位不吝指教。

一、貿易和競爭——危機的導因

　　1622年7月10日，一支由8艘船隻組成的荷蘭東印度公司艦隊在司令官柯尼斯·雷約茲的率領下駛入澎湖海面。翌日，荷蘭殖民者在媽祖宮附近登陸。在這

裡，除了發現幾個中國人和幾艘戎克船外，沒有受到任何抵抗。8月2日，荷蘭殖民者開始在澎湖島西南角的突出部建築城堡。沒有槍聲、沒有硝煙，歷時3年，震動福建沿岸的澎湖危機就這麼靜悄悄地開始了。

荷蘭殖民者的到來，給澎湖島上的漁民帶來了小小的驚擾，他們不明白這些持槍的紅發碧眼的人們到這來想幹什麼；他們不瞭解、也不可能瞭解，荷蘭殖民者的這次行動經歷了將近20年的醞釀，制定了一個周密的計劃，這正如荷蘭人直截了當地告訴他們的那樣：「我們要求與中國貿易，並希望在該島獲得一適當處所滯留。」[73]

的確，荷蘭人是為了貿易而來的，為了打開對華貿易，荷蘭殖民者經歷了一個曲折、漫長的過程。最終，他們選擇了澎湖，選擇了火與劍。現在，讓我們返回來從頭說起吧。

16世紀末，荷蘭殖民者繼葡萄牙、西班牙之後，來到了東方。在東印度公司成立前後的一段時間裡，他們的主要目標是控制東南亞的香料貿易、建立自己的立足點、排斥西班牙、葡萄牙以及英國的競爭。但是，與此同時，打開對華貿易也是荷蘭殖民者努力追求的一個重要目標，早在東印度公司成立之前，這就是吸引他們前來東方的動機之一。[74]

第一艘荷蘭船來到中國海面是在1601年，荷蘭人試圖從廣東當局獲得通商的許可，但被嚴詞拒絕，幾名登陸的船員被捕處以絞刑，澳門的葡萄牙人也極力阻撓他們與中國通商，這次行動歸於失敗。於是荷蘭殖民者又試圖透過其他途徑打開對華通商，他們派一名使節隨與明政府有良好關係的暹羅使團到北京，但亦未成功。1604年8月，韋麻郎在華商誘導下率艦2艘侵入澎湖，並以重金賄賂稅監高寀，要求互市。由於福建當局嚴申海禁，並派都司沈有容說以利害，助以軍力，韋麻郎不得不於12月15日離去。這是荷蘭殖民者挑起的第一次澎湖危機。1607年，馬特里夫攜荷蘭奧倫治親王的信件，率船3艘抵達Lanthou（南澳），向當地官府贈送禮物，要求貿易，亦遭失敗。此後，從1607到1622年，我們沒有看到任何荷蘭船隻來到中國。然而，平靜的火山口下卻醞釀著滾滾的岩漿，恰恰也正是在這一時期裡，荷蘭殖民者從單純開闢對華通商，發展到有目的地、迫切

地要求打開對華貿易，這一發展有其深刻的原因。

首先，17世紀歐洲市場對中國商品（當時中歐主要貿易品是生絲和磁器）日益增長的需求和高額的貿易利潤，愈來愈刺激著荷蘭殖民者打開對華貿易的慾望。

1.生絲

在歐洲，養蠶業和絲綢生產發生於中世紀末期，到了16世紀，歐洲絲織業獲得長足的進步，在德國的科隆和瑞士的蘇黎世，絲織業中包頭制占據重要地位，在西班牙，塞維爾和托勒多以生產絲綢而聞名。法國里昂的絲織業也迅速發展。英國雖以毛織業為主，但絲織業在諾里奇和科爾奇斯也有一定的進步。流亡英國的雨格諾派便以生產絲織和針織品為生。17世紀初，儘管西班牙的絲織業由於腓力三世的政策和來自美洲的中國絲綢的競爭而趨衰弱，但整個歐洲絲織業水平卻有了很大的提高。尼德蘭的鹿特丹和哈勒姆等地充斥著絲織手工工場，法國的里昂被譽為「絲城」，絲織工人人數與日俱增，絲織行業中的資本主義生產關係有了進一步的發展。絲織業的迅速發展，使歐洲對生絲的需求量日益增大，但歐洲自身蠶絲生產卻十分有限，這就使得東方生絲在歐洲市場上的價格一漲再漲。生絲貿易越來越有利可圖。1603年，荷蘭殖民者在柔佛港外劫掠了葡萄牙商船聖凱撒林號，船上載有1200大捆生絲。1604年8月，當這些生絲在阿姆斯特丹公開拍賣時，全歐商人蜂擁而至，賣價高達2250000荷盾，相當於荷蘭東印度公司股本總額的三分之一（公司總股本為6450000荷盾）。[75]

中國生絲在歐洲市場上享譽極高，以1624年荷蘭涵塘交易所的拍賣價為例：義大利的Milano絲每荷磅值5.40盾，波斯的Ardasse和Leqie絲值9.60盾，而中國生絲則值16.20盾。荷蘭殖民者在販賣中國生絲中獲利之豐，令人瞠目結舌。如1621年公司在宋卡購買中國生絲1868荷磅，每磅買價3.81盾，而運至歐洲售價為15.9盾，毛利達317%；1622年澎湖危機期間，他們在臺灣購買生絲1211荷磅，每磅買價4盾，在歐洲每磅售價16.88盾，毛利高達322%。因此，搜尋中國生絲成為荷蘭殖民者一項狂熱的事業，東印度公司董事會於1608年發出指令：「我們必須用一切可能來增進對華貿易，首要的目的是取得生絲，因為生絲利潤

優厚,大宗販運能為我們帶來更多的收入和繁榮,如果我們的船隻無法直接同中國進行貿易,那麼公司駐各地商館就必須前往中國船隻經常往來的地區(如北大年等地),購買中國生絲。」[76]1609年,又進一步訓令巴達維亞總督,必須設法直接向中國購買生絲;1617年,公司再次重申了該項訓令。

2.磁器

中國磁器是荷蘭東印度公司在東方致力經營的一項重要商品。東印度公司成立不久,便在萬丹、北大年購買、轉販中國磁器,中國商人也將大量磁器運到爪哇等地出售。[77]1602年,荷蘭殖民者捕獲葡萄牙大帆船聖覺格號,船上滿載各種磁器,荷蘭人瓜分了這些磁器並轉手倒賣。磁器貿易的真正轉折點是在1604年,該年荷蘭殖民者在大泥又捕獲葡萄牙商船卡塞琳娜號,船上載有30拉斯特(1拉斯特為1000公斤)的磁器,包括大批精磁。當這批貨物在阿姆斯特丹拍賣的時候,整個歐洲為之風靡,他們尤為其中晶瑩絢麗的中國青花磁器所震驚,法國國王亨利四世購買了「最優質的磁器」,英國國王詹姆斯一世也買進了一大批精磁,荷蘭人從中獲得了驚人的利益。[78]從此,中國磁器在歐洲市場名聲大振,貿易利潤迅速上升。為此,荷蘭東印度公司要求儘可能從中國得到定期的磁器供給以滿足歐洲市場。[79]此後,荷蘭殖民者購買中國磁器的記載俯拾皆是,如1608年7月28日大泥商館記錄寫道:該年向中國人訂購了如下磁器:黃油碟50000枚、碟50000枚、黑白壺1000個、大碟1000枚、大碗1000只及若干小碗、葡萄酒壺500個——如果他們能作的話——帶把和飲口的小水壺500個、漂亮的大杯500個、小調味碟500枚、漂亮的水果碟2000枚,倘若能作,鹽罐1000個,以及漂亮的直徑2.5英吋的大碟200枚。1610年7月,一艘荷蘭船攜9227件磁器到達荷蘭;1612年兩艘荷蘭船隻載來總計38641件磁器,價值6793佛羅林。[80]我們試將1620年和1622年荷蘭東印度公司董事會要求巴達維亞購買的中國磁器列舉如下,以窺當時歐洲對中國磁器需求之大(單位件):

1620年

深牛油碟4000

淺牛油碟12000

大果盤12000

小果盤3000

大杯4000

小杯4000

大碟500

中碟2000

小碟4000

大碗1000

小碗2000

茶盤8000

餐碟8000

1622年

大碟4000

小碟2000

更小的碟4500

深牛油碟4000

淺牛油碟2500

果碟9000

小果盤3000

卷邊形杯8000

碗1000

小碗2000

茶托8000

餐碟5000[81]

上述可見，17世紀初，隨著歐洲市場上對中國商品，尤其是生絲和磁器的需求量的日益增長，生絲與磁器的販賣價格日形高漲，荷蘭殖民者透過對亞歐兩地商品價格的攫取，獲得了高額的利潤，面對這種局勢，荷蘭東印度公司董事會多次指令巴達維亞當局必須透過各種渠道收購中國商品，努力打開對華直接貿易，以建立穩定、可靠的中國商品來源，供給歐洲市場。

其次，隨著對日貿易的開闢，荷蘭殖民者透過對日貿易的實踐和對日本市場的調查，認識到中國商品，尤其是生絲和絹織物，是日本市場輸入量最大、貿易利潤最高的商品。對日本貿易能否開拓和發展，關鍵在於能不能掌握中國商品來源，因而痛感打開對華貿易的必要性和迫切性。

1600年4月，荷蘭船隻愛情號在海上遇到風暴，被漂至日本九州東北部海岸豐後地方，日本政府救助了荷蘭船員，並引導他們晉見德川家康，獲得貿易的許可，英國航海長威廉‧亞當斯得到家康的賞識，留為顧問，日荷交往從此開始。日本允許荷蘭人自由貿易的消息傳回荷蘭之後，東印度公司董事會於1606年2月，決定努力建立與日本的貿易關係。1609年7月，荷蘭使節正式來到日本，獲得家康的朱印狀，9月20日，決定在平戶開設商館。但由於葡萄牙人的阻撓和東南亞事務的牽扯，直到1612年8月，日荷貿易才真正大規模開始。該年兩艘荷蘭船隻分別滿載了香料、胡椒等東南亞產品和生絲、磁器等中國商品到達平戶，並為平戶商館留下一艘大船以從事近海運輸。[82]然而，隨著對日貿易的發展，荷蘭殖民者逐漸發現，他們正面對著一個與香料群島迥然不同的新的市場結構，其主要特點就是，香料群島的貿易是以印度產的棉織品為主要的商品，而日本市場占首位的卻是中國產的生絲和絹織物，此種情形的出現，則與當時日本社會經濟的發展有著密切的關係。

織田信長和豐田秀吉統一日本後，結束了戰國的混亂局面，社會經濟得到了較快的恢復，武士階級逐漸從農村分離出來聚居於城下町，商品貨幣經濟發展起來，江戶、大阪等城市的人口急劇膨脹，人們對各種絹織物的需求量與日俱增。

據17世紀初滯留在長崎的一名西班牙商人的記載：「24年前,太閣樣Thaycusama平定、征服這個國家以來,人們比以前任何時候都更熱衷於打扮。」[83]對絹織物的需求,刺激了日本絲織手工業的發展,在室町時代,只有唯一的京都絲織,應仁之亂（1467—1477）後,一部分織工移居到北部的白雲村,另一部分則移至當時的自由城市堺定居,從事絲織業。到了全國統一,以這些外流的織工為基礎,絲織業迅速興起,而明朝紡織技術的輸入和絲織業內部分工日益細密,絲織行業的生產效率大為提高。在西陣,織工們仿照明織法生產著名的倭錦、唐織錦、金襴,同時又參照西洋製法,織出天鵝絨,西陣織以此名聲大振；在博多,竹若右門發明了質如琥珀、紋若柳條的博多織,深受豐臣秀吉的賞識[84]。但是,日本絲織業的發展與蠶絲生產卻是脫節的,原料生絲遠遠不能滿足自己的需要；據西班牙人記載,日本每年消費生絲3500畢克（1畢克約63公斤）[85],而本國在收成最好的年份才出產生絲1500至2000畢克。[86]所以,「現在即使從中國或馬尼拉運來所有的生絲,對他們來說似乎也是不夠的。」[87]在17世紀,每年從長崎輸入的生絲即達30至40萬斤[88],這些生絲除一部分從東京（越南北部）輸入外,絕大部分來自中國,萬曆末年的一條史料指出：「彼中百貨取資於我,最多者無若絲,次則磁,最急者無如藥,通國所用,輾轉灌輸,即南北並通,不厭多也。」[89]供不應求,導致了生絲價格的上漲,市場上一般價格為每斤2兩5錢,最高可達每斤5兩。[90]1624年日本商人以每擔260兩從中國購入生絲,而中國市價低時僅60兩,最高不超過150兩,也就是說可獲百分之二百至三百的利潤。[91]由於利之所在,在絲價高漲的1616年,連秀忠也把自己所存的生絲向市場拋售牟利。[92]生絲之外,日本每年還大量輸入中國絲織產品,「（來自中國的）幾千斤的純色或帶刺繡的天鵝絨、純色的琥珀織、緞子、薄羅紗以及此外各種各樣的布料,每年都可銷售一空,不分男女,都穿著各種各樣帶色彩的衣服,無論是少女還是未婚姑娘,即使50歲以上的婦人亦如此。」[93]

日本市場上述特點,已經逐漸開始為人們所認識。當地的英國人指出：必須謀求從中國輸入商品才能發展對日貿易。歐洲商品在日本市場已經飽和並且不適銷。[94]德川家康的顧問威廉·亞當斯在一封信中也寫道：歐洲商品遠不如中國商品那麼受人歡迎。他建議英國應該從中國獲得商品然後轉販日本,才能獲得利

益。[95]在一個時期裡,英國人曾打算在盛產生絲的中國長江口的某個島嶼上建立商業據點,沒有成功。為此,英國平戶商館長庫克斯在給公司的報告書中表示:「我贊成閣下的意見,如果不能確保對華貿易,將日本商館維持下去將是一種徒勞的浪費。」[96]1623年英國被迫自行關閉平戶商館,與他們未能打開對華貿易有著直接的關係。荷蘭殖民者也清楚地懂得這一點,1613年2月23日,平戶商館長勃羅埃在給荷印總督的信中說:如果荷蘭人得以在中國自由貿易,那麼對日貿易獲利之時便指日可待。1616年10月,商務員康布斯在一封信中也寫道:「中國貨物確實有相當的利益……只要處置得當,日本無疑將成為我們在東印度所擁有的最有利的商館之一。」[97]但是由於一直無法直接從中國獲得商品,荷蘭殖民者曾一度對遠東貿易陷於悲觀。1616年,公司董事會曾指令:由於對華貿易仍然閉鎖,妨礙了在日本銷售中國商品,日本商館應予關閉,只是由於荷印當局認為對日貿易並非一無所得,而中國商品亦遲早有希望到手,扣留了這項指令,日本商館才得繼續存在。[98]

由此可見,無論是供給歐洲市場還是發展對日貿易,荷蘭殖民者都面臨著一個共同而迫切的課題,這就是如何掌握中國商品來源,打開對華貿易,它隨著時間的推移而日形嚴峻,對華通商成功與否,已經成了荷蘭殖民者在遠東貿易成敗的關鍵所在。

最後,重商主義時代的商業利潤,來源於流通領域,賤買貴賣是利潤的源泉,獨立的商業資本的要求是儘可能以廉價購買商品而以高價出售。因此,它的本性是排他的,它要求貿易的獨占或壟斷,荷蘭東印度公司作為獨立商業資本的體現者,它的政策反映著這種要求,建立遠東貿易獨占,打擊西班牙和葡萄牙舊有的商業霸權,是它的主要目的之一。然而,我們卻看到,與荷蘭殖民者在遠東貿易上的困境相反,他們的敵人—西班牙和葡萄牙卻開展著繁盛的對華貿易並獲得了莫大的利益。

葡萄牙殖民者於1557年透過欺騙、賄賂手段混入澳門,建立居留地,並逐步將其發展成為葡萄牙在遠東貿易的中心。他們透過澳門從中國購買了大量商品轉運到日本、果阿和歐洲,又從日本運回大量白銀,從南洋載來了大批香料,以

支付中國產品的價格，他們從這種轉口貿易中攫取了很大的利潤。1580年在馬六甲的拉爾夫·菲奇在他的旅行記中寫道：葡萄牙人每年從中國的澳門運載大量生絲、麝香和磁器等到日本，從日本運出大量白銀。[99]當時的日葡貿易即以中國生絲為主，早在1560年，義大利菲德利奇便記載：「葡萄牙人每年有重要的船一艘滿載生絲從中國前往日本，載回這些生絲換來的白銀，將這些銀在中國出售。」[100]當時，由於日明間因倭寇問題斷絕往來，葡萄牙幾乎獨攬日中間的商品貿易。16世紀末每年經由葡萄牙殖民者輸入日本的生絲和絲織品便達1500畢克，每年獲利可達50萬得卡得。[101]這種狀況在中國史料中也有所反映，據載：「日本長崎地方，廣東香山澳佛郎機番，每年至長崎買賣，裝載禁鉛、白絲、扣線、紅木、金物等貨，進見關白，透報大明消息。」[102]1629年荷蘭臺灣總督彼得·納茨在給巴達維亞荷印總督和東印度公司評議會關於中國貿易問題的報告中也指出：「在澳門的葡萄牙人同中國貿易已有113年的歷史，他們付出特殊的費用，獻上優厚的禮物並派出幾次使節之後，中國政府才允許他們居留澳門。每年兩次到廣州（那裡每年舉行兩次盛大的市集）去買貨，他們的確從這種通商中比馬尼拉的商人或者我們獲得更多的利潤，因為他們在中國住了很久，積累了豐富的知識和經驗，這使他們得到的貨品，質量要比別人好，品種比別人多，他們有機會按照他們特殊的需要訂製貨品，規定出絲綢的寬度、長度、花樣、重量，以適合日本、東印度和葡萄牙市場的需要。」[103]

西班牙自從黎牙實比在1571年5月占領馬尼拉之後，宣布馬尼拉為西屬菲律賓的首府，在菲律賓群島建立了殖民統治。早在西班牙殖民者到來之前，馬尼拉、宿務、蘇祿等港口，每年都有很多中國商船前來貿易，為了招徠華商。黎牙實比實行了一些鼓勵政策，並釋放了一些被迫為奴的中國人，這些人回國後傳播的消息，使大批中國商人紛紛前往貿易。[104]菲律賓市場上充斥了各種各樣的中國商品，據《菲律賓群島志》的記載：17世紀初，每年有30至40艘中國商船成群結隊地前來，他們運來的商品有各種類型的生絲，大批天鵝絨、絲織品、錦緞、花緞、線緞、絲毛混紡品，各種顏色的衣料、亞麻布、麝香、床上用品、地毯、馬飾、寶石、水壺、鐵鍋，各種水果製成的蜜餞、肉類、水果、玩具、活牲畜等，「數不勝數，以至沒有足夠的紙張來寫這些珍奇的東西。」[105]在這當

中，又以生絲及絹織物居多，西班牙殖民者將大量絲綢運往美洲，建立了中國—馬尼拉—阿卡普爾貿易航線，這就是著名的「大帆船貿易」；而日本商人由於對明貿易斷絕，也紛紛到呂宋購買中國商品，1575年西班牙官吏在給菲力浦二世的信中寫道：「距呂宋200里格內外的日本，出產許多白銀，每年載有許多商品的船隻從日本來到菲律賓，他們主要以銀和金進行交易。」此外，從日本還運來了小麥粉和其他生活必須品，而日本商人則運回大批中國生絲和絹織物。[106]中國史料也記載：「（倭亂後）倭自知寡重，無由得言貢市，我邊海亦真實戒嚴，無敢通倭者，即有之，亦眇小商販，不足給其國用，於是有西洋番舶者，市我湖絲諸物，走諸國貿易，若呂宋者，其大都會也。而我浙直商人，乃皆走呂宋諸國，倭所欲得於我者，悉轉市之呂宋諸國。」[107]「中國湖絲百斤，價銀百兩者，至彼得價二倍。」[108]由於商品供不應求，市場競爭激烈，「價時騰貴，湖絲有每斤價至5兩者。」[109]與此同時，大批貴金屬則流入中國，最初大約每年30萬比索，以後增至200萬比索，以至西班牙人說：中國皇帝可以用這些白銀建造一座宮殿。[110]

但是，荷蘭殖民者針對西班牙和葡萄牙的貿易狀況進行認真的分析，認為這種貿易雖然表面上繁榮，但實際上是脆弱的，是可以被突破的，他們認定：「毫無疑義，葡萄牙人和西班牙人在印度的唯一支柱是中國貿易。」[111]事實也正是如此，隨著葡萄牙和西班牙在東南亞香料貿易和殖民地角逐中的節節失利，對華貿易已經逐漸成為他們最有利可圖的事業，這種貿易的任何破壞，對他們都是一種致命的威脅。1580年一位葡萄牙教士說，如果中日航線上的價值50萬得卡得的船隻損失的話，澳門將歸於毀滅[112]，而在日本的葡萄牙教會的開支，也必須由中日生絲貿易的利潤所得來支付。[113]在馬尼拉，「同中國的貿易是這塊西班牙殖民地非常和最重要的事情，這個殖民地的繁榮隨著貿易而高漲或衰落。」[114]1603年，西班牙殖民者野蠻屠殺華僑，福建當局於1605年致信菲律賓總督表示：「如果菲律賓不改變其態度的話，我們將斷然停止與菲律賓的貿易。」引起西班牙殖民當局的恐慌，他們寫道：「一旦來自中國的貿易被斷絕，菲律賓只能完全歸於毀滅。」[115]針對這種狀況，荷蘭殖民者認為：「現在他們除了中國以外，不能從任何別的國家獲得可觀的利潤了。因此，如果我們能夠剝

奪他們和中國的貿易，或者減少這種貿易的利潤，像我們許多地方做到的那樣，他們就會被迫放棄他們最好的立足地如澳門、馬尼拉、馬六甲、帝汶，他們在摩鹿加群島的公司就會自行倒閉，本公司就可以輕而易舉地把中國貿易攬在手裡。」[116]

從以上論述可以看出，在1610至20年代，中國貿易一直是荷蘭殖民者開拓遠東貿易重心所在[117]，遠東貿易的盛衰與中國貿易的成敗密切聯繫，打開對對華貿易、建立貿易獨占。既是發展遠東貿易、攫取高額利潤的至要手段，也是打擊西班牙和葡萄牙的競爭、到達壟斷貿易的必由之路，兩者不可或離。可以說，荷蘭殖民者正處於前進還是後退的十字街頭，已經沒有繼續徘徊、觀望的餘地了。對他們來說，現在最重要的唯一可供選擇的是在中國沿岸建立自己的貿易據點，1620年9月9日，公司董事會指令必須奪取一個適當的對華貿易的根據地。巴達維亞雖然足以控制東印度群島，然其觸角不及北方；大泥商館雖有中國商船前往，但離中國畢竟太遠了，中國商船常常不願到這些地方去，即給領該澳文引者，「或貪路近利多，陰販呂宋，夷（指荷蘭殖民者）滋怨望，疑呂宋之截留其賈船也。」[118]的確，沒有接近中國海岸的商業據點，荷蘭殖民者的目標是無論如何不能達成的。1690至1692年曾在日本居留的荷蘭人凱姆貝爾在回顧這段往事的時候寫道：

當時西班牙人和葡萄牙人正處於興旺的頂峰，他們在長崎有一個大而繁盛的居留地，由於他們能夠將生絲織品供應給這個人煙稠密的日本帝國，所以他們比我們占著優勢，生絲和絲織品一向是日本大量消耗的商品，直到現在仍是如此。我們那時在出產優良蠶絲的中國及其鄰近的國家裡還沒有得到居留地，那時候，韃靼人還沒有入侵中國，中國還是由它本國的皇帝統治著，一切對外國的商業都是封閉著的，中國人不准出國也不准輸出任何土產，我們既不能到中國海邊去取貨，所以我們只能從中國人那裡得到小量的生絲，並且即使是小量的生絲，我們都必須採用走私的方式。[119]

荷蘭殖民者再也無法容忍這種狀況繼續下去了。

那麼，這個重要的對華貿易據點究竟應建立在什麼地方呢？當時荷蘭殖民者

心目中有三個地點：葡屬澳門、澎湖群島和臺灣。澳門是葡萄牙遠東貿易的中心，它與中國廣東省相接壤，可以直接獲得中國商品，並且地處巴達維亞和平戶航線的中央，地理位置良好。但是，葡萄牙人在澳門已經有相當長的歷史，與中國官府建立了各種密切的關係，他們向明政府繳納租金，接受中國官吏的監督，對澳門的任何攻擊都會被看作是對王朝的敵對行動。

1603年荷蘭殖民者進攻澳門，沒有獲得成功，只是摧毀了一艘大帆船。1622年，他們又大規模地攻擊澳門，但遇到葡萄牙和中國的聯合抵抗，最終敗退。武力占領澳門，不僅在軍事上會遭到強大的防禦，而且會引起中國政府的疑慮和敵視，依靠這種方法是無法開關對華通商的。因此，擺在他們面前最有可能的選擇是澎湖和臺灣。早在1613年2月23日，荷蘭平戶商館長勃羅埃在給總督的信中就提議：在臺灣設立荷蘭商館，透過臺灣進行中國貨物的貿易活動。[120]到了1620年9月，東印度公司董事會在要求設法獲得一個便於對華貿易中繼站的時候，便特別指出：葡萄牙人及為他們服務的人們報告說「Lequeno pequeno（小琉球）是個很適當的地方。」[121]與此同時，我們還看到，不僅荷蘭，葡萄牙和西班牙也早就注意臺灣了。1610年2月17日，葡王菲力浦二世在給印度副王路易‧達沃拉的信件中就提到臺灣島的重要性，並要求儘可能破壞日本占領臺灣的企圖，以保護澳門的貿易地位。[122]西班牙菲律賓當局也在16世紀末就有占領臺灣的計劃。1597年6月22日，總督格司曼力主出兵臺灣，1598年，派遣薩摩蒂奧率船2艘前往臺灣勘查，因風暴所阻未果；17世紀後，又繼續窺視臺灣。[123]

人們也許會感到奇怪，一向默默無聞、不惹人注目的臺灣島，到17世紀初為什麼忽然引起人們的廣泛注意，開始成為殖民者計劃的對象了呢？回答很簡單，這就是17世紀初的臺灣在遠東貿易航路中的地位越來越重要了，遠東貿易格局的新變化和旁近臺灣的貿易往來的日益頻繁，改變了臺灣的國際地位，如果我們以臺灣為中心，將遠東分為南北兩個部分的話，那麼就會看到，無論是南方航路、北方航路或是南北航路，都以臺灣西海岸為其匯點。

南方航路：這條航路從中國漳州出發，經澎湖折南而行，直抵呂宋、爪哇、北大年等南洋群島各地，「澎湖溝，分流東西，泉漳人行賈呂宋，必經其間，自

此以東為順流,其返也,過澎湖而西,復為順流。」[124]曾經引導葡萄牙人迦馬到東印度的伊本‧馬治德在他的著作《關於海的學問的原理與基礎實用書籍》第6章中,記載中從南洋群島到中國泉州的航路:從馬六甲沿半島南下達實加羅,然後沿半島東岸北上抵大泥,再北進泊於孫姑那,繼抵暹羅,然後由印支半島西岸南下到柬埔寨,東北行至占碑,再往前直達臺灣Liwaqiu,最後到達中國的泉州港SinZaitun。[125]

北方航路:即中日航路,中日間的往來最初由朝鮮半島西岸北上,再從遼東循陸路而行,到南北朝時期增闢了從百濟直渡山東半島,繼而沿海岸到江南港口的南道,隋唐時期,又開通了橫跨東海到達揚州、明州的航路。到了明代,據《使倭針經圖說》云:從長樂梅花所開洋,經小琉球、花瓶嶼、釣魚嶼、古米山、那霸港,可直達日本;[126]又據《瓊浦偶筆》載:從廈門放洋,乘南風見雞籠山,再經薩峒、大島、天堂而抵日本長崎。[127]因此可以看出,北方航路存在逐漸南移的趨勢,以至愈為接近臺灣。明人亦言:「始倭之通中國也,實自遼東,由六朝及今,乃從南道。」[128]「海寇……往者由新羅、百濟至遼陽南下,本朝初由大小琉球迂繞福建至浙,近乃發五島由八山,霍山,直對寧波。」[129]

南北航路:從馬尼拉到長崎,途徑澎湖水道,每年大約6、7月放洋,10月末至翌年3月初乘北風而返,[130]從澳門到長崎,途次大柑、烏圻、雞籠以進。[131]此外還有福建至琉球和臺灣的東西航路,出閩江口,過小琉球,平嘉山、釣魚嶼、古米山,抵那霸港,凡1月;又從大陸充龍、烈嶼諸澳,歲歲有漳泉人至臺轉販鹿脯、鹿皮;[132]明政府還向對航雞籠、淡水的船隻徵收水餉。[133]

總之,北方航路的南移、南方航路往來貿易的頻繁,以及由於西方殖民者的東進和北上而引至的南北航路的發展,使各種大帆船、戎克船川航於臺灣海峽之間的頻率越來越大,因風遇難被漂至臺灣西海岸的事件屢見不鮮,臺灣島理所當然地為眾人所矚目,它的地位也必然愈來愈被為獨占遠東貿易而劇烈競爭的西方殖民者所認識和重視。只要任何一方占領臺灣,控制航路,都勢必打破遠東舊的海上力量布局。所以,臺灣海峽的前途掌握在誰的手裡,誰就掌握了遠東貿易的主動權,這在1620年代已經成為現實的問題呈現在人們面前,當荷蘭殖民者獲

悉西班牙占領臺灣的計劃後,他們之所以迫不及待地立即派遣艦隊以先發制人,其原因正在於此。

然而,臺灣本島本身卻存在著不可克服的缺點,它距離中國大陸沿海的商業中心稍嫌途遠,更令人失望的是,臺灣西海岸在當時竟不能找到良好的港灣(雖然事實上是存在的)。1603年,韋麻郎第一次侵入澎湖期間,曾到臺灣沿岸活動,結果沒有發現良港;另據一艘在臺灣海面遇難的荷蘭船隻莫吉爾號的報告,在北緯23度的地方有一個叫做Tangesan的港灣,除此之外,沒有其他更好的良港,但即便是這個港灣,入口處水深也不超過12尺。[134]這樣,荷蘭殖民者便把注意力集中在澎湖,他們發現澎湖比澳門和臺灣擁有更多的優越性。

從前面我們描述的航路來看,它們都經過臺灣西部海面,亦即臺灣海峽,而澎湖群島正處於海峽的中部偏東,扼住了這個通道的咽喉,最容易阻截馬尼拉、澳門與中國、日本間往來的商船,從這一方面說,它比臺灣本島更重要得多。福建巡撫孚遠曾指出:「查澎湖屬晉江地面,遙恃海中,為東西二洋、暹羅、呂宋、琉球、日本必經之地……若於此設將屯兵,築城置營,且耕且守,據海洋之要害,斷諸夷往來,則尤為長駕遠馭之策。」[135]這就一語道破了澎湖戰略地位之重要。倘若我們換一個角度從澎湖向西觀察,立刻可以看到一個對外貿易的黃金海岸——福建漳泉地區,這就是為西方殖民者所垂涎的Chinchu一帶,它是明中葉以來中國海外貿易最繁盛的地方,每天有無數戎克船滿載商品進進出出,對急於控制中國商品來源,打開對華貿易的荷蘭殖民者來說,澎湖的這個優越條件是澳門和臺灣所無法替代的,這也正是吸引他們到這裡來的重要因素。荷蘭東印度總督柯恩在給遠征艦隊司令雷約茲的指令中就明確指出:「稱作佩斯卡多爾Pescadores(即澎湖)的漳州附近的群島對於阻止馬尼拉的中國貿易,使中國人服從於我們的意志,處於最適宜的位置。」[136]現在我們可以明白蕩什麼西班牙殖民當局侵占臺灣島的計劃暴露後,荷蘭殖民者反措施的主要目標卻不是臺灣而是澎湖的原因所在了。

綜上所述,我們認為,控制中國商品來源、開闢對華通商、建立遠東貿易獨占,是促使荷蘭殖民者決定在中國沿岸進行一次冒險的主要動因。而澎湖群島的

優越地理位置則使之成為這次行動的首要目標。因此，1622年至1624年澎湖危機的爆發並非偶然，它是荷蘭殖民者在遠東的貿易擴張及其與西班牙、葡萄牙之間殖民競爭發展的必然產物。

澎湖危機的導火線是西班牙殖民者占領臺灣的計劃，由於安特衛普停戰協定即將期滿，為了爭取英國在歐洲支持荷蘭反對西班牙，英荷於1619年7月17日達成協議，荷蘭在東方殖民地做出了重大的讓步，例如在協議中規定：英國人可以得到馬魯古群島、安汶島和班達群島的香料貿易份額的三分之一；在對華貿易方面，規定雙方共同進行，任何一方不得獨占。[137]同時，建立了共同防務委員會，組成聯合艦隊，保護遠東貿易航道，打擊西班牙和葡萄牙的勢力。從此，英荷聯合艦隊巡航於澳門、馬尼拉與日本的航道，襲擊葡、西船隻，尤其是在1621年初，英荷艦隊雲集馬尼拉灣，阻截前來貿易的中國商船，沉重地打擊了西班牙的貿易。據統計，截至1622年9月，英荷艦隊的俘獲物價值已達262129荷盾。[138]這樣，感到威脅的西班牙殖民者在給本國政府的報告中提議占領臺灣以與之相對抗。[139]1621年11—12月間，荷蘭殖民者從捕獲的西班牙船上獲悉這個建議，立即決定採取先發制人的措施。1622年4月，柯恩向雷約茲發出如下指令：

1.攻占澳門要塞並在中國沿岸設置常駐艦隊。

2.如果認為澳門不必攻擊或攻擊失利，則將艦隊開往澎湖群島。

3.立即派人探測臺灣沿岸，發現良港即予占領。[140]

1622年4月10日，遠征艦隊離開巴達維亞，6月22日抵達澳門，24日發起攻擊，但遭到失敗。荷蘭殖民者隨即開始實施下一步計劃，北上占領澎湖群島。於是便發生了本節一開頭所提到的那些情景。

二、戰爭與談判：危機進程及幾個問題的辨析

荷蘭遠征艦隊侵入澎湖是在1622年7月，這時正值夏季，春秋汛守的中國軍隊早已撤離，因而荷蘭殖民者沒有遭到任何抵抗便輕而易舉地占領了澎湖。到了8月，荷蘭人的築城工作正式開始。在此之前，曾沿臺灣西南海岸進行探測。對

臺灣沿岸是否擁有良港，他們自己並沒有什麼瞭解，據情報，最優良的港灣Tangesan入口處水深也不超過12英呎。因此，根據柯恩的指令，雷約茲在7月27日立即向臺灣沿岸航行，30日進入大員港[141]，測量結果表明，入口處水深最低潮時為12英尋，滿潮時為15—16英尋，而且航道彎曲，大船隻不能進出自如。[142]雷約茲認為：「在福摩薩島不能發現比澎湖大島更便利的地方。」[143]率船返回澎湖。1662年8月1日，雷約茲向艦隊評議會報告了探測經過，評議會通過決議，決定在澎湖構築城堡，決議錄在談到澎湖的重要地位時指出：澎湖島位於北緯23度3分1秒，距漳州18至19英里，距大員10英里，是所有島嶼中最適宜的，而且背靠臺灣、面對漳州，能夠扼阻大員的航路，控制中國沿岸的港口。[144]

城堡建築於8月2日動工，年底基本完成，以後又幾經修繕。與此同時，8月7日，雷約茲正式派遣漢斯・麥德特率3艘船到中國海岸要求通商。從而開始了中荷雙方往來交涉的進程。

福州談判：明朝福建當局在接到荷蘭殖民者侵占澎湖的消息之後，巡撫商周祚旋即於1622年9月29日派遣官員到達澎湖，要求他們撤出，並建議：如果荷蘭人想進行貿易，可以到北緯27度附近的Tamshy（淡水）去，還表示願意提供引航人員。但遭到荷蘭殖民者的拒絕。雷約茲明確表示將固守澎湖，並以武力相威脅。10月中旬，一支由8艘船隻組成的艦隊向大陸沿岸進發，「看看能不能透過武力的行動以打開中國貿易。」[145]這只艦隊在廈門附近摧毀了大小中國帆船7、80艘，但並沒有收到什麼大的效果。為此，雷約茲決定親自與福建當局談判。1623年2月6日抵達福州，11日會見了巡撫商周祚[146]，據《雷約茲日記》的記載：商周祚表示歡迎遠方的人們前來貿易，並允許荷蘭人在找到適宜的地點之前暫留澎湖，但隨後應立即撤出，這樣才會允許中國人前往貿易。他私下對雷約茲的翻譯說：若荷蘭人離開澎湖，他可以答應阻止中國商船到馬尼拉貿易。相反，如果荷蘭人繼續留在那裡，則將斷絕與他們的一切聯繫。會談中雙方商定，派遣兩艘戎克船送中國使節攜書信到巴達維亞與總督談判，以便締結對雙方都有利的條約。會談結束後，商周祚向雷約茲贈送了一些禮物，並對荷蘭人盤踞在澎湖那

種不健康的地方感到不可思議，勸他們儘早離去。雷約茲返回澎湖之後，隨即於25日派遣商務員亞當斯‧威哈托率船兩艘到大員試行與中國貿易。[147]但商周祚誤以為荷蘭殖民者離開了澎湖，加上泉南遊擊張嘉策的謊報。因而在事實尚未弄清之前，便於4月份向北京報告：「紅夷遵諭拆城徙舟」[148]這樣在中國史料上便出現了荷蘭殖民者兩次在澎湖築城的錯誤記載。[149]

廈門戰爭：就在雷約茲與商周祚會談同時及其後，邦特庫等所率的一支艦隊在福建海岸進行一系列的騷擾活動，而福建當局又發現荷蘭人仍然盤踞澎湖，以為他們悔約重來。於是在1623年10月宣布海禁，禁止人民私自下海採捕或貿易，禁令的有效期到荷蘭殖民者離開澎湖為止。[150]對此，荷蘭遠征艦隊召開評議會，認為中國方面的海禁將阻礙對華貿易的開展，決定派格羅寧根號等4艘船隻前往漳州河口，以武力打開自由貿易的大門，在訴諸武力之前，盡一切可能與中國人進行談判。[151]10月28日，艦隊到達廈門港外，遞交了一封給廈門都督的信件，表示要求和平通商。11月15日，在廈門都督的允許下，默伊登號和埃拉斯默斯號來到廈門港內，不久，兩位中國官員攜全權證書來到船上，保證他們簽署的條約將得到承認並付諸實施，雙方締結了一個為期1年的協議，內容如下：

1.中國人將攜與荷蘭人擁有的資金相當的商品和絹織物到大員貿易。

2.本北季節風期間，中國派4艘載有商品的戎克船和1名資深人員到巴達維亞與荷印總督商談關於澎湖撤退問題。

3.在協議有效期間內，未經荷蘭人允許，中國商船不得前往馬尼拉、交趾、柬埔寨、大泥、占碑、Androqiery（丁機宜）等地。

隨後，中方代表提出條約應分中荷兩種文本，由都督簽字，然後雙方鄭重宣誓，要求荷方主要人員上岸到都督府，並留下3名中國人質，於是商務員韋郎斯和另外兩人一同上岸。但是，形勢很快發生突變，韋郎斯一行登陸後立即被拘留。當晚，中國方面又送來下了毒藥的酒菜酬勞荷蘭水手，第二天凌晨4時許，海面上突然漂來50餘隻熊熊燃燒的火船，默伊登號被炸得粉碎，荷蘭殖民者憤怒指責中國方面背信棄義。[152]實際上，中國史料告訴我們，所有這一切，都是地方官紳預先策劃好了的，其主要謀劃者為陳則賽。陳則賽號錫墀，同安官兜社

人,郡諸生,人稱「聰敏多智」,時「則賡贊畫軍門,謂夷性反覆,宜剿撫並用,乃詭詞議撫,剋日出家赀募敢死士,椎失置毒入夷舟遍餉之,且曰今日互市成,中外胥福,蓋姑盡醉。夷喜飲,則賡急下小艇趨舟歸,挾所制油蓑直撲其艦,乘風縱火,夷眾殲焉。」[153]另據檔案記載,此役「焚夷巨艦1只,生擒酋長高文律等52名,斬首8顆,其夷眾死於海濤及輜重沉溺者俱無算。」[154]所以事實很清楚,所謂締結條約,只不過是廈門地方當局「詭詞議撫」的一種計謀而已。

巴達維亞交涉:按照商周祚與雷約茲達成的諒解,中方派遣兩艘戎克船到巴達維亞與荷印總督進行交涉。據載,中方派出的是千總陳士瑛和洋商黃合興。據千總陳士瑛稟稱:「蒙差同洋商黃合興二船往咬留吧宣諭,至三角嶼遇夷船四艘,稱咬留吧王已往阿南國去,未得回文;又發夾板船五艘,直抵澎湖,要來互市。黃合興力止不允,撥番七名,將二船同夷船齊進大泥,瑛等謁大泥王,大泥酋稱:咬留吧酋各處調來夾板船,要往澎湖,若不允市,必動干戈。」[155]由於出發較晚,誤了風期,不能直航巴達維亞,在大泥停留許久,其中一艘返航,另一艘繼續前行,於1624年1月到達,這時柯恩已回荷蘭,新任總督為德·卡彭蒂爾,他們受到公司主要官員的迎接。陳士瑛等向卡彭蒂爾遞交了商周祚的一封書信,內容為:如果荷蘭人打算同中國貿易,必須到中國領域之外的地方進行,要是荷蘭人離開澎湖並不再派船到中國沿岸來,那麼就會讓大批中國商人到咬留吧貿易。陳士瑛等表示,他們此行目的是為了詢問荷蘭遠征艦隊占領澎湖及在中國海岸騷擾,是不是根據總督的命令行事,並就荷軍撤離澎湖之事進行交涉。1月23日,中國使節應邀出席卡彭蒂爾為他們舉行的午餐會,然後雙方進行會談。陳士瑛等指出:雷約茲與福建前巡撫商周祚之間曾有協議,由中方派使者到巴達維亞與總督商議荷軍撤出澎湖之事,在未得到新命令之前,暫許荷蘭人滯留澎湖。因此他們表示,如果荷蘭人放棄澎湖,在大員或附近居留,只要在中國領域之外,中國就可以到該地貿易,並斷絕與馬尼拉的關係。卡彭蒂爾則為公司的政策進行辯解,他說:從1604年的韋麻郎到現在的雷約茲,荷蘭人之所以屢次到中國沿岸去,只是為了開闢同中國的貿易關係,他要求中國首先在大員開始貿易,一段時間後,荷蘭方面再視情況撤出澎湖,如果荷方不遵從諾言,中國方面可以重新關閉貿易,等等。

有的學者說，這次巴達維亞交涉並沒有獲得什麼具體的結果，主要是由於中方所派使節的地位較低，資歷不夠。[156]我們認為，這種提法並不符合實際情況，在第一輪談判中，雙方確實沒有達成任何成議。但是，當荷蘭遠征艦隊在中國沿岸陷入困境的時候，情形則發生了變化。雷約茲在1624年2月20日發自澎湖的報告中，認為固守澎湖對公司沒有益處，他提議：「如果乘戎克船到巴達維亞的兩名中國使節到達的話，因他們是這個國家享有名望和有勢力的商人，同他們協商釋放在中國的中國人，或者開始在大員貿易，無疑是有效的。」[157]這樣，第二輪談判又開始了，4月8日，卡彭蒂爾和陳士瑛等「再次就有關開始中國貿易及澎湖島撤退問題進行談判，經過修正，以雙方都充分滿意的方式將此確定了下來。」[158]4月19日，中國使節的兩名僕人乘荷蘭船隻回國，隨身攜帶了致福州軍門和其他官員的書信，信中載有雙方達成協議之事。6月12日，陳士瑛等中國使節與接替雷約茲職務的宋克一同離開巴達維亞。由此可見，中國使節的活動仍然獲得了一定的成果。在第二輪談判中，雙方已就澎湖問題達成了初步的協議，得到了荷蘭撤出澎湖的承諾，促成了荷蘭方面政策上的某些轉變。此外，還應當提到，陳士瑛在大泥滯留期間給南居益發了一份報告，對談判前景表示悲觀，以至使南居益認定「狡夷之反覆必不可以理喻」，從而做出「天討之誅必加」的決定。隨之而來的向澎湖的大規模進兵，與此亦有著相當的聯繫。[159]

澎湖戰場談判：廈門事件發生後，雷約茲立即召開評議會，決定「在現狀允許的範圍內，儘可能派多數船隻到漳州河及中國沿岸，向不守信義的中國人發起新的戰爭，並盡力阻止（中國人）向馬尼拉渡航。」[160]會議強調必須全力襲擊中國港口，並向北部中國海岸進行騷擾，以更有力地打擊中國當局。但是，當荷蘭殖民者未及將計劃付諸實施的時候，南居益已經向澎湖島發起進攻了。

1624年2月8日，一支由4、50艘船隻組成的中國艦隊在Enqsopij（王守備？）的率領下出現在澎湖島外，預示著戰神正向澎湖群島逼進。[161]2月20日，第一批渡澎明軍在守備王夢熊等率領下經吉貝嶼突入鎮海港登陸，隨即「用竹圍實土為城，一夕而畢。」[162]荷蘭殖民者退守風櫃銃城；稍後，加銜都司顧思忠等率第二次策應舟師抵澎，與王夢熊會齊，「而夷猶然不去」。南居益繼發第三

批明軍，副將俞咨皋、巡海道孫國楨、游擊劉應龍等「慷慨誓師，攜手鼓楫，軸艫銜尾，旌旗掩濤。」於6月22日進抵娘媽宮前，與前兩批明軍會合。當時荷蘭殖民者據守的風櫃城，三面環海，唯嶺上嶼一線可通，但被掘斷深溝。6月24日，明軍將領深入暗澳「相度形勢，並偵夷動靜」[163]，認為「夷城在內，舟環其外，不攻舟，城不可破。」[164]決定「先攻舟，後攻城，舟不可泊，城必不能守」。[165]陸路在娘媽宮前山崗上布置火炮，海上「料理火舟，密布如柵」，駐軍風櫃、案山、蒔上澳以成掎角之勢。7月29日，明軍誓師發動總攻擊，水陸並發，守備王夢熊率隊直趨中墩札營，把總洪際元等船艦碇泊鎮海營前。此時，荷蘭遠征艦隊新任長官宋克已經到達[166]，他派通事到鎮海營前要求與明軍談判，晉見巡海道孫國楨，孫國楨「嚴責夷目，回催速返信地，遲則攻剿無遺。」[167]8月16日，「我兵直逼夷城，改分三路齊進」，戰爭一觸即發。這時，中國海商李旦出現在澎湖，表示願意充當斡旋者，此後，他穿梭往返於兩軍之間，轉達訊息，從中調解。最終雙方達成諒解，荷蘭殖民者在明軍協助下，於陰曆13日拆城。「夷船十三艘俱向東番遁去」。[168]宋克的報告書也說：「我們就於1624年8月26日，拆毀澎湖島的一切設施退往大員。」[169]

如何看待荷蘭殖民者退踞臺灣，學術界有兩種截然不同的看法。一種認為「該島從此就算正式割讓了」[170]，另一種意見說「在中國至多只能算作一種默認」[171]。我們認為，這兩種見解都帶有偏頗的傾向。應當承認，明朝福建當局從危機一開始就有把荷蘭殖民者引往臺灣的意向，商周祚派往澎湖的第一位使節就明確指出，如果荷蘭人「願意前往福摩薩島，並築城自衛，皇帝並不反對。」[172]只不過此處所指不是大員而是淡水罷了。在福州談判期間，還答應提供兩名引航員幫助荷蘭人尋找良港；南居益繼任之後，雖稱銳意進剿，但在這個問題上與商周祚的態度並無二致。他在奏捷疏中寫道：「夷舟十三艘所為望之如山阜、觸之如鐵石者，於是日遠遁，寄泊東番瑤波碧浪之中，暫假遊魂出沒，不足問也。」[173]澎湖前線主持談判的巡海道孫國楨，在荷蘭方面「乞緩進師，容運糧上船，即拆城遠還」時，也表示「（荷蘭人）得到了他永遠承認在大員和巴達維亞自由貿易的信，應該感到滿足」，並且「保證在我們（指荷蘭人）放棄城

堡退出澎湖時，將為我們求得福州軍門對開始貿易一事的批准。」[174]中國史料委婉地記為「姑許之」[175]。很清楚，無論是商周祚還是南居益、孫國禎，他們都鼓勵並同意荷蘭殖民者離開澎湖到臺灣去，這遠不僅止於「默認」。但是，也應當指出，這種鼓勵和同意絕不意味著割讓，按照國際法的基本原理，實行割讓的唯一形式是由讓與國和取得國以條約成立協議，割讓不僅是領土的強制性移轉，而且是無代價的移轉，澎湖危機中福建當局和明軍前線將領的意思充其量不過是口頭上暫時允許荷蘭人在大員滯留，以大員作為中荷通商貿易的口岸。即所謂「暫假」、「姑許」。雙方既沒有透過談判簽訂正式的書面和約，也沒有透過戰爭強迫某一方接受既成的領有事實，因此，根本無從談起任何形式的割讓。[176]所以，我們認為，在這個問題上的正確態度應該是，既不能同意所謂割讓的說法，也不必迴避史實去為明政府辯解，而應當實事求是地指出當時的實際情況，做出合理的闡釋。

上面我們以幾個主要事件為中心，對澎湖危機的進程作了概略的敘述，並就其中的一些問題進行辨析。緊接著我們來看福建當局在這次危機中的政策。我們知道，荷蘭殖民者侵占澎湖後，福建當局是下了大氣力來對付的，因為他們有守土之責，對澎湖在東南海防中的地位也有較深的認識；但是，福建當局在這次危機中到底實行了一條什麼樣的政策呢？

從這次危機的前後過程來看，福建當局整個政策的基調是在商周祚任內確定的。1623年2月23日（天啟3年正月24日）商周祚在一份奏摺中提出了這一政策的中心內容，他寫道：

蓋雖無內地互市之例，而閩商給引販咬��吧者，原未嘗不與該夷交易，今計止遵舊例，給發前引原販彼地舊商仍往咬��吧市販，不許在我內地開互市之名，諭令速離澎湖，揚帆歸國。如彼必以候信為辭，亦須退出海外別港以候，但不係我汛守之地，聽其擇便拋泊。唯嚴防要害，內固吾圉，仿北地清野之法，收斂人畜，伺其侵犯，或乘下艇，或誘登岸，以計擒之。如彼奉約無擾，我但治以不治。[177]

由此可知，福建當局採取的是一條相當保守的政策。它承諾繼續保持與荷蘭

的貿易關係，只要荷蘭殖民者離開「汛守之地」的澎湖，到「海外別港」，便可以「聽其擇便拋泊」。正如我們在前面已經指出的那樣，福建當局是以臺灣作為誘餌的，這樣，臺灣就成了福建當局保守政策的犧牲品；並且，唯一的防範措施只是加強海岸防禦，「伺其侵犯」，諭令速離澎湖，絲毫沒有主動進攻的意向。在這一政策的支配下，商周祚任內出現了「官兵觀望，但恃撫諭一道以圖僥倖」的情況。[178]到了南居益巡撫福建，「毅然排款市之說」[179]，態度變得較為強硬。他宣布海禁，募兵籌餉，準備進擊澎湖，然其實質仍不脫離商周祚之舊，對荷蘭殖民者退踞臺灣，亦置若罔聞。請看他在奏捷中是怎麼講的：

「來則急襲，去勿窮追。」

「汛地既復，威靈已暢，致不必窮追貪功，失馭夷廣大之道也。」

「東番瑤波碧浪之中，暫假遊魂出沒，不足問也。」

「毀城而遁者十餘艘，已見究無伏鼠；稍開一面，見天地之包荒；恢復寸疆，亦山河之增壯。」[180]

當然，從商周祚到南居益為什麼會執行這麼一條政策，其中還有十分深刻複雜的原因，我們在第三節將予以詳細剖析。這裡必須強調指出的是，這一政策帶有明顯的敷衍塞責的特色。可以看出，無論是以諭為主的商周祚還是以剿為主的南居益，他們的目的無非在於把荷蘭殖民者驅出澎湖汛地，以免中央朝廷的追究，至於臺灣，則視為化外之地，可以聽任外人隨意進出，甚至謂其「非中國之地」[181]，這較之萬曆年間福建當局對臺灣的重視和倭寇入據臺灣的強硬反應，後退不啻百倍。正如陳碧笙先生所指出的那樣：「這種只考慮個人職守，不顧國家安危的做法，又糊裡糊塗地把寶島臺灣放棄了38年。」[182]

1622—1624年的澎湖危機，時間並不太長，過程也不太曲折，但我們發現，這次危機有一個相當顯著的特點，就是漳泉地方士紳和私人海商的直接介入。而後者又以李旦為其主要代表，澎湖談判中，他作為一名斡旋者，對中荷雙方最後諒解的達成，起著重要的作用。這在以壓制海商、申嚴海禁而著稱的明代歷史上是沒有先例的，其中的原委，很值得作一番深入的研究。

在討論這個問題之前，有必要首先回溯一下明代海外貿易的一般情形。

明代的海外貿易可分為前後兩個時期。永樂及其以前的主要貿易形式是官方的朝貢貿易，這種貿易以承認明王朝宗主權的海外番國為對象，頒發表文勘合、限定船數、年限，專門設立市舶司機構進行管理，所輸入的貨物經官府抽分後，方可在官吏的監督下限日在館內與民間買賣（琉球、朝鮮除外）。它的特點是政治優於商利，往往賞賜的物品價值遠遠超過海外番國進貢物品的價值，目的是為了羈縻各國，保證海疆的安寧並為貴族地主提供奢侈品。因此，這種貿易的量是有限的，它處於國家主權的控制下，是封建經濟的一個組成部分。成弘之際，情況開始發生變化，出現了私人海外貿易活動，到了明中葉，隨著商品貨幣經濟的發展和個別發達地區手工業生產關係中資本主義因素的出現，原有的朝貢貿易形式已經不能適應日益擴大的對市場的需求。這樣，明中葉以後，私人海上貿易蓬勃發展起來，各種形式的走私活動瓦解了朝貢貿易的海上獨占。在東南沿海出現了一批以許二、王直、李光頭、陳思盼、毛海峰等人為代表的私人海上貿易商。他們從經營沿岸貿易開始，逐漸積累資本，向海外發展，到嘉靖年間，一批批擁有雄厚財力的私人海上貿易商集團形成了，私人海商的船隊川航於東西二洋間。[183]私人海上貿易的發展，促進了與海外貿易有關地區的商品貨幣關係的發展，也刺激了地方士紳的貪慾。他們當中的相當一部分人，以各種形式或多或少地參與了海外貿易活動。而私人海商為了擺脫明政府的海禁束縛，也往往樂於藉助豪紳巨室的勢力作掩護。兩者漸趨結合，而此種情形在福建漳泉地區尤為突出，「豪右之家，往往藏匿無賴，私造巨舟，接濟器食，相倚為利。」[184]鄭若曾指出：「漳泉多倚著姓宦族主之，方其番舶之泊近郊也，張掛旗號，人亦不可誰何，其導貨之行於他境，甚至有籍其關文，明貼封條，筴官夫以送出境至京者。」及至官軍捕獲，則「著姓官宦之人，又出官明認之曰：是某月日，某姓，某處粟稻也，或買杉也，或治裝買帛也。」以致「出海官軍不敢捕獲，不若得貨以縱賊無後患也。」[185]朱紈在1549年5月（嘉靖28年4月）的一份奏摺中便一針見血地說：海禁之所以不行，乃「通盜勢家」從中作梗，「此惡本之難除也」[186]。鄉紳地主與私人海商之間相互滲透，倚以為利，為雙方都帶來了高厚的利益，而更重要的是使私人海商與鄉紳地主間建立了密切的關係，私人海商透

過鄉紳地主的政治網絡，牽扯了一大批官僚政客，對朝廷及地方政策施加影響，海商或海商資本的政治發言權增強了。於是，逐漸導致官僚、地主、海商三位一體的局面，在沿海地區形成了與海上貿易密切關聯的鄉紳層，他們的態度，對地方當局乃至中央的決策不能不帶來一定的影響，這一特點在1624年的澎湖危機中，得到了集中的體現。

　　早在1604年韋麻郎第一次侵入澎湖期間，漳泉便有私商「潛裝華貨往市者」[187]，沈有容驅逐荷蘭殖民者，引起了漳泉地方士紳的強烈不滿，史稱「漳泉間射利者意欸欸，以為此不費航海，而坐收遠夷珍寶利百倍，若之何而失之？」[188]有的縉紳還公開說：「東粵之澳有互市，今粵中軍興賴以不乏，吾泉澎湖之市得無類比？」[189]到了1622年，荷蘭殖民者第二次侵入澎湖，挑起長達3載的澎湖危機，漳泉私人海商和地方士紳便進行更廣泛的活動。福建巡撫商周祚向巴達維亞派去的兩名談判代表中就有一人是洋商黃合興，他們力勸荷蘭人撤離澎湖到臺灣開始與中國的貿易，並表示：「在附近開始貿易無論對荷蘭還是對中國都是便利和有益的，冒著危險越過遠海到馬尼拉，一年也僅能航行一次，而在臺灣則減少了不便與和危險，並可作五次航行。」[190]邦特庫在廈門曾與一名叫薛伯泉Cipzuan的中國人商談，薛伯泉告訴他：「大約有三百名中國商人曾經集會商議，決定提呈稟帖給福州的軍門，請求批准跟我們進行貿易，因為（據他說）由於戰爭發生，他們損失了許多貨物，如果戰爭繼續下去，他們害怕將陷於貧困。因此，他們決定迫切懇求上述軍門准許跟我們維持和平，進行貿易。」[191]與此同時，福建士紳的態度也很不一致，「或言市，或言戰」[192]，而言市者恰恰是漳泉一帶的士紳，他們從各方面對福建當局的政策施以影響。葉向高在給喬按院的一封信中說：「唯紅夷盤踞，大為可憂，即閩人亦莫知計為。議者多主用兵，而漳泉士夫恐用兵則此兩郡先受其禍。」[193]在致南居益的信中寫道：「閩人多言用兵，而漳泉士夫謂若用兵則二郡且作戰場，先受其害。」[194]同時，他們還強調荷蘭殖民者前來澎湖並沒有太大的危害。「謂此夷亦易制」[195]，「泉南縉紳多言紅夷無能為，不足為深慮。」[196]甚至有「謂其舟與火器，中國必不能敵，且彼以市來，或未必為暴。可因而許之，以舒禍。」[197]因而可以肯定，危機期間福建當局所以遲遲沒有採取更為強硬的行動，與私人海商

及漳泉士紳的態度有著相當的關係。南居益接任福建巡撫之後，雖力排眾議，強硬派占據上風，但面對船堅炮利的荷蘭殖民者，卻仍然不能不藉助海商的力量，利用私人海商與荷蘭殖民者之間的聯繫進行勸諭、調解工作。另一方面，也應當看到在危機的後期，漳泉海商的自身利益也由於荷蘭殖民者在海上和沿岸的野蠻劫掠而受到嚴重損失（詳見第三節）甚至與荷蘭人過往甚密的鼓浪嶼洋商黃金的房屋、貨棧也被焚搶，對荷蘭殖民者的態度逐漸有所變化，也要求恢復和平。同時，又面臨著政府中強硬派的重壓，在這種局勢下，他們只能力圖從中謀求一個儘可能對自己有利的結局，正是在這一背景下，李旦出現在澎湖戰場對峙著的明荷軍隊之間，充當了一名斡旋者的角色。

李旦，又名李旭、李習，為平戶華僑首領，稱為華人甲必丹CaPitejn China，他活躍於東西二洋及臺灣之間，往來貿易，以下兩節史料便很能說明他在當時海外貿易中的地位：

游棍李旦，乃通夷許心素之流也，夙通日本，近結紅夷，茲以討私債而來，且祭祖為名，突入廈門，豈有好意，不過乘官禁販，密買絲綢，裝載發賣諸夷，並為番夷打聽消息，宜留之為質，俾貽書諸番，勿擾我邊海可也，徑聽其逸去，何也。[198]

……如李旦、黃明佐之儔，仍走夷鄉，代為畫策，更可慮矣。[199]

上文所謂「俾貽書諸番，勿擾我邊海」，「乃走夷鄉，代為畫策」等語表明，李旦在17世紀東西二洋貿易界有著相當重要的地位。同時，他與西方殖民主義者之間也有著十分密切的關係。英國在日本平戶開設商館之後，曾企圖開闢與中國的直接貿易關係，商館長庫克斯在他的日記中記載，他們曾投入大量費用委託中國海商頭目李旦和他的弟弟華宇盡力幫助。1614年1月10日，英國國王詹姆斯一世還致信中國皇帝要求通商互市，該信於1617年到達平戶，其中一封表示與中國友好，另一封則帶有威脅性，李旦則忠告庫克斯將後者留下，並在他的參與下改寫了前一封，由他負責轉呈中國當局。[200]另外，在中國國內，李旦與地方官僚士紳也有著廣泛的交往，據荷蘭人記載：「廈門都督Totok和附近的大官們都相當認識他。」「都督及其他大官們時常送糧食或其他物品給他，他則以

金錢回贈。當然，大官們投下石斑魚是為了獲得鱈魚。」[201]顯而易見，李旦在當時是一位與東西洋諸番國、西方殖民者及明朝官僚士紳各方都有密切聯繫的著名私人海商。這樣，我們便不難理解為什麼他會成為這次危機的調停人了。

在兩軍對峙、戰爭一觸即發的時刻，李旦突然在澎湖露面，據其自稱為前往日本偶爾途經此地[202]，實際上，李旦是負命在身的。據明代檔案記載，南居益在進軍澎湖之前，曾經與俞咨皋商討澎湖形勢，「臣問計將安出？咨皋言：泉州人李旦，久在倭用事，旦所親許心素，今在系，誠質心素子，使心素往諭旦立功贖罪，旦為我用，夷勢孤，可圖也。臣初不敢信，因進巡海道參政孫國禎，再四商榷，不宜執書生之見，掣閫外之肘，遂聽其所為。」[203]這就是李旦出現在澎湖的緣由。

此時，中荷雙方的態度都發生了較大的變化，荷蘭殖民者已經從巴達維亞得到可以撤離澎湖的新指令，中國方面則決計逼迫荷蘭殖民者退出澎湖。但是，荷蘭殖民者仍然堅持他們在危機進程中一再提出併力圖加以施行的阻止中國商船開往馬尼拉的要求。他們告訴李旦：「我們已經接到命令，如果中國人能在大員及巴達維亞開展貿易，並禁止船隻開往馬尼拉及其他地方，我們可以退出澎湖島。」[204]這種要求在以往的歷次談判中都曾被福建當局接受，只是當時荷蘭殖民者拒絕撤出澎湖而未達成協議。因此可以想見，如果這個條件再次在中荷雙方直接接觸的情況下提出，完全有可能為福建當局所承諾，這對以呂宋為主要貿易地區之一的漳泉海商來說，不能不是一個嚴重的問題。然而，李旦的出現，使雙方談判出現了一個中介環節，在他的勸說下，竟使得荷蘭殖民者同意放棄這一先決條件。據《巴達維亞城日誌》的記載，「中國甲必丹說：我們可以提出在大員和巴達維亞開展貿易，但不應該主張停止對馬尼拉通航，因為他們是聽不進去的，特別是現在中國人已經準備使用武力，提出這樣的建議，必將妨礙整個交涉的進展。我們也認識到，為使談判不致破裂，不應該牢守最初觀點。」[205]這不能不說是李旦為代表的漳泉海商在這次談判中謀求自身利益的一大成功。為了使雙方早日達成諒解，李旦在得到中國軍隊對其人身安全的保證後，開始穿梭活動，他向明軍方面強調：「我們（指荷蘭人─引者）於通商外，別無所求，我們

一意欲與中國人進行和平貿易。」[206]隨後又攜帶中方訊息給荷蘭殖民者，在他的斡旋下，終於以雙方都感到體面的方式結束了這次危機。

1622—1624年澎湖危機期間漳泉私人海商及地方士紳的廣泛介入，揭示了明中葉以來海外貿易的一個帶規律性的特徵，這就是，在明政府海禁政策的束縛下，私人海商資本為謀求自身的生存和發展，海外貿易發達地區的地主豪紳為了攫取暴利，開始相互滲透，互為利用。私人海商資本與地方士紳的結合使自己公開或走私的貿易活動得到了較強的政治保障，而地主豪紳向海外貿易領域的滲透，又使之得獲優厚的利益以供奢侈享樂和土地兼併，這就導致了沿海海外貿易利益既得者階層的形成，他們透過自己的政治聯繫，構成了一個勢力集團，對中央和地方政權的政策施加了或多或少的影響。但是，兩者的這種結合，雖然一方面有利於私人海商衝破海禁政策的束縛為自身的發展爭得部分權益，另一方面卻又不利於它的自由發展，使之與地主豪紳集團發生著千絲萬縷的聯繫，阻礙了私人海商資本的獨立化進程。應該說，這是明代私人海商資本發展緩慢的重要原因之一。

在結束本節之前，我們想簡略地提一下危機期間荷蘭殖民者在福建沿岸的暴行及其罪惡的人口販賣活動，我們不打算在這裡詳述這些活動的具體過程[207]，而是要著重說明它的背景和性質。

應當指出，掠奪和販賣中國人口到荷屬東印度殖民地去，本身就是荷蘭遠征艦隊的任務之一。據《燕·彼得遜·柯恩東印度商務文件集》的記載，柯恩曾就此給雷約茲下達過明確的指令：「你們當俘虜大量的中國男女和小孩，一來可以充實艦隊的人手，二來可以充實吧城、安汶、班達等地人口……因為只有吧城、安汶、班達等地人口得到充實，而後公司才能獲得大利，我們所有的城堡都要用他們的人力來建築和修理。」[208]其後，在給雷約茲的信中又一次強調：「建議閣下一有機會就大量俘虜中國男女和小孩……並在下次來船時送來吧城。」[209]就在他離任時，還在致新任總督德·卡彭蒂爾的信中寫道：「在下一個汛風季節裡，要派出一支艦隊前往澎湖和中國各地海灣、河道和港口，並且上岸儘量劫掠中國男女和小孩，……這些俘虜一來可以為公司服務，二來可以彌補戰費；因為

他們就像沒收到的中國商品一樣能給公司帶來好處。」[210]雷約茲正是忠實地執行了這一指令，「我們把來來往往所能抓到的中國人全都帶到這裡（指澎湖一引者）」，「我們把他們跟我們從別的大船和單桅帆船上帶來的其他中國人成對成對地縛在一起，我們利用他們運土到城堡中去，是的，當城堡建成時，他們的人數已達一千四百名之多，後來都被押送到巴達維亞去出售。」[211]顯而易見，1622—1624年澎湖危機期間荷蘭殖民者在福建沿岸的人口掠奪活動是有預謀、有計劃的，其目的是為了充實荷屬殖民地的勞動力，這是一種典型的強迫移民制。

危機期間，荷蘭殖民者在福建沿岸，或在海上捕捉商漁船艘，或登陸燒殺劫掠，犯下了纍纍罪行，限於篇幅，我們無法一一予以詳述，只須列舉以下典型事例便足以暴露這夥殖民強盜的兇殘嘴臉：

根據《東印度航海記》的記載，從1622年10月18日到1623年10月5日的1年時間內，僅邦特庫等人組成的一支小艦隊，便在漳泉沿海劫掠焚燒了7座村莊和幾個貨棧。捕獲、擊毀商漁船艘一百餘只，搶得一艘開往馬尼拉的中國商船上的價值成千上萬的貨物，和其他大量的生絲、魚乾等貨物，牽走百餘頭牛、豬、羊和雞等牲畜，還俘虜了大批中國人，僅有具體數字可查的便達370餘人之多，而被荷蘭殖民者殺害的中國人更是無法統計。[212]

危機期間被俘到澎湖的1400名中國俘虜，除哈勒姆號的180人似乎平安到達巴達維亞外，其餘的1150人死掉很多，到1623年9月，只有571人留待運往巴城，而這些人到1624年1月活著上岸的只不過33人了。[213]死亡比例竟占百分之八十五強，在殖民主義者強迫移民制下的中國俘虜的命運是多麼悲慘。

馬克思指出：「占主要統治地位的商業資本，到處都代表著一種掠奪制度，它在古代和新時代的商業民族中的發展，是和暴力掠奪、海盜行徑、綁架奴隸、征服殖民地直接結合在一起的，在迦太基、羅馬，後來在威尼斯人、葡萄牙人、荷蘭人等等那裡，情形都是這樣。」[214]荷蘭的殖民經濟史，「為背信棄義，賄賂，虐殺和卑鄙無恥，打開了一幅空前無比的畫圖。」[215]就連荷蘭史學家也不得不承認，柯恩為求與中國通商，實行的是「多麼暴戾、野蠻、偽善」的政策。

1622—1624年澎湖危機其間荷蘭殖民者在中國的暴行，清楚地向我們揭示：「資本來到世間，從頭到腳，每個毛孔都滴著血和骯髒的東西。」[216]

三、澎湖危機結局的原因及其影響

1622—1624年的澎湖危機，最終以荷蘭殖民者對臺灣的占領而告結束。現在人們常常抱怨明軍沒有繼續追殲荷蘭殖民者，使臺灣淪為殖民地長達38年之久，給東南海防留下了禍患；而對這次危機的影響，則往往過於低估。因此，對澎湖危機結局的原因及其影響，確有作一重新評估的必要。

先看危機結局的導因。平心而論，出現這種結局是有種種原因的，具體地說，明軍的行動受到了主客觀各方面因素的制約，很難事事如願。從主觀方面講，有如我們在第二節指出的那樣，福建當局的主要負責人存在著敷衍塞責的思想，這對危機的解決有消極作用。但說到底，還是由當時中國政治、財政和軍事各方面狀況所決定的；而荷蘭殖民者作為另一方，它的決策和行動也不能不對危機結局產生影響。以下讓我們從中荷兩方面分別予以剖析。

首先，1622—1624年間的中國社會，政治上正處於一個極其動盪不安的時期，各種政治鬥爭此起彼伏，明政府的統治陷入一片危機聲中。

在北方，滿族統治集團於1616年建立了大金政權（史稱後金），形成一股強大的地方勢力。1619年，後金在薩爾滸決戰中擊敗明軍，乘勝突入遼東。1621年，又攻克瀋陽，遷都遼陽。1622年，利用明遼防將領熊廷弼、王化貞之間的矛盾，繼而進兵遼河以西，遷都瀋陽。努爾哈赤還公然聲稱：「大而小，小而大，古來興亡變遷之道甚多……我金汗身行正道，況南京、北京、汴京本非一人所居之地，乃女真、漢人輪流居住之地。」[217]這時，後金政權已經具備了與明政府相抗衡的力量，大有問鼎中原之勢，滿洲貴族集團成了明政府最直接的威脅者。故當時人稱：「方今大患，無逾遼左。」[218]

在西部，1621年，四川爆發了奢崇明之亂，他們殺巡撫、據重慶、陷遵義，並且「僭偽號，設丞相五府等官，統所部及徼外雜蠻數萬。」[219]攻城克邑，直逼成都，震驚明王朝，不得不調集四川、貴州、雲南、湖廣軍隊一齊鎮

壓。然而,「崇明未平,而貴州安邦彥又起」,1622年,水西安邦彥挾宣慰使安位乘川亂而反,自稱羅甸王,「四十八支及他部頭目安邦俊,陳其愚等蜂起相應,烏撒土目安效良亦與通。」[220]其聲勢較前者有過之而無不及。奢安之亂,「西通巴蘗,南壓澳黔,又合烏沾、安南諸部落,綿旦長驅,動搖數省。」[221]以至明政府顧此失彼,「川貴不相應,賊益得自恣」。[222]蜂擁而起的地方土酋的叛亂活動,在整個1622—1624年澎湖危機期間,一直延續下來,成為明政府的一塊心病,只得四處徵調大批軍隊進行鎮壓。

在東面,山東人民由於不堪沉重的徭役和加派負擔,於1622年爆發了徐鴻儒領導的白蓮教起義,很快得到廣泛的響應,「深州王好賢,號聞香教,景州於弘志,號棒槌會,艾山劉永明,號安民王,而其餘四大金剛,二十八宿,莫不三方並起,剋日興師。」[223]義軍甚至一度切斷了河南至京城的糧道[224],明政府費了九牛二虎之力,將關外軍隊調回,才於半年後將起義鎮壓下去,而白蓮教餘部仍繼續在各地進行鬥爭。這次起義與川黔叛亂客觀上形成呼應局勢,沉重地打擊了明政府的統治,他們不得不嘆道:「今何時也,羽檄交馳於東西,兵餉屢催於中外,人心洶洶,國勢岌岌,呼吸之間,其關於成敗利鈍不淺,而猶得泄泄乎?」[225]

面對這種岌岌可危的局勢,明中央朝廷卻陷入內政危機之中。東林黨與浙、齊、楚、宣、昆各黨,相互攻訐,互為傾軋。萬曆末以來,相繼出現國本之爭、三王並封之爭、福王就國之爭,三案之爭,「論者蜂起」[226]。天啟年間,東林黨人一度當政,浙、宣、昆、楚各黨多受排斥。尤其是魏忠賢勢力的崛起,形成了閹黨集團,「自內閣、六部、四方總督、巡撫,遍置死黨。」[227]更使朝政陷入一片黑暗之中,他們「視大臣如奴隸,斥言官若孤雛,殺內廷外廷如草菅。」[228]楊漣、左光斗、魏大中、周順昌等東林黨人被逮至京,酷虐而死。

由此可見,在澎湖危機發生的1622—1624年間,無論東西南北,或是朝野上下,政治鬥爭、農民起義、外寇入侵等各種危機層出不窮。明政府的統治正處於動盪飄搖的時代,一如御史李應升揭示的那樣:「方今遼土淪沒,黔蜀用兵,紅夷之焰未息,西部之賞日增,逃兵肆掠於畿輔,窮民待盡於催科。」一言以蔽

之,「今天下敝壞極矣」。[229]面對這種局勢,明政府不得不將主要注意力集中於鞏固北方防務、鎮壓西部叛亂、東部起義及調整朝廷內政,從而無力在東南沿海一帶採取積極主動的態勢。這樣,在當時情況下,明政府不僅沒有大力強化東南沿海的防衛實力,反而從廣東、福建、江南等地抽調了大量的軍隊、糧餉到北方和西部。可以說,1622—1624年的澎湖危機對於明中央朝廷實際上並沒有產生多大的震動,《明實錄》連篇累牘地記載文武官僚對遼局西亂的議論及道道聖諭,於澎湖危機則僅偶爾及之。就在荷蘭殖民者十分猖獗的時候,朝議竟準備從自顧不暇的福建調撥錢糧支援平定安邦彥之亂。[230]所以,儘管熹宗曾在一道聖諭中要求「作速驅除」[231],但相對其他方面,總的來說,明朝廷並沒有把澎湖危機作為一項急迫的事項來處理,對福建當局未施以強有力的督促,這是導致澎湖危機拖了三年,最終以不了了之為結局的一個重要原因。

其次,1622—1624年間的明政府,財政上正面臨崩潰的邊緣,福建地方財政更是捉襟見肘,財政危機十分嚴重。

明王朝自正德以後,財政收入逐漸減少,支出增多,入不敷出的現象已經出現。嘉靖年間愈為嚴重,尤其是1550年(嘉靖29年)「虜犯京師之後,邊費日增」,「加以連年水旱災傷,百姓徵納不前,庫藏搜刮已盡」。[232]繼之而起的東南沿海大規模的「倭亂」更直接衝擊了明政府的財賦重地,消耗了明政府的大量錢財。萬曆以來,財政狀況愈益惡化,特別是北方防禦重壓,迫使明政府投入了大量的財力,例如邊餉隆慶初為二百餘萬,到萬曆中期增至四百餘萬;[233]九邊年例,嘉靖以前為一百萬,隆慶初為二百八十萬,到1592年(萬曆20年)達三百四十三萬;[234]全國兵餉總數,嘉靖10年(1531)為六百八十萬,至萬曆40年(1612)竟達四千餘萬;[235]尤其是萬曆三大征,耗銀總計11703000餘兩,而當時歲入僅為四百萬兩左右。[236]軍費支出之大,為曠古未有,故當時人說:「耗天下之財者在兵」[237],「今日所憂不足者,唯兵食二字」。[238]步入天啟年間,軍費支出有增無減,從1618年6月17日至1621年1月13日的兩年零七個月內,就為北部邊防撥銀20188366兩[239],而其餘「無名之宣索,無窮之接濟,無常額之供應,源源而來,滾滾而至。」[240]「各衙門借無可借,各郡縣搜無可

搜,所恃者獨有加派。」[241]當時情形,正如1624年吏科給事中阮大鋮所言:「今日民窮財盡極矣」。[242]

那麼福建地方財政狀況又是如何的呢?總的來說,福建財政包與全國財政是同步發展的,在明代前期,基本上不存在大的財政上的問題,但自從嘉靖倭患之後,福建財政支出驟然而增,加上戰爭破壞,「八閩之間,半為瓦礫。」[243]以至財政收入劇減,不得不為籌集兵餉東借西挪,「事事乞憐」[244]。故福建巡撫塗澤民曾說:「唯糧餉一端,最為吃緊。」[245]戚繼光亦嘆道:「閩上無庫藏,下乏征輸,倉儲空匱之際,將士枵腹以執銳,此勢之必不能者也。」[246]譚綸在給張柏川的一封信中更痛切指出:「閩人受禍之慘莫有甚於此時,而濟變之艱亦莫有甚於此時,……閩中所苦,只是徹骨之窮。」[247]及至萬曆年間,隨著北方防禦壓力日益加重,明政府將全國財力彙集於此,福建亦不免於搜括如洗,如兵餉奉旨計一節省以充遼餉,尤以稅監一出,福建洋稅、商稅、屯折為內一攬而空,財政拮据更為突出。因此到了1622—1624年的澎湖危機期間,福建財政危機的嚴重性就很快暴露出來了。

在商周祚任內,雖主要與荷蘭殖民者進行談判,但也進行了一些防衛布置,及至奉調侯代期間,他也開始逐漸認識到僅以和平談判不可能使荷蘭殖民者退出澎湖,因而在1623年7月的一份奏摺中提出「速修戰守之具以保萬全」的主張[248]。但是,如何籌集糧餉立即成為擺在他面前的一大課題。擔任過戶科給事中的商周祚是深知當時政府財政危機狀況的,他曾指出:「今以國計空虛,太倉懸罄,邊事有脫巾之憂,司農廬仰屋之嘆,致煩聖慮焦勞,搜括內幣,多方挪借,此國家何等時乎?」[249]而福建地方之情形又何嘗不是如此,「今天下四空五盡,閩地倍甚,增餉蓋難言矣。」[250]商周祚在上疏中寫道:「師行糧從,無餉則無兵,去年泉漳及南澳增兵造船,費餉累萬,皆布政司挪借別項錢糧以應,近復加造大船大銃,又檄該司借支一萬兩,分發漳泉二府,乃彼中道府,且以新兵枵腹,亟請發幣,而司幣已告匱矣。」[251]因此,他要求調撥布政司西庫儲備地方緩急之銀,以「供地方燃眉之支用」[252],南居益稱之為「撫臣不得已之極思也」[253]。南居益繼任福建巡撫之後,決計進剿,但亦「苦於軍興無資」[254]。

他說:「第濱海數千里之長,額兵不及二萬,額餉僅三十二萬有奇,內又奉什一節省二千零解充遼餉,奈何免捉襟露肘虞?」[255]他在澎湖危機後的一份奏摺中就整個危機期間的軍費支出作了一個總結「其用過餉銀,先後四年間,據布政司並報,逐年逐項,有總有撒,總計兵餉工料用過一十七萬七千有奇。」[256]這些銀兩就是從布政司西庫儲銀中支挪開銷的。為了補足福建軍費,危機期間,南居益曾經試圖透過閩人葉向高的關係從中央政府獲取部分財政支持,但亦未成功,而所獲消息卻令人咋舌,葉向高告訴他:「錢糧匱極,戶部亦無可奈何,近為黔事,具有議於閩之落幣搜括者,生大言其不可,閩方有難,豈能他顧,事乃得寢。財盡民窮如此,其為可憂者,不但閩海矣!」[257]

福建地方財政的嚴重拮据局面,牽制了當局的行動,給軍糧的籌集、兵餉的發放、戰船的修葺和新兵的增募以及防禦設施的加強都帶來種種困難,「無餉難以驅兵,兵集必庸器械」,財政狀況的惡化,不能不給澎湖危機的進程及其解決方式帶來極其消極的影響。正如南居益所說的:「彼軍興之大,為時之久,銖銖兩兩,皆從臣與地方官苦心撙節中,僅費若干。」[258]於是,「我百方挽運,糧糧莫繼,唯苦不足,彼(指荷蘭殖民者一引者)因倭因盜,翻見有餘,是踰年相持,不能有加。」[259]可見,澎湖危機一拖再拖,實屬無可奈何;即使誓師渡澎,亦常慮「師老財匱」[260],力求速決,經談判之後,荷蘭殖民者退往臺灣。明軍之所以沒有繼續追擊,軍費問題可以說是一重要的因素。恩格斯說過:「軍隊和艦隊需要非常多的金錢」,「沒有東西像軍隊和艦隊那樣依靠經濟的條件」,又說:「在一切地方和一切時候,經濟的條件及資源總是幫助暴力取得勝利,沒有它們,暴力就不成為力量。」[261]總之,由於中央和福建地方財政的危機,使得中國方面的戰爭基礎非常薄弱,這就在很大程度上決定了福建當局只能以危機的一定程度的解決為滿足,無力再與周旋。

再次,史學界普遍認為,荷蘭殖民者因明軍優勢兵力的壓迫而撤出澎湖。[262]但是,強調明軍優勢的論點只能說明荷蘭殖民者為什麼撤出澎湖。卻不能解釋明軍何以不採取戰爭方式解決危機、何以不繼續追殲荷蘭殖民者,卻任其居留臺灣。因此,我們認為,有必要對澎湖戰場中荷雙方的軍事力量對比進行仔

細剖析。

據荷蘭人的情報:「中國人不僅擁有兵員一萬名和包括戰船、炮船、火船在內的帆船二百艘。」並且得到沿海各省的支持,而荷蘭方面的兵力卻弱小得多,只有白人850人和一些班達土人,而其中少年便達110人,患病者尚且不少。[263]與明軍為1對11之比,後者占有明顯的優勢。荷蘭方面明智地認識到了這一點,決定先從澎湖退出,並就大員貿易問題與中方談判。他們在給巴達維亞的報告中解釋說,之所以做出這樣的抉擇,「這是因為盡公司所有的力量(除去當地無法動用的以外)也不足與中國的兵力相對抗(可以想像他們行事是認真的)」[264]。毫無疑問,荷蘭殖民者撤出澎湖的直接原因就是迫於明軍的軍事壓力。也正是從這個意義上,可以說明軍驅逐了荷蘭殖民者。

然而,這僅僅是從荷蘭方面因素來講,如果我們換個角度從明軍方面看這一問題,情形就完全不同了。這就是,1620年代的福建水師軍備已經處於相當敗壞的時期,尤其是面對氣焰日盛的荷蘭殖民者,明軍究竟有多大的戰鬥力,不能不使人產生一些疑問。

我們知道,萬曆以後,福建水師戰力處於直線下降狀態,軍備廢弛,兵員不足,組織鬆散,其具體表現,譬如:船艦方面,如董應舉所云:「昨見小埕秀才說兵船事,甚可嘆,有用接木、竹釘參於要害之所者,有以箋肉為篷,厚不可卷,落而即折者,有以沙土參火藥試之,火藥盡而沙土見者,有椗索竹少,苟且易斷者。」[265]承造戰船者多偷工減料、剋扣經費,以次充好,即使福建水師倚以為長城的福船,亦「杠具未全,兵力甚少也,問其杠具所以不全之故,則歸怨於督造者蝕其價,又借節省之名以解咎也。」[266]故當時「官船也,賊目之為草棚」[267]。再看水師官兵,文武官員「有私肥私嬴之心,武吏則朘士以奉文吏,文吏得所以奉以恣而不敢問,武吏軍卒缺望,器備苦窳,警備懈惰,武不能振,文不敢問,則有怯於公戰,勇於私鬥,其寢處之所及,閭閻告病,不待寇至,常若苦寇」[268]兵員則多臨時招募,待遇極低,「出汛九錢耳」,而把總、哨長、隊長層層剋扣,「得到兵手,能幾何哉?」故「十名之兵,率虛三四,每船除貼駕外,不過水兵十五名耳。」[269]甚至水師將佐,亦往往以不辨水陸、生不見海

的紈绔子弟充之,「一出外洋,七魄無主」[270],故當時有「船非船」、「兵非兵」、「將非將」之語。至於水師器械,更是鈍朽敗壞,「甲冑楛惡,器械朽鈍,所從來矣,上下相蒙,利弊相賣,久之皆烏有也。」[271]「小埕操軍,手長刀而舞,琉球人觀之,取其刀而視,鼓掌而笑,劃面恥之。刀價三錢五分也,實不直八分,百械皆然。」[272]官軍鎧甲,民謠喻之為「破被」[273],船中銃械,「發而傷人」,「其餘器械,十件九廢,無賊則已,有賊兵船恐不足恃」。[274]組織上,會哨之法更是蕩然無存,史稱「昇平日久,而額軍額船頓失舊制,指揮、千百戶官足不逾城市,會哨之法遂杳然矣」[275]。概而言之,明末福建海防廢弛,水師敗壞,已經到了十分嚴重的程度,因此,澎湖危機期間,各種矛盾便集中暴露出來了。兵部在1625年6月的一份報告中指出:「無奈(閩海)玩弊已極,矇蔽曰生,出汛則偷安於淺窪,會哨則影射於近島,而百里之外,大將不敢知偏裨,偏裨不敢知兵卒,兵卒安敢知番舶?於是(紅夷)截海而劫、擇土而居,以恣其所為,直待塹築堅完,屯聚滋蔓而始惕然報聞也。」[276]又說,「邇年以來,雖有澎湖、澎沖二游把總領兵防汛,而承平日久,憚於涉險,三汛徒寄空名,官兵何曾到島,信地鞠為茂草,寇盜任其憑陵,以致奸人勾引紅夷,據為巢穴,臥榻鼾睡,已岌岌乎為香山澳之續矣。」[277]南居益在1623年9月也承認「武備積弛」[278]他指出:「當紅夷突至之時,正海筮久安之候,舟師器備械,十無一備,不得不先諭而徐議剿。」[279]就這樣,澎湖危機一拖拖了三年。

那麼,玩弊已久的福建水師能有什麼樣的戰鬥力呢?我們看到,整個危機期間,明軍上下充斥著對荷蘭殖民者的恐懼心理,由於對荷蘭情況漫無瞭解,各種傳說紛紜漫延,云「其作式、用火、望遠之精倍於澳夷,澳夷方懾息避之?可比擬哉?」[280]大有談虎色變之態。及至兩軍相接,更有未戰先逃者,當時便有一段極具諷刺的記載:

天啟二年,紅毛寇澄,守備高冠謂劉令斯徠曰:賊橫行海上,以其曠耳,若入內地,正好用奇制之。及賊艘泊岸,冠先遁,所部兵與逃民爭道,擠老幼顛仆,婦女訛之曰:若御賊者亦逃賊乎?卒答曰:我輩遇賊必:死,若是等猶可冀生,盍讓我先。冠至城下,急叩門求入,令曰:用奇者固若是乎?人傳為笑

語。[281]

　　這就難怪堅持進兵的南居益對明軍究竟能否取勝亦無信心，他說：「見大海澎湃中，萬難接濟，況夷舟堅銃大，能毒人於十里之外，我舟當之無不糜碎，即有水犀十萬，技無所施。」[282] 還說：「彼方依大海波濤之險，挾巨銃堅舟之利，盤踞以築城，勾連以內向，而我不完之器、積衰之兵，汪洋澎湃之中，一彼一此，能操之勝乎？」[283] 加之「澎湖波濤洶湧難戰，官兵憚涉」[284]，因此，南居益出兵澎湖，實際上是在對戰爭缺乏信心的情況下，一賭試之的。以下一段史料，就很能表露他當時的心情：「（南居益）與大將謝弘毅謀曰：一旦縱敵，數世之患也，紅寇深矣，宜有以制之，而戈船器物不備，奈何？……又曰：彼舟如山，我舟如艇，大砲一發，霆擊十里，將如之何？」[285] 應該說，這次進軍澎湖是帶有一定的冒險性質的，因而當荷蘭殖民者表示願意退出澎湖到臺灣時，不論是前線將領還是南居益都很快就同意了。[286] 事實很清楚，在這種情形之下，明軍根本不可能繼續追殲荷軍，亦無力阻止荷蘭殖民者屯據臺灣。

　　由此可見，呈現在荷蘭殖民者面前的明軍強大優勢，實際是一種假象，明軍表面上的優勢迫使荷蘭殖民者撤離澎湖，而實際上的劣勢又牽制了它的行動進程和方式，使之不能與荷蘭殖民者作更進一步的抗爭，從而導致荷蘭退出澎湖、明軍卻又允其盤踞臺灣這一折衷的結局。

　　以上我們從中國方面分析了造成澎湖危機結局的種種原因，從中可以看出，雖然這只是在臺灣海峽的一個群島上發生的外敵侵入事件，但卻與當時整個中國社會的政治、經濟和軍事發展緊緊地聯繫著。列寧曾經指出：「早已公認，戰爭雖然引起各種恐慌和災禍，但它總是帶來相當重大的益處，因為它無情地剖露、揭穿和破壞人類制度中許多腐朽、衰頹和垂死的東西。」[287] 正如一滴水能夠映照陽光，澎湖危機這個棱角鏡，折射出危機期間中國社會的種種現象、種種矛盾，它給了我們一個相當深刻的啟迪：內部危機的加劇，尤其是北部防禦的重壓，已經耗盡了明政府的元氣，明王朝衰亡的徵兆在此清晰可見。清人宋起鳳說：「時之亡已兆於熹宗矣」[288]！這不是很有見地的嗎？

　　戰爭總是雙方的，澎湖危機是荷蘭殖民者挑起，也是以它的退出而告結束

的，荷蘭殖民者本身的政策及其行動對危機結局是否產生影響，這是我們在剖析了中方原因之後又面臨的一個問題。我們以為，大概可以從下幾個方面來看：

其一，在第二節我們已經談到，柯恩在給雷約茲的指令中明確要求：如果不能得到自由通商的許可，就以武力打開對華貿易。在澎湖危機一開始，雷約茲就拒絕了福建當局要他們退出澎湖的建議，並隨即向大陸沿岸發起攻擊，焚燬帆船、村莊，殺戮平民，掠奪人口，無惡不作，以至「紅夷截海，人不得為生」[289]。史稱：「（紅夷）乘汛出沒，擄掠商艘，焚燬民廬，殺人如麻，與國為敵，沿海震驚。」[290]荷蘭殖民者的暴行激起了福建人民的強烈反抗，敵對情緒日益高漲，同時，福建當局又宣布海禁，斷絕與荷蘭人的一切通商聯繫。因此，荷蘭殖民者企圖以武力打開對華貿易，不僅沒有獲得成功，反而使這種願望變得愈益難以實現。到了澎湖危機後期，他們也開始逐漸認識到這項政策的錯誤，雷約茲在一份報告中認為：「如果我們不在澎湖島築城，在這之前無疑就能在大員開展貿易，但現在這種希望越來越小了」[291]。荷印總督卡彭蒂爾這時也積極推進與中國使節的談判，雙方還達成了初步協議，並決定由宋克接替雷約茲的職務。宋克到達澎湖之後，也感到：「我們在中國沿海一帶的行為，……使中國人更加反對我們，把我們看作無異於謀殺犯、暴君和海盜，我們對待中國人確實是兇狠和殘酷的，而且依我看來，憑這些行為是絕不可能達到同中國通商目的的。」他接著指出：「如果可能的話，在本公司能達到同中國進行非常有利的通商夙願以前，現在應該首先用最恰當的方式消除這些以及其他各種障礙和不幸的事。」[292]這時，明軍已經包圍了荷蘭殖民者在澎湖的城堡，並要求他們立即撤出澎湖，面對這情況，荷蘭殖民者認為：「可以斷定，只要我們在澎湖島與中國人抗爭，貿易絕沒有打開的希望。」[293]因此，決定離開澎湖到臺灣去，這就是說，荷蘭殖民者自身的政策已經發生了變化。

其二，澎湖群島雖然有比較良好的港灣，「其汪洋空闊，可以穩泊巨艘」[294]，但也有其不利的一面，尤其是島嶼自然地理條件很差，據當時實地調查：「澎湖故沙礫鹹鹵，四面平坦，無高山以蔽之，臺風博射，不堪種植，唯中墩山南北及龍文港沙埔沙丘，稍稍肥沃，處可得田二千餘畝。」[295]然另據《皇

《明世法錄》記載:「所謂中墩、太武等山,不過如行川原,其地熱多寒少,風多雨少,石多泥少。且下盡斥鹵,水源鹹澀,每夏秋之炎,飛沙揚溢,豸狖葺而蛇鬥拱,真嘉禾美稻所不蕃,唯平蕪芊芊,牧畜或可耳。」[296]荷蘭殖民者占領澎湖之後,也發現了這些問題,「這裡可以看見一片平坦而多石的土地,沒有樹林,除了長長的野草以外,沒有別的東西,島上除了水井以外,也找不到淡水,而這些小井在旱季時水味也很鹹,所有食物都要從中國大陸運來。」[297]雷約茲在1624年2月給巴達維亞的報告中也寫道:「澎湖島乃荒蕪之地,草木不生,並且除了含鹽分的水外,別無所獲。」[298]他認為「依據現狀推測,我們必須離開澎湖島,在大員尋求貿易。」[299]由於明政府拒絕在澎湖與荷蘭人貿易,堅持在這樣一個荒蕪的島嶼上與中國對抗是毫無意義的。在明軍大兵壓境的時候,荷蘭遠征艦隊召開評議會,認為:「(中國方面)在我們離開澎湖島定居於福摩薩島上的大員時,將允許在該地及公司其他地方進行貿易。這可以避免在澎湖島的高額支出,並得到比澎湖島更肥沃,更適於健康的清水豐富的島嶼。」[300]為此,決定拆除澎湖島上的城堡轉移到大員去。可見,在荒蕪的澎湖島上長久駐紮是得不償失的。這是促使荷蘭殖民者離開這裡的一個重要因素。

其三,荷蘭殖民者侵占澎湖的主要目的,就是打開對華貿易,獲得穩定的中國商品來源。但是,由於澎湖是明王朝「門廷之內」的汛地,又處於重要的海上交通要道,關係到閩海的安危,根本不可能允許敵對者在這裡築城久居。而且正如上述,荷蘭殖民者的政策及其在中國沿岸的暴行,已經激起了中國人民的仇視和反抗,福建當局也實行了海禁,占據澎湖「以為香山澳之續」已經完全失去了可能性。因此,在與中國關係日趨惡化的同時,荷蘭殖民者也開始考慮在臺貿易是否可行的問題。早在1622年7月,雷約茲就發現,日本與中國在大員進行著繁盛的走私貿易,他寫道:「在這個港口,日本人每年有二三艘戎克船渡來進行貿易(根據中國人的說法),此地鹿皮很多,日本人從原住民那裡購入。還有,每年有三四艘戎克船從中國載來絹織物與日本人交易。」[301]實際情形也正如雷約茲所看到的那樣,中日雙方透過臺灣進行的貿易是頗為繁盛的,據岩生成一的估計,17世紀初來到大員與中國商人直接貿易的日本商船平均每艘攜資本銀540貫,比當時航行東西兩洋的日本商船平均攜銀384貫遠遠高得多。由於當時日方

商船均以銀交易，故它的商業利潤主要來自輸入品在中國市場的販賣，當時輸入商品的販賣價額約為輸入總價額的1.7至2.3倍，取其低者以1.7倍計之，則平均每船從大員輸入的販賣價額應為918貫，較之同期荷蘭船的590貫、中國船的230貫，超出甚遠。很清楚，在大員的貿易是十分有利可圖的。[302] 1623年3月25日，雷約茲派遣商務員亞當斯·哈威托率船兩艘到大員，準備嘗試與中國商船貿易，4月中旬從中國來了4艘戎克船，向同月下旬到達的日本商船交接了預先付款的貨物。隨後，日本商人又向中國商人預付了8000里爾的貨款，準備在下一個航次中交貨。在這次交易中，荷蘭人雖然只買到少量的生絲和砂糖，但卻認識到了大員貿易的可能性和重要性。因此，他們換了一名商務員繼續留駐大員。[303] 與此同時，他們也看到，日本與中國在大員的直接貿易，對於獨占中國商品來源，壟斷對日生絲和絹織物的貿易，也是一個威脅。所以，1624年5月28日荷蘭遠征艦隊評議會的決議錄中，就有關從澎湖撤退的問題寫道：「應該進一步看到中國人已經在大員與日本人開始進行貿易，我們如果在該地（指大員一引者）定居則可防止此事，否則，正如康布斯（原平戶商館長）所言，我們所期待的日本的生絲貿易將至喪失。」[304] 顯然，在這裡，荷蘭殖民者是考慮到大員貿易的可能性，並試圖阻止中日直接貿易而撤出澎湖到臺灣的。

由此可見，澎湖戰場上明軍的「優勢」只是逼迫荷蘭殖民者在1624年8月撤離澎湖的外部直接原因，而上述三個方面則是荷蘭殖民者退到臺灣的內在因素，這就告訴我們，荷蘭殖民者撤出澎湖到臺灣，也有它主動性的一面，那種一味強調明軍將荷蘭殖民者逼出澎湖的看法，是不全面的。

1622—1624年的澎湖危機結束了，這次危機在當時究竟產生了什麼後果，這是本節接下來所要討論的問題。在以往的史學著作中，澎湖危機總是被人們輕描淡寫，一筆帶過，似乎不值多提。我們看法不同，認為澎湖危機在當時至少產生了以下幾個方面的影響：（1）直接導致了荷蘭在臺灣的殖民統治，改變了臺灣荷據區域的社會性質，揭開了臺灣人38年苦難艱辛的歷史。因此，澎湖危機是臺灣地方史上的轉折點；（2）間接引發了荷蘭與西班牙圍繞臺灣島進行的新的殖民競爭，這是西方殖民者爭奪對華貿易的鬥爭在臺灣的延續，它從一個側面反映了澎湖危機對遠東舊的力量布局的破壞；[305]（3）澎湖危機打擊了西班牙和

葡萄牙的勢力，荷蘭殖民者從此掌握了遠東貿易的主導權，它標示著荷蘭遠東，乃至整個東方貿易的一大轉折；（4）澎湖危機對福建沿海地區的衝擊，成為天啟末崇禎初反海禁鬥爭的導火線，兩者存在著直接的淵源關係，它體現了危機更深一層的影響。

在以上四個方面中，（1）、（2）兩方面乃眾所周知之事實，我們不打算在此予以複述。而是要著重就後兩個帶有爭議的問題，談談自己一些粗淺的看法，這是應當略作聲明的。

下面讓我們就影響的（3）、（4）兩方面分別展開論述：

澎湖危機對荷蘭殖民者來說，究竟是成功還是失敗，得失如何？具體地說，澎湖危機對荷蘭遠東殖民和貿易競爭到底產生了什麼影響？這是我們要討論的第一個問題。

從表面上看，中國方面收復了澎湖汛地，荷蘭殖民者狼狽退出，中國方面成功而荷蘭方面是失敗的。但實際情形卻恰恰相反，在中國方面，且不說其在三年危機中的軟弱無能，以結局而論，它丟掉了臺灣，給臺灣人民帶來了災難深重的38年，使東南海上這個美麗富饒的寶島長期淪於外國殖民海盜的鐵蹄之下；更進一步，東南海防從此失去了一塊屏障，以至荷蘭殖民者多次以臺灣為基地進犯大陸沿岸，這能說是成功的嗎？而在荷蘭方面，我們則認為它並沒有失敗，因為透過澎湖危機，它在遠東貿易上打了個翻身戰，是成功的，請看以下事實：

由於在澎湖危機期間，荷蘭殖民者控制了臺灣海峽，扼阻了漳州與馬尼拉，澳門與日本的航路，並大肆劫掠出洋貿易的中國帆船[306]，沉重地打擊了葡萄牙，尤其是西班牙的遠東貿易。因而荷蘭人說，危機後的澳門，「現在事情已經到了如此地步，只要我們能夠截住他們前往日本的船隻，他們同中國的貿易就會自行垮臺，最後將不得不離開澳門，因為他們將發現在那裡是無利可圖了。」[307]澎湖危機的打擊和隨後葡萄牙在日本被排斥，導致了澳門的日漸衰微，在以後的時間裡，他們只能透過中國商人的船隻將貨物運往日本。西班牙殖民者所受的衝擊更為嚴重。1613年中菲貿易額曾高達110萬比索，而澎湖危機期間的1623年，則降到了最低點，貿易額還不到3萬比索。[308]1626年，西班牙殖

民者僅得生絲4000斤,而荷蘭人卻得到9萬斤。納茨在1629年1月10日發自熱蘭遮的報告中說:「自從我們定居在這裡以及海上有了海盜出沒以來,中國船隻就很少出海,後來就開始到我們這裡來,所以最近幾年以來,中國同西班牙人的貿易十分蕭條。」[309] 由此可見,澎湖危機打破了遠東舊的力量布局,荷蘭殖民者取代了西班牙和葡萄牙而成為遠東貿易的支配者。

荷蘭殖民者占領大員的最初一兩年貿易景況雖不佳,但由於他們在離中國海外貿易中心——漳泉地區這樣近的地方建立了商業據點,對華貿易很快就興旺起來,史稱:「海濱之民,唯利是視,走死地如鶩,往往至島外區脫之地曰臺灣者,與紅毛番為市。」[310] 他們把中國的生絲、絹織物和磁器運往日本和歐洲市場,從日本運來白銀,自東南亞運來香料以與中國商品相交換。荷蘭殖民者或派遣船隻到漳州河口以香料和現金與中國商人交易,或將公司資金委託給漳泉中國代理商預訂商品,或以種種方式招誘中國海商到大員貿易[311],從而控制了相當大部分中國出口商品,透過轉手販賣,賺取了巨額利潤,其貿易利益大多數在百分之一百以上。[312] 隨著貿易的發展,臺灣商館在荷蘭東印度商業中的地位日益重要,據1649年的統計,在所有東印度商館中,臺灣商館所獲純益僅次於日本商館,達467534盾[313],占獲利總額的25.6%。日本商館所占比例雖居38.8%,但實際上日本商館獲利根源在於臺灣提供了大量的生絲和絹織物等中國商品,譬如在1637年,從各地航至日本的荷蘭船共14艘,貨品總值為2460733盾,其中來自臺灣的商品貨值便高達2042302盾,占輸入總值的85%以上。[314]

上述可見,雖然澎湖危機後,荷蘭殖民者被迫退出澎湖到臺灣,但目標卻是達到了,他們畢竟透過澎湖危機在中國近旁得到了一個商業據點。隨著對華貿易的發展,荷蘭東印度公司的遠東貿易步入了它的鼎盛時代。

我們接著要探討的第二個問題是,1622—1624年的澎湖危機與天啟末崇禎初大規模反海禁鬥爭的關係怎樣?臺灣學者蘇同炳認為,兩者並沒有必然的聯繫,當時人把後者的起因歸於前者,是為了推諉責任,「明末福建海盜之起……並不是由於紅夷之入寇」[315]。然而,大量史料表明,這種看法似乎並不能成立。我們的看法與蘇同炳先生不同,認為:澎湖危機的衝擊,引發了福建沿海蘊

藏著的社會危機,從而激起了一場由海商資本為代表,以饑民、流民為主體的,轟轟烈烈的反對明王朝海禁政策的鬥爭。³¹⁶

大家知道,澎湖危機期間,由於荷蘭殖民者在海上阻截商漁船艘,在沿岸燒殺劫掠,而作為反措施,福建當局又採取了一系列的防衛手段,尤其是實行了為期一年的嚴厲海禁,給福建沿岸人民帶來了深重的災難,加劇了社會的動亂和不安,特別表現在以下兩個方面:

第一,導致了福建沿海地區的嚴重米荒。

明代福建沿海地區人稠地狹,糧食供應歷來比較緊張,尤其是閩南一帶,更是「封疆逼狹,物產磽瘠,桑蠶不登於筐繭,田畝不足於耕耘,稻米寂麥,絲縷綿絮,由來皆仰資吳浙。」³¹⁷明中葉以來,隨著福建沿海地區商品經濟的發展,一些獲利較高的經濟作物,如煙草、甘蔗等的種植,又耗去了大量的土地,稻作面積愈益縮減,糧食供給日趨惡化。在當時,福建人民為解決糧食問題,除去諸如墾山圍海,增加耕地面積,引進蕃薯、玉米高產作物以資食用之外,一個主要的方法,就是從各地輸入大批糧食接濟沿海地區的民食軍需。當時糧食來源主要有兩個:一是津、延、邵各府餘米接濟鄰近府縣及閩江下游地區;另一則是依靠船隻載來海米以運濟沿海一帶。史稱:「福建上府多山,而沿海郡道田多鹵而少收,故上仰於上府,南仰粵,北仰溫臺,從來如是。漳泉近粵,故粵粟,上府粟聚於洪塘,溫臺粟聚於沙埕,福海民資以販賣無阻者,此固然之事也。」³¹⁸

其中,海路運輸對福建沿海糧食供應具有舉足輕重的作用,據記載:「福、興、泉、漳四郡皆濱於海,海船運米可以仰給,在南則資於廣,而惠潮之米為多;在北則資於浙,而溫州之米為多。」³¹⁹因此,海上糧食貿易在明代福建相當興盛,如雲霄「玄鐘向專造運船販米至福行 ,利常三倍,每至輒幾十船,福民便之,廣浙之人亦大利焉。」³²⁰以至於「今所藉以裕地方者,全在海商。」³²¹例如,在泉州,1545年(嘉靖24年)青黃不接之時,正值海寇猖獗,「船粟不通,郡中饑乏」,郡守俞咨伯竭力「招誘粟船,商到,即以花紅酒品就而勞之,革攬羅,禁侵克,賈人聞風相率繼至,半月間,米價歸平,民賴全活者

可數萬。」[322]又如1606年（萬曆34年），泉州旱魃為虐，米價騰貴，當局準備減價平糶，受到陳懋仁的反對，他認為：「若一減價，商必走他趨厚利，泉雖多財，如米之不至何？故宣聽市值，俾海商聞之俱來，米既集，而價未有不平者。」果然，「不夾旬而海米來集，其價遂平。」[323]以上表明，明中葉以來，福建沿海地區，尤其是漳泉一帶糧食供給依賴於海運的程度已相當之深。

但是，1622—1624年的澎湖危機，卻給福建沿海的糧運造成了極其嚴重的破壞，由於荷蘭殖民者在海上瘋狂地劫掠商漁船隻，福建當局又於1623年宣布海禁，以至米商裹足不前，加之荒旱頻仍，「士夫富民多乘歲荒錮粟踴價以貿利」[324]各地米價隨之暴漲。1623年9月南京湖廣道御史游鳳翔奏言：「閩以魚漁為利，往浙、往粵，市溫、潮米穀又不知幾十萬。今夷據中流，魚船不通，米價騰貴。」[325]閩人宋禎漢當時也報告福建各地「米價踴騰，人情洶洶」[326]。董應舉在給南居益的信裡指出：「漳泉田少而仰粟於東粵，海上多盜兼窘紅夷，粟道益艱，不驅紅夷，其憂不少。」[327]由此可知，由於海運的斷絕，糧食供給狀況已經到了嚴重惡化的程度。

第二，極大地破壞了福建的海外貿易。

明中葉以後，福建的私人海上貿易逐漸發達起來，尤其是漳泉二府，在嘉靖、萬曆年間，已經成為中國對外貿易最繁榮的地區，當時人稱：「沿海地方趨重利，接濟之人，在外皆有，但漳泉為甚。」[328]「航海商販，盡由漳泉」。[329]月港和安海就是當時兩個最大的貿易港口，漳泉一帶以海為生，販洋為活者達十幾萬之眾。[330]然而，1622年荷蘭殖民者侵占澎湖之後，「商漁舉遭荼毒」[331]，而福建當局又「因夷在海上，曾禁洋船一年」[332]，以至於「洋販不通，海運梗塞」[333]。正如沈鈇所指出的那樣：「泉漳二郡商民，販東西兩洋，以農賈之利，比比然也，自紅夷肆掠，洋船不通，海禁日嚴，民生憔悴。」[334]例如漳州海澄月港，原為「民居數萬戶，萬物之珍，家儲戶峙，而東連日本，西接暹羅，南通佛郎、彭亨諸國，其民無不戈繡躡珠者。蓋閩南一大都會也。」[335]澎湖危機後，卻迅速衰落下去，1625年（天啟5年）張應斗督管洋餉。「先是天啟四年有事紅夷，遂嚴海禁，至是乃照歸開舶，然舶餉逾蕭索，不能如額，主者苦

之。」[336]澎湖危機對福建海外貿易破壞之大，於此可見一斑。

澎湖危機所導致的沿海米荒和海外貿易的破壞，極大地震動了福建社會，「紅夷截海，人不得為生」[337]，社會動亂急劇發生，針對荷蘭殖民者「斷船、市舶於諸洋」的情況，南京湖廣道御史、閩人游鳳翔指出其可能和正在發生的後果說：「閩以魚漁為利，往浙、往粵，市溫、潮米穀、又不知幾十萬石，今夷據中流，魚船不通，米價騰貴，可虞一也；漳泉二府負海居民，專以給引販夷為生，往回道經澎湖，今格於紅夷，內不敢出，外不敢歸，無籍雄有力之徒，不能坐而待斃，勢必以通屬夷轉通紅夷，恐從此內地皆盜，可虞二也。」[338]事實證明，游鳳翔的擔心得到了完全的印證。1631年兵部尚書梁廷棟在給崇禎皇帝的奏摺中談到「閩寇之起」的原因時，便明確指出：

閩地瘠民貧，生計半資於海，漳泉尤甚，故揚帆蔽海，上及浙直，下及兩粵，貿遷化居，唯海是籍，自紅夷據澎湖而商販不行，米日益貴，無賴之徒始有下海從夷者，如楊六、楊七、鄭芝龍、李魁奇、鐘六諸賊皆是，此賊起之一；閩土既不足養民，民之富者，懷資販洋，呂宋、占城、大小西洋等處，歲取數分之息，貧者為其篙師、長年，歲可得二三十金，春夏東南風作，民人入海求衣食者以十餘萬計，自紅夷內據，海船不行，奸徒闌出，海禁益嚴，向十餘萬待哺之眾，遂不能忍饑就斃，篙師、長年，今盡移其技為賊用，此賊起之二。[339]

事情的結局與澎湖危機當時游鳳翔的擔憂是多麼的吻合，就這樣，澎湖危機結束不久，一場以私人海商為代表，以饑民、流民為主體的轟轟烈烈的反對明政府海禁政策的鬥爭開展起來了。而危機期間暴露出來的明政府的軟弱無能和海防的敗壞，更增強了海商的信心，使這場鬥爭的聲勢得到迅速壯大。梁廷棟在上引奏疏中接著指出：「（鄭芝龍等海寇）其猖獗也，承平日久，武備全弛，兵船非不大造、小造，汛地亦有春訊、秋防，而篷不可揚風，船不可破浪，塗人像卒，子虛烏有，有警唯持欺掩，而賊始大肆無忌。」[340]故當時人說：「閩中自紅夷發難後，奸民隨處生心，招徒結黨，稱王稱國，而楊六、楊七、蔡三、鐘六等擁眾海上幾數千人。」[341]隨後，又有鄭芝龍對沿海的大規模進犯，1627年，「鄭芝龍號一官老、酉二老、蓓子馬等部，各起俱號為劇盜，而芝龍尤橫，連綜以二

百餘艘，往來閩粵間，劫掠商漁，所在見告。」³⁴²

以上事實清楚地告訴我們，1622—1624年澎湖危機導致的米價暴漲和海外貿易的破壞，激起了海商的反海禁鬥爭，而大批饑民、流民的存在，又為這場鬥爭提供了廣泛的群眾基礎。它證明，天啟末崇禎初福建沿海大規模的海商反海禁鬥爭，與澎湖危機委實有著直接的淵源關係。

進一步，從這場反海禁鬥爭本身的內容來看，也反映著兩者之間的密切聯繫。

其一，這次反海禁鬥爭的主要領導者，正是在澎湖危機期間大肆活動的私人海商。如許心素是危機期間的著名人物，當時福建當局曾扣留他的兒子，讓他出面密請李旦出來參與斡旋活動。危機結束後，許心素一族已成為遐名海濱的大海商兼海盜窩主了。據《靖海紀略》載：「勾引紅夷者，職（按即曹履泰一引者）素廉其人，而雄長無過於許心素，其族許心旭，乃心素之堂弟，心蘭之親弟也；俱係勾引巨奸。」³⁴³當時楊祿、楊策即與許心素過往甚密，「楊祿、楊策，俱在許心素家，總鎮提之不出。聞心素招兵自衛，賊亦未能遽攻，是亦可憂之事，激之不得也。」³⁴⁴他們還與鄭芝龍相仇殺，楊祿原為芝龍一黨，後撇下芝龍受撫，「龍之所以懷憤」，如1626年鄭芝龍突襲中左所，「必得楊祿、楊策、許心素而後去。」³⁴⁵至於鄭芝龍本人，亦曾參與澎湖危機。1624年2月20日，雷約茲在給巴達維亞總督的信中提到從好望號船上「接納了來自日本的一名通事」，這名通事是誰，這裡沒有指明，但後來德·韋特在他的一封信中寫道：「經過雷約茲上將的批准，我們每天都期望能夠在這裡集中二、三十艘中國帆船，通事一官被派往北方去截擊與俘虜一些船隻。」可見，這個通事就是鄭芝龍。³⁴⁶從荷方記載來看，他大約是在1625年4月間脫離荷蘭殖民者成為一名海盜。³⁴⁷隨後，他又吞併了酉二老、蓓子馬等部，勢力益盛，由於他的活動與眾不同，「殺兵而不殺民，掠富民而小施於貧民」³⁴⁸、「假仁、假義，所到地方，但令報水，而未嘗殺人，有徹貧者，且以錢米與之」³⁴⁹，「乘我遇饑荒，而以濟貧為名，故歸之如流水也。」³⁵⁰這樣，到了1628年，鄭芝龍的活動已十分猖獗，勢力發展到二萬餘眾，董應舉稱：「夫芝龍初起，亦不過數十船

耳,當事不以為意,釀至百餘,未至一年,且至七百,今且千矣。」[351]

其二,與前一點相聯繫,他們的活動也得到了荷蘭殖民者的支持,兵部尚書梁廷棟指出:「賊外附紅夷,於是楊六、楊七撫矣,楊六、楊七撫,而餘黨仍歸芝龍,至芝龍,則所資者皆夷艦,所用者皆夷炮,連綜至數十百艘。」[352]兩廣總督亦云:「其船器則皆製自外番,艨艟高大堅致,入水不沒,遇礁不破,器械犀利,銃炮一發,數十里當之立碎。」[353]荷蘭殖民者之所以支持鄭芝龍等進犯沿海,是企圖藉這些海盜之手打開對華貿易,迫使明政府對外開放,而這次反海禁鬥爭的領導者,又是在澎湖危機中與荷蘭殖民者打過交道的人,所以兩者之間很容易達成合作。當時人稱:「今之雄海上者,皆居臺灣者也,皆款借紅夷之巨炮以相加遺也。」[354]1635年(崇禎8年),給事中何楷亦指出:「自袁進、李忠、楊祿、楊策、鄭芝龍、李魁奇、鐘斌、劉香相繼為亂,海上歲無寧息,今欲靖寇氛,非墟其窟不可,其窟維何?臺灣是也。」[355]

上述可見,天啟末崇禎初的反海禁鬥爭,無論從其導因或就其內容來看,都無可置疑地揭示了它與1622—1624年澎湖危機之間的直接淵源關係。

四、結論

1622—1624年的澎湖危機,是17世紀中外關係史上的一個重大事件。它的發生有著廣袤的社會背景,它的進程鮮明地刻下了時代的印記,它的結局也給遠東和中國東南沿海局勢帶來了深遠的影響。

澎湖危機的爆發,是荷蘭殖民者在遠東的貿易擴張及荷、西、葡殖民競爭的必然產物,它根源於對中國商品不可填塞的欲壑和對超額商業利潤的狂熱追求。能否打開對華直接貿易,在17世紀初已經成為荷蘭殖民者遠東貿易與殖民競爭成敗的關鍵所在,強烈的迫切感,促使它決定在中國沿海進行一次軍事冒險,而澎湖列島的優越地理位置,恰好使之成為這次行動的首要目標。

澎湖危機的進程,有兩個顯著的特點、第一,私人海上貿易商的活動,在危機解決過程中起了頗大的作用,倘若聯繫到他們在朱紈事件、反高宷鬥爭中的所作所為,不難使人感到,中國私人海商,在17世紀初,已經開始逐漸形成為一

支獨立的力量，發揮著它特殊的作用；第二，澎湖危機暴露出明政府處理危機時力不從心的窘態，它表明，北方防務在極大程度上束縛了明政府的手腳，耗盡了明政府的元氣，以至無力顧及東南海防，南北軍備是何等的息息相關。這些特點為澎湖危機抹上了那個時代的鮮明色彩。

澎湖危機的結局，直接導致了荷蘭殖民者對臺灣的占領，給臺灣人民帶來苦難深重的38年，也使東南海防失去了一個有利的屏障；而荷蘭殖民者透過這次危機，一躍而成為遠東海上的霸主，它標示著荷蘭遠東貿易和殖民競爭的一大轉折；同時，危機對福建沿海地區的衝擊，促使一場轟轟烈烈的反對明政府海禁政策鬥爭的蓬勃開展，對東南沿海地區以後的歷史進程產生更深一層的影響。

澎湖危機期間，中荷雙方相互戰爭、相返談判，最終以荷蘭殖民者對臺灣的占領而告結束，中國內外學術界對此一結局，一直眾說紛紜，甚至有「割讓」之說，但倘若對其來龍去脈詳加剖析，便不難發現，「割讓」的說法，既不符合國際法的基本原則，又沒有任何站得住腳的根據，純屬子虛烏有，是不值一駁的。

17世紀上半葉的遠東，正處於明清兩朝交相更替，東西方文化相互接觸的年代，1622—1624年澎湖島上發生的這次危機，雖然規模不太大、歷時不太長，但卻集中反映了當時中國內外激盪的政治局勢，王朝更替與殖民戰爭、國內戰亂與國際衝突等等各種因素盤根錯節，糅雜在一起，影響和規定著澎湖危機的發生、發展和歸宿。恩格斯曾提出：「當我們深思熟慮地考察自然界或人類歷史或我們的精神活動的時候，首先呈現在我們眼前的，是一幅由種種聯繫和相互作用無窮無盡地交織起來的畫面。」[356]在這裡，我們不禁聯想到，澎湖危機為我們展現的不正是這樣一幅多彩多姿的歷史畫面嗎？

（原載《思與言》，《硓石古石》）

評荷蘭在臺灣海峽的商戰策略

林仁川

17世紀初,當荷蘭人來到臺灣海峽時,西班牙人已占領菲律賓,進行馬尼拉與漳州、日本的貿易。葡萄牙人已占領澳門,除了與中國、菲律賓進行貿易外,穿過臺灣海峽北上,與日本建立貿易關係。中國海商活躍在臺灣海峽,牢牢控制東南沿海與日本、馬尼拉、南洋群島的貿易主導權。荷蘭人占領臺灣以後,為了打破這種貿易格局,採取種種策略,力圖建立新的海上商業霸權。本文將對臺灣海峽的形勢及荷蘭的商戰策略及其效果進行評述。

一、六世紀臺灣海峽貿易形勢

15世紀,世界進入了大航海時期。中國偉大的航海家鄭和,從明朝永樂三年(1405年)至宣德八年(1433年)先後七次率領規模浩大的船隊,訪問了亞非三十多個國家和地區,在世界航海史上留下光輝燦爛的篇章。與此同時,西方的冒險家也紛紛東來。1521年3月費迪南‧麥哲倫(Ferdinand Magellan)遠征隊經過漫長的環球航行,到達了菲律賓群島的三描島(Samar),不久,就在目坦島(Moctan)被馬來人擊斃,1567年,第五支遠征隊在黎牙實備(Miguel Lopez de Legazpi)的帶領下,占領了宿務(CCbu),1571年又占領馬尼拉。西班牙人一到菲律賓就急於打開中國市場,派遣拉達(Rada)到福建,向當地政府提出在沿海開闢一個港口,讓西班牙人自由通商,西班牙人的要求受到明朝政府的嚴詞拒絕,不得不同意中國海商直接到菲律賓貿易,因此,西班牙人占領菲律賓以後,中非貿易十分繁榮,據一位在馬尼拉居住十八年的神甫記載:「海上交通,重要的仍在華人之手,每年的十二月杪或正月杪,他們結集二十或三十船隻,載上果子及各種有價值的貨物來到呂宋。這些中國商船,多數來自福建漳州和廈

門。福建濱海與菲島遙遙相望，他們運售各種果品……也運來各種布匹……普通瓷器也有運售，但非常精美……他們也運來珠、金、鐵、麝香、雨傘、假寶石、硝石、麵粉、各色紙張以及其他雕刻油漆極為精美的木器」。他還說：「中國商船每年三月間由呂宋歸國，他們帶回用貨物換來的西班牙銀幣，他們也運回用為染料的一種木料。中國商人運售某貨，今年若得利，明年必繼續進行」。[357]

福建海商運去的大批貨物，不僅保證了菲律賓本土的生活需要，也為西班牙人與南美洲殖民地之間的大帆船的貿易，提供了充足的貨源，當時從馬尼拉運往墨西哥阿卡普爾科港（Acapulco）的船貨，絕大部分是中國商品，張蔭桓在《三洲日記》中寫道：「查墨國記載，明萬曆三年，即西曆一千五百七十五年，曾通中國，歲有飄船數艘，販運中國絲綢、瓷、漆等物，至太平洋之亞冀巴路商埠（即阿卡普爾科港）分運西班牙各島，其時墨隸西班牙，中國概名之為大西洋」。[358]由此可見，中菲貿易對西班牙保持殖民地的繁榮是十分重要的。

在西班牙人占領菲律賓之前，葡萄牙人已穿過馬六甲海峽到達廣東沿海。1513年以阿爾佛來斯（Jorge Aloares）為首的所謂旅行團進駐珠江口外的屯門島，他們在島上建立一根刻有葡萄牙國王標誌的石柱，並把同船商人的貨物賣出去，獲得一筆可觀的收入。1519年，另一個葡萄牙人西蒙（Simao de Andrade）也來到屯門，他們在島上建築城寨，架起大砲，以此為據點進行走私貿易，不僅拒絕向中國交納關稅，甚至毆打中國官吏，引起廣東守軍的憤怒，1521年廣東海道副使汪鋐帶兵驅逐占據屯門的葡萄牙殖民者。第二年，另一支葡萄牙艦隊，妄圖重新占領屯門島，在西草灣雖然受到明朝軍隊的重創，但並沒有放棄侵略中國計劃，一部分人沿海岸北上，占領浙江雙嶼港，與其他各國海盜商人一起在浙江沿海進行頻繁的走私貿易活動，當時曾到過雙嶼港的葡萄牙人賓托（Fernao Mendez Pinto）在《游記》中寫道：「雙嶼港總人口三千多人，其中葡萄牙人占一半以上，還有房屋一千餘幢，有的房屋建築費達三、四千金，還有教堂三十七所，醫院二所，每一年進出口貿易額達三百多萬葡幣，其中很大一部分是用日本銀錠作貨幣的」。他還說：「由於二年前發現與日本的交易，貿易發展更快，這是葡萄牙在東方最富庶的殖民地港口」。[359]雖然賓托的描繪，可能有某些誇大之處，但當時雙嶼港的繁榮是無可置疑的。

在西草灣受到打擊的另一部分葡萄牙人繼續留在廣東沿海，尋找新的貿易據點，他們在屯門島站不住腳，就改住臺山縣的上川島，建立臨時商場，進行走私貿易，但上川島離珠江口太遠，貿易不方便，又逐漸移到靠近澳門的浪白澳，然後又從浪白澳進一步占據澳門。至此，他們以澳門為據點，進行與東西洋和中國的貿易活動。在東洋方面，葡萄牙商人把從中國大陸收購的絲織品及瓷器以及從西洋運來的胡椒、蘇木、象牙等運往日本和馬尼拉，換回日本的銀子和墨西哥白銀。在西洋方面，他們同樣把大宗的中國生絲、絹織品、瓷器透過馬六甲，運到果阿，銷往世界各國。

正當西方海盜商人來到臺灣海峽時，中國海商早已活躍在東南沿海各地，控制著東亞貿易的主導權，如至呂宋的中國「商販者至數萬人」，其中福建漳州海商占「十之八」，[360]1547年前往日本貿易的福建海商，因遇颱風，被漂流到朝鮮的就有一千多人。[361]浙江沿海的海商也很多，「大群數千人，小群數百人，比比蝟起，而舶主推王直為最雄，徐海次之，又有毛海峰、彭老不下十餘師」，有一天，航行於舟山群島的商船就達「一千三百九十餘艘」[362]。廣東沿海也出現同樣的情況，「有司將領……稱賊首為翁，相對宴飲歡笑為賓主」，高供十分感慨地說：廣東「何民之不為賊也，而廣之遍地皆賊」，[363]甚至宦官內臣也派人下海通番，廣東市舶太監韋眷「招集無賴駔儈數百十人，分布郡邑，專魚鹽之利，又私與海外諸番貿易，金繒、寶石、犀角、珍玩之積，鄘塢不如也」[364]。可見，當時東南沿海從事海上貿易的海商相當普遍。

當時從事海上貿易不僅人數眾多，而且逐漸形成資本雄厚、船多勢眾的海上貿易集團。他們「或五只、或十只、或十數只，成群分黨，紛泊各港」[365]，這些海上貿易集團，不僅僱傭中國的舡工、水手，而且還「哄帶日本各島貧窮倭奴，借其強悍，以為護翼」，有的海商還「糾合富實倭奴，出本搭附買賣」[366]。他們既去東洋各國，也去南洋各地做買賣，如嘉靖時期住在雙嶼港的許二、李光頭，橫港的陳思盼，以及後來的王直、徐海、徐唯學、陳東、葉麻、毛海峰、葉宗滿、洪迪珍、張維、吳平、曾一本等，如被稱為「王峰舡主」的王直，則是嘉靖時期這些海上貿易集團中商船最多，勢力最大的海商集團，他們往

返於日本與中國沿海之間,進行頻繁的海上貿易活動。萬曆、天啟年間,李旦、顏思齊、鄭芝龍海商集團相繼興起。李旦,泉州人,曾在馬尼拉經商後到日本,住在平戶,是當地華商的領袖,擁有大批的船舶,主要從事日本與福建沿海的貿易。顏思齊,海澄人,也是當時一個重要海商集團。天啟年間鄭芝龍相繼繼承和接納了李旦、顏思齊海商集團的資財,消滅許心素後逐步發展成為一個獨立的海商集團。除此之外,當時活動在臺灣海峽的海商集團還有李魁奇、劉六、劉七、鐘斌、劉香等,他們時而聯合、時而分離,為爭奪東南制海權進行錯綜複雜的鬥爭。[367]

二、荷蘭的商戰策略

從上可見,當荷蘭人到達臺灣海峽時,各國海商集團已經群雄鼎立,各自占有一定的市場份額,形成相對固定的貿易格局。面對這種情況,荷蘭人以澎湖及臺灣為據點,採取一系列商戰策略,企圖打破已有的貿易格局,在東亞的貿易網絡上占有一席之地。

1.和戰結合

荷蘭人占據澎湖時期主要透過李旦,與明政府周旋,1624年占領臺灣以後,透過許心素開展對華貿易。不久,鄭芝龍繼承李旦資產以後,迅速崛起。初起時,「不過數十船耳」,「未及一年,且至七百,今且千矣」。1627年初,消滅許心素,占其財產,勢力進一步擴大,成為東南沿海最重要的海商集團。自此以後,荷蘭人為了爭奪海上貿易,對鄭芝龍海商集團採取既聯合又鬥爭的策略。1628年8月荷蘭駐臺灣長官彼得‧納茨(Piter Nuyts)率4只海船前往漳州灣,在那裡與中國海商進行交易,購入大量生絲,鄭芝龍對此十分不滿,「令人阻止這些商人與我們往來,沒收其貨物,將他們趕走。納茨對其做法表示反對,雙方因此發生爭執。一官(鄭芝龍)命令我們的人,次日即離開那裡,不然將用火船將我們趕走」,納茨不得不返回大員,不久,又率領9只船回到漳州灣,要求與鄭芝龍會談,當鄭芝龍登上荷蘭快船Texel時,被納茨扣押,威脅他說:「直到他准許我們的人自由貿易才能予以釋放」,鄭芝龍雖然對此十分不滿,但也不得不下令准許所有商人與荷蘭人貿易,使荷蘭人的貿易立即繁盛起來,共購

入27.7萬盾貨物。同時還迫使鄭芝龍與納茨簽訂為期三年的貿易協定，規定鄭芝龍每年必須向大員荷蘭公司供貨1400擔生絲，價格為140兩一擔；5000擔糖，價格為3里耳一擔；1000擔蜜羌，價格為4兩一擔；4000擔白色吉郎綢，14錢銀一件；1000件紅色吉郎綢，19錢一件，總價值30萬里爾。鄭芝龍將得到3000擔胡椒，價格每擔11里耳，其餘貨款由現金支付。[368]

然而，鄭芝龍並不履行被迫簽訂的協議，繼續壟斷漳州灣的貿易，不允許「私商肆意帶貨上船，甚至連訂做必要的裝絲箱的木板也不允許購買」。對此，荷蘭人十分惱火，他們認為應吸收西班牙、葡萄牙人用武力征服的經驗，「西班牙人在獲得從漳州到馬尼拉的自由貿易之前，曾在中國陸地和沿海大舉侵犯數年之久，中國人驚慌失措，被迫准許他們在海上自由通行。葡萄牙人在獲准落腳澳門之前，也是採用武力行動在中國沿海張揚他們的名聲。」從此，他們得出的結論是：「如果我們想享受優惠和自由，對中國人要用暴力和武力制服，這對於減輕公司無法承受的沉重負擔，增加日本貿易，是極為必要的」。[369]於是，在4月30日大員議會作出決定，要對中國發起一場嚴酷的戰爭，以獲得所希望的自由的中國貿易。為此，荷蘭大員長官普特曼斯（Hans Putmans）多次親自到大陸沿海進行偵察和騷擾。1633年7月22日突然襲擊廈門，「猛烈炮轟上述那些戎克船（指鄭芝龍的船），直到最後那些戎克船都沒有抵抗了」，並命令所有的小船、小艇，去燒燬泊在岸邊的那些戎克船，並把停在海面上的那些戎克船砍破，使之沉入海底。據荷蘭人估計，共擊毀鄭芝龍大船25至30艘，小船20至25艘[370]。鄭芝龍十分惱火，寫信給荷蘭人說，你們趁我沒有準備，進行偷襲是很不光榮的事，也不算是真正的勝利，並要求荷蘭人賠償被燒燬的船隻，同時，把軍隊撤回大員，這是「唯一的一條路，另無他途」，荷蘭人不僅不撤兵，還提出苛刻的要求：（一）我們要在鼓浪嶼建造一所堅固的房子，進行交易和儲藏貨物。（二）要允許我們有8至10人可在海澄、漳州、安海、泉州及其鄰近地區毫無阻礙地進行自由貿易。（三）我們的船可以在鼓浪嶼、廈門、烈嶼、浯嶼及其他優良港口停泊。（四）不允許任何大陸商船前往馬尼拉、雞籠或其他我們敵人的地方，只允許去巴達維亞。（五）我們在廈門或其他鄰近地方，也要具有法律權益，對所有舊負債者提出控訴及償還，如負債者已死亡，由其遺產繼承者及朋友償還。

（六）我們可僱請3、4人作為代理人駐在福州，處理兩國之間意外事故。

（七）我們只與完全授權有權決定的國王特使談判。（八）我們攻打中國船，那完全是應得懲罰，咎由自取。[371]鄭芝龍一方面與荷蘭人和談，一方面做好迎戰的準備。首先，在軍事佈置上，在海澄準備19艄大戰船和50艄火船，在劉五店準備50艄火船，在廈門後方的石潯準備50艄火船，在安海準備16艄船，大約在各地準備400艄船。其次，在軍用物資上，要求沿海每家每戶繳納一擔木頭或茅草，準備用於火船。第三，制定獎勵政策，每個士兵獎勵2兩銀子，如果燒燬敵人一隻船，獎勵200兩精銀，取得一顆荷蘭人的首級，贈予50兩銀子。

　　8月11日荷蘭人發動第二次攻擊廈門，並從廈門島的後方沿著排頭，劉五店，繼而從金門與烈嶼之間一路攻擊下去，把所遇到的船全部毀壞。但是，當他們進入廈門時受到中國人的激烈抵抗，荷蘭人登陸以後，中國人從廈門市郊的四個角落向他們衝殺過來，荷蘭人不得不退到海邊，上船逃跑。8月14日，鄭芝龍進行全面反攻，出動100多隻戰船，其中有10隻廣東的戰船和10至12艘大戰船，大部分都配備火船，利用佔領上風的有利位置，用火船進攻荷蘭船，取得了勝利。荷蘭人雖被打敗，但沒有退回大員，一方面繼續在福建沿海進行搶劫，如8月31日，看見東山灣有兩艘大船，立即用武力奪取，並登上海岸，放火燒燬附近的村子。另一方面，繼續提出在鼓浪嶼修建房子，在福州駐代理人，允許在中國所有港灣停泊，准許大陸商人航往大員的談判條件。10月16日，荷蘭人決定從東山返回廈門，停泊在料羅灣，尋找時機，決一死戰。10月22日晨，發炮三響，準備出戰，到天亮時，發現已被鄭芝龍船隊團團包圍，鄭有大小戰船140至150隻，其中50隻是特大的戰船，第一船隊搶佔上風，另一船隊從後面包抄，每隻船都「配備相當的大炮和士兵，士氣旺盛，躍躍欲試」，立即衝向荷蘭船隊。戰鬥中有三隻船同時鉤住荷蘭快艇Brouckerhaven號，立刻點火燃燒，雖然該快艇從船頭用步槍、火器拚命抵抗，但已經完全沒有希望擺脫他們，不久以後，該快艇自行爆炸，沉入海底。停泊在較靠近岸邊的快艇Slooterdijck號，也被四隻大船鉤住，中國人紛紛跳進快艇，雖然兩次把中國人打出船外，但最後還是被接連跳進來的人數眾多的中國人所擊敗，快艇被奪去。普特曼斯見形勢不妙，立即率領Bredam號、Bleyswjjek號、Zeeburch號、Wieringen號和Sdlm號費盡力氣擺脫非常

多的火船,倉皇外逃,[372]這一仗使荷蘭人受重創,普特曼斯召開祕密會議,決議,對於要向中國再度發動戰爭之事,鑒於我們目前力量薄弱,將暫時延緩。1634年他們進一步認識到「我們去年發動戰爭結果足以表明,自由無限制的中國貿易憑武力和強暴是無法獲得的。大員長官和評議會已深深意識到這點」[373]。自此以後,荷蘭人雖然還經常派兵在大陸沿海進行搶劫,但已無力組織大規模的軍事進攻。

2.各個擊破

在臺灣海峽,除了鄭芝龍海商集團外,還有其他許多海商集團,荷蘭人為了擊敗這些海商集團,利用他們之間的矛盾,採取挑撥離間,各個擊破的策略,爭取最大的海上商業利益。1628年10月,鄭芝龍部將李魁奇率領一半以上的船隊和裝備叛鄭離去,給鄭芝龍造成重大損失,從此,鄭、李成為冤家對頭。荷蘭人利用鄭、李的矛盾,一方面,拉攏李魁奇,1629年12月13日,大員議會決議要贈送價值三百里爾的香木、檀香木、胡椒和紅呢絨給李魁奇。12月20日荷蘭長官與商務員親自登上李魁奇的座船做客,與他廣泛討論所有的事情,最後以三十兩銀的價格,賣給他很多的胡椒,第二天將派一個人來看檀香木、象牙、呢絨等貨,並商討價格。同時指派上席商務員特勞牛斯去李魁奇那裡,請他派一個人來船上看貨,請他準備一些紅磚送來我們船上,請他為我們準備三、四艘好的戎克船,歸還逃跑的班達人,請他讓所有商人自由無阻地來跟我們通商交易[374]。另一方面,又積極與鄭芝龍聯繫,12月29日,普特曼斯長官從大員航往圍頭灣,要去跟鄭芝龍商討我們要敵對李魁奇的計劃,即「如果一官有此意願,我們要與他一起去把李魁奇打出廈門,使他恢復地位,而條件為,他要為我們關照貿易,以及對我們所有合理的要求都要同意」。[375]所謂的合理條件,包含以下幾條:

(一)一官須於獲勝之後,讓我們在漳州河進行貿易,對商人來跟我們交易的通路不得有任何限制,而且要熱心地向軍門爭取承諾已久的長期的自由貿易。

(二)擄掠到的李魁奇的戎克船,我們要先選取最好的三、四艘,並取得所有戎克船裡所有的商品,而由他取得剩下的船隻,以及所有戎克船裡的大砲。

(三)不允許戎克船前往馬尼拉、雞籠、淡水、北大年灣、暹羅、柬埔寨等

地。

（四）不允許任何西班牙人或葡萄牙人在中國沿海交易，要在所有通路上防止他們，阻止他們。

（五）以上條件，他終生都不得違背，去世後，他的繼承人還要繼續遵守履行。[376]

正當荷蘭人與鄭芝龍談條件時，又暗中寫信給李魁奇，「告訴他，我們跟一官已經決定，於鐘斌從北邊帶兵來到一官那裡以後，就要攻打他，使一官恢復以前在廈門的地位權勢。不過，他如果還願意表現他是荷蘭聯合東印度公司的朋友，在兩三天內準備好各種商品，並履行他説了好幾次的諾言，則我們不但無意使他毀滅，相反的還要用我們的士兵和船隻全力幫他。」[377]由於李魁奇沒有全部履行荷蘭人的諾言，荷蘭人最終選擇了鄭芝龍。1630年2月出兵幫助鄭芝龍和鐘斌，消滅李魁奇海上貿易集團。接著荷蘭人又採取同樣手段挑撥離間鄭芝龍與鐘斌的關係，藉助鄭芝龍的力量於1631年3月消滅鐘斌海商集團，使鄭、荷的貿易得到較大的發展，同年4月5日，上席商務員特勞牛斯得到一官的許可，帶著4400百里爾，搭一艘商船到廈門進行交易，他在那裡出售比預定多出五六百擔胡椒，以交換商品或以現款每擔10.5兩銀的價格賣給一官。4月12日大員議會又決定要派快艇Wieringen號與Assendelft號載1.2萬里爾及1000擔胡椒，去漳州河作為交易的資金，並運回特勞牛斯收購的價值8000至1萬里爾的精細貨物。[378]

李魁奇、鐘斌被鄭芝龍消滅後，劉香海商集團成為鄭芝龍主要的競爭對手，荷蘭人極力利用和拉攏劉香。1633年7月27日大員議會決定送信給劉香，「告訴他們，如果他們願意跟我們併力攻打中國，可以自由地來我們這裡，如果他們載有商品，我們為要感謝他們，將於全部收購併予付款，而且，我們將允許他們自由通航大員、巴達維亞以及所有我們有城堡的地方……只要他們能繼續使我們自由交易，就能得到我們永遠合作的保證」。[379]但是，劉香非常懷疑，因為荷蘭人已向鄭芝龍表示要聯合消滅劉香，現在為什麼又要聯合劉香打擊鄭芝龍呢？為瞭解除劉香的顧慮，9月19日，荷蘭長官又派人送一封信給劉香，信中説：你們要來我們這裡還有那麼多猶豫的意見，使我們大感驚奇，你們應知道，我們在廈

門如何燒燬鄭芝龍的船隻,因此,你們如果要誠信地跟我們並肩作戰,幫助實現我們的計劃就請不要害怕,儘管前來我們這裡。12月5日,大員議會又決定:派快艇Wieringen去會見劉香,並向劉香保證,只要他的人不妨礙漳州河與大員之間的航路,我們將對他很好,長官普特曼斯還會跟他見面詳談,並從巴達維亞帶來新的兵力,去跟他會合。然而,劉香撤出漳州灣,開往澎湖,表示願與荷蘭人合作時,荷蘭人又變卦了,不與劉香簽訂任何協議和條約,並向劉香提出必須撤出澎湖,另尋港灣泊船,並保證持我們執照航行的船隻自由無阻地過往,如果他能做到以上幾點,可以成為我們可靠友好的朋友,不但會受到尊重和善待,而且一旦中國人拒絕貿易,我們可面對中國特別是一官的勢力給他提供保護,並讓他取代一官[380]。從上可見,荷蘭人一方面聯合劉香攻打鄭芝龍,以此來威脅鄭芝龍,另一方面又不與劉香簽訂和約,與鄭芝龍繼續保持聯繫,用此來控制劉香。但是,這一次劉香不上荷蘭人的當,一方面與荷蘭人談判,提出船隊到魍港修理船隻,要求荷蘭人賣給3擔火藥,一條纜索,4門大砲以及砲彈等其他附屬物。一方面做好攻城的準備,當荷蘭人拒絕他的要求時,1634年4月劉香組織600多人的隊伍攻打熱蘭遮城,雖然攻城沒有成功,即給荷蘭人重大打擊。

3.海上攔阻

荷蘭人對中國海商主要是採用和戰結合,各個擊破的策略,而對西班牙、葡萄牙人則用海上攔阻的辦法,破壞他們在遠東的海上貿易。

西班牙人占領菲律賓群島以後,曾經想用武力打開中國大門,直接到中國沿海設立貿易據點,當這個願望落空以後,不得不用招徠中國海商直接到菲律賓進行交易。在中菲貿易中,漳州月港起了重要的作用,每年有一批中國商船運載絲綢等貨物從月港出發到達呂宋,1573—1574年間到達馬尼拉商船每年各有3只,1575年以後增加到12至15只,到16世紀末已增加至40至50只,1631年(崇禎四年)已多達50只。1626年西班牙人占領雞籠港後,又開闢雞籠至福州的航線。「有人違禁自福州前去貿易,另有人自中國北部地區運去許多瓷器」。[381]對此,荷蘭人十分惱火,他們發誓「我們無論如何要趕走敵人,如果我們想無憂無慮地進行中國貿易。大員受到西班牙人的嚴重威脅,據說他們已從馬尼拉派出四

艘大海船，兩艘大型快船，還有兩艘戰艦隨後趕到」。[382]1628年11月14日，荷蘭長官納茨派出兩條大型帆船Walcheren和Vlissingen，各配備16名荷蘭人和70名中國人，與其他三條某海盜的帆船，在福州與敵人的基地雞籠和淡水之間的航路上攔截船隻。[383]同時，也從大員派出艦隊攔截從中國到馬尼拉及馬尼拉到雞籠的西班牙船隻。1633年3月份攔截一條從福州到雞籠，又從雞籠到馬尼拉的商船，船上裝載用西班牙字母標示的貨物，主要的是麵粉、小麥、一些瓷器和其他雜物。「由於該戎克船及那些人都是屬於一個西班牙人的，所載貨物也大部分是西班牙人的，是我們的世仇，因此決定於以沒收，留作公司取得的利益」。[384]1633年7月18日，荷蘭人又從大員派出快艇Zee-burch號、Venloo號、Salm號及Kemphaan號等出發前往預定地點，去截捕所等候的馬尼拉及其他的戎克船。7月22日快艇Salm號在漳州河外奪得一只大的馬尼拉戎克船，裝載很豐富，裝有27900里爾的香料，605.75擔的蘇木，1054斤的一級丁子香，534斤白荳蔻，14斤燕窩，15根犀角。[385]自此以後荷蘭人經常從大員派出艦隊，封鎖馬尼拉航道，攔截西班牙人的商船和中國去呂宋貿易的商船。

　　葡萄牙人是荷蘭人在東方的另一個商戰對手。葡萄牙自從占領澳門以後，以澳門為據點與中國大陸、日本、東南亞各國、果阿開展貿易活動。據全漢升研究，在16世紀最後15年內，日本出產的白銀約有一半輸出外國，而輸出的大部分都由澳門葡人運走。在這個時期內，自長崎運往澳門的銀子，每年約為五六十萬兩。其後到了十七世紀，在最初三十年內，每年約有一百餘萬兩，有時更多至二三百萬兩。另據一個統計，自1599年—1637年，38年間，葡船自長崎輸出銀五萬八千箱（每箱一千兩），即五千八百萬兩。這許多運往澳門的銀子，大部分都轉運入中國，用來購買絲貨及其他商品[386]。澳門與馬尼拉也保持商業往來，從天啟七年（1627年）至崇禎十五年（1642年）有47只商船從澳門到馬尼拉。對於葡萄牙人在澳門的貿易活動，荷蘭人也視為眼中釘。1631年葡萄牙人到漳州河搶劫生絲，甚至預支數千里爾給安海商人去收購生絲，致使荷蘭上席商務員特勞牛斯在新絲上市之前，幾乎無法為公司買到生絲，為此，大員議會決定由上席商務員包瓦斯率領兩只快艇及戎克船淡水號與安海號到南澳與大星山之間攔截從澳門前往日本的葡萄牙人的商船。[387]1634年8月，巴城總督命令大員長官普特

曼斯將船隻留在大員，於9月初以良好的裝備，把它們派往澳門，按我們的意圖，在那裡打擊所有駛向日本、馬尼拉和雞籠等地的船隻，並阻止任何人從那裡駛往馬六甲、果阿、孟加錫等地。388

荷蘭人除了與葡萄牙人，西班牙人爭奪東亞海上貿易之外，還與日本人發生貿易糾紛，他們堅決反對日本商船到臺灣貿易，也阻止其他國家的商船到日本貿易，一直到1633年日本實行鎖國政策，這一矛盾才暫時得到緩和。

三、亞海上商業霸主美夢的破滅

荷蘭人到達臺灣海峽以後，本來打算以大員為據點，採用和戰結合、利用矛盾、各個擊破、海上攔截等策略，打破中國海商的壟斷，挫敗葡萄牙人和西班牙人的貿易，建立自己的海上商業霸權，但是，他們的願望並沒有完全實現。

在對華貿易上，荷蘭人剛到臺灣海峽，採用各種手段，想衝破中國海商的壟斷，妄圖在大陸沿海與中國實行直接的自由貿易，但屢屢遭到明朝政府的嚴詞拒絕，1623年，他們在澎湖時寫信給漳州官員，請求准許在那裡貿易和尋找適當地方駐紮。389漳州官員不僅不准在漳州灣貿易，而且還要求他們撤離澎湖。荷蘭人撤退至大員後，明朝政府仍然不准他們到中國沿海貿易。1631年9月，廈門的gontogion奉軍門的名義發布通告：「不准任何人在中國沿海協助任何荷蘭人，如果有人被發現跟他們交易，最嚴重的將處以死刑，並沒收他們全部的貨物。」390因此，他們只能透過中國海商為中介人，把貨物運到大員進行交易，這樣，必然使貿易主動權控制在中國海商手中，除了當時鄭氏海商集團之外，如華商Hambuan成為穿梭於臺灣海峽的重要的中間商。1634年12月30日，Hambuan從大員抵達水頭，第二年1月22日傳回消息說，Hambuan在12至15天內會帶領三、四艘裝載豐富的戎克船前來大員。Hambuan在信中提到，他已見過幾個大官，也見過一官，他們表示，已經準備很多商品運來此地，足夠供應公司一年的需要。但是Hambuan的夥伴Noucoe鼓動中國商人把他們的貨物價格抬得很高，並且暫不發運，要等到荷蘭長官普特曼斯再度請他們來大員時才起航，「那時候，很顯然就可以按照他們的價格交易成功了」391。再如1638年，當Hambuan運來大量的貨物到大員時，荷蘭人以沒有足夠的現款為由，拖付欠款，Hambuan提出

對欠款要支付3%的月息，而荷蘭人只願意支付1.5%的月息，雙方談判陷入僵局。Hambuan宣布，如果荷蘭不按3%月息支付欠款，他將以所有華商名義宣布，把運來的絲和絲織品全部運回大陸，等到荷蘭人有現款支付時，再把貨物運到大員。後來經過四輪的談判，荷蘭人不得不接受按2.5%月息支付欠款。[392]從上可見臺灣海峽貿易的主動權始終牢牢控制在華商手中，荷蘭人從來沒有實現在中國大陸沿海進行完全自由貿易的企圖。

在與其他國家的爭鬥中，荷蘭人也沒有實現獨占東亞海上貿易霸權的夢想。如與西班牙的商戰中受到中國海商力量的牽致。1632年1月7日，普特曼斯與大員議會決議要派一支船隊去攻擊前往馬尼拉的戎克船，後因以下幾個原因而沒有實現：（一）如果我們執行上述計劃，就會立刻跟中國陷入嚴重敵對狀況，而喪失目前專利的貿易。（二）那些快艦已裝滿貨物，也不適合去追捕那些戎克船。[393]因此，中菲貿易並沒有受到多大影響，每年有大量的中國絲織品經馬尼拉輸入美洲，再由美洲輸往歐洲，馬尼拉成為中國絲綢運往歐美的轉口港。同時，墨西哥白銀也經馬尼拉大量流入中國。再如葡萄牙人在澳門的貿易，雖然受到荷蘭人封鎖而產生一定影響，但澳門與日本的貿易，澳門與果阿的貿易，澳門與東南亞各國的貿易仍然正常進行。日本是荷蘭人爭奪最激烈的商場，也無法排擠其他國家而獨占，雖然日本政府於1634年因追捕天主教徒而不允許葡萄牙人、西班牙人到日本貿易，但中國海商仍然是荷蘭人在日本競爭的勁敵。如1643年中國海商運到日本的絲綢達700多擔，是荷蘭人的三倍，怪不得荷蘭人認為「如果公司想繼續存在下去，就必須把這一根刺從公司腳下撥除」。[394]1652年，荷蘭人運到日本砂糖1500擔，獲利不過2759盾，其「原因是中國運去9200擔糖」[395]。綜上可見，荷蘭人是抱著稱霸東亞的野心來到臺灣海峽的，雖然煞費苦心，採取種種商戰策略，仍然無法打破原來的貿易格局，實現稱雄願望，最後在鄭成功部隊圍攻的炮聲中，於1662年灰溜溜地退出臺灣海峽，結束了東亞商業霸主的美夢。

明鄭臺灣建置考

鄧孔昭

　　1661年，鄭成功在收復臺灣的過程中，將赤崁地方改為東都明京，並在臺灣設立了承天府和天興、萬年二縣。鄭經襲位後，1664年，改東都為東寧，改二縣為州，同時又設立了南路、北路和澎湖安撫司。鄭成功為什麼要把赤崁地方稱為「東都」，並且設立承天府？鄭經又為什麼要把東都改為東寧？改東都為東寧、二縣為州之後，承天府作為一個府的建置是否依然存在？前一個問題，臺灣輔仁大學尹章義教授在和筆者的一次學術論爭中就曾提出過[396]。後兩個問題，似乎從來沒有引起過學術界的注意。然而，這些問題對於瞭解鄭成功和鄭經的政治舉措，以及當時臺灣的建置都至關重要。本文在此略作探討，一方面作為對尹章義教授的回應，另一方面也對明鄭時期臺灣的建置提出自己的一些看法。

一

　　楊英《先王實錄》記載，南明永曆十五年（清順治十八年、1661年）五月初二日，鄭成功「改赤崁地方為東都明京，設一府二縣。以府為承天府，天興縣，萬年縣，楊戎政為府尹，以莊文烈知天興縣事，祝敬知萬年縣事」。同月「十八日，本藩令諭云：『東都明京，開國立家，可為萬世不拔基業。……承天府、安平鎮，本藩暫建都於此……本藩閱覽形勝建都之處，文武各官及總鎮大小將領設立衙門，亦准圈地，創置莊屋，永為世業』」[397]。這個記載明白無誤地告訴人們，鄭成功在臺灣赤崁地方設立了一個都城，這個都城的名稱叫「東都明京」，「東都明京」所在的府城稱為「承天府」。

　　那麼，鄭成功以南明永曆皇帝冊封的一個郡王（延平王）的身分，為什麼要在自己占領下的臺灣建立「東都明京」，並且將府名稱為只有天下首郡才相稱的

「承天府」呢？尹章義教授在針對筆者認為「延平王國」純屬子虛烏有的說法時曾反詰道：「『開國立家』、『萬世不拔基業』、『建都』，再明白不過的命題，還需要解讀嗎？開什麼國？建什麼家？除了『延平王國』之外，還有其他可能嗎？鄭成功明白宣示他在臺灣『開國立家』，建立延平郡王的『延平王國』，豈是筆者『隨意』憑空杜撰出來的『虛假的東西』？……縱使對『本藩令諭』視若無睹，也應該知道『承天府』——奉天承運、開府赤崁的意思吧？順天（北京）、應天（南京）、承天（赤崁）不正是『本藩令諭』中的建都之處嗎？」[398]尹教授的解釋很清楚，他認為，這個都城就是「延平王國」的首都，承天府就是「延平王國」的京畿首府。然而，他沒有解釋為什麼「延平王國」的首都會叫做「東都明京」，「東都明京」具有什麼樣的含義。

其實，「東都明京」的含義很明白，那就是「東方的首都、明朝的京城」，也就是明朝東方首都的意思。因此，「東都」不是鄭氏政權的首都，而是鄭氏政權遙奉的南明永曆皇帝的東方首都；「承天府」不是鄭氏政權的京畿首府，而是南明永曆政權的京畿首府。這個「東都」是相對於「西都」（永曆皇帝的行在）而言的。那麼，為什麼鄭成功要給這時遠在緬甸的永曆皇帝設立一個「東都」呢？這就牽涉到了鄭成功的政治態度和當時鬥爭需要的問題。

鄭成功遙奉永曆政權為正朔，這是盡人皆知的事情。然而，永曆皇帝從登基時起就過著漂泊的生活，他的「行在」（永曆政權象徵性的首都）曾遍布廣東、廣西、湖南、貴州、雲南，乃至緬甸。除了逃難途中短暫停留的地方不計外，永曆帝先後「駐蹕」時間滿一個月的地方詳見下表[399]：

時　間	地　點	備　註
隆武二年(1646)十月——十二月	廣東肇慶	在肇慶稱帝
永曆元年(1647)四月——八月	湖南武岡	改武岡州為奉天府
永曆元年十二月——二年二月	廣西桂林	
永曆二年三月——六月	廣西南寧	
永曆二年七月	廣西梧州	
永曆二年八月——四年一月	廣東肇慶	
永曆四年二月——十月	廣西梧州	
永曆四年十二月——五年十二月	廣西南寧	
永曆六年二月——十年二月	貴州安隆	改安隆為安龍府
永曆十年三月——十二年十二月	雲南昆明	改雲南府為「滇都」
永曆十三年閏正月——十五年十二月	緬甸	最後被緬軍縛送清吳三桂軍

　　永曆帝的顛沛流離，鄭成功自然是很清楚的。鄭成功和永曆帝之間有過許多的聯繫。據夏琳《海紀輯要》記載，鄭成功起兵之初，「聞永曆即位，遣人間道上表，尊奉正朔」。永曆三年，七月，永曆遣使晉招討大將軍忠孝伯成功為延平公（《閩海紀要》為「漳國公」）。四年「閏十一月，賜姓率各鎮官兵南下勤王」，先後抵達廣東揭陽和南澳，後因後方基地廈門被清軍襲擊而中止。七年五月，「成功既破固山金礪，遣監督池士紳以蠟表奏永曆行在，並敘破提督楊名高及殲總督陳錦之功。永曆乃命年英齎勅晉成功漳國公，封延平王；成功拜表辭讓，請甘輝、黃廷等各鎮封爵」。八年十月，鄭成功「遣輔明侯林察、閩安侯周瑞督水師……率官兵戰艦百餘艘南下勤王。差效用官林濬奉勤王表詣永曆行在，並持書會西寧王李定國」，但無功而返。十一年「十一月，永曆遣漳平伯周金湯晉招討大將軍延平王成功潮王」[400]。《先王實錄》記載，永曆十四年正月，鄭成功「遣蘇迪章押送漳平伯周金湯、太監劉國柱到龍門港登程，往行在覆命」[401]。儘管由於路途遙遠和清軍的阻隔，這種聯繫不是十分的及時，但鄭成功對這時永曆帝的困境以及李定國抗清力量的衰落無疑是瞭解的。把赤崁改為「東都」，在臺灣設立「承天府」，鄭成功無非是為了表明一種政治態度：即他隨時歡迎永曆帝移蹕臺灣，而且他有決心把臺灣建成全國抗清的政治中心。

　　既然鄭成功是為了表示歡迎永曆帝移蹕臺灣而設立「東都」和「承天府」，那麼，為什麼鄭成功此前不作這樣的表態，而要到這時才作如此的表態呢？這是由於當時抗清鬥爭形勢的需要所決定的。

在此之前，永曆四年和八年，鄭成功曾兩次派兵勤王，可以說就表明了他歡迎永曆帝移蹕軍前的態度。五年五月，永曆帝身邊的群臣在討論應當依靠誰的時候，有人就主張可以前往依靠鄭成功，「或言鄭成功雄於閩，請依之」[402]。但由於當時全國抗清鬥爭的形勢還好，各股抗清勢力都以永曆帝為奇貨可居，永曆帝自己對於「出海」，「憚險遠」[403]，所以，鄭成功沒有必要作這樣的表態。

鄭成功收復臺灣，設立「東都」、「承天府」之時，全國抗清鬥爭的形勢已經發生了根本的變化。曾經連殺清朝二王，在西南打出一派抗清大好形勢的李定國，這時只能在中緬邊境地區作垂死的抵抗。而永曆帝早在兩年之前就已逃入緬甸，成為他人的籠中之鳥。全國的抗清鬥爭已經進入了低潮。在這種情況下，鄭成功決定收復臺灣，「以為根本之地，安頓將領家眷，然後東征西討，無內顧之憂，並可生聚教訓也」[404]。然而，鄭成功的戰略意圖並不為人們所理解。對於鄭成功收復臺灣的壯舉，人們提出了許多懷疑和質問，以為鄭成功放棄了抗清復明的事業。在懷疑鄭成功東征臺灣動機的人們中，盧若騰、王忠孝、張煌言具有一定的代表性。

盧若騰（1598—1664年），字閑之，別字海運，號牧洲，亦號留庵，又稱自許先生，福建同安浯嶼（今金門）人。明崇禎十三年（1640年）進士，曾任兵部主事，後任浙江布政使司左參議，分司寧紹巡海兵備道。隆武政權時，授都察院右副都御使、浙東（溫、處、寧、臺）巡撫，加兵部尚書。清軍南下，他兵敗負傷回閩，後依附鄭成功。是鄭成功軍中著名的南明耆老之一。盧若騰對鄭成功東征臺灣持懷疑和反對的態度，他有一首《東都行》的詩，最後兩句是：「苟能圖匡復，豈必務遠征」[405]，就反映了這樣的情緒。

王忠孝（1593—1666），字長孺，號愧兩，福建惠安沙格人。明崇禎元年（1628年）進士，曾任戶部主事。隆武政權時，授光祿寺少卿，後擢升為都察院協理院事左副都御使。隆武政權敗亡後，曾糾眾5000餘人在惠安、莆田一帶起兵抗清。失敗後依附鄭成功，被永曆帝勅授兵部右侍郎。也是鄭成功身旁重要的南明耆老之一。他對鄭成功東征臺灣也是持懷疑和不解的態度，他在給張煌言的一封信中說，「頃者，虜又虐徙海濱，所在騷然。乘此時一呼而集，事半功

倍。而僻據海東，不圖根本，真不知其解也……弟久欲卜遷，而無其地，不識可一帆相依否？便中幸賁德音，偕行者，不僅弟一人也」[406]。王忠孝質疑鄭成功「僻據海東，不圖根本，真不知其解也」，甚至表示要離開鄭氏的隊伍。

張煌言（1620—1664年），字玄箸，號蒼水，浙江鄞縣人。崇禎十五年（1642年）舉人。魯王監國時，賜進士，加翰林院編修，其後從侍講兼兵科左給事中一直晉升至兵部右侍郎。魯王去監國稱號後，永曆帝授兵部左侍郎兼翰林院學士。他領導的軍隊時常和鄭成功的軍隊一起行動，但保持相對的獨立性，是鄭成功在東南沿海十分倚重的一支友軍。張煌言反對鄭成功東征臺灣是人們所熟知的，他的態度在南明人物中很有代表性。他的《上延平王書》對鄭成功東征臺灣提出了種種的懷疑和責難。信中說，「殿下東都（原文為『東寧』，實誤——引者注）之役，豈誠謂外島可以創業開基，不過欲安插文武將吏家室，使無內顧憂，庶得專意征剿。但自古未聞以輜重、眷屬置之外夷，而後經營中原者，所以識者危之……若以中國師徒，委之波濤浩渺之中，拘之風土狉獉之地，真乃入於幽谷，其間感離、恨別、思歸、苦窮種種情懷，皆足以壓士氣而頓軍威。……殿下誠能因將士之思歸，乘士民之思亂，迴旗北指，百萬雄師可得，百十名城可收矣。又何必與紅夷較雌雄於海外哉！況大明之倚重於殿下者，以殿下之能雪恥復仇也。區區臺灣，何與於赤縣神州！而暴師半載，使壯士塗肝腦於火輪、宿將碎肢體於沙磧，生既非智、死亦非忠，亦大可惜矣！矧普天之下，只思明州一塊乾淨土，四海所屬望，萬代所瞻仰者，何啻桐江一絲繫漢九鼎？故虜之虎視匪朝伊夕。而今守禦單弱，兼聞紅夷構虜乞師，萬一乘虛窺視，勝負未可知也。夫思明者，根柢也；臺灣者，枝葉也。無思明，是無根柢矣，能有枝葉乎？此時進退失據，噬臍何及！古人云：『寧進一寸死，毋退一尺生』。使殿下奄有臺灣，亦不免為退步，孰若早返思明，別圖所以進步哉！昔年長江之役，雖敗猶榮，已足流芳百世。若捲土重來，豈直汾陽、臨淮不足專美，即錢鏐、竇融亦不足並駕矣。倘尋徐福之行蹤，思盧敖之故跡，縱偷安一時，必貽譏千古。即觀史載陳宜中、張世傑兩人褒貶，可為明鑒。九仞一簣，殿下寧不自愛乎！夫虹髯一劇，只是傳奇濫說，豈有扶餘足王乎！若箕子之君朝鮮，又非可語於今日也」[407]。另外，他的《得故人書至自臺灣》詩中最後兩句，「寄語避秦島上客，衣冠黃綺總堪

疑」[408]也表達了這樣一種情緒。

很明顯，張煌言等人不能理解鄭成功東征臺灣的意義，他們懷疑鄭成功放棄了抗清復明的根本大計，以為東征臺灣只是一種退避，就像徐福、盧敖之尋仙退隱，虬髯客張仲堅、箕子之避居海外一樣。儘管張煌言、盧若騰對鄭成功的責難是在「東都」和「承天府」設立之後，可以想見，在鄭成功決定東征臺灣之後到「東都」和「承天府」設立之前，這樣的懷疑和責難一定更是不絕於耳。面對這樣的懷疑和責難，鄭成功必須要有一個明確的宣示，來表明他的態度，那就是：臺灣不是他逃避抗清復明的避難之所，而是可以成為明朝的東方首都，全國抗清的政治中心。儘管實際上永曆帝從緬甸移蹕臺灣的可能性幾乎等於零，但「東都明京」和「承天府」的設立，卻表明了鄭成功要以臺灣為基地堅持抗清復明的決心。因此可以説，設立「東都」和「承天府」，是鄭成功宣揚東征臺灣正當性的需要，也是他堅持抗清復明立場的表白。

當然，我們也看到了，在鄭成功設立了「東都」和「承天府」之後，盧若騰和張煌言等人仍然對鄭成功東征臺灣持懷疑和責難的態度，說明鄭成功這種宣示的客觀效果並不是十分理想。但後來的事實卻證明了鄭成功是有遠見的，幾年之後，大陸各地的抗清勢力被消滅殆盡，臺灣成了不願降清的人們唯一可去的地方，即如盧若騰和王忠孝，最後也不得不遷居臺、澎。

二

那麼，1664年，鄭經為什麼又要將「東都」改為「東寧」呢？應當説，這也是抗清鬥爭形勢發展的必然結果。

前面已經説過，鄭成功設立「東都」，是為了表明他隨時歡迎永曆帝移蹕臺灣並要把臺灣建設成為抗清復明基地的政治態度。可是，隨著永曆帝被清軍捕獲和殺害，南明最後一個小朝廷已不復存在，「東都」也就失去了它存在的象徵性的意義。

永曆十五年十二月，永曆帝被緬甸政府擒送率軍入緬的吳三桂。據《行在陽秋》記載，初三日，「是日未刻，二、三緬官來見曰：此地不便，請移別所。爾國兵將近我城，我處發兵必由此過，恐為驚動。言未畢，數蠻子將上連杌子抬

去……步行約五里，渡河到岸，暗黑不識何兵。二更到營，始知為吳三桂矣」[409]。隨後，永曆帝即被吳三桂帶回昆明。次年（清康熙元年）三月十二日，清廷以擒獲永曆帝詔告天下。詔書中說：「念永曆既獲，大勛克集。士卒免徵戍之苦，兆姓省輓輸之勞。疆圉從此奠安，閭閻獲寧于止。是用詔告天下，以慰群情」[410]。四月二十五日，永曆帝在昆明被處死[411]。永曆帝被捕的消息，因清廷詔告天下，不久就能傳到臺灣。至於永曆帝的生死，在鄭成功逝世之前，在臺灣就已有謠傳。《海紀輯要》記載，鄭成功「將卒之年，謠傳永曆遇害，有勸其改年者，泣曰：『皇上西狩，存亡未卜，何忍改年』！終身尊奉正朔」。永曆十七年，「是年，永曆訃至，世子猶奉其正朔」[412]。鄭成功永曆十六年五月初八日逝世，此前永曆帝遇害的消息還只是謠傳，到了永曆十七年，訃告才正式傳到廈門。

永曆帝被捕遇害之後，「西都」（永曆帝的行在）已不復存在。如果鄭經仍然將臺灣稱為「東都」，那麼，它所表達的就已不再是鄭成功設立「東都」時所具有的歡迎永曆帝移蹕臺灣以及要把臺灣建設成為抗清復明的基地的政治意涵，人們就要質疑鄭經的「僭越」了。因為，沒有了永曆帝可以遙奉這樣一個先決條件，「東都」的存在就失去了正當性。

當然，鄭經也無暇在永曆帝遇害消息正式傳到廈門後就馬上處理這件事。因為，永曆十七年（清康熙二年、1663年）正是他處於內外交困的時期。

永曆十七年正月，鄭經剛剛平定了黃昭等人擁立鄭世襲的內亂事件後從臺灣回到廈門。回到廈門之後的鄭經面臨著一件比處理鄭世襲事件更為棘手的事情。在臺灣查抄黃昭的文件時，發現了鄭經與黃昭的往來書信，鄭經「疑其有異志，泰不自安，稱病不入謁」[413]。如何處理鄭泰的問題？對於鄭經來說，確實事關重大。在鄭氏內部，鄭泰擁有強大的實力。他長期擔任鄭成功的戶官，執掌著鄭氏集團的經濟命脈，與其弟鄭鳴駿、其子鄭纘緒擁有大量的軍隊和船隻，並且駐守在金門，和廈門近在咫尺。一旦禍起蕭牆，對鄭氏集團的危害極大。正是考慮到這些，鄭經對鄭泰遲遲不敢採取行動。六月，「陳永華謀以世子將歸東都，命泰居守，鑄居守戶官印，遣協理吳慎齋至金門授之。泰猶豫未敢入謝，弟鳴駿力

贊其行，遂帶兵船及餉銀十萬赴思明州進見。世子慰勞畢，托更衣以入，永華即榜泰十罪，並出所與黃昭往來之書示泰。泰欲向辨，洪旭曰：『無庸也』！挽至別室餽穀之。周全斌率兵並其船，獨蔡璋一船逸出金門。鳴駿倉卒與泰之子纘緒率諸將及眷口下船，入泉港投誠。船凡二百餘石、精兵八千人，文武官數百員，全斌等追之不及。泰悔之，遂自縊」[414]。鄭泰事件的發生，極大地削弱了鄭氏集團的力量。

永曆十七年十月，被鄭經假「和談」策略迷惑了一年多的清軍終於醒悟，在荷蘭東印度公司艦隊的協助下，向鄭軍駐守的廈門和金門發起了攻擊。經歷了鄭成功逝世、鄭世襲事件、鄭泰事件之後的鄭軍雖然也取得了擊斃清軍提督馬得功這樣一些局部性的勝利，但終因寡不敵眾，被迫退出了經營多年的戰略基地——廈門和金門。失去金、廈之後，鄭經退守銅山。但這時軍心動搖，眾將紛紛叛離。鄭經眼看銅山難保，先行攜帶眷口及文臣、宗室、遺老過臺。不久，銅山失陷，鄭氏在大陸沿海的主要島嶼喪失殆盡。

永曆十八年，退守臺灣的鄭經終於可以靜下心來進行一番內部的整頓，清理各種關係，包括「東都」改名這樣的事情才會提到議事日程上來。「東都」必須改名，但改稱什麼？卻是要有講究的。鄭經堅持奉明朝為正朔，堅持不降清的立場，這方面他繼承了鄭成功的遺志。但鄭經缺乏鄭成功那樣的雄才大略，也缺少鄭成功那樣的雄心壯志。經歷了一連串內亂和被清軍趕出大陸沿海之後，鄭經最希望得到的就是安寧。因此，將「東都」改為「東寧」是最自然不過的事情。鄭經在永曆二十一年寫給清方官員孔元章信中的一些話，可以看作是他為什麼會把「東都」改稱為「東寧」的詮釋。信中說，「曩者思明之役，自以糧盡而退，非戰之失也。而況風帆所指，南極高、瓊，北盡登、遼，何地不可以開屯，何地不可以聚兵。不佞所以橫絕大海，啟國東寧者，誠傷士女之仳離，干戈之日滋也。……倘麾下以濱海為慮，蒼生為念，則息兵安民，誠不佞之素志。或命一介之使，通互市之好，彼此無兵，波浪不驚，沿海漁農，各歸故業，使老幼男女皆得遂其生育，而貴朝亦可以歲贏數百萬之賦。此仁人之心，即不佞亦有同懷也」[415]。很明顯，鄭經退到臺灣之後（起碼在最初的幾年裡），最不願見到的事情就是「士女之仳離，干戈之日滋」，最希望出現的局面是海峽兩岸「彼此無

兵，波浪不驚」，雙方「息兵安民」。在這種心態之下，把「東都」改為「東寧」無疑是最自然的選擇。

三

那麼，改「東都」為「東寧」、二縣為州之後，「承天府」作為一個府的建置是否依然存在呢？過去的著作沒有人提出過這樣的疑問。人們習慣以為，既然史料的記載只說到了改「東都」為「東寧」、改二縣為州、增設南北路及澎湖安撫司，沒有提到「承天府」的撤廢，那麼，「承天府」作為一個府的建置，它的繼續存在就應當沒有什麼問題。因此，我們現在看到的所有有關的著作都是這樣以為的。例如：

1977年出版，由臺灣省文獻會編寫的《臺灣史》中說，永曆十五年，「五月二日，改臺灣為東都，設一府曰承天，……下設二縣：曰天興、萬年；永曆十八年（康熙三年），金、廈敗績，撤歸臺灣。八月，改東都為東寧，升天興、萬年二縣為州，疆域仍之……終鄭氏之世，而為一府、二州、三司之局」[416]。

1991年出版的《重修臺灣省通志》卷七「政治志建置沿革篇」也寫道，永曆「十八年（康熙三年、西元一六六四年）八月，改東都為東寧，天興、萬年二縣為州（州官治漢人）。增設安撫司三，南北路及澎湖各一（南北路安撫司為治『番民』而設，澎湖為軍事重鎮而設）。故當時臺灣地方行政區域之建置分為一府二州三司……至永曆三十七年（康熙二十二年、西元一六八三年）七月，鄭克塽降清時，東寧共置一府二州三安撫司四坊二十六里二莊四十六社一鎮」[417]。

2002年出版，由黃秀政、張勝彥、吳文星編寫的《臺灣史》也說，「鄭經退守臺灣後，對政制有所變革，即於1664年（明永曆十八年）改東都為東寧，東寧成為全臺之稱呼。同時改天興、萬年二縣為州，各置知州，並於澎湖及南北二路各社安撫司，各設安撫使。承天府典（原文如此，『典』應為『與』字之誤）兩州之下計轄四坊二十四里和原住民之社」[418]。

很明顯，這些著作都認為，「東都」改「東寧」之後，「承天府」作為一個府的建置仍然繼續存在。然而，事實上，「東都」改「東寧」、改二縣為

後，「承天府」作為一個府的建置已經不可能繼續存在了。

理由之一：「承天府」原來是作為「東都明京」的京畿首府而存在的，有了「東都」才可能有「承天府」。誠如尹章義教授所說，「承天府」是「奉天承運、開府赤崁的意思」。既然「東都」存在的正當性已經失去，並且已經改名，「承天府」的存在也就失去了正當性。鄭經在永曆皇帝去世之後，既然已經想到了為「東都」改名，自然不會將「承天府」單獨留下來。為了更好的瞭解這個問題，我們不妨參照一下明朝以及南明時期幾個都城和京畿首府的名稱。

地名	都名	府名	備註
南京	南京、京師、南都、留都。	應天府	洪武元年稱南京，十一年稱京師，永樂元年仍稱南京[①]。
北京	北京、京師。	順天府	永樂元年稱北京，十九年改稱京師[②]。
福州	福京	天興府	隆武元年改福州府為天興府[③]。
湖南武岡		奉天府	永曆元年改武岡州為奉天府[④]。
昆明	滇都		永曆十年改雲南府為滇都[⑤]。
台灣赤崁	東都	承天府	永曆十五年稱東都、承天府。

張廷玉等：《明史》卷四十，中華書局，1974年版，第4冊，第910頁。

同上，第883頁。

未著撰人：《思文大紀》，臺灣文獻叢刊第111種，第20頁。

倪在田：《續明紀事本末》卷十三，臺灣文獻叢刊本，第3冊，第312頁。

同上，第322頁。

很明顯，「應天」、「順天」、「天興」、「奉天」這些都是明朝首都或南明政權臨時首都京畿首府的名稱，「承天府」也是鄭成功把它作為永曆政權「東都」的京畿首府而命名的。既然「東都」之名都已經改了，「承天府」的名稱肯定也不能再用了。不用「承天」作為府名，是否有可能改用其他的府名呢？這種可能性也是不存在的。一是如改用其他的府名，有關的記載就一定會在「改東都為東寧」之後，加上「改承天府為××府」。二是改二縣為州之後，府的建置實際上已無須存在了。

理由之二：改天興、萬年二縣為州之後，按照明代的行政設官制度，「承天府」也已失去了存在的空間。關於明代府、州、縣主官的設置，據《明史》記載，「府。知府一人（正四品），同知（正五品），通判無定員（正六品），推官一人（正七品）……州。知州一人（從五品），同知（從六品），判官無定員（從七品，里不及三十而無屬縣，裁同知、判官。有屬縣，裁同知），其屬，吏目一人（從九品，所轄別見）。知州掌一州之政。凡州二：有屬州，有直隸州。屬州視縣，直隸州視府，而品秩則同。同知、判官，俱視其州事之繁簡，以供厥職……縣，知縣一人（正七品）」[419]。天興、萬年二州，究竟是屬州，還是直隸州？根據分析，天興、萬年二州應當屬於直隸州。因為屬州等同於縣，鄭經和陳永華完全沒有必要將縣改為屬州。將縣改為屬州之後的變化只有一個，那就是提高了主官的品級，加重了民眾的負擔。這和陳永華「改東都為東寧，置天興、萬年二州」的本意「與民休息」[420]是格格不入的。直隸州等同於府，二縣改為直隸州之後，「承天府」的存在就沒有必要了，這樣不但減少了官員，而且，還加強了鄭氏政權對天興、萬年兩個地方的直接管理。這種結果才符合鄭經和陳永華在永曆十八年進行一番整頓的目的和要求。因此，天興、萬年二縣改州一定是改為直隸州。相對於縣來說，直隸州的級別也更高一些，所以，有的史籍才會將此事記載為，「夏四月，經改東都為東寧，升天興、萬年縣為州」[421]。既然，天興、萬年二縣升為直隸州，直隸州的上面就已經不需要「府」的存在了。因此，「承天府」也就沒有了繼續存在下去的空間。

　　或許有人要問：「東都」改「東寧」，天興、萬年二縣改州，史料均有記載，為何獨「承天府」的撤廢，史料沒有片言隻語提及？這個問題的答案，其實就在上述兩個理由之中。在記載此事的楊英等人看來，改「東都」為「東寧」、改二縣為州之中就已經隱含了「承天府」被撤廢的意思，無須再添加這一筆。他們只是沒有料到，他們省下的這一筆，居然給後人造成了這樣的混亂。

　　理由之三：永曆十八年之後，承天府「府尹」的完全「失蹤」，也說明了承天府作為一個府的建置已經不存在了。從永曆十五年五月鄭成功任命楊朝棟為第一任府尹開始，承天府的府尹在鄭氏政權中一直是一個重要的官職。鄭氏政權的許多重要活動，都少不了他們的參與。因此他們的名字和事跡總會經常出現在有

關的史籍或清方的文件中。根據各種史料的記載，從永曆十五年五月至十八年，先後有4人擔任過承天府府尹，具體情況如下表：

姓名	任職時間	資料出處
楊朝棟	永曆十五年五月至十二月	楊英《先王實錄》、阮旻錫《海上見聞錄》等。
鄭省英	永曆十五年十二月起	江日升《台灣外記》
顧礽	永曆十六年	《鄭氏關係文書》
翁天祐	永曆十八年	《台灣鄭氏軍備圖》

但是，永曆十八年之後，承天府府尹的名字卻從有關的歷史記載中完全「消失」了。而天興州知州、萬年州知州、乃至澎湖和北路安撫司安撫使的名字卻屢屢在一些史籍中出現。如《海紀輯要》記載，永曆三十五年十月，「鄭克塽以天興州知州柯鼎開為贊畫中書舍人……又以萬年州知州張日曜為天興州」。永曆三十六年二月，「鄭克塽以儀賓甘孟煜知天興州」[422]。《重修臺灣省通志·職官志文職表篇》中有關「承天府府尹」、「天興州知州」、「萬年州知州」、「北路安撫司安撫使」、「澎湖安撫司安撫使」的表列[423]也充分說明了這樣一種情況。永曆十八年之後，「承天府府尹」的消失，也正好說明，改東都為東寧、改二縣為州之後，「承天府」作為一個府的建置已經不存在了。

綜合上述的三條理由，我們可以確信，在鄭經改東都為東寧，升二縣為直隸州，增設南北路安撫司之時，「承天府」作為一個府的建置是被撤銷了。因此，沈光文在《平臺灣序》中才會有「承天為舊設之府，東寧乃新建之名」[424]的說法。

當然，在一些史籍中，在永曆十八年之後，仍然不斷有「承天府」字樣的出現。例如，夏琳的《海紀輯要》記載，永曆三十五年正月，鄭經「殂於承天府行臺」。「夏，四月，承天府災」。三十六年「十二月，承天府火災。是時歲饑，米價騰貴，民不堪命。承天府火，延燒一千六百餘家」[425]。《閩海紀略》一書也記載，永曆三十四年六月，「承天府豬生子，四耳、三目，前二腳向上」。三十五年「正月，廿八日寅時，鄭藩薨於承天府行臺」。「三十日，侍衛將軍馮錫範、武平伯劉國軒調兵駐承天府」。三十六年「十二月，承天府火災，延燒千六

百餘家」。三十七年五月,「承天府豬生象」[426]。阮旻錫《海上見聞錄》的記載也大致相同,其中有,康熙十九年六月,「承天府豬生子,四耳三目,前二足向上」。康熙二十年「正月二十八日丑時,世藩殂於承天府行臺。三十日,馮錫範,劉國軒調兵駐承天府」。「四月,承天府火災」。康熙二十一年「十二月,承天府火災,延燒一千六百餘家」[427]。但是,我們應當看到,這些史籍中出現的「承天府」所指的只是當時臺灣的一個具體的地名,而不是行政區劃意義上的「承天府」。這個被稱為「承天府」的地方,就是赤崁。它是當時明鄭臺灣的政治中心,也是永曆十五年至十八年承天府的「府治」所在地。永曆十八年「承天府」作為一個「府」的建置被撤銷之後,它的原「府治」所在地作為地名而被人們繼續稱為「承天府」,這是很自然的。就像當時鄭氏軍隊中許多鎮營的名字,也成了它們駐兵屯墾之處的地名一樣。只是「承天府」涉及高度的政治敏感,它在鄭氏降清之後,無法繼續保留下來。

總之,永曆十八年之後出現的「承天府」只是一個具體的地名,它不能掩蓋作為行政建置的「承天府」已在永曆十八年被撤銷的歷史事實。

(原載《臺灣研究集刊》)

論清代移民臺灣之政策——兼評《中國移民史》之「臺灣的移民墾殖」

李祖基

一、引言

清代臺灣的移民拓墾是福建移民史上的頭等大事，同時也是中國移民史上的最重要的事件之一。而清政府移民臺灣的政策也是學術界研究的重點之一，不僅一般臺灣史的專著都要提到，就是專門以此為題撰寫的論文也為數不少。如莊金德的《清初嚴禁沿海人民偷渡來臺始末》（《臺灣文獻》15卷3、4期）、莊吉發的《清世宗禁止偷渡臺灣的原因》（《食貨》月刊13卷7、8期）、林仁川、王蒲華的《清代福建人口向臺灣的流動》（《歷史研究》1983年2期）、鄧孔昭的《清政府禁止沿海人民偷渡臺灣和禁止赴臺者攜眷的政策及其對臺灣人口的影響》（陳孔立主編：《臺灣研究十年》，廈門大學出版社1990年，第250—268頁）以及黃秀政的《清代政府治臺政策再檢討——以渡臺禁令為例》（《臺灣史研究》，臺灣學生書局1995年版，第145—174頁），等等。近年福建人民出版社出版了由葛劍雄先生主編的《中國移民史》，該書得到「國家社會科學基金」和「國家自然科學基金」的雙重資助，號稱是「目前國內外最完整、最系統的中國移民史」。作為研究的重點之一，該書第六卷第八章對「臺灣的移民墾殖」作了專門的論述。然而，拜讀之後，令人頗感失望，其中無論是對移民政策的描述，還是對相關史料的引用都存在著許多明顯的錯誤。本文試對清代移民臺灣政策的制定、政策的施行及其變動等相關問題作一探討，並對由曹樹基先生撰寫的《中國移民史》「臺灣的移民墾殖」中存在的問題作出評論。

二、清代移民臺灣政策的制定

康熙二十二年，清政府削平了臺灣的明鄭政權。次年，又採納了施琅的建議，將臺灣收歸版圖，臺灣的開發進入了新的歷史時期。為了防止臺灣再度成為「盜藪」，有關方面對大陸人民渡臺頒布了三條規定：1.欲渡航臺灣者，先給原籍地方之照單，經分巡臺廈兵備道之稽查，依臺灣海防同知之審驗，許之；潛渡者處以嚴罰。2.渡航臺灣者，不准攜伴家眷；既渡航者不得招致之。3.粵地（廣東）屢為海盜淵藪，以其積習未脫，禁其民之渡臺。

　　關於清初移民臺灣的這一政策的系統表述，最早見諸於日本學者伊能嘉矩的《臺灣文化志》，該氏並認為這一政策的頒布與當時福建水師提督施琅的建議有關[428]。以後莊金德的《清初禁止沿海人民偷渡來臺始末》、臺灣省文獻會編的《臺灣省通志稿》、林衡道的《臺灣史》，以及大陸學者的相關論著如陳碧笙先生的《臺灣地方史》等皆採用這一說法。由於伊能氏原書中未註明出處，後人也多未見到這一政策的原始資料，所以有的學者對這一說法產生懷疑。如鄧孔昭先生就認為清政府禁止沿海人民偷渡和攜眷的政策不可能在它取得臺灣的第二年頒布的，而是在康熙四十年前後大陸人民大量偷渡出現後才制定的[429]。

　　那麼，渡臺者必須領照及禁止攜眷等有關移民臺灣的政策究竟是如何制定的，在什麼時候頒布的呢？以下試作分析。

　　1683年康熙統一臺灣之後，於次年下令展復沿海邊界，開放海禁，一時「沿海內外多造船隻，漂洋貿易採捕，紛紛往來，難以計算」。不僅貿易船隻「叢雜無統」，而且「數省內地，積年游手奸宄罔作者，實繁有徒，莫從施巧，乘此開海，公行出入汛口」，由於缺乏相應的管理規章，「水師汛防，無從稽察」，「若嚴於盤查，則以抗旨難阻之罪相加」[430]。這種情形引起了福建水師提督施琅的深深憂慮。他認為「天下東南形勢在海而不在陸。陸地之為患也有形，易於消弭；海外之藏奸也莫測，當思杜漸。更思臺灣、澎湖新闢，遠隔汪洋，設有藏機叵測，生心突犯，雖有鎮營官兵汛守，間或阻截往來，聲息難通，為患抑又不可言矣！至時必有以禁止貿捕之議復行」[431]。為此，他於康熙二十四年三月十三日向清廷上疏，提出應當「安不忘危，利當思害」，雖然臺灣因「乾斷航剿，甫爾蕩定，而四省開海，船隻出入無禁。思患預防，不可一日廢

弛」，倘若「苟視為已安已治，無事防範，竊恐前此海疆之患，復見不遠」。施琅在奏疏中除了認為應核定大洋船隻的數目，以防人民流往外國之外，還建議「其欲赴南北各省貿易並採捕漁船，亦行督、撫、提作何設法，畫定互察牽制良規，以杜泛逸海外滋奸」[432]。

疏上之後，引起清廷的重視。雖然四月二十二日九卿、詹事、科道會復施琅題請定船隻數目及防察漁舟則例，不准行。但康熙皇帝卻認為：「這疏內事情關係緊要，著遣部院堂上官一員前去與施琅會同詳議具題。其應差堂官職名著開具來奏」[433]。雖然我們尚未見到這次會同詳議結果的直接有關資料，但筆者仍傾向於認為有關領照渡臺等三條規定就是在這次會同詳議之後定下來的。其理由是：康熙四十一年起出任臺灣縣令的陳璸在《條陳臺灣縣事宜》第十二條「宜逐游手之徒，以靖地方」中曾提出由「憲牌申飭廈門、金門、銅山把口各官，於商船載客渡海，不得因有貨物便輕填上報單，須把口官逐名驗有本地方官照票或關部照牌，方許渡載」[434]。由此可知，渡航臺灣者須先領原籍地方照單的規定在此之前就已經有了。否則的話，又何來本地方官照票可以供把口官查驗呢？另外，臺灣知府周元文在康熙五十年三月十二日《申禁無照偷渡客民詳稿》中也指出：「當初闢之始，人民稀少，地利有餘，又值雨水充足，連年大有。故閩、廣沿海各郡之民，無產業家室者，俱冒險而來，以致人民聚集日眾。經蒙上憲洞悉情形，設法嚴戢，已不啻至再、至三矣。詎意奸頑商艘並營哨船隻輒將無照之人，每船百餘名或多至二百餘名偷渡來臺」[435]。從周氏所云「不啻至再、至三」一語中也可以看出有關方面對查緝無照渡臺已有相當長的時間了，也就是說，實行領照渡臺已有相當長的時間了。

清初移民臺灣政策第三條還規定「粵地屢為海盜淵藪，以積習未脫，禁其民渡臺。」所謂「粵地」，一般認為係指廣東惠州、潮州一帶。莊金德在前揭文中認為「關於這一條的禁令，很明顯是採納施琅的建議的。蓋在《論開海禁疏》裡面，有『嚴禁粵中惠潮之民，不許渡臺』之句」[436]，似乎言之鑿鑿，但有的學者對此則持不同的看法[437]。不過，筆者查閱了自康熙至今的各種版本的《靖海紀事》，均未發現《論開海禁疏》（即《海疆底定疏》）中有所謂「嚴禁粵中潮

惠之民，不許渡臺」之語或類似的內容。目前，我們所能見到的關於施琅禁惠潮之民渡臺的最早的記載是首任巡臺御史黃叔璥《臺海使槎錄》中所引錄《理臺末議》的話，其原文為：「終將軍施琅之世，嚴禁粵中惠、潮之民，不許渡臺。蓋惡惠、潮之地素為海盜淵藪，而積習未忘也。琅□，漸弛其禁，惠、潮之民乃得越渡」[438]。《理臺末議》約成書於康熙末年，距施琅去世差不多有二十五六年，時間間隔並不長。乾隆年間，范咸的《重修臺灣府志》及余文儀的《續修臺灣府志》均將《理臺末議》的這段文字收錄其中[439]，這表明當時府志的修纂者對這條記載是沒有什麼懷疑的。且自明代起，惠、潮地區就是「海盜淵藪」，這種情形一直延續到清初。據康熙年間藍鼎元所作《與荊璞家兄論鎮守南澳事宜書》之記載：「南澳為閩、廣要衝，賊艘上下所必經之地。三四月東南風盛，粵中奸民哨聚駕駛，從南澳入閩，縱橫洋面，截劫商船，由外浯嶼、料羅、烏紗而上，出烽火、流江而入於浙。八九月西北風起，則卷帆順溜，剽掠而下，由南澳入粵。劫獲金錢貨物多者，各回家營運卒歲，謂之『散門』。劫少無所利者，則泛舟順流，避風於高州海南等處，來歲二三月，土婆湧起，南風不能容，則仍駕駛北上，由南澳入閩」[440]。作為身居福建水師提督要職的施琅，從確保閩海治安的角度出發，作出規定，限制隔省的惠、潮人民渡海來臺當屬其職權範圍內的事，並非完全不可能。不能僅僅因為《靖海紀事》、《清實錄》、《大清會典事例》等缺乏相關的記載，就認為《理臺末議》、《臺海使槎錄》及《臺灣府志》中的記載為不可信。當然，筆者也認為對清初限制惠、潮民人渡臺的問題還有進一步探討研究之餘地，特別是對有關史料的進一步發掘。

　　規定渡臺者必須申領照單是清代移民政策中最主要的內容，禁止無照偷渡只是這一內容的引申。有的學者對這一政策理解不太全面，行文中往往有清政府「嚴限移民入臺」，「嚴禁人民渡臺」的提法，甚至將這項政策與清初治臺各官守的招徠措施對立起來，對這兩種事情同時存在感到不可理解，從而對治臺初年移民政策是否存在表示懷疑[441]。實際上，清政府禁止的只是無照渡臺，對於申領照單，循正當合法途徑渡臺者，清政府從來沒有限制過。清初治臺官守招徠的是有照渡臺者。如首任諸羅縣令季麒光在《條陳臺灣事宜文》「招集丁民之議」中提出的「照昔年奉天四州招民之例」就是一種由政府出面、有組織、有計劃的

移民[442]。又如曾任職臺灣縣、臺廈道的陳璸一方面要求禁止無照者渡臺[443]；另一方面又主張臺灣「曠土尚多，棄之可惜。漳、泉等郡民居僅一水之隔，應廣為招徠，以閒曠之地處之，使畊食鑿飲，安居樂業於其中」[444]。以上例子說明清初臺灣地方官的招徠措施與政府的移民政策並無相悖之處，不能以此作為否定此時清廷已頒定移民臺灣政策的論據。

三、移民政策的實施及其變動

清治臺初年，政府雖然制定了移民臺灣的政策，但在執行上相對較為寬鬆。這是因為鄭克塽投降之後，清廷將其宗黨、文武官員、兵卒及各省難民相繼遣還內地，島上人口減少了近一半[445]。清治臺初年，臺灣是「地廣人稀，蕭條滿眼，蕞爾郡治之外，南北兩路，一望盡綠草黃沙，綿邈無際」[446]，許多鄭氏時墾成的田園都拋荒了。面對這一情景，許多臺灣地方官員都以招徠開墾為己任。然而，最初民間的響應並不熱烈。首任諸羅縣令季麒光在《條陳臺灣事宜文》中就稱：「卑縣設法招徠，時雖曾有授廛附籍之人，然重洋間隔，聞多畏阻而不前」[447]。第一任臺灣總兵的楊文魁也感嘆道：「奈阻於風濤，招徠不易」[448]。在這種情況下，有關渡臺人員必須領照的規定是不會被嚴格執行的，即使有無照偷渡行為，地方官也可能只是睜一隻眼，閉一隻眼。莊金德先生認為「此一階段，人民往來大陸臺灣間，雖有各種命令條規加以限制，但其執行實很寬鬆，幾等虛文」[449]，應該還是比較符合歷史事實的。

康熙中期以後，大陸來臺移民的數量開始大增。其「為士、為農、為工賈者，雲附影集」，土地墾闢的範圍也一天比一天擴大。到康熙五十年前後，流移開墾之眾已越過半線、大肚溪向北部推進。移民的大量湧入也導致另一種問題，即其成分良莠不齊。不少「游手好閒」的「奸宄之徒」，潛蹤匿影其中，以至「盜牛肢篋，穿窬行兇而拒捕者，日見告矣」[450]；此外，來臺移民為了取得土地大量進入「番社」（即原住民的地區），有的甚至「巧借色目以墾番之地，廬番之居，妻番之婦，收番之子」[451]，導致民「番」關係的緊張，甚至衝突。這引起臺灣地方官員的高度關注，要求把口官員嚴格查驗渡臺人員的照單，禁止無照偷渡，於是就有了臺灣縣令陳璸的「逐游手之徒以靖地方」之議[452]。康熙五

十年,臺灣知府周元文又有《申禁無照偷渡客民詳稿》[453]。康熙五十一年,清廷重申了渡臺必須領照的有關規定,同時對濫給照單的地方官及不行查明即出具印文,以致奸宄叢雜居住的臺灣官員的處罰作出了規定,並首次將其列入《大清會典事例》之中[454]。康熙五十七年,清廷又復准閩浙總督覺羅滿保的奏疏,重申「凡往來臺灣之人必令地方官給照,方許渡載;單身游民無照者,不許偷渡。如有犯者,官兵民人分別嚴加治罪,船隻入官。如有哨船私載者,將該管官一體參奏處分」[455]。雍、乾期間,有關部門仍不斷重申嚴禁偷渡的規定,並加強了對渡臺商船的管理,連舵水人等的年貌、鄉貫、疤痣、箕斗等都要填明,以供查對。同時,對偷渡人犯及失察官員的處罰也更加嚴厲。

以上是清前期移民臺灣政策實施的基本情況,然而,曹樹基先生在《中國移民史》「臺灣的移民拓墾」中談及移民渡臺規定時卻稱:「由於初期禁令尤嚴,招徠不易……至康熙中期,雖然時有勵行督察,但禁令已大為鬆弛,潛渡之風有愈演愈烈之勢」[456]。不過,從筆者以上的分析可以看出,曹先生的說法不僅與歷史事實不符,而且還完全相反。另外,治臺初期招徠不易的原因,乃係「重洋間隔」、「阻於洪濤」之故,這點季麒光、楊文魁等到人皆已指出,並非所謂「禁令尤嚴」的緣故。之所以會出現這種錯誤,乃由於《中國移民史》的作者對清代臺灣移民的社會情況缺乏瞭解所致。

雖然自康熙四五十年代起,移民臺灣政策的實施趨嚴,尤其是嚴禁偷渡;但由於臺地氣候適宜,雨水充足,特別是有大片荒埔草地可供開墾,內地人民「無田可耕,無工可傭,無食求覓。一到臺地,上之可以致富,下之可以溫飽。一切農、工、商、賈以及百藝之末,計工授值,比內地率皆倍蓰」[457]。這對地狹人稠、飽受人口壓力的閩、粵沿海人民無疑有著極大的吸引力。加之「沿海內地,在在可以登舟;臺地沙澳,處處可以登岸」,故「民之渡臺如水之趨下,群流奔注」[458],守口官役防不勝防。清政府嚴禁偷渡的政策不但沒有遏制住大陸移民赴臺的熱情,相反的,還出現了一波又一波的移民高潮。流移開墾之眾北至淡水、雞籠,南盡沙馬磯頭,已遍布臺灣西部各地。可見,清政府禁止偷渡的政策之績效是極為有限的。

移民大量來臺雖然在一定程度上緩解了閩、粵地區人口的壓力,但由於人口移入過快,加上清政府禁止移民攜眷渡臺,導致臺灣移民中男多女少,人口性比例嚴重失調。朱一貴起義時隨軍入臺平亂的藍鼎元曾記道:「統計臺灣一府,唯中路臺邑所屬,有夫妻子母之人民。自北路諸羅、彰化以上,淡水、雞籠山後千有餘里,通共婦女不及數百人;南路鳳山、新園、瑯嶠以下,四五百里,婦女亦不及數百人」[459]。距諸羅縣治50里的大埔莊更是一個典型的例子,全部257名潮籍青壯年男性移民中,有女眷者僅一人[460]。禁止攜眷使移民夫妻、父母、子女無法團聚,不僅有乖倫理人情,而且許多無家室之累的單身青壯年男子聚集在一起,極易輕生,鋌而走險,成為臺灣社會治安的一大隱患。清代臺灣社會動亂頻仍,與此有極大關係,禁止攜眷也因而成為移民政策中飽受詬病的問題。為了紓解人口結構嚴重失調所造成的社會壓力,清政府不得不對原有的移民政策作部分的調整和變動,於雍正十年至乾隆五年、乾隆十一年至十三年、乾隆二十五年至二十六年先後三次開禁[461],准許在臺有田產生業、安分循良之人,由地方官查實給照,回原籍搬眷來臺。

曹樹基先生在《中國移民史》第六卷第八章中對清廷開禁允准臺民搬眷之事也有提及,如該書第327頁稱:「直到乾隆二十九年,福建巡撫吳士功為解除來臺移民之苦,上疏請開臺民攜眷之禁……至此,閩、粵良民渡臺之禁不復存在,遷移入臺更多」;第328頁也稱:「乾隆二十九年禁令開放之後,一般的良民百姓移渡臺灣不再存在法律方面的障礙。但仍有禁止所謂『奸民』渡臺之禁令」;第330頁還有「由於不准攜眷人臺的禁令於乾隆二十九年廢止,所以乾隆年間的移民高潮出現在乾隆中期以後」,云云。這些敘述篇幅雖然不多,但卻存在著幾處明顯的錯誤:

其一,據有關史料記載,福建巡撫吳士功上《題准臺民搬眷過臺疏》是在乾隆二十五年[462]。《中國移民史》稱「乾隆二十九年,福建巡撫吳士功為解除來臺移民之苦,上疏請開臺民攜眷之禁」,在時間上是完全錯誤的。

其二,將「搬眷」誤為「攜眷」。「搬眷」乃指讓已在臺定居的移民回大陸原籍搬取祖父母、父母或妻小來臺就養或團聚;而「攜眷」係指初渡臺者攜眷一

同赴臺，兩者是完全不同的。雍正十年及乾隆十一年兩次開禁時均要求查明「在臺有田產生業，平日安分循良之人」或「在臺年久，置有產業者」，方許回籍搬眷[463]。吳士功奏疏的名稱就是《題准臺民搬眷過臺疏》，其也僅僅奏請准許「在臺有業良民，果有祖父母、父母、妻妾、子女、子婦、孫男女及同胞兄弟在內地者，許先赴臺地該管廳縣報明，將本籍住處暨眷口姓氏、年歲開造清冊，移明原籍內地查對相符，俟復到之日，總報明該管道、府給予路照，各回原籍搬接過臺」[464]，並非准許初次渡臺者攜眷一同赴臺。所以，《中國移民史》所稱「乾隆二十九年（1764年）解除臺民不得攜妻入臺的禁令」、或「福建巡撫吳士功為解除來臺移民之苦，上疏請開臺民攜眷之禁」等提法是錯誤的，至少是不準確的。

其三，吳士功奏准臺民搬眷過臺的時間定限僅一年，自乾隆二十五年五月二十六日起至二十六年五月二十五日止。在這一年中，「各廳縣給照搬眷到廈，配船過臺民人共四十八戶，計男婦大小共二百七十七名」[465]，為數不多。限滿之後，即行停止。直到乾隆五十三年平定林爽文起義之後，欽差協辦大學士、陝甘總督辦理將軍事務福康安才再一次提起飽受爭議的攜眷渡臺問題。福康安認為移民攜眷來臺共享天倫之樂，乃人之常情，「若一概嚴行禁絕，轉易啟私渡情弊」。因而，他建議對攜眷渡臺一事，「毋庸禁止。嗣後安分良民，情願攜眷來臺灣者，由地方官查實給照，准其渡海；一面移咨臺灣地方官，將眷口編入民籍」[466]。同時，他還建議：「其隻身民人，亦由地方官一體查明給照，移咨入籍」[467]。上述建議包括在福康安與福建巡撫徐嗣曾聯銜上疏的《清查臺灣積弊，酌籌善後事宜》的十六條建議之中，後經大學士、九卿議復，由乾隆皇帝諭准施行[468]。困擾臺灣移民多年的攜眷問題至此才得到解決。這是清政府移民臺灣政策的一大改革。《中國移民史》稱「不准攜眷渡臺的禁令於乾隆二十九年廢止」是沒有根據的，是錯誤的。

其四，清政府關於內地人民渡臺必須領照的規定並無改變。《中國移民史》第六卷第八章好幾個地方提到「乾隆二十九年禁令開放之後，一般良民百姓移渡臺灣不再存在法律方面的障礙」。儘管作者含糊其詞，沒有指明所謂「法律方面

的障礙」係指何物，但從清政府本來就允許「良民百姓」渡臺，只是須申領照單並接受把口官之查驗等規定來看，作者所稱的「不再存在法律方面的障礙」，顯然是指不用再申領照單及接受把口官之查驗。其實，只要稍微留意一下有關的史料，就會發現這也是一個很明顯的錯誤。乾隆二十六年，即吳士功奏准搬眷期滿後不久，閩浙總督楊廷璋就向清廷提出防範無照偷渡的三條措施[469]。既然無照偷渡必須防範，那麼，渡臺之人無疑就必須領照。就是乾隆五十三年福康安奏請設立官渡，允許內地隻身民人或攜眷移居臺灣，但仍須「查有內地官給執照者」，才予收留，編入民籍；「若無官給執照，即係私渡，其奸良莫辨，立即根究」[470]；並還規定「自此准令給照攜眷渡海之後，如有仍前失察臺灣民人眷屬無照偷渡者……應無論名數多寡，均議以降二級調用；其隻身民人無照偷渡者，議以降一級調用」[471]。即使乾隆五十四年閩浙總督伍拉納根據福康安所奏在廈門、蚶江及南臺三地設置官渡後，仍規定「內地渡臺客民」須「經領照渡臺」，並經出入口員弁「查驗放行」；如「人照不符，照私渡例議罪」[472]。直至道光年間，清政府仍還多次強調：「其內地渡臺人等，俱照例由地方官給發照票，查驗放行，嚴防偷渡」[473]。

清政府移民臺灣政策的實質性的改變是在同治末年發生日兵侵臺事件之後。光緒元年，清廷採納了沈葆楨的建議，下諭：「所有從前不准內地民人渡臺各例禁，著悉開除。其販賣鐵、竹兩項，並著一律弛禁，以廣招來」[474]。至此，施行了近190年之久的人民渡臺必須領照並經查驗的規定才算完全廢止。此後，隨著清政府治臺政策轉趨積極，沈葆楨的繼任者福建巡撫丁日昌更在廈門、汕頭及香港三地設招墾局，由政府提供路費，貸予資金、農具，招徠大陸移民，開發臺灣內山地區。這種移民政策一百八十度的大轉變在以前是無法想像的。

四、《中國移民史》「臺灣的移民墾殖」中存在的其他錯誤

《中國移民史》「臺灣的移民墾殖」一章中除了上文所說的在移民政策的論述方面有與歷史事實不符之處外，在其他方面也存在著不少錯誤，這裡擇要予以指出。

（一）該書第319頁稱：「明萬曆三十二年（1604年）荷蘭殖民者侵入臺灣

時，首先入據澎湖。荷蘭人奪取停泊在澎湖的漢人漁船600艘，役使漢人1500人，為其在澎湖築城」。

據史籍記載，明末荷蘭殖民者入侵澎湖共有二次。第一次由韋麻郎率船於萬曆三十二年（1604）七月入據澎湖，並派人賄賂福建稅監高寀，以求互市，後被浯嶼寨把總沈有容諭退[475]。第二次由雷約茲率船於天啟二年六月入據澎湖，並在福建沿海擄掠漁民千餘人送往澎湖，強迫築城。閩籍南京湖廣道御史游鳳翔於天啟三年八月二十九日的奏摺中稱：「閩自紅夷入犯，就彭湖築城，脅我互市。及中左所登岸，被我擒斬數十人，乃以講和愚我，以回帆拆城緩我，今將一年矣。非唯船不回，城不拆，且來者日多。擄我洋船六百餘人，日給米，督令搬石，砌築禮拜寺於城中。進足以攻，退足以守，儼然一敵國矣」[476]。天啟四年，福建巡撫南居益發兵攻打，荷蘭人勢窮，才被迫拆城，自澎湖退出，但隨後乘機占據了臺灣。《中國移民史》張冠李戴，把天啟二年荷蘭人第二次入據澎湖的事記成萬曆三十二年（1604年），同時，又把荷蘭人於天啟四年（1624年）侵入臺灣也誤為萬曆三十二年。

（二）對鄭氏政權時人口與耕地面積的估算均有錯誤。

該書第323頁稱：荷據時臺灣「至少有人口5萬以上。鄭成功收復臺灣時，率2.5萬將士第一批遷臺，以後又有鄭經等人陸續率部遷臺。鄭成功還一再要求將士將家眷遷往臺灣，如此，鄭部及家屬人口合計當在5萬左右。清廷遷界，鄭氏乘機廣為招徠，不願內徙的閩、粵殘民數十萬人，渡海遷臺。再加上歷年偷渡的閩、粵移民，臺灣漢族的總人口可能達到15萬人左右」。

這裡「不願內徙的閩、粵殘民」就已經有「數十萬人」之多，再加上荷據時的5萬、鄭氏時期的5萬，以及「歷年偷渡的閩、粵移民」怎麼會不多反少，只剩下15萬人呢？顯然估算有誤。

該書同頁講到鄭氏時代開墾的田園面積時稱：「據乾隆《續修臺灣府志》的記載，明鄭時代屯墾和招徠移民開墾的土地面積共達18443甲……其中田為7534甲，園為10919甲。荷蘭時期已開墾的耕地田園約1萬甲。經過鄭氏政權時期的移民開墾，臺灣的田園土地增加了兩倍」。

據余文儀乾隆《續修臺灣府志》卷四賦役（一）土田載，臺灣舊額田園中，田7534甲[477]；園10919甲。兩者相加為18453甲，並非上文所說的18443甲，《中國移民史》的作者在這裡又犯了一個加法上的錯誤。而且，這18453甲的舊額田園也並非鄭氏政權時期開墾田園的總數。據上海圖書館藏清代第一部《臺灣府志》（蔣毓英修）記載，鄭氏時期，偽額官佃上、中、下則田園共計9782甲；偽額文武官上、中、下則田園共計20271甲，兩者合計共有田園30053甲[478]。施琅平臺之後，「偽藩、偽文武官員、丁卒與各省難民相率還籍，近有其半」，造成大量田園被拋荒[479]。到康熙二十三年正式設治時，全臺灣「底定存冊」的田園面積僅為18454甲[480]。《中國移民史》的作者未經核查，就將清初「底定存冊」徵收田賦的田園數當作鄭氏時期所開墾的全部田園數，無形中把鄭氏時期開墾的實際田園數量減少了近四成，而據此作出的相關推論當然也就毫無意義了。

（三）該書第334頁在分析嘉義地區的開發時稱：「在康熙三十四五年間重修的《臺灣府志》中，嘉義境內雖然沒有坊、里和街，但已有了九個莊」。作者還將各莊莊名和大體位置列了一個表，即表8—3，並稱「從表8—3甲數的分布中可知，諸羅縣近半數的人口居住於諸羅縣城之中，縣城之外人口只有一二甲，可見人煙仍很稀少」。

《中國移民史》所指康熙三十四五年間重修的《臺灣府志》當係高拱乾修的《臺灣府志》無疑。然而，一經查閱，卻赫然發現《中國移民史》書中所說的與高修《臺灣府志》記載的相關內容有很大的出入。

首先，康熙三十四五年時，諸羅縣雖然沒有坊和街，但里還是有的。高修《臺灣府志》卷二「規制志——坊里」清清楚楚地記著諸羅縣有四個里：其分別為「新化里（離府治四十里）、善化里（離府治六十里）、安定里（離府治七十里）、開化里（離府治一百里）」，並非如曹樹基先生所說的「沒有里」；而且，諸羅境內的莊除了《中國移民史》文中所提到的外，還有新舊咯莊、大奎壁莊、下茄苳莊、他里霧莊和半線莊，合計共有十四個莊，而非如《中國移民史》文中所言只有九個莊。上述被遺漏掉的里和莊均是當時諸羅縣人口最稠密的地

方，如新化里東、西保共有三十九甲；善化里東、西保共有三十七甲；開化里有三個保，共五十六甲；安定里東、西保也有四十七甲；還有新舊咯莊的一十三甲；大奎壁莊的一十一甲；下茄苳莊的一十一甲；他里霧莊一甲；半線莊二甲。合計共有二百一十七甲，占該縣總甲數的90%以上。也就是說《中國移民史》把諸羅縣90%甲數都遺漏了，卻把10%甲數當作全部來分析討論，實不應該。顯然，作者沒有仔細查檢高修《臺灣府志》，否則不應出現這種問題。

其次，作者竟然稱「諸羅縣近半數的人口居住於諸羅縣城之中，縣城之外人口只有一二甲」。據《諸羅縣志》卷一「封域志——建置」所載，康熙「二十三年設縣治於諸羅山（地為鄭氏故營址），因以命名，也就是說諸羅縣的名稱係由諸羅山而來的。不過，置縣後，以民少番多，距郡遼遠，縣署、北路參將營皆在縣治以南八十里的佳里興辦公。一直到康熙四十三年才奉文，文武職官俱移歸諸羅山，縣治始定」[481]；卷七「兵防志」也說：「當設縣之始，縣治草萊，文武各官皆僑居佳里興」[482]。高修《臺灣府志》規制志「諸羅縣署」條下也明白記道：「縣治——在開化里之佳里興（以城郭未建，仍舊名）」[483]。由此可見，在康熙三十四五年時，真正的諸羅縣治尚是一片荒埔草地，根本沒有所謂的「縣城」存在。既然沒有縣城，又何來「諸羅縣近半數的人口居住於諸羅縣城之中」呢？

再次，康熙三十四五年間重修的《臺灣府志》中只有諸羅縣，沒有嘉義縣。雖然林爽文起義時，乾隆皇帝為了嘉獎諸羅人民「幫同官兵，奮力守禦」的義舉，下旨將「諸羅縣」改為「嘉義縣」，但那畢竟是90年以後的事情。兩者不但名稱不同，而且所轄的地域範圍也相差極大。雖然作者談及「嘉義」的舊稱為「諸羅」，但把康熙年間修的《臺灣府志》中的「諸羅」說成「嘉義」，則是不應該犯的錯誤。

（四）該書第348頁在談到漢族與土著民族的關係時稱：「雍正五年，制定民番界域，當時大小熟番已有93社，番社大者給水陸地500甲，中者給400甲，小者給300甲，用於耕獵，嚴禁漢民侵入」。

自康熙後期開始，由於漢人渡臺數量的不斷增加，侵削原住民土地之事常常

發生，於是就有保護番地之議的提出。雍正五年，巡臺御史索琳、尹秦在《訪陳臺灣田糧利弊折》中提出，在招墾番地時，「宜令大社留給水、旱地五百甲，中社留給水、旱地四百甲，小社留給水、旱地三百甲，號為『社田』，以為社番耕種、牧獵之所，各立界碑，將田場甲數、四至，刊載《全書》，使日後勢豪不得侵占」[484]。雍正七年，臺灣知府沈起元在《治臺私議》中也提出：「凡開墾荒埔必酌留番民生息之地。能耕者，即劃地而教之耕；不能耕者，按甲而貼其餉」[485]。然而，這些預留番地社田的辦法僅僅是官員個人的建議而已，並未正式為政府採納施行。一直到嘉慶十五年清政府新設噶瑪蘭廳時，福建總督汪志伊考慮到原住民將來生齒日繁，若將埔地分盡，未免生計日拙，遂採納臺灣知府楊廷理的建議，分別在東、西勢番社保留「加留余埔」，永為番業[486]。《中國移民史》稱在雍正五年政府就制定保留番地的辦法是缺乏史實根據的。

（五）該書第329頁稱：「光緒二十年（1894年）日人伊能嘉矩在編《臺灣通志稿》時，彙集各縣、廳採訪所得，全島人口為50.7萬戶，254萬人，戶均人口為5人」。

據伊能嘉矩《臺灣文化志》中「伊能先生小傳」記載，伊能先生是在明治二十八年十一月以日本陸軍部僱員的名義渡航赴臺灣從事研究工作的，亦即在1895年臺灣被迫割讓給日本之後[487]。而光緒二十年（1894年），《馬關條約》尚未簽訂，臺灣還沒有被割讓，還是中國的一個省，伊能氏不可能在這個時候來臺灣編所謂的《臺灣通志稿》。

《中國移民史》「臺灣的移民墾殖」部分錯漏之處還有不少，本文限於篇幅，無法在此一一枚舉。

五、結語

清朝治臺初年，政府部門制定、頒布了大陸移民渡臺的有關政策。其中，粵地人民渡臺之禁，在施琅去世之後就形同具文；攜眷渡臺之禁，也在乾隆五十三年福康安奏准之後廢止；而作為清代移民臺灣政策中最主要的一項內容——「移民渡臺必須領照，禁止無照偷渡」——則一直實行到光緒元年才告廢除。此後，隨著清廷治臺政策的轉趨積極，政府又改採鼓勵大陸移民赴臺、開發臺灣的政

策。

　　清代政府頒定移民渡臺的有關政策和規定，主要目的在於將大陸人民移渡臺灣的行為納入官方的有序管理之中，以防「內地游手無籍之輩，潛聚日久而滋事，貽累海疆」。因此，如若除去禁止攜眷渡臺這一不近情理的規定不論，單就「渡臺者必須領照，禁止無照偷渡」這一規定而言，即使站在今天的角度來看，也沒有什麼太多值得非議之處。當然，清代移民臺灣的政策在執行上是很不成功的，所謂「禁者自禁，渡者自渡」。成千上萬的大陸移民不顧清朝政府的禁令，透過各種途徑冒險渡臺，他們披荊斬棘，胼手胝足，用自己辛勤的勞動，把一個曾是麇鹿出沒、瘴氣瀰漫、人煙稀少的臺灣變成了「糖穀之利甲天下」的美麗富饒的寶島。在1895年被強行割讓給日本之前，臺灣已是中國最先進的省份之一。所以，從長遠的觀點來看，清代政府移民臺灣的政策未能徹底實行，未嘗不是一件好事。

（原載《歷史研究》）

從閩臺物緣看福建移民及其影響

張彩霞

一、從移民現象看閩臺兩地物緣關係

臺灣是一個典型的移民社會。閩臺兩地的物緣關係在移民的過程中不斷得到加強，日益密切。據史料記載，兩宋時期，由於海上貿易的發展和造船技術的進步，為大陸人民移居臺灣創造了便利條件。史稱：「歷更五代，終及兩宋，中原板蕩，戰爭未息，漳、泉邊民漸來臺灣。」[488]。明萬曆年間的《閩南贈言》記載，「澎湖在宋時，編戶甚蕃」，「澎湖已成為閩南漁人的作息場地」。[489]福建人在此開發大片土地，種植多種農作物。到元代，閩臺貿易關係較宋代有了更為明顯的發展。大陸商人把「土珠、瑪瑙、金珠、粗碗、處州瓷器之屬」運到臺灣交易，帶回當地的特產「沙金、黃豆、黍子、硫磺、黃蠟、鹿、豹、麂皮」等[490]。大陸提供給臺灣生活必需品，臺灣的特產則銷往大陸。這種貿易關係促進臺陸地區性社會分工的形成和擴大，並使臺灣社會經濟對大陸產生明顯的依賴性，同時也為臺灣社會經濟揚長避短，集中發揮其自然優勢提供了條件。[491]

明末清初，大陸開始有組織、大規模地向臺灣移民。公元1630年—1631年，福建發生嚴重旱災。「夏秋亢旱，一望皆赤……鄉村草根樹皮食盡。而揭竿為盜者，十室而五，不勝詰也。」[492]同安縣「僻處海濱，山多田少，素艱粒食。兼之兩年荒旱頻仍，一望焦土，民困極矣」[493]。而同一時期，臺灣正處於荷蘭殖民者統治之下，勞力極為有限，土著居民尚未征服，且生產技術落後，糧食需由東南亞運入，這種情況對荷蘭的統治不利。因此，荷蘭人採取種種辦法招徠福建沿海人民移臺，以解決開發土地勞動力嚴重不足的問題。當時正值「海禁」鬆動，災荒頻仍，在荷蘭人的招徠下，福建濱海之民紛紛移居臺灣。據史書

記載，公元1631年4月，僅一船一次便將170人運往臺灣，而且「艙位如有餘地，則（移居的）中國人當更加多⋯⋯雖請求許可千人，因無餘地，故無法予以輸送」[494]。在這一時期的移民活動中，最具影響的人物即鄭芝龍。鄭芝龍曾出資用海船運數萬福建饑民到臺灣開發。這些人攜帶大量牛和先進的農具，加上他們本身所具有的較高的文化素質，影響和推動臺灣社會取得一系列重大發展，對於臺灣和大陸民族間的文化交流和融合有著不可估量的意義。「在臺灣歷史上，鄭芝龍不僅是大規模有組織地移民臺灣的第一人，而且也是把大陸封建生產關係推行到臺灣的第一人。」[495]荷據時代，以福建人為主的漢人在臺灣的開發、演進過程中，開始顯示主力作用。

二、福建移民對閩臺物緣關係形成的影響

隨著大批福建移民渡臺開發，而荷蘭殖民當局又採取向大陸靠攏的經濟政策，所以這一時期的兩岸經濟關係得到了廣泛發展。正是在這種社會背景下，臺灣社會經濟呈現一派繁榮景象，閩、臺物緣交流的積極意義開始得到凸顯。

例如，水稻和甘蔗是臺灣最主要的經濟作物。但臺灣水稻和甘蔗的栽培技術，都是從漳、泉一帶傳過去的。為此福建移民做了尤多的貢獻。清代前期，臺灣已形成以米、糖生產為主的農業經濟，農產品商品化的程度已經比較高。所謂「糖穀之利甲天下」，正是反映了這種情形。

樟腦業的技術也在鄭芝龍居臺時間傳入。連橫《臺灣通史》載：「樟腦為臺灣特產。當鄭芝龍居臺時，其徒入山開墾，伐樟熬腦，為今嘉義縣轄。」「其法傳自泉州」[496]。福建移民在臺灣廣授種茶等技術，並把各種各樣的水果、花卉、樹木、禽獸帶到臺灣，受到人們的普遍歡迎。明代臺灣農作物品種豐富說明臺灣農業在一定程度上得到大陸移民的推動。臺灣有一種蕃薯，人稱「金薯」，據說是公元1594年歲荒，福建巡撫金學曾賑災，親手傳到澎湖，又輾轉到臺灣。臺人為紀念這為姓金的巡撫而取此名。明清時，蕃薯經在臺灣培植選種後，又返回福建沿海，產量更高。

當然，比起農作物品種的增多，先進的生產工具的傳入對於推動臺灣社會經濟的發展顯得更為重要。福建移民對此最重要的貢獻是由大陸輸入耕牛和鐵製農

具。鐵製農具和牛耕是造成第二次社會大分工的必要條件。但在大批福建移民進入臺灣之前，當地社會生產力仍然十分原始低下，據明陳弟《東番記》所載，臺灣「無水田，治畬種禾。山花開，則耕。禾熟，拔其穗。」17世紀中葉曾親歷臺灣的楊英在其所著的《從征實錄》中說，居住於臺灣西部平原的高山族人民，耕作時「不知犁耙鋤斧之快」，還使用著石鋤之類的工具；收穫則「逐穗採拔，不知鉤鐮割獲之便」，「一田之稻」往往要拔採數十日。生產手段如此原始，且人口稀少，致使臺灣的糧食長期不能自給。

　　陳弟的《東番記》載，大陸輸入臺灣的商品，主要有「瑪瑙、瓷器、布、鹽、銅簪環之屬」和大米。其中「布」、「鹽」、「米」躋身於臺灣市場，說明臺灣社會不僅農業生產落後，手工業技術也極不發達。正因為這樣，明政府於公元1623年下令封鎖臺、澎之時，對米、鹽嚴加盤查，初據安平的荷蘭殖民者，不得不從暹羅、日本等地購買米糧以供食用。[497]後來荷蘭殖民者透過招徠移民墾殖，才使這一狀況得以改變。臺灣的耕牛，最早是從福建運進的。史載，鄭芝龍在東南沿海招徠移民，「人給銀三兩，三人與一牛，載至臺灣。」[498]據《巴達維亞城日記》載，1640年，臺灣「公司及個人所飼養者（指耕牛）超過一千二百頭至一千三百頭。」荷據時期，福建移民的進入，使臺灣耕牛的使用已相當普遍。1650年，少數土著居民已使用耕牛開墾土地。[499]

　　正是在這些先進農具的作用下，臺灣沿海平原的一些土地被大規模開墾。大陸許多重要的生產技術都隨著移民的進入而開始作用於臺灣，給臺灣社會生產力帶來突飛猛進的發展，近代臺灣經濟的四大支柱（米、糖、磺、腦），都是在這一時期培植起來的。從農作物品種的增多到先進的生產工具的輸入，可以看出，閩臺物緣交流正得到進一步發展，而這些正是透過福建移民這一載體進行的。

三、閩臺物緣與臺灣開發

　　以臺灣為基地發展與中國的貿易，進而拓展東亞貿易，是荷蘭殖民者占據臺灣的既定目標。荷蘭殖民當局「盡一切手段，努力在任何地方」[500]招徠漢族商舶，以拓展對大陸的貿易。大陸輸入臺灣的貿易品，主要是供應臺灣島內生活所需要的糧食、布帛、日常消費品以及建築材料；其次是供荷蘭商人轉販貿易的，

主要是國際市場需要的生絲、絲綢、瓷器，日本、波斯等地需要的糖；其中前者貨物的販運量有時還是較大的，這些日常食用品主要流入臺灣市場，這是島內商業發展的表現。同時，也是造成臺灣的手工業仍不發達的原因。大量由大陸運來的生活、生產用品進入臺灣市場，不僅解決了臺灣人民生活、生產上的需要，而且促進了臺灣島內貿易的初步發展。正是增多的船隻、商人、貨物把臺灣進一步捲進商品經濟的漩渦。此時土著民以「射獵所得之皮革、骨角、毛羽及山中諸藥物，取之而不盡者」用於「互市」[501]。

鄭成功驅荷復臺後，中國東南沿海出現空前的移民臺灣高潮。這一時期的移民大概有兩類：（一）軍事移民。以鄭軍將士為骨幹，加上一部分眷屬和有關人口，構成了當時移民的主力和先驅。（二）自主移入的勞動人民。[502]汪日昇的《臺灣外紀》載，針對清王朝的「五省遷界」令，鄭成功下令各處「收沿海之殘民，移我東土（臺灣），開闢草萊，相助耕種」。在鄭軍的鼓勵和幫助下，「閩、浙居民附舟師來歸，煙火相接」[503]。沈雲《臺灣鄭氏始末》卷四載：成功「招沿海居民不願內徙者數十萬人東渡，以實臺地。」

臺灣從「海上荒土」變為「樂土」、寶島的過程，是和渡臺拓墾的福建沿海人民密不可分的。例如，為了鞏固臺灣這一反清復明的基地，鄭成功重視發展當地的農業生產，「在他（指鄭成功）所率領的五百只舢板船中，已攜有很多的犁、種子和開墾所要的其他物品，並有從事耕種的勞工」[504]。臺灣地曠人稀，勞動力缺乏，東南沿海大批移民入臺，不僅加速了臺灣的開墾，而且使臺灣的農業生產力水平在短期內得到明顯的提高。鄭氏政權還向高山族人民傳授農業生產技術。當時大部分高山族人民的生產技術還相當落後。楊英《從征實錄》載，為改變這種狀況，鄭成功採納戶官楊英的建議，「每社各撥農師一名，鐵犁、耙、鋤各一付，熟牛一頭，使教習用犁耙之法，以及五穀割獲之方」。高山族人「欣然傚尤，護其舊習之難且勞者，未之有也」[505]。

隨著土地的開發，農耕的需要，鄭氏還組織新修了20多處水利設施。鄭氏政權短短10多年經營，不僅島上10多萬軍民的糧食可以自給，還能「以其有餘，供給漳、泉，以取其利」[506]。大陸移民還把冶鐵、曬鹽、造船、造幣等技

術傳入臺灣。臺灣人取鹽是用費工費時的煎煮法,「鹽味苦澀,不適於用,多自漳、泉運入。」新的製鹽技術所產鹽不僅「色白而鹹,用功甚少」[507],而且產量大為增加,滿足了臺灣人民的日常生活之需。《臺灣外紀》載,諮議參軍陳永華「教匠取土燒瓦」,從而改變磚瓦來自大陸的局面[508]。

農業和手工業的發展為臺灣商業的興起和發展提供了重要的物質基礎,而且繁榮起來的臺灣社會需要的貨物幅度日漸廣闊。《臺灣外紀》載,鄭軍初至臺灣,臺地人口驟增,物資短缺。清政府實行海禁、封鎖政策,加上「臺灣遠隔江洋,貨物難周,以致興販維艱」,出現了「寸帛尺布,值價甚多」的情況。為解決這個困難,鄭氏在靠近大陸的海島等處設立據點,收購大陸的物品。為求開拓兩岸間貿易,鄭氏初期設法交通清朝邊將,利用廈門等沿海基地進行與大陸的貿易。由於鄭氏「禁止擄掠,平價交易」,「雖兒童無欺」,因此,沿海商人也「厚賄守口之官,潛通鄭氏」,將「糧餉、油、鐵、桅船之物」偷運臺灣。這樣,大陸貨物「聚而流通臺灣,因此而物價平,洋販愈興」[509]。臺灣社會出現「貨物船料,不乏於用」,「而臺日盛」的景象。施琅給康熙的上疏說,臺灣「野沃土膏,物產利溥,耕桑並耦,漁鹽滋生,滿山皆屬茂林,遍地俱植修竹,硫磺、水藤、糖蔗、鹿皮,以及一切日用之需,無所不有。向之所少者布帛耳,茲則木棉盛出,經織不乏。且舟船四達,絲縷踵至,飭禁雖嚴,終難杜絕,實肥饒之區,而險阻之域。」[510]臺灣的繁盛景象可見一斑。

公元1683年鄭氏降清,清政府統一管理臺灣。領臺初期,清政府採取「為防臺而治臺」的消極政策,但求東南沿海的安定,並不積極開發臺灣。當時清政府將鄭氏家族、鄭氏部下及眷屬和部分移民遷回大陸,使移臺漢人減少數萬,造成了最初十年間「人去業荒」的景象。又因閩南、粵東沿海田少山多,人稠地狹,封建剝削嚴重,兼併之風盛行,而且在長期的移民過程中,大陸沿海人民對臺灣已有相當的瞭解。這樣儘管清政府頒布多麼嚴厲的渡臺法令,仍有大批人為謀取生計而偷渡臺灣。乾隆中期以後,開放海禁,臺灣地方官員為增加勞動力,發展生產,從大陸招徠移民墾殖,因此這一時期又出現了規模宏大的移民高潮。臺灣開發進入了一個新的發展時期。如竹塹地區,公元1697年《裨海紀游》作者郁永河經過其地時尚稱之為「真狐貉之窟,非人類所宜至」;但10餘年後黃

叔璥寫的《赤嵌筆談》則說：「昔年近山皆為吐番鹿場，今則漢人墾種，極目良田。」[511]嘉南平原、臺北平原等土地已基本開墾，宜蘭平原到乾嘉之際也有福建漳浦人吳沙帶領1000餘移民開墾。大陸移民還興建大量的水利工程，為臺灣農業較穩定的發展提供了條件。耕作面積的擴大和耕作技術的提高，促使臺灣農作物產量迅速增加。雍正年間，臺灣每年運往福建8—10萬石米穀做兵餉。清代臺糧，不僅輸入閩南、粵東，甚至遙運「寧波、上海、膠州、天津，遠至盛京」[512]。清代陳盛韶《問俗錄》中記載：

臺灣沿海多種蕃薯、花生、甘蔗、豆麥。近山沃衍宜稻，一年耕有五年之食。內地福、興、漳、泉四府山多田少，必藉臺米接濟。吳、越、粵東米貴，海舶亦聞風販賣……豐年，臺灣大率販運二百餘萬石。[513]

生產的發展，剩餘糧食的增加，為農產品商品化程度的提高提供了條件，從而也為臺灣商業的興起和發展提供了重要的物質基礎。《淡水廳志》載：

貨之大者莫如油米，次麻豆，次糖菁。至樟栳、茄藤、薯榔、通草、砧、苧之屬，多出內山。茶葉、樟腦，又唯內港有之。商人擇地所宜，僱船裝販，近則福州、漳、泉、廈門，遠則寧波、上海、乍浦、天津以及廣東。凡港路可通，爭相貿易。[514]

生產的交流促進了漢族與高山族之間的融合。乾隆九年（1744年）寫成的《番社採風圖考》說：「歸化已久熟番，亦知以稼穡為重。凡社中舊管埔地，皆芟刈草萊，墾闢田園。有慮其旱潦者，亦學漢人築圳，從內山開掘，疏引溪流，以資灌溉，片隅寸土，皆成膏腴。」[515]在某些頗具地方特色的工藝技術方面，漢人也往往向高山族人學習。連橫《臺灣通史》載，道光年間，臺灣大甲高山族婦女擅長編織一種蘭草蓆，「質韌耐久，可以卷舒，漢人多從之織。於是大甲席之名聞遠近，其上者一重價至二三十金。」[516]

清代是臺灣開發的重要時期，尤其後期是臺灣向早期現代化發展的重要階段。隨著臺灣人口結構的極大改變，生產的迅速發展，手工業的進一步興起，在大陸移民的推動下，臺灣商業貿易興旺發達。由於海峽兩岸貿易的恢復和發展，大陸沿海各地重要的商品均可在臺灣市場上看到。米、糖、油等農作物成為市場

上交易的最大宗貨物,且以大陸為主要市場。樟腦、硫磺、茶葉逐漸發展成三大貿易物。清代,臺灣商業貿易的發達反之又影響了手工業的發展,致使臺灣人民「百貨皆取於內地」,澎湖更是「不產百物,凡衣食器用,皆購於媽族宮市,而媽族宮諸貨,又皆藉臺廈商船、南粵船,源源接濟,以足於用」[517]。由此可看出,在兩岸貿易關係中,大陸商船仍然是以主要角色出現。例如《臺海使槎錄》提到,往返於兩岸的海船,以漳、泉商賈為多[518]。

甲午戰後,日本割占臺灣,實行了50年的殖民統治。這時期日本殖民者加緊對臺灣物產資源的掠奪和日本商品的傾銷,使歷史悠久的閩臺物緣關係遭到摧殘和破壞。但由於地理及歷史上的原因,閩臺貿易在臺灣與大陸間的貿易中仍占有重要的位置。

(原載呂良弼主編《五緣文化力研究》,福州海峽文藝出版社)

清代臺灣的地權交易——以典契為中心的一個研究

周翔鶴

一

中國古代很早就有土地買賣，也存在典押、租佃等地權交易形式，這些交易體現在古代文書契約當中，今日所能見到的契約，以明清兩代為主。但中國古代民法不發達，對產權形式並無嚴格界定，各種交易形式往往含混不清。我們如何透過這些含混的情況去理解古人的經濟關係呢？

日本學者岸本美緒指出：「……（以往）或明或暗地作為這些研究基本前提的都是西洋近代法的各種概念和以生產關係為中心的發展階段論，而這些理論前提是否能夠提供理解中國社會中契約關係的有效框架現在看來卻很成問題。」[519]

我們確實可以看到以西方法律體系為框架來理解古代，尤其是明清土地契約關係的情況，比如說，張晉藩就把地權當作物權，而取所有權、永佃權、典權與抵押權各種形式；契約關係則被他定位於「債」的總目之下。而將各種契約分類為買賣契約、租佃契約、租賃契約、借貸契約、合夥契約、族產管理與分家折產契約以及典約等幾類。[520]應當說，西方近代法律體系不失為一個方便和有用的框架，但是，同西方以演繹邏輯為基礎的法理概念所嚴格界定的產權概念相比，中國傳統社會中產權概念之含糊，二者形成強烈的反差。以西方近代法概念為框架去觀察明清契約關係，許多交易實際將被削足適履地塞進這個框架之中而失去了其在現實生活中所體現的意義，我們也就無法真正理解明清時期的契約文書中所包含、反映的當時的社會生活和經濟關係。因此，我們不如借用人類學「主位的理解（emic understanding）」的方法，去理解明清時期地權交易的各種含混的

方式及其所以產生的原因,要比利用現成框架去做一個客位的(ethic)判斷來得有意義些。[521]下面本文將主要利用清代臺灣一些契約,[522]圍繞著典權來探討中國傳統社會土地交易形式問題。

二

我們先來看一張典型的典契。

同立典契字人高金課、杞柳、松柏等,有承父遺下股份十五股,應得一大股,開墾公田二段,過坑二丘,厝角一丘,共參丘,坐貫南枋寮莊,其四至界址及大租、水圳牛路通行流灌踏明,悉載在契字內明白。今因乏銀費用,欲將此田典出於人,先問房親人等不欲承受,外托中引就向典主葉坪觀出首承典,即日同中參面言約時值典價佛面銀六十大元正。其銀即日同中,課兄弟親收足訖,願將踏明四至界址明白,付典主坪前去起耕掌管為業,不敢阻擋。保此田業係是課兄弟應得承父之業,與房親人等無干,亦無重張典掛來歷交加不明為礙。若有此情,係課兄弟等出首一力抵擋,不干典主之事。言訂五年外冬至前止,限滿之日,應備足字內銀贖還;如過限無銀贖回,依舊照字內耕管行用。此係憑中甘願,不敢反悔,恐口無憑,今欲有憑,立典契字一紙,付執為照。

即日同中,課兄弟親收典契字內佛面銀六十大元正完足,再照。

光緒八年十月日。

從上契來看,典之意義,明顯地是以不動產作為借款的擔保,如上契以土地作為借銀60元的擔保。但如果以近代法理學概念為框架來看的話,標準的擔保物權應是抵押權。典權則是含糊不清的,在西方法學框架中存身不牢的。清代臺灣原也存在抵押借貸,稱為胎借,所謂胎,即抵押物(胎可以是不動產,也可以是動產,這裡僅涉及不動產)。而典權與標準的抵押權有所不同,含義不清,難以界定。張晉藩認為,典權之不同於抵押權,主要有三「典主有占有,使用,收益和一定的處分權,押主則無此項權利;出典不需付利息,而出押人則需付利息;典是長期質,押則有較短的回贖期。」[523]從上引典契來看,基本上是符合張氏給典權歸納的三個特徵。但如果我們回過頭去看抵押權(胎權)的話,卻可

以發現它在實踐中和典權的三個區別極易模糊，最後甚至難以區別、混為一體。我們先來看一份典型的胎借契約：

  立胎借約字人布嶼堡崙背莊廖朝晏等，有承父遺下鬮分應份水田一處，土名坐落在新竹園莊西北勢，其甲數、丘段、東西南北、水分，俱載上手契內分明。今因欲銀別創，自情願將此田出借為胎，托中問到本保新竹園莊李媽答身邊借過鏡銀參十大元正。即日立字同中親收足訖；其銀母言定行利加參六，面限至週期，母利一應清楚完明，不敢少欠。銀還字還，兩不刁難。如若至期無還，願將此田付原銀主掌管，招佃耕作，收租納課完糧，以抵利息，永不敢異言生端等情。此乃二比甘願，並無迫勒反悔，今欲有憑，特立胎借約字一紙，付執為照。

光緒十六年十一月日。

  從上契來看，胎借，其原意是以不動產作為借款母利的保證，符合擔保物權這個界定，但實踐過程中，它漸起變化，以至和典相混，難以區分。這種變化先從以租穀付利息開始。如下契所載：

  立胎借銀字人馬芝磷保參塊厝前莊劉加蕊兄弟等，有承父鬮分應份水田一段，丘數不等，耕種五分正，坐在本莊門口洋，東西四至登載上手司單印契內明白，年配納大租粟一九五抽的。今因乏銀別置，將此田先問叔兄弟侄不能承借，外托中引就向與鹿港菜園莊黃春盛號胎借出佛面銀一百五十五大元正。其銀即日同中親收足訖。其銀每年約納利息粟二十八石零五升正，早季該利粟一十二石零五升正，晚季應納利粟六石正，二季完納，不敢短欠升合；如是短欠，將田付銀主起耕招佃，別稅他人，收租抵息，不敢阻擋。保此田係是蕊兄弟鬮分物業，與房親人等無干，亦無重張典掛他人不明為礙；如有不明等情，蕊自出首一力抵擋，不干銀主之事。此係二比甘願，各無反悔，恐口無憑，立胎借銀字一紙，並繳鬮書一紙，共二，付執為照……

道光二十四年十二月日。

  此契計算利息，以租抵利，多出的田租應仍歸借款人，此外，此契表明占有權尚未轉移，田產只是作為擔保，在短欠利息的情況下才會發生轉移（「將田付銀主起耕贌佃，別稅他人」）。凡此皆似抵押，但此契不書回贖期，和典已有相

似之處了。只要採取以租穀抵利的形式，發展下去抵押就往往會演變成典，因此，我們看到典胎，胎典之類的契約，就不會感到驚奇了。以下是一份典型的「典胎借銀字」：

　　立起耕典胎借銀字人蔡茂，緣有承祖父遺下大溪內五層蛇莊界內水田連山場，其東西四至悉在丈單合約字內，自帶圳水通流充足。今因乏銀別創，願將此水田、山場盡行起耕典胎借，先問房親人等不欲承典，外托中引向與黃小番官手內起耕典胎借出佛銀一百二十元正。其銀即日同中交茂親收足訖；隨即將田並山場踏明四至界址，交付起耕典主掌管出贌，收租抵利。參面議定每元銀全年利息加一五行，計共該利息銀一十八元正，就田、山租控抵清楚。其田大份全年贌穀六石，小租贌陳文生作份。收成之日，將租穀依時結價抵利並完課；不足，將山租補足；有剩，會算湊還業主。其銀自光緒十七年冬至前起耕限借，不拘年限，措備母利銀齊足，送還典主，贖回丈單字據，各不得刁難。此係二比甘願，各無反悔，口恐無憑，筆乃有據，立起耕典胎借銀一紙，帶丈單參紙，合約字一紙，計共五紙，付執為照。

　　即日同中交茂親收過立起耕典胎借銀字內佛面銀一百二十元正，再照，行。

　　此契尚會算租利（「將租穀依時結價抵利……有剩會算湊還業主」），並定有期限，猶有胎借的意味，但它轉移占有權（「交付起耕田主掌管」）具有典權最重要的特質了。再進一步的發展，則有的胎借契盡租抵利，空有胎借的名義，實際上已是典契了，如下契：

　　同立招耕胎借銀字人李林氏，緣李林氏有承先夫祖遺下在番墾內結得埔園一所，址在青潭大溪內，土名灣潭莊下埔，東至大溪，西至山，南至李寶園，北至黃家園各為界，四至界址明白。今因乏銀費用，願將此業與人為胎，先問房親人等不欲承受，外即托中引就向與黃綱官身上借出番銀二十大元正。銀即日同中交收足訖；園亦同中踏明，付綱耕管。其銀無利，其園無稅。約限六年：自光緒甲午年起，至庚子年冬止。因溪埔荒地，綱若載插樹木、果子等項東西，如是限滿，業主若要取贖起耕，須要業佃商量妥當。保此業與親疏人等無干，亦無重張典掛他人不明為礙；如有不明等情，林氏一力抵擋，不干黃綱之事。此係二比甘

願,各無反悔,口恐無憑,同立招耕胎借銀字一紙,付執為照,行。

即日同中李林氏親收字內胎借番銀二十大元正完足,再照,行。

此契除了年限較短(六年)以外,已具備了典契最重要的特徵了。而實踐過程中,到了期限出典人無銀可贖,契約可再延期乃是常見的事。

將以租抵利形式的胎借與不動產的典相比,典就變成「盡租」,即以所有的租為利了,而胎則僅以部分租為利,所以從利息計算的角度來看,胎借要比出典有利。確實,周力農曾在《臺灣公私藏古文書影本》的契據中發現一個例子,咸豐年間邱河順,春福等人作為銀主,承典曾協美的田業厝宅,其典契載「同立起耕典田屋契人曾協美,有承叔父昆和遺下田業厝宅,……托中引就邱河順,春福前來出首承典。當日參面議定,時值典價銀一千四百大元正。即日銀契,兩相交訖,其田並屋宅等業同中踏明,交銀主前去耕管,收租納課。」但邱河順等人似乎沒有什麼銀子,所以他們以這份典業為胎向王作霖借銀湊典,其胎借契約載:「立胎借字人邱河順、春福、春祿,有承典曾協美田業厝宅……今因乏銀湊典,參人同中商議,將此承典之業向得王作霖等胎借出佛銀一千大元正。參面言定,每元週年貼早利粟一斗二升七合,每年計共早利穀一百二十七石。」[524]

邱河順等人充分利用胎借利穀與盡租典之間的差價,徒手博利,可謂長袖善舞。然而這種情況並不多見。一般人願意按較高的利率(盡租)出典土地,目的在於以後容易回贖。我們可以這樣理解,如果按胎借利率算的話,出典人原可以以同一塊地借更多的款項,但他寧願以高利率計,少借一點,回贖起來容易。因此意義明確的抵押權,漸漸向意義含糊的典權轉化。假如出典人無力回贖土地,則他可以「找洗」而補足地價,土地也就如同賣了,下面我們來看典與買賣的關係。

三

出典人如果無法贖回田產的話,典出的田產就如賣出一樣了,所以典與買賣也經常混淆不清,我們先看一張典契:

立繳典契字人嘉邑白沙墩保下埔姜侖仔莊,現時住笨北中秋街蔡天柱,有承

祖父鬮分應份沙園一丘，土名坐落新莊仔胡東勢。此園原典過本邑本保瓦磘仔莊蔡世宗，東至宅園，西至吳宅園，南至胞侄恆九宅園，四至明白為界，年帶納叛產依例抽的。今因乏銀費用，先盡問房親人等無力承受外，即托中引就與本邑本保瓦磘仔莊黃華觀、黃佑觀同出首承典，參面言議依時價出佛銀「六八」二十六大元正。銀即日同中交收足訖；其園隨踏界址分明，前付銀主去起耕掌管，永為己業，不敢阻擋。保此園係是世宗自置已業，與房親人等無干，亦無重張典掛他人及拖欠租課不明為礙；如有不明等情，世宗自出首抵擋，不干銀主之事。此園不限年，銀主不敢向討；園主要征討者，備足契面銀取贖，不得刁難。此係二比兩願，各無反悔異言生端滋事。口恐無憑，今欲有憑，立繳典契字紙，並繳上手契二紙，合共參紙，付執為照，行。

即日同中收過契銀「六八」二十六大元完足，再照，行。

大清光緒七年八月日。

上引契約一方面說「銀即日同中交收足訖，其園隨踏界址分明，前付銀主去起耕掌管，永為己業。」另一方面又說「此園不限年，銀主不敢向討，園主要征討者，備足契面銀取贖，不得刁難。」雙方均無所謂所有權，使用權等概念，只是達成一個共識，即出典人來贖，土地就交還給他，如果沒有來贖，就一直留在承典人的手中，「永為己業，」時間長了，就有點類似賣了。所以當代人也有將典視為「活賣」的。如1978年版《辭海》「活賣」條釋文為「中國舊時田宅出賣後，賣主保留回贖的權利，稱活賣。此種買賣契約稱活契。回贖有一定期限，過期不贖即成絕賣。一般典田均為活賣。」

從另一方面說，典之所以被看作是活賣，還在於中國傳統社會中不動產買賣很難「杜賣」或「絕賣」，賣主多年後要求回贖的現象十分普遍，能夠回贖，則和典沒什麼兩樣了，即使無力回贖，也要「找洗」，「加找」。[525]典，同樣可以「加找」而「盡典」。所以在明清兩代的田產交易中，買賣和典兩種方式往往膠葛不清，典買、典賣之契屢見不鮮，產生了許多矛盾衝突。明清兩代中央和地方政府屢屢發布條令，試圖釐清兩種交易方式，但是收效總是不大。如清雍正八年《會典事例》定「賣產立有絕賣文契並未注有找貼字者，概不准貼贖。如契

未載絕賣字樣,或注定年限回贖者,並聽回贖。……儻已賣絕,契載確鑿,復行告找告贖……俱照不應重律治罪。」乾隆十八年《大清律例》又定:「嗣後民間置買產業如係典契,務於契內註明回贖字樣。如係賣契亦於契內註明絕賣永不回贖字樣。其自乾隆十八年定例以前典賣契載不明之產,如在三十年以內,契無絕賣字樣者,聽其照例分別找贖,若在三十年以外,契內雖無絕賣字樣,但未註明贖者,即以絕產論,概不許找贖。」

從上述條例來看,清廷當局努力去界定的是賣、絕賣、典這些概念,而不是類似所有權、使用權、收益權等等西方法理學框架中的產權概念。對於告到官府的爭產案件,當局可按照契面上所寫的是絕賣、或是賣、典的字樣加以判決,但如果不告到官府呢?考慮到爭產訴訟只占田產交易的小部分,我們可以認為混淆不清的典賣作為一種普遍的交易方式為民間百姓所認可。在許多分家文書中,我們往往可以看到典或買的田產同樣都可以被遺傳。典,成為一種置產方式,如下引的分家的「鬮書約字」:

同立鬮書約字人葉其華、葉其禎、葉其盛等,竊為木有本而分枝,水有源而分派,人之兄弟亦然……禎等因奉母命,再四思維,慎終於始,欲圖久遠之計,唯將先父在日所置產業,迄母親手或置或棄,而今現有存者一齊錄明,除預籌母親等養瞻並為後來永遠輪公外,同請族長公親秉公設法,僉議作三房均分……謹將現存田園、店屋一併錄明:

一、買過杜求長園一所……契一宗共七紙,契價銀一百二十元,現歸長孫份額。

一、買過潘碰店屋一座……契一宗共八紙,契價銀二百九十元……

一、典過黃標記園一所……契一宗共九紙,契價銀一百八十元。

一、典過王朝陽田園三宗……契一宗共十紙,典價銀五十元。

以上田園計契九宗……此係第一鬮,駢作福字號……

光緒二十三年十三月二十日。

葉家兄弟三人將產業分成福、祿、壽三份拈鬮繼承,以上所錄僅為福字號,

從福字號所繼承的產業來看，其田園有買來的，有典來的；祿字號與壽字號情況完全相同，因文長難以盡錄。承典的田園和買的田園一樣傳留後代，表明社會習慣在不動產產權問題上已將典與買等同相視。

四

典買、典胎等從字面上已顯示了田產買賣、抵押與典的關係，而租佃與典的關係尚未見到這種詞語上的關聯，但在實際生活中卻是存在的，這主要是透過押租來實現的。交押租而租田種，在閩南、臺灣稱贌耕。

清代中後期，佃戶租田時，要交納一筆押租，以備欠租時被田主扣抵。押租在臺灣稱磧地銀或壓地銀。《淡水廳志》載「有佃戶焉，向田主贌田耕種也。有磧地焉，先納無利銀兩也。銀多寡不等，立約限年滿，則他贌，田主以原銀還之。」即是對此的說明。以下一契是典型的無利磧地銀的例子：

立收壓地銀字人鹿港大街吳明記，有置得李厝莊後莊消涵口水田一段，又旱園一段，共四分零，年配納大租粟二石二斗滿。今有李厝莊後莊陳番官前來，贌去李厝莊後莊水田並旱園二段，歷年言約早季納乾淨小租粟九石七斗滿，又晚季納乾淨小租粟四石滿，限五年為滿，聽明備壓地銀清還，取回原田園並原字；若有欠小租粟並大租粟等費，應將壓地銀扣起，不得異言。今欲有憑，立收壓地銀字一紙，付執為照。

咸豐二年月日。

但磧地銀在某些情況下，會從無利變為有利，如下契：

立贌耕字人東螺東堡五百步莊陳兩琴，有自己建置園一所，址在本莊蕭家南勢，東、南俱至自己園，西、北俱至蕭家田；四至界址明白。前因要銀別置，願將此園出贌，托中向與本莊蕭嬰出首承贌耕作，明約全年園租粟參石。時嬰備出壓地銀十二元，願貼每員銀全年利粟一斗五升，計共一石八斗扣抵利粟，尚剩粟一石二斗，分作早、晚二季完納。其銀即日琴收訖；其園隨即踏明界址，付與銀主耕作，明約不拘年限，任其耕作納租……此係二比甘願，各無反悔，口恐無憑，今欲有憑，立贌耕字一紙，付執為照。

即日親收過贌耕字內佛銀一十二大員正完足,再照。

同治十參年參月日。

上契中的有利磧地銀數量相對不大,扣抵利息後,尚須交納租穀,在磧地銀數量相對大的情況下,就變成「田無租,銀無利」了。如下契所示:

立贌耕收磧地銀字人張井養、張阿王,偕侄全福、英華、贊賢五房等,有承祖父遺下水田一甲二分,址在籙束東上堡七張犁莊後北勢,東至大溝界,西至林大人田小溝界,南至林大人田,北至林寨田界,四至界址面踏分明;配大甲溪陂圳水通流灌溉充足,年納業主王大租並車工穀道斗一十二石正,年贌小租道斗五十二石正。今因乏人耕作,中招得合吉號、林仕雷等出首前來承贌,當日參面言定磧地銀一百七十大員六角。其銀、字即日同中兩交收足訖;其田隨即踏明界址,付銀主前去耕作。限贌九年半:自己巳年六月起,至戊寅十月終收成止。限滿之日,養五房等備齊原磧地銀一百七十大員六角,交還佃人,而佃人即將田交還養五房等自耕。如至期無銀清還,願將此田仍付銀主耕作,以抵銀利息,後不拘年限,銀到田還,各不得刁難。此乃二比甘願,田無租稅,銀無利息,各無抑勒反悔,今欲有憑立贌耕收磧地銀字一紙,付執為照。

即日同中見收過字內磧地銀一百七十大員六角正足訖,再照。

同治八年(己巳)六月日。

上契雖然還採用贌耕字的字樣,其實質已是典契了(典小租)。這可能是殷實小農穫取地權的一個途徑。

五

以上的分析所要表明的是,在傳統中國社會民法不發達,產權模糊的背景下,買賣、抵押、租佃等本來在產權問題上應具有明確意義的土地交易形式趨向於轉變成「典」這種在近代民法學框架中地位尷尬概念含糊的形式。

當代產權經濟學認為,排他的、明晰的產權能產生激勵而有助於經濟的增長。Daniel W. Bromley將產權學派的邏輯歸納為:經濟盈餘=f(產權),他又提出一個相反的式子,產權=g(經濟盈餘),第二個式子的含義為:產權結構是

人們基於對經濟盈餘長期預期的選擇結果。[526]對比兩個式子，第一式強調的是效率，第二式則不但具有經濟學解釋能力，還有社會學上的意義。顯然，傳統中國社會中以典為中心的土地交易形式應以第二式為主來解釋。

在近代工業出現以前，土地是傳統中國社會最重要的生產資料，是爭奪的焦點。在正常情況下，爭奪主要以交易的形式出現，而交易的各方經過長期的實踐，最終達成「典」這一形式的默契。典，意味著以較低的價格出讓地權，但保留了回贖的權利，如無力回贖，則有「找」、「洗」的慣例加以補償。另一方面，典，也給資金力量不足的人提供了置產的機會。總之，典，給爭奪雙方提供了一個地權爭奪的緩衝地帶，而這個地帶容納了傳統——人情、道德、習俗等等。然而，典犧牲了效率，對於資源配置是不利的，顯然，在土地可能被贖回的情況下，承典人是沒有什麼意願去改良土地的。傳統經濟習慣在當今並未完全絕跡，產權模糊的狀況也未完全改變，效率與人情，魚與熊掌是否可能兼得，凡此皆值得我們深究。

晚清閩臺的商業貿易往來（1860—1894）

林仁川

對於晚清臺灣的海上貿易，海峽兩岸的學者已作了較多的研究，出版一些專著和發表一批論文。[527]本文在此基礎上，利用廈門海關檔案室和廈門大學中國海關史研究中心的資料，對晚清閩臺的商業貿易往來關係作進一步的探討，以求教於與會的專家學者。

一、經過海關的貿易往來

閩臺兩地的商業貿易往來，歷史悠久，到前清雍、乾時期得到較快的發展，呈現一片繁榮的景象，然而，到道光時期，有的學者根據《廈門志》「近年渡臺商船，僅四五十餘號矣」[528]的記載，以為已到衰敗階段。還有的學者認為五口通商以後，由於外商勢力的侵入，大大地破壞了兩岸的商業貿易往來。實際上，只要我們仔細翻閱海關檔案資料，就可以發現晚清閩臺的商業貿易往來仍然十分密切。

（一）開港至1874年的貿易狀況

1860年代臺灣開放港口以後，各港「與廈門間整年都有著極大量的商業往來」，[529]尤其是在轉口貿易上，廈門起著不可替代的作用，可以說臺灣對外貿易的許多重要進出口商品都是經過廈門轉運的。如廈門進口的原棉和棉製品「有很大一部分被再次運出口岸，幾乎完全是運往臺灣的」，「如同本色市布的情況一樣，相當大的一部分進口本色洋標布被覆出口，主要運往臺灣，臺灣南部口岸從廈門獲得它們的大多數供應」。[530]廈門進口的鴉片也有相當大的數量是轉運到臺灣的，如1870年廈門進口鴉片總數為4994.78擔，其中復出口臺灣的有

1874.321／4擔。現將1870年至1874年從廈門復出口臺灣的洋貨列表於下：

表1　1870—1874廈門復出口臺灣洋貨一覽表

類別	1870 數量	1870 價值(元)	1872 數量	1872 價值(元)	1873 數量	1873 價值(元)	1874 數量	1874 價值(元)
本色市布(匹)	33951	100150	21800	57742	18201	49879	35750	78105
漂白市布	3250	11050	2099	7466	3900	14772	1850	5180
本色洋標布	2200	5346	2200	4720	1948	4383	725	1343
綴布					40	280		
染色布	150	600			100	423	150	465
土耳其紅棉布	2500	7000	2420	6456				
粗斜紋布	60	262						
美國斜紋布			510	1937				
英國斜紋布			1284	4730	480	1824		
印花布	100	253						
飯單、手帕(打)					170	238		
綿紗(擔)	132.75		42	1751	210	8570	93.15	2515

續表

類別	1870 數量	1870 價值（元）	1872 數量	1872 價值（元）	1873 數量	1873 價值（元）	1874 數量	1874 價值（元）
棉線					3.98	259		
原棉					4.50	70		
英國羽紗(匹)	870	15660	360	6875	210	4350	210	3150
嘩嘰	580	5800	1200	9540				
哆羅呢	48	720	96	2784	24	492		
喇莊土(擔)	1300.063/4	754035	944.40	551632	909.60	483725	924.20	430668
公班土	138	88800	285.60	170293	237.60	131895	429.40	201362
波斯土	404.251/2	228373	474.09	279297	354.42	208598	395.76	174874
土耳其土	5	2800						
白皮土					1.09	1093		
麵粉(擔)	1502.35	6.008	116	486				
鉛(擔)	1180.48	8322	758	5307				
錫					12.40	479	13.72	307
鋁					404.25	3031	2258.75	13004
玻璃(箱)	34	136						
黑白海參(擔)			11	284				
洋參			2	1001				
牛角			40	568				
水銀			1	109				
其他		1114		424		9223		11
總計		1242946		113393		923584		910988

資料來源：《1870、1872、1873、1874年廈海關年度貿易報告》，《廈概況》，第50-51、85、111、142頁。

　　從上表可以看出從廈門轉口到臺灣的洋貨主要是棉織品和鴉片，這些復出口商品在廈門的對外貿易中占相當大部分，如1870年，廈門棉布進口計120673匹，其中38985匹復出口，「主要運往臺灣」。廈門進口的棉布又以素布居多，例如當年進口本色市布54571匹、本色洋標布30277匹、粗斜紋布5272匹，「而本色市布復出口臺灣的數量為留在廈門數量的兩倍」。[531]1874年廈門布匹市場出現蕭條，本色市布、漂白市布僅小規模地經營，本色洋標布按貨主要求的價格幾乎找不到顧主，「但為復出口到臺灣而作的布匹交易則數量很大，價格也很好，到春季，布匹需求增大，存貨減少到最低限度，4月份，大量到貨……滿足本地消費和復出口到臺灣市場之需」。[532]廈門進口的鴉片也有相當大的部分轉運到臺灣，1869年進口各種鴉片5709擔，復出口臺灣1388擔；1870年進口4995擔，復出口臺灣1874擔；1871年進口4805擔，復出口臺灣1751擔；1872年進口

4993擔，復出口臺灣1704擔；1873年進口4976擔，復出口臺灣1503擔；1874年進口5410擔，復出口臺灣1749擔。平均每年轉口到臺灣鴉片和布匹的轉口貿易的利潤已成為外國商人在臺灣購買糖和茶的資金的主要來源。

除了洋貨的轉口貨易以外，廈門每年還有大量的土貨及復出口土貨運到臺灣。現將出口土貨及復出口土貨列於表2：

表2　廈門土貨出口臺灣的類別和價值

類別	1870 數量	1870 價值（元）	1872 數量	1872 價值（元）	1873 數量	1873 價值（元）	1874 數量	1874 價值（元）
磚（塊）	171800	939	261350	1563	568500	3313	406700	1731
陶器	303	455	355	710	734.50	1836		
麻布包（只）	179376	9528	163260	8047	210588	9223	179506	5208
鐵器	194	1306	1109	7862	37794	2771	447.38	2466
藥材	31	389	16	459	22.85	339	57.57	901
南京布	51	3086	30	2086	56.57	3981		
紙：一等	150	2257	36	570	205.66	3601	274.34	3292
紙：二等	308	1387	174	1583	387.18	3737	426.73	2562
油紙	18	714						
紅糖	526	1840						
白糖	162	1296						
冰糖	259	2336						
菸葉	187	3742						

續表

類別	1870 數量	1870 價值（元）	1872 數量	1872 價值（元）	1873 數量	1873 價值（元）	1874 數量	1874 價值（元）
硃砂	28	896			1.26	121	0.03	2
鹹魚			223	1284				
紅花染料			5	938	1.12	114	4.40	60
蜜餞			80	713	90.98	818	125.97	900
茶墊(張)			8500	340				
菸絲			569	10414	1225.37	23025	367.19	5572
黃銅製品					3.35	130	2.55	77
家具						266		
(粗)夏布					4.99	539		
鐵製品					44.54	376	31.76	233
廢鐵					120	216	215	260
木油					13.12	183	6.78	61
裝飾品(件)					937	168		
牡蠣乾					47.26	568		448
對蝦乾					18.24	275	61.40	86
草鞋(雙)					1645	754	960	667
絲線					4.54	3201	1.41	39
花崗石(塊)					1455	298	56	702
清漆					20.70	497	28.80	1607
木材(箱)					83022	11160	15933	1607
雜貨					83022	11160	15933	
總計		34281		41643		72669		28013

資料來源：《1870、1872、1873、1874年廈海關年度貿易報告》，《廈概況》，第52、86、114、144頁。

從表2可以看出在運往臺灣的土貨中，最有價值的貨物是麻布包，這是用於包裝的。此外還有磚、陶器、鐵器、藥材、紙、南京布、煙絲等手工業品。出口土貨中以茶墊的數量最大，它主要來自廣州，被用於覆蓋臺灣的茶葉箱。這些茶葉是運往美國、英國和澳大利亞的，同時，油紙、紙也占有相當的比重。

廈門從臺灣進口的土貨，1870年為290,207元，而1869年為405245元，減少115038元，這可以從1870年芝麻籽和大米兩項貨物進口的減少得到解釋。1869年從臺灣進口的芝麻籽為35118擔，而1870年僅540擔。這並不是因為廈門缺乏需求，主要是因為1870年夏季的頭幾個月，臺灣乾旱嚴重，芝麻籽收穫甚少，僅夠滿足當地的消費需求。至於臺灣大米，1870年廈門進口25811擔，而前一年為97956擔，這一大量減少不能完全由臺灣乾旱來解釋，儘管頭兩季收穫顯

然因受乾旱影響而減少，但隨後臺灣仍有數量可觀的大米運往黃浦。廈門進口臺灣大米下降的原因，一部分是因本地的豐收，另一方面從暹羅和西貢運來大量的大米。現將廈門進口臺灣土貨的種類和數量、價值列表於下：

表3　廈門進口臺灣土貨的種類、數量、價值一覽表

類別	1870 數量	1870 價值（元）	1872 數量	1872 價值（元）	1873 數量	1873 價值（元）	1874 數量	1874 價值（元）
牛骨	541	1082						
樟腦	2821	42317	4131	8260			206	2472
煤	5006	1.252	28121	13207	68083.44	27865	21073.16	7916
花生	742	2597	54	257				
花生餅	24407	39051	7735	13173	23651.77	38047	12613.95	14620
大麻	682	8181	188	3318	514.20	7802	622.66	6477
土產鴉片	2	714						
馬鈴薯	11339	19370						
大米	25811	33716	15303	38166			467.82	701
靛藍籽	132	658			105.82	1350		
芝麻籽	576	2280	138	620	1113.68	4911		
芝麻籽餅	391	978						
紅糖	164	573	2684	10480	3311.88	17003	4722.50	11142
烏龍茶	5065	126630	16132	528070	11266.12	372054	21246.03	548766
功夫茶					61.56	1916		
小種茶					0.55	44		
茶末					33.93	509	20.80	83
硬木板	3588	2691	7782	5740	6092	4560	407	2318
樟木板	1066	800	4773	3826				

續表

類別	1870 數量	1870 價值（元）	1872 數量	1872 價值（元）	1873 數量	1873 價值（元）	1874 數量	1874 價值（元）
薑黃			551	2220				
桂圓乾					762.34	3431		
桂圓肉					746.58	4853		
油餅					1984	3075		
原棉					375.67	7345	35.79	437
魚乾							166.34	1123
鹹魚							22.33	119
熟皮							8.24	123
藥材							34.37	159
澱粉							27	206
菸絲							2.07	34
雜貨		1717		987		911		408
總計		290207		628324		495676		598904

資料來源：《1870、1872、1873、1874年廈海關年度貿易報告》，《廈概況》，頁54、87、115、145。

上表說明臺灣輸往廈門的土貨以煤、花生餅、烏龍茶為主。煤的輸入1870年5000餘擔，第三年增加5倍，達2.8萬餘擔，第四年又翻二番，達6.8萬多擔。花生餅在閩南地區主要用於肥田，每年大約輸入2萬至1萬餘擔。臺灣茶葉運到廈門是為了包上草墊，打上標記便裝船出口，運往美國和英格蘭，1870年輸入5000擔左右，1872年達1.6萬餘擔，1874年又增加到2.1萬餘擔此外，紅糖和大麻也是從臺灣輸入廈門較大宗的商品，1870年僅輸入紅糖164擔，1872年增加到2684擔，1873年、1874年每年淨增加1000擔左右。大麻的輸入比較平穩，大約維持在五六百擔水準。

閩臺商業貿易往來的另一港口是福州港。但福州與臺灣的貿易遠遠沒有廈門重要。1864年從臺灣的進口貨值為76817元，1865年減少為69118元。[533]主要進口貨是煤和大米。基隆的煤質比較鬆，燃燒比較快，適用於輪船，如果稅率相同的話，可以同英國及澳洲的進口煤競爭。可是對臺灣煤每噸課以1.50元的出口和沿岸貿易稅，而外國煤每噸只有7分，所以不能在福州大量銷售。1864年、1865年福州向臺灣出口的貨物主要有竹、紙、木材、水果等，具體情況見下表。

表4　1864、1865年福州出口臺灣主要貨物一覽表

類別	1864 數量	1864 價值（元）	1865 數量	1865 價值（元）
竹			573	
紙		170	722	
木材		335	10999	
水果		344	892	
總值		849		13186

資料來源：《1865年閩海關年度貿易報告》，《福概況》，頁12。

1866年、1867年福州與臺灣的貿易比前二年衰退下降，進口總值為50928元和19564元，出口總值為25475元和8896元，詳見下表：

表5　臺灣進口貨

類別	1866 擔	1866 元	1867 擔	1867 元
煤	34 895.37	15703	28132.47	13496
麻	254.25	3051		
芝麻	616.65	4 933	709.72	5678
雜貨		27241		390
總值		50928		19564

資料來源：《1867年閩海關年度貿易報告》，《福概況》，頁41。

表6　運往臺灣出口貨

類別	1866 擔	1866 元	1867 擔	1867 元
肥皂	71800（擔）	1 077	32180	498
杉木板	23749（平方公尺）	594	20461	921
製藥	1100.81	16512	300.02	6000
雜貨		7292		1477
總值		25475		8896

資料來源：同上表。

福州與臺灣貿易下降的原因，一方面由於缺乏輪船或帆艇，另一方面是「廈

門幾乎壟斷了臺南和臺北的所有貿易」。[534]自此以後,閩海關年度貿易報告1868年至1872年均未見與臺灣的貿易情況,只有1873年的貿易報告中指出福州出口臺灣的貨值9千元,但也沒有記載具體的貨物種類。

(二)1875年至1884年的貿易狀況

廈門仍然是臺灣貨物的聚散地,大量的洋貨被復出口到臺灣各地。1875年廈門進口洋貨總值為4611312海關兩,其中價值389199海關兩和506243海關兩的進口貨物分別復出口到淡水和打狗。[535]1876年廈門進口洋貨總值為4755,429海關兩,比1875年增加144117海關兩,其中復出口到淡水和打狗的洋貨為450248海關兩和628478海關兩,[536]比1875年分別增加61049兩和122235海關兩。兩個港口相加,復出口臺灣的洋貨增加183284,由此可見廈門進口洋貨的增加完全是由於復出口臺灣的洋貨增加而增加的。從廈門復出口臺灣的貨物中主要仍是英國市布和鴉片,如1877年廈門進口英國市布95819匹,大約有52000匹被復出口到臺灣。鴉片貿易進口為69421.41擔,復出口為2898.62擔,復出口的鴉片主要運往臺灣。[537]1878年廈門進6247擔,復出口2661擔,幾乎有一半是運往臺灣的,「那些經營向臺灣進口鴉片銷售鴉片的商行,一般把總行設在本口岸,他們經常更樂意在本口岸支付關稅,然後透過免稅單將鴉片運到臺灣的分行」。[538]

然而,經廈門口岸的臺灣茶葉貿易的發展狀況則是這個時期最引人注目的,也是最穩定的。1875年,茶在出口貨物中獨占鰲頭,在廈門出口國外的土貨總值2260714海關兩中,僅茶一項就占1424999海關兩,明顯超過出口土貨總值的半數。而廈門茶葉出口的增長是由於臺灣的茶葉近年來迅速增長,因為臺灣茶葉是運往廈門出售和轉運出口的,該年廈門出口烏龍茶共85981.49擔,其中有45026.27擔來自臺灣。與茶葉貿易密切相關的茶墊一項(所有準備復出口到國外的臺灣茶葉都在廈門重新包裝),進口數量也從769929張增加到1299832張。[539]1876年廈門為復出口國外而從臺灣進口的茶葉數量再一次出現增長,但增長幅度不如前一年。1877年茶葉還像從前一樣是最重要的大宗貨物,茶葉貿易最引人注目的特點是臺灣茶葉貿易的進一步發展,以及幾乎全部茶葉都用來製

作烏龍茶,因為烏龍茶與小種茶和功夫茶不同,最適合美國市場。1878年,運抵廈門口岸然後復出口的臺灣茶葉數量有了增加。1879年廈門本地出產的烏龍茶和功夫茶的出口數量為61903擔,經廈門口岸復出口的臺灣烏龍茶數量為102116擔,兩項相加,使廈門出口的茶葉總數為164019擔,除1877年外,這是歷年來最高的一年。廈門的臺灣烏龍茶市場於5月21日開市,在隨後一個星期內就有28500箱臺灣茶運抵本口岸,其中5000箱以較低的價格成交,即優質茶每箱33元(關稅已付)、次等茶每箱30元。但是到7月17日,初期運到美國的茶葉被採購的消息傳來,價格開始上漲,「直到秋天,價格上漲得這麼厲害,以致所有可以利用的茶葉都被採摘一空」。[540]現將1879年至1880年廈門茶葉出口情況列表於下:

表7　1879—1880年廈門茶葉出口情形

單位:擔

運往地	台灣茶葉	廈門茶葉	合計	台灣茶所占比例
紐約	82017	41352	123369	66%
倫敦	2719	2029	25675	57%
香港	17207	8468	25675	67%
海峽殖民地	95	2892	2987	3%
爪哇	33	4652	4685	0.7%
暹羅	24	736	760	3%
馬尼拉	3	164	167	1.7%
西貢	18	1610	1628	1.1%
總計	102116	61903	164019	62%

資料來源:《1879年廈海關年度貿易報告》,《廈概況》,第201頁。

從上表可看出,在紐約、倫敦、香港幾個廈門茶葉出口主要市場上,臺灣茶占很大的比重。

1882年至1883年這一期茶市的前景對臺灣茶葉來說是非常好的,而對廈門茶葉來說則正好相反。臺灣茶農一直獲利甚好。「因而,臺灣茶葉將完全取代廈門茶葉,這看來僅僅是時間遲早而已了。許多較小的茶商都已經把他們的商行移到淡水去了」。[541]

由於廈門是臺灣茶葉的轉運口岸，從而大大地提高廈門作為茶葉出口港的地位。如1879年，在茶葉出口數量上，廈門在各口岸中名列第七，與福州的出口746000擔相比，廈門的64000擔幾乎是無足輕重的。但如果把運入廈門港後復出口的淡水茶葉計入出口量，廈門口岸的名次便上升到第四位，排在重要的茶葉出口口岸福州、漢口和九江之後。

臺灣茶葉大量運到廈門轉運出口，也使閩臺貿易中臺灣處於出超地位。如在臺灣廈門的1876—1880年的貿易中，「臺灣出口（主要來自淡水）到廈門的平均值比廈門出口到臺灣的平均值每年超出大約580000海關兩，而與此同時，它對廈門的金銀出口則比廈門對它的金銀出口少大約355000海關兩。顯然，臺灣對廈門的出超，一部分由來自香港和其他口岸的貨物抵償，一部分則用金銀支付」。[542]

（三）1885年至1895年的貿易狀況

廈門一直是臺灣貿易的貨物集散地，大部分貨物以這樣或那樣的方式經過本口岸往來臺灣。然而自80年代中期以後，「情況發生變化，本來從香港到臺灣的貨物經本口岸中轉，其貨物即作為進口和復出口列入我們的統計報告。如今，由於有徑直航運的趨勢，這部分貨物已不再進入我們的視野，因此，本口岸的布匹、鉛和鴉片的復出口衰退了」。[543]也就是說臺灣從香港進口的洋貨有一部分已不再經過廈門轉口了，廈門作為臺灣洋貨貿易的轉口港的地位有所下降。另一方面，從廈門運往臺灣的南京布、夏布受到外國棉布及毛織布的嚴重挑戰，這些貨品輸入的價值在1882年是94267海關兩，占該年棉布及毛織品輸入的45%，其中主要項目是夏布，占74260兩。但到1891年，南京布的輸入價值額降低至6973海關兩，夏布降低至23531海關兩，綢類降低至55860海關兩，共計86.364海關兩，這價值額僅為輸入織物總價值額的27%。[544]第三方面，每年從臺灣大量運往福建的大米也有所減少，據《1882—1891年臺灣淡水海關報告書》云：三十年前臺灣北部可耕地大抵都用於種植稻米，因此，總有大量的剩餘的米可供出口之用。從那時以後，城市的人口增加，大批茶農占用了高地，每年都有無數批的茶葉挑選者和包裝者到來，並且有一支人數眾多的常駐軍，其人數有時為了

特殊的需要而增加,這種稻米消費人數的大量增加,經過若干年的時間,為臺灣出產的稻米建立了一個很好的本地市場,到了最近幾年,不僅沒有可供出口的餘量,而且有時發生食量不足的情形,需要由大陸輸入食米來補足。現將1882—1891年米和豆輸入臺灣的數額列表於下:

表8　1822—1891米和豆輸入臺灣省數額一覽表

類別	1882	1883	1884	1885	1886	1887	1888	1889	1890	1891
米	66028	198			1525	67731	46164	16371	45988	44662
豆	16739	3957	4237	5432	3823	15230	9983	7557	9681	15334

資料來源:謙祥譯:《1882-1891年臺灣淡水海關報告書》,《臺灣銀行季刊》9:1(1957),頁152。

根據海關資料,到1872年止的年份是出口年份,1870年輸出77918擔,1872年輸出23926擔。從1873年到1881年是靜止時期,從貿易報告看來,本地收成剛夠應付本地市場的需要,沒有輸出的餘裕。1882年到1891年這一段時間,如上表所示,是輸入時期。1882年輸入6.6萬餘擔米和1.6萬多擔豆,1883年輸入減少。1884年至1885年因中法戰爭,海面封鎖,所以沒有米輸入的記載,但當時的米價是近十年的最高的年份,因此一定會有民船輸入的食米供應,因沒有經過海關,所以在統計數字上看不出來。1886年又有大米輸入1500百餘擔,從此直到1891年,每年輸入在1.6萬餘擔至6.6萬餘擔左右。1892年又開始有剩餘米輸出,「在1892年前半年,出口超過入口的比率,達每年3萬擔之譜」。[545]

廈門作為臺灣洋貨轉口貿易的地位有所下降,但臺灣茶葉仍然源源不斷地運往廈門,經過加工包裝後再銷售往海外各地。所以,臺灣茶葉固然是淡水出產的(淡水的輸出在1891年差不多有廈門本地茶輸出的六倍),「但是,茶葉商人都在廈門設有總店,生意都是在那裡做的」。現將淡水茶輸出的狀況簡述如下:

1884年,輸出額98674擔,每擔23.60海關兩。淡水於10月2日被封鎖,自10月23日起船運完全停止,結果有25000小箱的茶葉滯留市場,無法輸出,此外還有大量未包裝的茶葉留在茶農手中。

1885年輸出額122730擔,每擔價格22.10海關兩。4月16日港口封鎖解除,

1884年剩下來的大量存貨可以自由離港,據說,運抵廈門的茶葉獲取巨大的利潤。

1886年輸出額121287擔,每擔價格27.48海關兩。5月底採摘的茶葉,品質優良,但夏天高溫缺雨,產量不多,秋茶產量甚豐,品質在中等以上,全年始終保持比較高的價格。

1887年,輸出126442擔,每擔價格25.99海關兩,由於美國市場蕭條,茶市開始時疲軟,但是在6月份有大量的交易,11月初交易轉為旺盛。

1888年,輸出135741擔,每擔價格21.47海關兩,市場交易一直很旺盛。

1889年,輸出130708擔,每擔21.98海關兩。本年茶葉品質較差,雖然茶價降到一個較合理的價格,但品質未見改善。為此,廈門商會訂立規則,防止摻混茶碎末,因摻茶末的人太多,實際上規則沒有嚴格執行。

1890年,輸出128629擔,每擔29.38海關兩。但雨水過多,春季收成量不足,後來的收成雖有提高,但茶價仍然偏高,到年底在廈門仍有25000擔存貨。

1891年,輸出135753擔,每擔20海關兩。本年茶的質量不佳,第一、二次採的茶葉,通常是最好的茶葉,現則平淡無味,雖然價格甚低,但交易不太活躍。[546]

從上可見,1884年以後,臺灣每年有10多萬擔茶葉運往廈門,然後轉運國外,因此,廈門作為臺灣茶葉轉運口岸的地位並沒有變化,而且還略有上升。80年代以後,廈門的臺灣茶轉口貿易仍然興盛,原因何在?一方面當然與淡水茶葉的大量種植有關。「數十年來,淡水所產之茶,年盛一年,茶質既佳,銷售自廣」。[547]另一方面,由於海關章程的改變,1883年1月以前,淡水茶葉運到廈門中轉出口國外,要先交納復進口稅,其稅額為進口稅的一半,復出口時,將稅款退還。1883年以後,海關執行新的規定,淡水茶葉運入廈門口岸,只要商人具結,保證茶葉復出口,不必繳納復進口稅。起初,具結的有效期為一季度,屆時未復運出口則需徵收關稅,但如果徵稅後短時間內復出口,稅款仍可退還。從1885年1月起,具結有效期延長一年。[548]由於實行簡化報關手續,延長具結有效

期的做法，有利於淡水茶葉在廈門的轉運出口，促進廈門轉口貿易的發展。

為什麼臺灣的進出口貨物要經過廈門轉運呢？因為到19世紀中葉，隨著航海技術的發展，木帆船的建造越來越大，遠洋帆船一般在1000噸以上，新建造的輪船體積龐大，吃水很深，在臺灣各港口沒有疏通以前，很難直航臺灣。而同時期的廈門港不僅港闊水深，而且導航設施、通信設備都比較先進，正如《海關貿易報告》指出：「廈門作為航運中心的有利條件是非常明顯的。她是一個極好的港口，船隻易於進入，並有著燈塔設施極好的航道，同時船隻停靠也極方便。她是南部沿海地區唯一與其餘的世界保持電訊聯繫的港口，在茶季，她每日透過信使與中國主要的茶港福州保持聯繫。信使透過陸路送信，來往於廈門和福州間大約需48小時，她是一些輪船航線的中途站或者是它們的終點站，因而是處於一種中樞的位置上」，[549]良好的港口環境，較先進的港口設施，廈門必然成為臺灣進出口貿易的中轉港。

其次，廈門是閩南、閩西貨物的集散中心，福建西南部的各種土貨經過廈門港轉運到臺灣各地。通往廈門有五條重要貿易路線，「它們聯接的主要城市是作為與廈門貿易的次一級貨物集散地，這些城市是泉州、同安、浦南、漳州和白水營。前兩者與廈門東北面和北面的鄉村交通相聯繫，即包括泉州府和更遠的府，後三者則與廈門的西北面、西面和西南面的鄉村交通相聯繫，即包括漳州及更遠的府」，除了上述五條路線，「廈門還跟我們這片海灣沿岸的幾乎所有鄉鎮，以及附近的沿海地區有一些貿易往來，並透過民船與臺灣有引人注目的貿易關係」。[550]如永春府經由泉州府向廈門運來粗布和一些植物油，泉州府方面，晉江縣運入廈門的貨物有薯粉、稻草蓆、宣紙、筆、糖、植物脂、藥茶和錫箔等。同安縣各地經由同安路線運入廈門的貨物有數量較大的桂圓乾、花生、南京布、煙草和煙絲等，還有少量的土產鴉片、大麻、糖、麵線、液態靛青、花生油和植物油、植物脂、醃製蘿蔔、豆粉和薯粉以及荔枝幹。除了茶葉以外，安溪縣還經由同安線路，向廈門運來瓷器、茶籽、茶油、柿子乾、紅米、木梳、棕繩以及鐵器。龍岩州經由浦南線，除了向廈門運來茶之外，還有木材。永定縣經漳州線路，沿西溪向廈門運來少量鐵器、煙絲、松香、紅丹和植物油。漳州府的長泰縣，經由浦南線路，除了運來茶葉外，還有一些煙絲和煙葉。經由漳州線路，南

靖縣運來麻布袋、麻布包、紙、柚子和醃製蘿蔔。龍溪縣主要經由漳州縣路，部分也經浦南和白水營線路，向廈門運來糖、木桿、竹子、水仙花球莖和大蒜以及少量的絲織品和絲線。此外，還有大麻纖維、花種子、洋蔥、植物油、植物脂、銅錢、銅器、荔枝乾、真金箔、錫箔、煙葉、煙絲、爆竹、硃砂、紅丹、墨水、南京布和鐵器。海澄縣經由白水營線路和龍溪河口灣及本口岸外部海灣的水路，向廈門運來桂圓乾、柿子、荔枝幹、木柴、花崗石、人造金絲、大麻纖維、煙葉、煙絲、液態靛青、紅丹、爆竹、稻草蓆、藥材、木桿、皮革和膠。[551]從各貿易路線集中到廈門的貨品，其中有很大的一部分轉運到臺灣各港口。

第三，廈門作為臺灣貨物的轉運中心，還與商業習慣有關係。《廈海關貿易報告》指出：「就臺灣茶的貿易而言，本口岸是它的總的貿易中心，一定數量的臺灣茶葉在淡水市場上出售，由外國洋行精製，並運到本口岸以便最後銷售，但作為一種習慣，中國茶葉生產者更樂意在廈門這更大的市場當場銷售。裝運茶葉一般都由洋行經辦，臺灣北部的港口不適宜茶業的直接裝船運銷國外，因而臺灣茶葉貿易與廈門貿易是如此密切相關，以致現在看來不可能有任何改變」。[552]

二、兩岸民船貿易

閩臺兩地除了透過海關的商業貿易往來以外，還繼續保持異常活躍的民船貿易關係。這種民船是一種老式的平底帆船。停泊在淡水港數量可觀的平底帆船，「一年四季都可以利用順風和大陸沿海各港口進行貿易。刮西南季候風時，這些帆船就駛往北方，風向改變後，它們又重新回來，平時不管刮什麼風，平底帆船總能開往福州、廈門和泉州。自今年正月初一到臘月三十，進入本港的共有689條平底帆船，每條平均按70噸計算，總噸位則為48230噸。從本港開出，駛往大陸和臺灣府的則有683條」。[553]與此同時，「臺灣南部港口的貨物，幾乎完全排除了用輪船運輸而為帆船所壟斷，1868年始航廈門、香港、打狗航線上的臺灣號輪船，很快就撤走了，此外再也沒有進行過同樣的嘗試」。[554]廈門1873年有價值300萬海關兩的貨物由民船運往臺灣。[555]到八十年代初，儘管德忌利士輪船公司有三艘300-500噸的輪船航行於臺灣、廈門和香港之間，仍有「許多民船從事本口岸（廈門）與臺灣、澎湖列島及其他靠近本口岸的大陸口岸間的貿

易」。[556]從1882年至1891年閩臺兩地的民船貿易仍然經久不衰,據《廈門海關十年報告》云:每年進入廈門港口的民船,載重量大約是20萬擔,民船有四種,其名稱是:祥芝北、大北、小北和駁仔。據悉,大約總數的77%被用於廈門和臺南間的航運,5%用於廈門和澎湖列島間的航運,5%用於廈門和泉州間的航運,剩下的5%用於廈門、南澳島和汕頭間的航運。來往於廈門和臺南間的民船大多經過泉州,運載兩邊的一般貨物,來往一趟,大約需兩個月時間。以前從事於廈門、泰國和海峽殖民地間航運貿易的大型民船,如今也從事臺南、寧波、廈門間的航運貿易。這些民船都從晉江縣、銅山和雲霄取得他們的執照,每一次都由船主將執照送往常關檢查,如果一切正常,常關便蓋章簽字,允准船隻離港。每條民船的航員人數,大約每1千擔的噸位配備12名船員。[557]

　　福州口岸與臺灣的貿易,「由於缺乏輪船或帆艇,因此侷限於民船貿易」。[558]開往臺灣的船叫「臺灣船」,臺灣船航行於臺北與福州之間,它們裝走軟質原木,運來大米和食糖,每艘民船根據船隻大小配備船員,小型的一般為20人,大型的約30人,一名普通水手月薪2元,供應伙食,並得到一塊存放私人攜帶的商品的艙位。船主的酬報根據合約約定,據說船主沒有按慣例領工資,而是在盈利中取得固定的份額。一艘民船一年運輸商品的價值大約在二萬至三萬之間,所得毛利在好年頭可占其資金的20%。[559]據常關統計,1867年進入福州港的南方民船138艘,結關出口往南方的民船225艘,入港的北方民船268艘,結關出口往北方的民船333艘,[560]全年常關稅3200兩,其中從臺灣徵收的進口稅2100兩,出口稅3000兩,進出口稅共5100兩,約占福州常關稅總數的16%。[561]到90年代,福州的民船運輸貿易量仍然很大,並且十分繁榮,福州與天津、山東和牛莊之間往來的民船叫「北駁」,約四十艘。開往臺灣的民船約七艘,它們運進食糖、樟木、牛皮、煤、鹿皮和西藥,運走原木、厚木板、紙張、筍和柴火,每艘船載貨物價值約2萬元。每艘民船攜帶牌照一張和結關證明一張,當經過閩安進來時,要向常關提供一份艙口單,出去時,提供一份貨物總單,但是自從常關歸入海關管理後,每艘民船都要將貨物總單呈給卸貨口岸的海關。[562]

　　泉州與臺灣民船貿易也很繁盛,因泉州沿海一帶,港灣很多,對船的寄泊、

航行均十分有利，木帆船可航行於近海和遠洋，海外貿易曾盛極一時。後來因晉江上游水土流失，大量泥沙沈積海底，後渚港逐漸淤塞，但是，泉州灣其他各個港口仍與臺灣保持商業貿易往來關係。據光緒三十四年，日本設在廈門的「三五公司」調查，到日治初期仍然有許多民船穿梭於海峽兩岸，如泉州灣「北岸有秀塗港，居民五、六百戶，有船與廈門、臺灣交通。秀塗東二十里，有獺窟港，常有帆船百餘艘輻輳港內，與臺灣的交通很盛。獺窟東二十里，有稱為崇武的重要港口，人口二萬，有船與廈門、臺灣、福州、浙江通航。獺窟、崇武二港均屬惠安縣管轄。泉州港東南又有一小港叫蚶江，人口一萬，帆船多與臺灣交通」，其中蚶江、深滬二港，「每月有帆船五、六艘到臺灣，那些走私臺灣的商人，也多由此二港出口」。[563]除泉、臺直航以外，還有一些「泉州民船主要在臺灣與福州之間航運，帶去普通雜貨，帶回糖、鹽等」。[564]

　　關於閩臺的民船貿易，我們在臺灣的海關報告書中也可以找到記載，如「在過去諸年中，臺灣的米曾有大量的輸出，主要是用民船運載的，甚至在現在，這種笨重物品之向內向外的運送，主要還是使用本國的船隻，本國產的鴉片被從溫州和同安（福建的泉州）用民船運來，這是一項已知的事實，但是運來的數量多少，則不得而知——甚至關於有多少數量付了厘金的傳聞證據，多少數量逃避了厘稅的謠傳，也付之闕如。可是，雖然關於這件事情我們並沒有確實的資料，但是，大量的本國產的毒品被運進臺灣，用以與外產品混合起來，乃是毫無疑問的事」。[565]據估計，每年大約有400艘民船進入滬尾口（淡水），其中約有100艘是積載量為3000-5000石（約200—300噸）的大船，300艘為積載量自1000—2000石的小船，如果再加上進入基隆及其他小海口的船隻，則淡水港的民船有700艘。有一天對停泊在淡水港的13艘民船進行調查，其出發地及載入之貨物如下：

從泉州來的民船5艘，載入貨物有磚、燒香紙、掛麵、棉布、豬。

從廈門來的民船1艘，載入貨物有棉布、瓷器、陶器。

從福州來的民船1艘，載入貨物有木柱、紙、掛麵。

從溫州來的民船3艘，載入貨物有豬、煙草、傘、明礬。

從寧波來的民船1艘，載入貨物有棉布、花生油。

這13艘民船準備開航的目的地及從臺灣運出的貨物如下：

駛往泉州的民船6艘，運往的貨物有煤、大麻。

駛往廈門的民船1艘，運往的貨物有煤、木材。

駛往福州的民船1艘，運往的貨物有煤、大麻。

駛往寧波的民船3艘，運往的貨物有糖、靛青、大麻。

駛往溫州的民船2艘，運往的貨物有壓艙物等。[566]

從上可見，無論是駛入淡水港的民船還是駛出淡水港的民船都是以與福建貿易為主的。

經過臺南安平常關的民船在1890年有185艘，它們輸入的貨物主要是軟木板、木柱、生棉花、磚、瓦、陶器、瓷器、香紙、線香、南京布以及少數的外國布匹。載出的貨物有糖、花生餅、豆子和樟木板。運費係由商品的價值而定，自廈門來的木頭、陶器、磚瓦等的運費每擔五分銀子，到廈門的出口貨的運費約為每擔一錢。每年運進貨物之總價值為72萬元，出口之總價值為100萬元。平均每條民船的積載量約為1000石，其製造費用估計為2000兩銀子。由於此地木材的缺乏和勞工的昂貴，船隻都是在大陸上造的，其所有主也在大陸。一般而言，所載運的貨物也就是船主的財主，但有時也有轉運其他商人的貨物，一條船往往是四、五人合股的，每條船都有執照，上面寫明主人的姓名、原港地點、船員人數、船上武器的數目、稽數以及用擔計算的積載量。每年抵達和離開打狗的民船有200艘，這些民船的積載量為400—1000擔不等，民船自打狗運進的貨物與安平相同，其運出口的貨物主要是稻米、花生餅、豆餅和藤。船員的人數從10—20人不等，這些船也是在大陸製造的，價值在300—1000元，對於貨物不收進口稅和出口稅，但對出口貨須課以厘金。此外，每年約有20條稱為「牽風」的小船從廈門來此載運鳳梨。[567]

五口通商以後，在外來船運勢力對中國木船運輸業的競爭和打擊下，閩臺兩地的民船商業貿易為什麼能持續下來呢？這是由於以下原因造成的。

首先，臺灣的港口條件更適合於民船貿易。根據不平等條約，到1865年臺灣南北四個港口雞籠、淡水、安平、打狗已全部開放，但是淡水、安平、打狗港的入口則都有沙洲阻礙，只有在天氣平靜並在高潮時船隻才能通過，而且在這種時候也只有吃水淺的民船才能通過。[568]例如打狗港外，沙洲經常在變遷，輪船隻能在沙洲以外拋錨，其所載運的貨物需由當地的小船轉運上岸，木帆船有時可以進港，但在裝滿貨物時，因沙洲的水過淺而無法通過。輪船停在港外，於西南季風時任海浪沖擊，結果，裝卸貨物工作不得不於夏季停頓，這一時期的船多躲避到澎湖，或因意外的羈留，以致缺乏給養、水或煤，被迫去廈門補充新給養。在這種情況下，臺灣南部的輪船貿易一年只進行五個月左右，因此浪費了許多金錢和時間。1881年春天，商人們曾提議挖掘沙洲，開挖港道，但未獲結果。1885年劉銘傳任臺灣巡撫時，「人們希望在這位精力充沛和開明的統治者之領導下，此港也能有所改進。然而不幸的很，就南部的關係而論，一切事務仍滯留在落後的狀態中，雖然裝設了電線，商人們仍須忍耐由停泊處裝卸貨物所引起的各種不便、危險以及延滯」。[569]臺灣北部的基隆港雖然擁有一個廣大的避風深水港，甚至大的輪船均可駛入，但是，從臺北（臺灣主要的茶葉和樟腦市場）到基隆的道路很差，大量的貨物未能及時地運往基隆港。為了使基隆成為一個良好航運港，1887年開始修建從臺北到基隆的鐵路，然而，修建的速度很慢，到1888年火車僅能從臺北開出八里，1889年進展更為遲緩，年底時僅僅修到水返腳界，約到基隆的一半路程。1890年開始挖山洞，當年年底火車通到距離基隆二里遠的嶺腳，再延伸一里，才可直達港岸的一個碼頭。從臺北往南修建鐵路更為緩慢。基隆港未能得到充份的開發，除了修鐵路用錢太多，財政困難外，與沒有獲得北京當局的讚許和大力支持是分不開的。清朝中央政府「認為這個港口有碼頭，有船塢，有充裕的煤的供應，再有同內地之間的火車交通，對於那些在中國尋找加煤站的國家，勢將成為一種無法抗拒的誘惑，所以一直沒有準備使火車直駛碼頭，也沒有準備設立棧房，以便接納輸出的貨物」。[570]後來，雖然臺北至基隆的鐵路已初步修通，但「因為鐵路還不十分穩妥可靠，運輸者不願把茶葉、樟腦之類貴重貨品交託鐵路運輸，所以迄今還沒有茶葉樟腦之類被運到那裡，訪問基隆的輪船也僅僅都是為了加煤」[571]。由此可見，日治時期以前，臺

灣南北港口均沒有得到很好的開發，不適合於輪船的停泊，因此，閩臺兩地的民船貿易才能繼續保持下去。

其次，除了四個正式開放的通商口岸以外，臺灣島沿岸還有許多港口，雖然這些港口水淺港小，但更適合於吃水淺的民船停泊，它們可以沿岸行駛，在惡劣的天氣下也可以進入小港灣裝載貨物。另一方面，在這些非通商口岸的稅率只有正式開放港口的一半，在這些沿海地方，他們只須交納少量關稅或不交關稅而只交更少的地方稅，便可運出貨物，「這自然使他們的船貨比外國商人從通商口岸運出的船貨更優越得多」[572]。

第三、臺灣到福建的航程短，在航程長時才能顯示出比中國木船優越的外國輪船在這裡發揮不了它的長處。因為在航程只有一天的情況下，兩者間的差別幾乎完全顯不出來，更有利的是木船可以無限期地停泊在港口內，等待裝卸貨物。時間，是租用外國船舶時的一個重要因素，但是時間對木船來說，根本無所謂，它們可以一天一天地等待順風。早晨成群結隊出港，可是，一發現港外風向不對或者天氣惡劣，又全部返航，而且一連幾天都可能這樣，這種現象並不罕見，西南季候風颳得比較大時，外國船舶可能一連幾天出不了港而耽擱下來，可是木船，由於吃水淺，又有長槳幫忙，就不像那些與它們相競爭的大輪船那樣，受風向和潮水的擺布，「綜合上述各因素，外國船舶自然處於劣勢」[573]。

三、結論

五口通商以後，福建與臺灣仍然保持十分密切的貿易往來。從各海關的年度貿易報告和十年報告看來，每年有大批洋貨從廈門復出口到臺灣，主要是棉織品和鴉片。除了洋貨的復出口以外，廈門每年還有大量的土貨和復出口土貨運到臺灣，土貨出口以磚、陶器、麻布包、鐵器、藥材、土布（南京布）、紙等商品為主；復出口土貨主要有棉花、油紙、金針菜、煙絲以及廣州出產的茶墊等。與此同時，臺灣出產的土貨也源源不斷地運到廈門、福州等港口，主要商品有樟腦、茶葉、花生餅、大麻、紅糖、木板和煤，其中以茶葉的輸入最為重要。由於臺灣茶的大量輸入，不僅大大地提高廈門作為茶葉出口港的地位，而且也使閩臺貿易中臺灣處於出超地位，為此，每年要向臺灣運去大量金銀，作為購買茶葉、紅糖

的貨款。

閩臺兩地除了經過海關的商業貿易往來以外，還繼續保持自前清以來異常活躍的民船貿易關係，每年從廈門、泉州及沿海其他各個港口有大批的民船滿載磚瓦、瓷器、陶器、木柱、煙草、豬、雨傘等手工業品和生活用品到臺灣，又從臺灣各個港口運回煤、糖、木材、靛青、大麻、大米、花生餅和藤等貨物，民船貿易成為閩臺兩岸貿易的重要力量。

由此可見，五口通商以後，閩臺兩岸的商業貿易並沒有迅速衰敗下去，而是繼續保持旺盛的勢頭。當然由於歷史條件的變化，晚清兩岸的商業貿易往來也出現新的特點，前清閩臺兩地的貿易是以直接貿易為主，大陸出產的手工業品和各種生活用品源源不斷地供應臺灣，臺灣生產的大米、糖等農產品直接輸入福建，但是，到了晚清，除了繼續保持兩岸的直接貿易之外，還出現了以廈門為主的轉口貿易，大量的洋貨如棉布、鴉片經過廈門轉運輸入臺灣，臺灣出產的茶葉運到廈門，經過加工包裝，再銷往美國和歐亞各國。

閩臺兩地的貿易往來從九十年代開始出現衰落現象，特別是1895年臺灣被迫割讓日本以後，日本人扣留許多較小民船，「被留在該島沿岸以滿足新開闢的輪船航線之需，這也是引致民船貿易衰落的另一個原因」，日本的扣押使廈門從事沿海貿易的民船總數，從1892年的206艘，載重量為149010擔，下降到1901年的108艘，載重量為85321擔。[574]另一方面，日本人占領臺灣後，修建鐵路，開挖港道，使基隆、打狗成為南北的兩個深水港口，逐漸取代廈門轉運港的地位，從此以後閩臺兩岸的商業貿易逐步衰落下去。

論清代臺灣社會的轉型

林仁川

關於清代臺灣社會發展變遷的討論是近年來海峽兩岸學術界的焦點之一，發表了一批論文和專著，[575]歸納起來，主要有三種觀點：「內地化」、「土著化」和「雙向型」。主張「內地化」的學者認為：清代臺灣社會發展的趨勢是內地化，即臺灣社會變遷在取向上以中國本部各省的社會形態為目標，轉變成與中國本部各省完全相同的社會，內地化的結果是臺灣成為中華文化的文治社會。主張「土著化」的學者不同意上述觀點，他們認為，清代臺灣漢人社會的發展模式是「土著化」，由移民社會走向土著社會，土著化的結果是臺灣社會與中國本土社會逐漸疏離。第三種意見是「雙向型」，認為臺灣移民社會一方面日益接近大陸社會，一方面日益扎根於臺灣當地。

分歧的焦點

以上三種觀點分歧的焦點主要在二個方面，即臺灣社會轉型的前提和標誌。關於轉型的前提，第一種和第三種觀點均認為，臺灣社會轉型前的社會是非內地型的移墾社會（或稱移民社會），這種社會的特點是男女性比例嚴重失調，社會上養子成風，地緣關係重於血緣關係，社會底層是流浪漢，社會上層是豪強等等。清代初期的臺灣社會的確存在這些現象，但這些現象並不是社會構成的基本要素，更不能用這些現象來說明清代初期臺灣社會與大陸社會本質上的差異。第二種觀點認為，清代初期的臺灣移民社會是中國大陸傳統社會的連續和延伸，我們認為這種看法是可取的（具體論述詳見第四部分）。關於臺灣社會轉型的標誌，第一種觀點把家族制度變化和士紳階級的形成看成為臺灣社會「內地化」的主要標誌，而第二種觀點認為臺灣社會轉型變遷的標準是社會群體構成的認同意

識,即祖籍人群械鬥是由極盛而趨於減少,同時,臺灣宗族活動前期的返大陸祭祖轉變為對開臺祖的奉祀,其次,本地寺廟神的信仰逐步形成為跨祖籍人群的祭祀圈。第三種觀點認為社會結構轉變為以宗族關係為主進行組合是臺灣社會轉型的主要標誌,而宗族械鬥逐漸取代分類械鬥,超越祖籍人群祭祀圈的出現是社會轉型的次要標誌。以上三種觀點主要是從歷史學或人類學角度提出社會轉型的標誌,都有一定道理,但均不夠全面,我認為研究臺灣社會的轉型應該用社會學的方法來確定臺灣初期社會的性質並提出社會轉型的標準。[576]

研究的方法

社會學是一門研究社會構成及其運行規律的獨立的基礎性學科,它的研究對像是社會的整體結構和運行過程,具體來說,就是研究構成社會的各種要素,各個部分的結構關係以及這種結構關係的運動變化過程。因此要研究臺灣社會變遷,首先要研究臺灣社會的結構,即研究社會的構成要素及這些要素之間的相互關係模式,其研究的主要內容包括臺灣社會群體、社會組織、社會分層、社會制度等。從而揭示這些社會要素如何構成臺灣特定的社會有機體,以及是如何形成這種特定的社會秩序。其次,要研究臺灣社會的運行及其規律性,所謂社會運行,是指社會內部的不同領域、不同部分、不同方面、不同層次的構成要素之間交互作用的社會活動過程和功能發揮過程,以及由這些活動所引起的社會變遷。

那麼,清代初期漢人社會構成的要素是什麼呢?從社會存在和發展的最基本的物質生產條件和精神生產條件的角度來看,臺灣社會的基本要素是自然環境、人口因素、文化因素等。如果從社會形態的角度來考察,臺灣社會的基本要素可以分為經濟基礎、上層建築和意識形態三個方面。但在臺灣社會整體的結構中,人口與自然環境是社會存在的兩個最基本的要素,在一定的社會形態中,人和自然的相互聯繫、相互作用構成一定的生產力,在一定的生產力發展的基礎上又產生了一定的經濟基礎以及與之相適應的政治上層建築和思想文化,因此,在一定的社會形態中,構成臺灣社會的基本要素主要是自然環境、人口因素、經濟因素、政治因素和思想文化因素,本文將從這些方面來研究清代初期社會的性質。

清代初期社會的性質

自然環境包括人類生活的一定生態環境、生物環境和地下資源。生態環境是指直接影響人民生活的地理空間、地形、地貌、土壤、氣候等。生物環境是指直接或間接影響人民生活的各種生命物質的總和，只要有人類活動的地方，就有各種有生命的物質存在，人類是和各種生物處於共生共存環境之中。地下資源環境是指人類生活空間範圍下的各種礦物元素的總和。由以上三個方面構成的自然環境是構成臺灣社會的基本要素，在社會結構中占重要地位。因為自然環境直接影響著社會的存在和發展，如肥沃的土壤、水資源、動植物、各種礦藏直接提供了社會生產和生活資料的來源。同時自然環境還會直接影響生產部門的布局和生產發展的方向，從自然環境來看，清代閩粵社會與臺灣初期社會基本相同。臺灣與閩粵兩地在緯度位置上同處於北迴歸線附近，臺灣島內以山地丘陵為主，西部的平原、臺地和丘陵可供農業開發利用，閩粵地形也以山地丘陵及河谷盆地為主，整個地勢由西北向東南呈階梯狀下降，在東部沿海多平原，是主要農業區。臺灣氣候高溫多雨，季風盛行，按中國氣候區的劃分，屬於暖亞熱帶和暖熱帶範圍。閩粵依山臨海，武夷山脈阻擋北方南下的寒潮，氣候以受海洋調節為主，又處於北迴歸線附近，形成亞熱帶海洋性氣候，雨量充沛，有利亞熱帶作物生長。臺灣的土壤，山地以黃壤、黃棕壤為主，丘陵臺地以紅壤為主，平原地區主要是沖積土。閩粵地區的山地主要是灰棕壤，適合於林木生產，黃壤主要分布在盆地、谷地，沿海平原主要是磚紅壤，由於海峽兩岸的生態環境相似，因此，生物環境也基本相同，兩地因雨量充沛，多山地，森林十分密茂，都是中國主要林區之一。丘陵、谷地多種植茶葉和柑桔、龍眼等亞熱帶水果，是中國主要茶葉和水果產區。沿海平原適宜於種植水稻、甘蔗、甘薯、花生，又是中國主要水稻、甘薯等糧食作物區和甘蔗、花生等經濟作物區。地下礦產資源，福建生產鐵煤等，但儲量小，臺灣也產煤、硫磺等。從上可見，海峽兩岸的自然環境基本相同。

人口是社會的主體，是構成社會的中心因素，人口構成主要包括自然構成、社會構成和地域構成。自然構成是指人的性別和年齡等生物因素而形成的人口社會分布和組合方式，比如性別構成、年齡比例等，在人口自然構成方面，清代初期臺灣男性人口多於女性人口，青壯年多於老人和兒童，與大陸確有不同，但自然構成及地域構成不是人口構成的主要因素，對社會影響不大，對社會影響較大

的是人口的社會構成,如階級構成、職業構成、民族構成等,在階級構成上,清代臺灣雖有業戶—佃戶—現耕佃人之分,出現大租戶、小租戶,即一田二主制。但在閩南地區同樣存在大小租戶,甚至出現一田三主現象,因此海峽兩岸並沒有質的區別。在職業構成上,臺灣與大陸社會一樣主要以從事農業生產的農民為主,同時還有小手工業者、小商販、商人等。雖然臺灣出現一批無業的游民,但游民是一個極不穩定的階層,一旦找到職業,就不成為游民,因此,游民不斷處於分化、重組過程,游民的出現會影響社會的安定,但在社會結構中並不是主要因素[577]。

構成社會的經濟、政治、文化因素,基本上可以概括為社會生活方式,因為從廣義的理解,社會生活方式包括人們在物質生活和精神生活領域所從事的一切活動方式,馬克思在《政治經濟學批判》中也把物質生活、社會生活、政治生活、精神生活都包括在整個社會生活中。社會生活的基本內容主要是指勞動生活方式、物質資料的消費方式、精神生活方式以及閒暇生活方式四個方面。勞動生活方式包括勞動就業方式、勞動條件、勞動時間以及勞動態度、勞動習慣等。在這方面海峽兩岸並沒有太大的區別,特別是廣大的農民成年累月過著日出而作、日落而息的繁重而低效率的體力勞動。消費方式包括消費水平、消費結構和消費觀念,在海峽兩岸同處於自然經濟時代,消費水平都很低,在消費結構中,必要的消費資料,如衣、食在兩岸均占極大比重,而享受消費資料和發展消費資料均占很小的比例。在精神生活方式和閒暇生活方式方面,海峽兩岸也沒有太大的差別,比如在文化娛樂方面,兩岸都有愛看戲,喜熱鬧的民風,明清時期,漳泉一帶民間文娛活動十分活躍,每當歲時、節日都盛演八仙、竹馬等戲,「踵門呼舞,鳴金擊鼓,喧鬧異常」[578]。臺灣的文化娛樂方式也主要是觀看各種民間戲劇。如諸羅縣「演戲,不問晝夜,附近村莊婦女輒駕車往觀,三五成群坐車中,環臺之左右,有至自數十里者,不艷飾不登車,其夫親為之駕」[579]。所以朱景英在《海東札記》中指出:「神祠、里巷靡日不演戲,鼓樂喧闐,相續於道」。

從以上構成清代臺灣初期社會的自然環境、人口因素和社會生活等各方面來看,當時臺灣社會與大陸閩粵社會沒有多少本質的區別,都是中國傳統農業社會,因此,「土著化」論者認為清代初期的社會是中國大陸傳統社會的連續和延

伸是比較符合歷史實際的。

清代臺灣社會的變遷

社會是一個不斷運動和變化的過程，我們既要從相對靜態的角度來考察臺灣社會的結構問題，又要從動態的角度考察臺灣社會的運行和變遷。那麼處於18、19世紀的臺灣社會是如何發展變化的呢？「內地化」論者從社會、人口、政治、宗教、親屬、教育、習俗等各個層面論述臺灣社會逐步轉變成與中國本部各省完全相同的社會，也就是從移墾社會轉變為中國本部的傳統社會，他們研究的角度是對的，但前提和結論值得商榷。「土著化」論者的前提是正確的，但用社會群體的「認同意識」作為社會變遷的主要標誌，似乎又過於偏窄，並用此標誌來說明臺灣社會的變化是朝著認同臺灣本土的「土著化」結論，是作者不敢苟同的。

我們認為研究清代臺灣社會的發展變遷，首先要進行整體性和綜合性的考察，即包括人口、地理環境以及政治、經濟、思想文化等各種要素在內的社會整體性單位和社會綜合性現象的系統變化，而不是指某些單一性的要素的變化。其次，要側重從宏觀的角度研究社會變化的本質和一般規律，而不是去研究社會微觀領域的具體變化過程，如具體研究如何從分類械鬥轉變為同類械鬥的轉變過程。第三，馬克思主義社會學還認為，社會進化的總趨勢是由低級向高級發展的過程，在社會進化的過程中，雖然會有曲折和迂迴，但社會向前發展的總趨勢是改變不了的。第四，社會的進化變遷由人們消極地適應社會走向自覺地改造社會，在人類社會早期，社會力量完全像自然力一樣支配著人們活動，在這種情況下，社會進化在很大程度上表現為一種自發過程，但是到近代，隨著西方殖民者的擴張，把比較先進的生產力也帶到東方，逐步打破原來傳統的社會格局，在出現負面影響的同時，也給社會的發展變遷帶來一定的正面影響。根據以上的觀點，我們認為清代臺灣社會自1860年代以後，已被迫捲入了世界性潮流之中，開始從傳統的農業社會向近現代社會發展變化。

社會現代化作為一場深刻的社會變革，起始於16世紀的歐洲，經過兩三個世紀，歐洲列強就把世界其他國家遠遠拋在後面，他們開始在全世界進行殖民擴

張，建立殖民地，開拓海外貿易市場，用洋槍洋炮打開古老東方國家的大門。清代臺灣社會就是在這種國際潮流下，出現了從傳統的社會向現代社會轉型的特殊變遷過程，儘管這種轉型是痛苦的，曲折的。

　　清代臺灣社會的現代化主要表現在以下幾個方面：

　　（1）科學技術的現代化。科學技術的現代化是社會現代化的重要內容。在清代初期社會，工農業生產主要是靠傳統的生產技術，到1880年代，已引進新式的機器設備和生產技術，逐漸用機器生產代替手工業生產，如光緒十一年（1885年）在臺北城北門設立機器局，用8.4萬餘兩白銀到國外購買機器。新式的蒸汽機也於光緒二年（1876年）運抵基隆煤礦，成為中國第一座用機器開採代替手工開採的新礦場。同時，向英國、德國購買鐵軌、火車，聘請外國工程師，引進國外技術開始修建鐵路。在海上交通方面，也向英國購買駕時、斯美號兩條輪船，這種船長250英呎，航速每小時15海里，比原來的木帆船運輸先進快捷。電報是工業革命後的產物，它作為一種先進的資訊通訊技術，很快為西方各工業國家廣泛應用，對促進世界市場的形成和發展起一定促進作用。1886年臺北設立電報總局，架設水陸電線1400多華里，大大縮短了各種資訊傳遞的時間，為經濟現代化提供便捷的條件。在製茶、糖等傳統產業上，原來均為傳統的手工生產，此時，茶商李春生採用新技術焙製茶葉，沈鴻杰購買德國製糖設備，創辦新式糖廠[580]。使臺灣的製茶、製糖技術出現新的發展。

　　（2）經濟發展的工業化。以現代工業為核心的經濟體系取代以傳統農業為核心的傳統經濟體系的變革過程，這既是社會現代化的基礎，又是社會現代化的核心內容。清代臺灣初期社會的經濟體系主要是以糧[581]、蔗種植業為主，雖然製糖業較為發達，但仍是傳統的手工業生產。到近代，現代工業已逐步在臺灣興起。臺灣最早創設的是基隆煤礦，光緒二年（1876年）英國工程師帶領工人，先在八斗子開採，第二年已掘進269尺，發現煤層厚達3尺的優質煤礦。為了進一步擴大生產，成立了礦務局，後改稱煤務局。光緒六年（1880年）年產量達41236噸，第二年又增加到53606噸。1886年在滬尾設立官辦硫磺廠，1887年又設立官辦機器鋸木廠，每年為修建鐵路提供800塊枕木。在官辦工業的同時，民

營工業也已出現,如民辦煤礦在中法戰爭時因劉銘傳害怕資敵,下令關閉,但戰後,各民營煤礦又恢復開採,同時還有許多人申請開辦新的煤礦,一時間民營煤礦如雨後春筍般地發展起來,雖然,民窯資本少、規模小,但總產量頗為可觀,光緒十二年(1886年)產煤17000噸,其中大部分為民窯生產。[582] 1888年基隆臺商開辦發昌煤廠,用機器製造煤磚。1891年,臺商引進外國製糖鐵磨,供糖戶使用,1893年苗栗地區有商人從日本引進腦灶,生產樟腦。[583]

(3)社會生活空間城市化。主要表現在兩個方面:(一)臺灣人口的流動方向受到外貿興盛與經濟發展的影響,從過去向洪荒地區流動變為向臺北經濟發達地區流動。清代初期大陸移民在平原地帶開墾之後,大部分轉向尚未開發的丘陵、臺地進發;在西部開發以後又越過臺灣東北角山地,進入尚未開發的東部宜蘭地區進行開墾。而到近代隨著茶葉貿易的發展,開始向臺北經濟較發達地區流動。(二)臺北都市化的出現。臺北地區雖然早在康熙年間陳賴章已承墾開發,但在咸豐以前,僅有新莊和艋舺兩地形成較大的市鎮,到光緒年間,因茶葉貿易的繁榮,大稻埕成為繁華的市鎮,接著,清政府又在大稻埕與艋舺之間修建府城,從而形成艋舺、府城、大稻埕三街市鼎立局面,據H. B. Morse估計,光緒十七年(1891年)臺北都市人口已達10萬餘人。中法戰爭以後,劉銘傳招募蘇浙富紳到臺北開設興市公司,開馬路,裝電燈,當地巨紳林維源、李春生亦仿西洋建築,合建千秋、建昌二條街道,於是洋商聚居,市面繁榮,是臺灣最具現代化的都市。同光年間,臺北地區另一新興市鎮是淡水,咸豐十年(1860年),開為商埠,設立海關,商務蒸蒸日上,到1865年,人口已達6000餘人。基隆自同治九年(1870年)開採煤礦以後,中外輪船來此購煤,人口增加,光緒十二年(1886年)敷設至福州的海底電線,光緒十三年(1887年)又修通鐵路,使基隆港日益繁榮,到中日戰爭時,基隆市人口已達9500餘人,超過淡水。[584]

(4)社會價值觀念和生活方式的現代化。中國傳統農耕社會由於生產力低下,商品經濟不發達,長期形成寧靜敦厚的社會風氣,崇儉尚樸的生活習慣。到了近代,由於經濟的發展,對外開放,舊有的農業社會的崇儉道德逐漸喪失,整個社會風氣趨向奢侈,追求物質享受,與此同時,寧靜敦厚的農業社會的人際關係也逐漸為競爭之風所取代。尤其在臺灣北部都市化程度較大的地區,由於人民

生活水準提高,消費的增加,每年從海關進口大量的奢侈品。同時,清代後期臺灣的婚姻禮俗也相當奢靡,如嘉義地區聘金多至二三百元,少則二三十元。[585]

　　從以上四個方面可以看出,經過二三十年的經營,臺灣出現了全國最早的電報業和新式郵政,最早投產的新式煤礦,全省出現了第一條鐵路,第一臺電話,第一枚郵票,第一盞電燈,第一所新式學校。臺灣後來居上,成為全國洋務運動的先進省份。所有這些都表明:清代臺灣社會已逐漸從傳統社會向現代社會轉型。但是,社會的現代化最重要的是制度的現代化和人的現代化,恰恰在這一點,臺灣社會現代化的阻力最大,如基隆煤礦儘管購買了外國先進機器,聘請外國工程技術人員,但在管理及人事制度上仍沿用舊的一套,管理官員因循苟且,中飽私囊,人浮於事,生產效率低下,致使每月虧損。雖然進行了官辦、官商合辦等改革,仍然無法扭虧為盈,陷於半停頓狀態,由此可見,社會現代化最根本的問題在於人的現代化,正如美國社會學家、史丹福大學教授英格爾斯在《人的現代化》一書中指出:「一個國家可以從國外引進作為現代化最顯著標誌的科學技術,移植先進國家卓有成效的工業管理方法」,但是「如果執行和運用這些現代制度的人,自身還沒有從心理、思想、態度和行為方式上都經歷一個向現代化的轉變,失敗和畸形發展的悲劇結局是不可避免的。再完美的現代制度和管理方式,再先進的技術工藝,也會在一群傳統人民的手中變成廢紙一堆」。[586]

日據時期（1922年以前）臺灣農家經濟與「米糖相剋」問題

周翔鶴

「米糖相剋」問題是日據時期臺灣經濟中的一個尖銳突出的問題，它「幾乎橫亙了整個日據時期的臺灣經濟中」，「研究日據時期臺灣經濟的學者，無不重視這一問題。」所謂米糖相剋指的是日據時期臺灣最重要的稻米和蔗糖兩個部門衝突的問題。當兩個部門都要擴大生產時，就在耕地上形成了衝突——究竟是多種稻還是多種甘蔗？這個衝突的一個前提是農民可以選擇他們所偏好的作物——稻或甘蔗，或其他作物。20世紀初，當日資現代化大製糖廠開始在臺灣發展時，為了保證糖廠有充足的原料，殖民當局——臺灣總督府制定了「原料採取區域制度」，該制度將全島劃成40多個原料採取區，一個區域內的甘蔗不可以運出區外，也不可以移作它用，而只能賣給該區域內的製糖廠。這個制度雖然使日資糖廠對區域內的原料甘蔗有了壟斷權，但農民如果覺得不合算，也可以不種甘蔗而改種其他作物。由於製糖廠81%的甘蔗依靠農民提供，因此農民選擇稻米或其他作物時對製糖廠的原料來源就形成威脅。第一次世界大戰期間，歐洲甜菜減產，世界糖價暴漲，日資糖廠急欲擴大生產時；以及20年代臺灣推廣蓬萊米種，農民紛紛改種稻米時，日資糖廠都痛切地感到了這種感脅的存在。

「米糖相剋」問題對日據時期臺灣經濟關係甚大，戰前日本學者對此問題就有許多研究。他們主要從兩個角度切入這一問題。以川野重任為代表，主要從價格均衡角度研究米糖關係，他認為透過市場機制的作用，米和糖的價格能達到一種均衡關係，從而定位米糖的生產而使相剋關係得到緩和[587]。而根岸勉治、矢內原忠雄等人則注意稻蔗比價。根岸勉治透過統計分析發現甘蔗收購價格與糖價

相關程度甚低（r=0.55）而和米價相關程度甚高（r=0.91）。他和矢內原忠雄等人認為，當米價升高時，製糖公司只有提高甘蔗收購價格，否則農民將放棄蔗作轉向稻作[588]。根岸和矢內原的研究都是以經典資本主義發展理論為基礎的。他們認為，糖業資本的發展必然促使蔗農分化，其大部分將淪落為製糖廠甘蔗種植園的農業雇工，而資本主義種植園的形成將使得資本主義在臺灣的工業和農民能達到一致的發展。歷史已表明他們推斷的情況並未出現。對於戰前的日本學者來說，米糖相剋問題是一個現實的經濟問題，他們在探討這一問題時，或因過於敏感而欲避開其包含的政治因素；或因過分注重現實而忘了歷史前提，使得他們的研究難免有所侷限。比如川野重任在應用價格均衡方法時，忘了在殖民地臺灣的稻米、甘蔗價格並非由市場那只看不見的手在操縱的，而是由總督府這只看得見的手在操縱的[589]。

相對的，戰後臺灣學者對「米糖相剋」問題的研究的最大特點，就在於抓住了日據時期臺灣經濟的殖民地本質。旅日臺灣學者塗照彥指出，作為殖民地的臺灣，米和糖的生產都是服從宗主國日本的需要的。日本自身不產糖，糖的進口是一個沉重的負擔，因此占據臺灣以後就努力發展臺糖，臺糖最後占日本糖消費量的90%左右。臺灣的稻米對日本雖然沒有臺糖重要，但臺米於每年青黃不接時輸日，對於抑制日本的米價是很重要的。20年代，日本在向帝國主義轉化的階段是非常需要低米價的。因此「米糖相剋，」並非殖民地臺灣本身的經濟問題，而應從日本帝國主義演化的高度來看待：當日本帝國主義要求殖民地臺灣同時生產更多的米和糖時，相剋就發生了[590]。

同樣的，柯志明運用依附發展理論的功能性二元經濟論（functional dualism）來探討這一問題。他所依據的分析前提是殖民地的經濟結構由於與宗主國的關係而被扭曲，部門發展的不一致以及整體經濟的失衡是其不可變易的特性，這是由於外來的支配與資本運作的邏輯造成的。對於米糖相剋來說是日資糖廠企圖不透過提高蔗田生產力，而在壓低蔗價時透過擴大蔗田面積來達到增產的目的。由於蔗田收入決定於米田收入，在這樣做時就必須壓抑米價，這在1902年以前和1935年以後是成功的。

毫無疑問，由於臺灣學者把握了日據時期臺灣經濟的殖民地本質，他們解決了米糖相剋問題的分析前提。在這個前提下，所謂相剋的實質就是臺灣農民的利益和日資糖業資本利潤衝突的問題。「糖業資本考慮的是在尋求滿足必要的原料需求而擴張產量及耕地面積時如何減低成本的問題」[591]。而臺灣農民尋求的是選擇作物，提高土地收益以維持生計的問題。兩者的衝突透過米蔗比價而表面化。那麼米蔗比價的決定基礎又是什麼呢？這是柯志明先生提出來的問題。他指出，日本學者或因此一問題觸及敏感的政治因素而避開，或脫離日據時期臺灣經濟的殖民地背景而歸諸市場機制，都未能解決此一問題。他指出：「收入比較才是關鍵，不是價格的比較；而是決定收入的兩大因素，分別是收購價格及單位面積生產力（按：指單位面積產量）」[592]。在米價提高，米田生產力提高時，糖業公司可以採取提高蔗田生產力的方法應付，但這要求投入大量的成本，因而製糖公司寧肯採用更損人利己的辦法——阻礙稻田生產力的提高。

一般而言，臺灣學者多從宗主國日本或日資糖廠的角度切入此一問題，作出深刻的分析。但既然衝突涉及雙方，我們亦不可撇開臺灣農民這一方，從自身的利益出發，究竟他們應如何抉擇，如何決定他們的行為方式？這就要求我們對農家的經濟行為也作出一個整體性的分析。這個分析不但要從農家經濟行為的一般性原則出發，也要緊緊把握日據時期臺灣殖民地經濟結構這個前提。對殖民地政權透過政治和行政手段干涉，介入農家經濟生活已有許多研究、分析，本文重點在於分析殖民地經濟結構的屬性如何制約、滲透農家的經濟行為。

本文的方法和使用的材料

對於農家經濟行為的一般性研究存在許多學派。以美國學者舒茲為代表的形式主義經濟學家認為傳統小農如同企業家一樣，能夠合理地運用他們掌握的各種生產要素以求達到最大的收益，從而傳統小農的現代化改造將使整個農業現代化並為經濟的發展提供積累的源泉。而以俄國學者蔡稚諾夫為代表的實體主義經濟學家則認為，小農經濟不適於研究資本主義企業的經濟學說，小農家庭的生產投入和收穫都難以明確劃分、計算。最重要的是，小農經濟的目的在於生計的維持和家庭的消費，而不是追求最大利潤。假如抽象掉兩派學者的理論追求，我們得

到的將是一個具體的綜合分析方法：農家經濟是一個能儘量利用他所掌握的生產要素，追求更大收益以維持家庭生計的小經濟個體。雖然農家全年投入的勞動很難區分為一個個勞動單位的成本，其所生產的農產品也不易像現金一樣按單位計算，但在農家日記帳的基礎上，還是有可能採取類同資本主義企業會計的方式對農家經濟進行周密的調查。20世紀以來許多這類嘗試已被證明是行之有效的。當然，對這種材料的使用並不一定要導向形式主義的結論。50年代，臺灣學者張漢裕博士在對戰後臺灣米糖比價進行分析時說，農家經濟的平衡在於實物收支和現金收支兩方面的平衡[593]。這是一個實體主義的立場。農家的實物付出包括他生產的農產品，他積的農家肥，他養的家畜、家禽等等以及他的勞動。而現金對於農家來說往往是稀缺的。因此，農家經濟的良性運轉就是更多地利用自家的產物和勞動來換取現金和農產品。張漢裕博士所利用的材料是戰後「臺灣省農林廳」的「農業基本調查」。該調查和日據時期臺灣總督府殖產局的農家經濟調查相同，都是採用類同企業會計方式的形式主義方法，但卻不妨礙張漢裕博士做出實體主義的分析結果。這也就是本文所要採取的方法。

　　本文所利用的材料是日據時期臺灣總督府殖產局在1918年4月—1921年4月所做的「臺灣農家經濟調查·第二報」[594]。該調查的對象農戶分布全島，共有稻作、蔗作、茶作、雜作四類農家124戶。本文的目的在於稻作和蔗作的對比，因此不涉及後兩類農家。被調查農家包括自耕農、自耕兼佃耕農、佃耕兼自耕農、佃農及地主各個階層。由於佃農和地主的調查對象較少（稻作佃農2戶，蔗作地主2戶，佃農3戶，且3戶全位於臺東日本移民村），一戶農家偶然的豐歉或某種重大經濟舉措，都將引起平均數字的重大變化，難以反映一般實際情形，本文只得將研究對象限於自耕農和半自耕農（稻作59戶，蔗作20戶）。「農家經濟調查」對農家生產、生活各方面的統計是比較詳盡的，本文只討論農家的生產，對生活方面不予涉及。

　　當代形式主義經濟學的生產理論將生產要素的投入分為土地、企業家的才能、資本和勞動四個方面P=f（L、K、N、E）。我們將以此為框架來討論農家的生產。農家經濟調查的各種數據也將按這個框架處理。當然，農家經濟畢竟和廠商企業不同，有些項目難免出現不同的涵義和計算方式，這將在下面的具體討論

中予以説明。

農家要素投入的分析

一、土地：臺灣農家大多數經營小塊的土地。1920—1930年，25%的農家僅擁有0.5甲的土地，（1甲約等於11畝），20%擁有0.5—1甲，30%擁有1—3甲，16%超過3甲[595]。後者當中自然包括許多地主，但他們也將土地分成小塊租給佃戶。農家經濟調查的33戶自耕農戶，經營3甲以下土地的有20戶，占60.6%；3—6甲的有12戶，占36.36%；6甲以上僅有1戶。蔗農經營的土地面積較大，絕大多數經營面積在2—4甲左右，6甲以上的也僅有1戶。半自耕農經營的土地面積稍大一點，稻農中經營面積3甲以下的有9戶，占34.6%；3—6甲的有16戶，占61.50%。從經營土地面積來看，大多數農家為中等狀況。所謂稻農、蔗農實際上是以稻或蔗為主，兼種其他作物。有的農家經營的作物竟達10種，說明農家是儘量利用土地，許多作物是利用邊角小塊土地經營的。

按照企業會計原則，土地應計算其價值額，並計入其每年的利息。第一次農家經濟調查中就曾對農家的土地進行估價。結果估算的價格比農家其他財產都高出一個數量級，在自耕農中，土地價值往往占農家資本總額的95%以上[596]。在第二報中（即本文利用的材料）殖產局已認識到這樣做違背農家經濟運作的實際情況。農家土地的價值難以評定，硬性規定一個價值並計算其利息結果必將歪曲農家經濟，因此，在第二報中就取消了這一項目。確實，土地是農家生存之本，其價值不能按資本主義企業的經營原則來計算。日資糖廠最初發展時亦曾打算購買土地自己種植甘蔗，但由於傳統農家觀念上輕易是不出讓土地的，地價十分高昂，超過企業會計原則，日資糖廠只得作罷。日資糖廠雖然獲得當局無償供給的荒地進行開墾，擁有自己的一些蔗園，但製糖業的絕大多數原料甘蔗還是要靠農家提供的。日本殖民者當中也有人鼓吹利用暴力強制推行大種植制度。但殖民當局意識到這樣做的結果勢必引起臺灣人民的反抗而危及殖民統治，因而未採納其建議[597]。傳統觀念和小農經濟模式使得臺灣農家牢固附著於土地，無論殖民當局或日資糖廠都無法將土地從他們身上剝離。

二、才能，對於農家來說，才能主要指農業生產技術和商品化背景下對市場

適應的本領。後者在很大程度上就是本文的主要議題，因此這裡主要談農業技術問題。日據時期，臺灣農業還是依靠小農採取傳統的牛耕加人力的小規模家庭耕作方式，但無論水稻或甘蔗的種植技術都有很大的提升。這個提升有兩個特點：一是對農家來說是被動的；二是水稻和甘蔗種植技術的提升和推廣並非平行一致。甘蔗和水稻的新品種都是當局引進，馴化成功，然後透過行政手段強行向農民推廣的。1920年以前，當局主要透過警察與保甲，配合農業技術員（大多是日本人且擔任基層政權職務）對農家進行嚴格的監督和有系統的指導。1920年以後，這些工作多由農會承擔。

水稻種植技術的重大變化和發展是1922年蓬萊米種馴化成功，推廣以後的事。在此之前，當局在農業上的注意力主要放在甘蔗上。占據臺灣的次年，1896年，當局即從夏威夷引進玫瑰竹種甘蔗，經培植後於1902年實行無償配給，加以推廣。1912—1913年期間，玫瑰竹種已占甘蔗種植面積的96.2%。1913年以後又引進能抵抗臺風的爪哇細莖種，1916年開始配給。1917—1918年間，爪哇細莖種占甘蔗種植面積的14%，而玫瑰竹種占81.7%。配合新蔗種的推廣，當局同時以行政手段鼓勵甘蔗施肥、灌溉。傳統臺灣種植甘蔗是幾乎不施肥不灌溉的，只用些粗糠、稻草、草木灰、燒土之類培植雜草性作物的肥料，簡單地維持甘蔗的生產。總督府的糖務局考慮到農民墨守成規，不懂肥料的效果，不願花錢購買，因而糖務局自己購進適當的肥料。以一定的條件分配給蔗農，對蔗農加以促進。自1903年起並實行現金補助。1904年以後，由當局承擔進口、檢查以及分配等事務，以協調共同購買。1912年起諸般事務都轉移給製糖會社。1916年停止補助。在上述甘蔗品種改良和促進施肥期間，稻穀方面的技術變化是在來米種（臺灣原有米種）改良，其中心是米種限制。從農業科學上來講，傳統臺灣米種繁雜，竟達4000多種。混雜播種，成熟期不一，降低了產量。當侷限制米種大約分兩個階段：1906年起限制紅米；1910年起限定品種數目，並在選定的品種中剔除異種。選定品種的標準是高產且米的形粒和日本米相近，以便輸出到日本。以臺南廳為例，至1916年「第一次米種改良限定數第一季181種，中間種85種，第二季219種，共485種，比以前減少了880種。減少紅米的工作成績也頗為顯著，大體已告剔除。其後隨工作的繼續反覆，品質、收量都見改

進。」[598]⑧配合米種改良，當局在鼓勵稻田施肥方面也進行了工作，但同樣大大不如蔗作方面。當局於1908年開始獎勵綠肥栽培，1920年開始對豬舍、堆肥舍的設置給予補助[599]。凡此，皆為鼓勵農家肥的措施。稻田的集約施肥及肥料商業化的大幅度提高，都是蓬萊米推廣以後的事。

　　三、資本、勞動：由於農家經濟的生產部分和生活部分難以截然分開，因而農家的生產資本如何判定是一個十分困難的問題。日據時期殖產局和戰後「臺灣省農林廳」的調查所列出的「農業資本」項11有建築物、動物（牛、豬、羊、雞、鵝、鴨）、植物、農具、現物（種苗、肥料，尚未賣出的農產品等）和現金。現金以外諸項均按時價折成相應的價額。以上諸項，現金所占比例為最小，建築物所占比例為最大。殖產局調查的68戶稻作農家中，調查時沒有現金的50戶，現金比例不足1%的5戶，不足10%的8戶，三者共占調查戶數的92.65%，蔗農作家的相應數字是84%，所以現金對農家是非常稀缺的資本。農家手頭經常沒有現金，他們只有在農作物收穫並賣掉之後才有現金作為生產和家計的投入。而建築物在農業資本中所占份額最大，但其作用卻頗有爭議。在被調查的68戶稻農中，建築物占資本總額50%以上的有11戶，30%—50%的有15戶，二者共占82.25%，蔗農的相應數字是96%。所謂建築物主要指農舍，因它主要用於住居，屬生計部分，所以張漢裕博士懷疑它是否能列入農業資本之中。他在考察戰後臺灣米糖比價時就把農舍從農業資本中去掉。上列各項資本中，建築物、農具可視同固定資本[600]，每年應有折舊、維修費用；其餘諸項為流動資本，每年都應有投入。雖然農家調查將農家經濟的運作類同於廠商企業，但二者之問畢竟存在一些根本性的區別。企業的運轉經營中，原材料、固定資本折舊維修、工人的勞動等均以貨幣購買，而農家運作中的固定資本和流動資本均包含自給和購入兩部分，另外，農家的勞動顯然也包含自給（自家的勞動）和購入的勞動（僱請的幫工）兩部分。在類同企業會計的農家調查中，不但統計購入的實物和勞動的費用，同時將農家自給的實物和勞動也折合成相應的費用而計入。固定資本折舊維修，流動資本和勞動的投入，再加上賦稅和地租的負擔，此即農家常年的農業經營費用。稻農和蔗農農家經濟運轉的好壞，主要就在於常年農業經營費用的收支情況。殖產局的農家經濟調查中「農業經營費」表[601]中，列有種苗費、肥料費

（以上兩項屬農業資本中的現物項）、畜產費（動物項目）、農具費（農具項）、建築物費（建築物項目）及勞力費（包含耕牛力）以及賦稅和地租等欄目，此即我們要研究、比較的對象。

就企業而言，總產值固定的情況下。原材料消耗和購買工人的工資越少，純產值以及純利潤隨之也就越大。原則上這也適合於農家經濟，不同的是，農家經營中，自給的部分越少，購買的部分越小，農家經濟就越易趨於平衡而獲益。因此，對臺灣農家來說，他們在選擇種稻或種蔗時，不但要考慮穀價和蔗價以確定總產值，同時還要考慮哪一種作物能更多地利用自給的實物和勞動，減少購入，增大收益。為此，我們應當比較種蔗和種稻的常年農業經營費，首先研究農業經營費中各種項目構成的比例，其次研究各項目中自給和購入的比例。二者結合起來，就可以大致觀察出種蔗或種稻經營的優劣比較了。

根據「農家經濟調查・第二報・第六表」中的稻作農家和蔗作農家農業經營費表格，我們求出各階層農戶平均農業經營費中各項目比例結構如下：

表1　各階層農戶農業經營費各項目百分比（％）

1. 自耕農

	種苗	肥料	勞力	農具	農舍	畜產	賦稅	地租
稻作	3.7	11.41	62.36	1.65	2.95	8.52	7.4	
蔗作	4.5	17.15	54.27	1.53	4.56	10.13	8.28	

2. 自耕兼佃耕農

	種苗	肥料	勞力	農具	農舍	畜產	賦稅	地租
稻作	2.22	11.89	53.27	1.93	3.54	9.51	7.51	10.46
蔗作	7.4	18.66	56.01	1.61	1.83	3.22	5.38	7.82

3. 佃農兼自耕農

	種苗	肥料	勞力	農具	農舍	畜產	賦稅	地租
稻作	1.99	11.875	31.81	0.92	2.09	5.625	5.38	40.66
蔗作	7.6	23.29	28.01	3.95	3.43	14.74	6.36	12.57

資料來源：據臺灣總督府殖產局《臺灣農家經濟調查・第二報》第六調查表，一、米作農家之七・農業經營費；二、蔗作農家之七・農業經營費兩表製成。

根據上表，無論稻作農家或蔗作農家，農業經營費中的最大項目都是勞力，

它超出其他項目許多，呈現出小農經濟的特點。其次是肥料，這表明商業肥料已進入農家的經營之中。而無論稻作或蔗作，自耕農及自耕兼佃耕農兩個階層的勞力費和肥料費之和都占據了農業經營費的70%左右。佃耕兼自耕農因沉重的地租負擔，其他項目的比例皆有所下降，但此二項費用之和同樣占據農業經營費中的最大部分。因此，我們對稻農、蔗農農業經營費的比較，只須比較這兩項就足夠了。只要這兩項的自給部分大，農家經濟就越易趨於平衡。那麼稻農和蔗農在這一方面的情況分別又是如何呢？據同一調查材料，他們肥料和勞力的自給和購入的構成情況如下：

表2　各階層農戶購入肥料占肥料百分比（%）

稻作自耕農：39.6	稻作自耕兼佃耕農：33.4	稻作佃耕兼自耕農67.86
蔗作自耕農：49.75	蔗作自耕兼佃耕農：73.5	蔗作佃耕兼自耕農70.87

表3　各階層農戶自給勞動占總勞動百分比（含耕牛力）%

稻作自耕農：76.77	稻作自耕兼佃耕農 ：77.1	稻作佃耕兼自耕農 68.87
蔗作自耕農：70.88	蔗作自耕兼佃耕農 ：48.16	蔗作佃耕兼自耕農 59.33

資料來源：同表1。

據表2、表3，蔗農無論購入肥料或購入勞力的比率都比稻農要高。

如前所述，蔗農購入肥料比率高，是因為當局為促進甘蔗產量而推進商業肥料的結果，而1922年蓬萊米推廣之前稻作裡還沒有出現推進商業肥料的情況。據統計，蓬萊米推廣之前蔗田裡使用化肥、豆餅的密集程度超出稻田許多。

表4　每單位面積消耗的肥料，年平均數（Kg/hec）（1929—1944年）

	稻田	蔗田		稻田	蔗田
豆餅	72.72	100.23	過磷酸鈣	17.33	34.81
硫酸銨	0.88	59.91	混合化肥	2.57	439.94

資料來源：臺灣總督府《臺灣農業年報》轉引自何保山《臺灣的經濟發展》。

蔗農的肥料費用占農業經營費的百分比和購入肥料占肥料總量百分比都比稻農高。這就使得蔗農要比稻農支出更多的肥料費用。

　　其次來看勞力費，據表3稻農自給勞力費比率要比蔗農高，說明蔗農比稻農須購入更多的勞力。這個購入的勞力費中包含購入耕牛力的費用，但購買耕牛力的費用非常小，許多農家不需要或僅需要雇極少的耕牛力。據同一調查，僱用耕牛力費用占購入勞力費用的百分比如下：

表5　各階層農戶雇耕牛力費占僱用勞力費百分比（%）

稻作自耕農：3.12	稻作自耕兼佃耕農：0.5	稻作佃耕兼自耕農：0
蔗作自耕農：1.6	蔗作自耕兼佃耕農：1.5	蔗作佃耕兼自耕農：2.83

資料來源：同表1，第六調查表一之二，二之二。

　　根據表5修正表3，我們可以得到農家自家勞力（不含耕牛）占總勞力（不含耕牛力）百分比的情況如下：

表6　各階層農戶自給勞力（不含耕牛）百分比（%）

稻作自耕農：77.49	稻作自耕兼佃耕農：77.21	稻作佃耕兼自耕農：68.87
蔗作自耕農：71.35	蔗作自耕兼佃耕農：48.94	蔗作佃耕兼自耕農：60.48

　　因此，稻作農家比蔗作農家更充分地利用了農家自家的勞力。

　　其實不但自給勞力，就是自給的實物裡也包含了許多農家的自給勞動，如肥料中的自給部分是自積的農家肥，建築物和農具費當中的自給部分是自己維修的工作，種苗中的自給部分是自己培植的等等。

　　正是在勞動的問題上，形式主義經濟學家和實體主義經濟學家之間存在著嚴重的分歧。形式主義經濟學家認為農家的許多勞動已達邊際報酬為負數的區域，毫無利潤可言。而實體主義經濟學家認為農家經濟的目的並非利潤而是家計，他們付出超量的勞動（蔡雅諾夫所謂的「自我剝削」）是為了減少支出，增加產出以維持生計。

農家能否充分利用自家勞動,對其家庭經濟運作至關重要。日據時期臺灣的稻作農家若更能充分地利用自家勞力,其所能獲得的農業純收入也就更高,其情況有如下表:

表7　農業純產值相比以現金支出的農業經營費(相對每百元現金的純產值)(元)

	多	中	少
稻作:	1000—700	600—300	66—20
蔗作:	500—300	250—200	110—16

資料來源:同表1,第四、六。

蔗農和稻農自家勞動利用率的差別最主要的原因在於農業勞動的季節性分布不平均,尤其是收穫季節需要大量的勞力。甘蔗是笨重之物,無法依靠自家的勞力收穫。同時,甘蔗的特性是含糖分最高時如不立即收穫或收穫後不立即壓榨,糖分會立即下降。傳統臺灣農家種有一定數量的甘蔗時,一般是輪流收穫,互相利用勞力。而日據時期,日資糖廠用甜度計不斷測定農民蔗園裡的甘蔗,在糖分最高時立即派人派車收割裝運,而費用都由蔗農承擔。傳統臺灣蔗農多參加共同體式的糖廍——牛犇廍或牛掛廍,他們的家庭勞力能在製糖過程中得到進一步的利用,日資糖廠建立後,臺灣蔗農成為原料甘蔗提供者,被排除於甘蔗加工階段,他們在加工階段的勞動就被剝離。不僅如此,由於他們需購入更多的商業肥料和勞力,他們在甘蔗種植階段的許多勞動也被剝離了。日資糖廠無法從農民身上剝離土地,但卻能剝離更多的勞動而控制他們。

結論

日據時期臺灣農家經濟是高度商品化的,蔗農不但出售他們的全部甘蔗,也出售他們兼作的稻米、蕃薯等,稻農同樣也出售他的大部分稻米和其他兼作的農作物,然後從市場買回他們需要的米和其他農產品。

表8　農作物販賣比率(%)

	米	番薯	花生	水果	蔬菜	甘蔗	農作物出售總比例
米作農：	78.2	43.57	—	82.62	46.4	100	65.3
蔗作農：	63.3	62.5	63.5	—	82.0	100	85.5

資料來源：同表1，第五・五。

對如此高度商品化的農家經濟來說，農產品價格和產量是十分重要的，因為這決定了農家的農業總產值。但農家所得的純產值還取決於他的經營費。總產值扣除了農業經營費，才是農業純產值。柯志明先生指出了稻蔗比價的決定基礎在於價格和土地生產力（單產），我補充了生產成本，即：

土地收益＝農產品收購價格×土地生產力－生產成本

在殖民地經濟結構中，由於生產要素的商品化使得農業生產成本上升。假如生產要素集約化能相應地提高單產，那麼純產值不一定因生產成本的提高而下降。但殖民地的農產品價格取決於宗主國和壟斷資本企業。日據時代臺灣的蔗價由各原料採取區域內的日資糖廠決定[602]，他們採取了蔗價跟隨米價的方式，因此即使蔗農實行集約化經營亦無把握獲取相應的報酬，而日資糖廠可以穩獲低價的甘蔗。在這種情況下，農民沒有種蔗的積極性。這就是米糖相剋的實質——日資糖業資本利潤和臺灣農民收益的衝突。

1922年以前，由於殖民當局集中發展臺灣製糖業，因此，農業生產要素商品化主要發生在蔗作業裡。1922年蓬萊米馴化成功推廣以後，因蓬萊米需要更多的肥料和灌溉，因此稻作裡的生產要素商品化程度也迅速提高。但因蓬萊米價提高，使得稻田總產值也增高，這就使得稻蔗比價決定基礎重新發生變化，而米糖相剋也呈現一輪新的圖景，對此，容當另文分析。

（本文承臺灣師範大學歷史系吳文星教授提供資料，特此申謝）

1895—1937年臺灣地方社會的教育和殖民當局的同化政策——讀臺灣鄉土文獻

周翔鶴

日本割占臺灣50年，推行同化政策，在思想文化方面影響甚為深遠。

臺灣是日本占據的第一個殖民地，經過初期沒有經驗的短暫的「無方針主義」後，殖民當局很快就確定了同化政策，要將臺灣人同化成「忠良的日本人」，在「皇民化」運動中，更企圖將臺灣人變成「利害與共的日本國民」，而教育（學校教育與社會教育）則是同化政策最重要的手段。

日據時期，殖民當局在思想文化方面最激烈的舉措當推1930年代後期實行的「皇民化」政策。「皇民化」運動的目的在於將臺灣人化為日本帝國的「忠臣良民」，所以它破壞中華文化，灌輸大和文化和「忠君（日本天皇）愛國（日本）」思想。[603]在皇民化運動中，殖民當局強制普及日語，不准使用漢語；強制臺灣人按日本生活方式生活；姓日本姓或日本式的姓（創氏）。另外，作為中華傳統文化一個重要組成部分的祖先崇拜則被禁止，民間信仰的神明被集中焚燬，傳統節日被禁止，等等。[604]但思想文化方面的變遷，除了短期的激烈手段，我們還應注意殖民當局長期的同化政策的影響。「皇民化運動」的許多舉措，實際上早就開始實施，比如，「忠君（天皇）愛國（日本）」的思想教育，日語普及等，均是同化政策的主要內容，只是手段沒有那麼激烈。因此，要瞭解日據時期臺灣思想文化變遷，就必須瞭解殖民當局的同化政策，而欲瞭解殖民當局的同化政策，就必須瞭解同化政策最重要的手段——教育。本文準備從地方社會層面來觀察日據時期臺灣的教育及其與殖民當局的同化政策的關係。

所謂地方社會，主要指的是遠離城市——政治、經濟、文化中心——的鄉鎮、農村地區。一般而言，思想文化方面的變遷均始自城市，然後波及鄉鎮農村。如果鄉鎮農村的思想文化狀況已發生變化，那麼，城市的狀況可想而知。本文所要觀察的鄉鎮農村地區為臺北市周圍的板橋街、中和莊、三峽莊以及鶯歌莊。在1930年代，它們都屬臺北州海山郡。板橋街為郡治所在地，它隔著新店溪和臺北市相望；中和莊則位於臺北平原之南端，鄰接丘陵山地；鶯歌莊則與桃園臺地接壤；三峽莊位於臺北平原的西南端，境內三分之二是山地。

　　本文所利用的材料為1930年代編撰的街莊志，主要有1933年澱川喜代治、張鴻機編撰的《板橋街志》；1932年劉克明編撰的《中和莊志》；1934年今澤正秋編撰的《鶯歌鄉土志》；1938年張福壽編撰的《樹林鄉土志》（樹林為鶯歌莊莊公所所在地）；1934年蘇欽讓編撰的《三峽莊志》。[605]張炎憲指出，1930年代是日本在臺灣統治穩固時期，上述街莊志「都詳細記載日本領臺之後的行政組織、警察治安、工商發展、社會教育、農林產業、交通衛生、宗教信仰、人物古蹟等，是今後研究上的重要參考資料。」[606]

　　論者謂，中華思想文化有大傳統、小傳統之分。大傳統指的是以儒學為中心的菁英文化，由社會菁英分子——科舉層次中的進士、舉、貢、生、監等——擔負傳承重任，進入現代社會以後，科舉層次轉換成接受菁英教育的知識分子。小傳統是指由家族、民間信仰、風俗習慣等所承擔的教化功能。大傳統對社會思想文化的傳承起著主導性的作用。無論大傳統或小傳統，其形成的關鍵都是教育。大傳統固然由菁英教育而形成，小傳統亦透過各種方式的社會教育、教化活動而傳承。因此，教育（學校教育和社會教育）是社會思想文化變遷的根源，也是日據時期殖民當局推行同化政策的重點所在。本文就準備圍繞著學校教育和社會教育這兩個內容，觀察「皇民化運動」前殖民當局的同化政策。

1895—1937年臺灣鄉村地區的學校教育演變進展

　　如前所述，菁英教育居於文化傳承變遷中的核心地位，接受菁英教育的知識分子成為社會的領導階層，因此教育制度與教育體系對社會思想文化的變遷起著關鍵性作用。日據臺灣後，殖民當局即於次年（1896年3月31日）頒布「臺灣總

督府直轄諸學校官制」，在臺北設立「國語（日語）學校」一所，並在全島各地設立「國語（日語）傳習所」多所，推行日語教育。1898年7月，臺灣總督府又頒布「臺灣公學校令」，規定以地方經費設立六年制公學校，取代國語（日語）傳習所。公學校為普通初等教育機構。1922年以前，殖民當局在教育中實行差別待遇和隔離政策，臺灣人兒童上的是公學校，在臺日本人兒童上的是尋常小學校。而臺北國語（日語）學校則成為1920年代以前臺灣人僅能上的兩所初等以上教育的機構之一（另一所是醫學校），大部分臺灣人所能接受的是公學校教育。

在日據臺灣的最初幾年，公學校並未立即占據初等教育的主要地位。清代臺灣的教育機構主要是書房，居科舉層次下層功名的生、監等、或通詩書者在書房訓蒙為業是普遍現象。日據臺灣後，功名之途既絕，他們中的許多人乃轉以訓蒙為業，加之當時大部分臺灣人對公學校教育並未認同，仍欲其子弟接受漢文教育，因此，書房數及其學生數均超過公學校。20世紀初情況方發生變化，1904年是公學校教育和書房教育的轉折點，以後，無論學校數或學生數，公學校均呈逐步上升，書房則漸次下降。（參見表1）

表1　1920年代以前臺灣公學校與書房學生人數對比

	書房學生數	公學校學生數
1898	29941	6636
1900	26186	12363
1902	29742	18845
1904	21661	23178
1906	19915	31823
1908	14782	35898
1910	15811	41400
1912	16302	49544
1914	19257	60404
1916	19320	75545
1918	13314	107659
1920	7639	151135

資料來源：《臺灣總督府學事年報》，《臺灣教育沿革志》；轉引自吳文星《日據時期臺灣社會領導階層之研究》頁316，正中書局，臺北，1992。本表僅取偶數年份，並略去學校數與教師數。

從上表可以看出，20世紀前20年裡，公學校的學生已逐步取代書房的學生而成為日據時期臺灣接受初等教育的主體。這種情況也發生於鄉鎮農村，1920、30年代以前，臺北市周圍鄉鎮農村地區，公學校逐步設立，許多兒童進入公學校就讀。其情況有如下表。（參閱表2）

表2　1930年代以前臺北市鄉鎮農村地區公學校設立狀況

街庄	公學校名	設立時間	備註
板橋街	板橋公學校	1899.1.18	
	江子翠公學校	1919.4.1	其前身為板橋公學校江子翠分教場
	沙崙公學校	1920.4.1	其前身為板橋公學校沙崙分教場
中和庄	漳和公學校	1908.5.1	原為枋橋公學校枋寮分校
	溪州公學校	1922.4.1	原為漳和公學校分校
鶯歌庄	樹林公學校	1898.4.1	其前身為台北國語(日語)傳習所分教場
	尖山公學校	1907.12.25	原為三角湧公學校分校
	柑園公學校	1911.3.27	原為樹林公學校柑園分校
	山子腳公學校	1920.4.1	原為樹林公學校山子腳分教場
	大湖分教場		1929年設立改良書房,1932年轉為尖山公學校大湖分教場
三峽庄	三角湧公學校	1900.1.26	1921年改名為三峽公學校
	成福公學校	1918.4.1	
	大埔公學校	1922.4.1	原為三峽公學校大埔分教場
	大埔公學校插角分教場	1933.3.17	

資料來源：《板橋街志》第九章教育；《中和莊志》第七章教育；《三峽莊志》第六章教育；《鶯歌莊志》第六章教育。

上表顯示出，從19世紀最後幾年起，臺灣初等教育機構——公學校逐步地增加著。至1920、30年代臺北市附近的鄉莊，平均每莊有3所公學校。同學校數量一樣，入學兒童數量也在逐步增加。1910年，臺灣兒童入學率尚不足10%，但至1932年已達男童59.19%，女童35.33%，全體兒童平均47.73%。[607]臺北市附近的鄉莊兒童入學率與此相差不多。（參閱表3。）

表3　1930—32年臺北鄉村地區兒童入學率%

	中和庄（1930）	鶯歌庄（1932）	板橋街（1932）
男童入學率	44.93	59.19	74.31
女童入學率	13.91	35.32	35.77

資料來源：同表2。

應該說，這個入學率是相當高的。而接受了公學校教育的臺灣兒童，畢業後成了日據時期臺灣地方社會的中堅分子。

在1919年和1922年殖民地當局兩個「臺灣教育令」發布之前，在實行差別待遇和隔離政策的殖民地教育體系中，除了臺北國語（日語）學校和一所醫科學校以外，臺灣人所能接受的只有初等教育，因此，初等教育幾乎就成為1920年代以前臺灣的菁英教育，在鄉村地區尤其如此。持地六三郎（1903—1910年任總督府學務課長）說「普通教育之目標在於教育中、上階層子弟，因此，臺灣的普通教育雖然稱為普通教育，實際上，應該稱為菁英教育。」[608]持地六三郎的話點破了當時臺灣教育的實情。實際上，即使在1920年代以後，臺灣人能上中學的還是不多，1929年，臺灣人中學生僅2000人，占人口總數的0.05%。可以說，在1910年代，接受初等教育的人是臺灣地方社會的菁英，而在1920、1930年代，他們仍然是地方社會的中堅。比如，樹林公學校就宣稱「（本校）學生人數有1100多名，畢業生人數突破2100名盛況……出自本校的畢業生人才濟濟。這些畢業生不只是現在社會的中堅分子，也是鄉土開發振興的原動力。其活動範圍遍布全島，對本島文化的提升貢獻卓著。」[609]

如果說1920年代以後，接受初等教育的人仍為社會中堅的話，那麼，接受中等及中等以上教育者則成為地方社會菁英。1919年，臺灣總督府頒布「臺灣教育令」，在仍然堅持臺、日人差別待遇的基礎上，在公學校之上設立了一些農、林、工商、醫、師範等實業專門學校，1922年，臺灣總督府又頒布了「臺灣教育改正令」，在師範類除外的中等以上學校取消差別待遇，在各地設立了中學校，並將實業專門學校改為高等專科學校，招收中學畢業生，並於1928年成立臺北帝大。根據1922年總督府的「臺灣教育改正令」，表面上臺灣人可以接受和日本人程度相同的教育，而實際上接受高等教育的機會多為日本人所占有。

然而，從另一方面來說，1920年代以後接受中等以上教育的臺灣人數量畢竟在緩慢增加，其數量亦大大超過晚清臺灣科舉功名人士。比如三峽莊（晚清三角湧地區），「在改隸後畢業於原國語（日語）學校、師範學校、醫學專門學校、及其他的中等學校、高等學校、大學，而在教育官公署，開業醫生，實業會社，及其他社會各方面活躍者不少，人數超過200名。當中一部分人為本莊的中心人物；一部分在他地活動，獲得相當高的地位。」而晚清三角湧地區僅有文秀才2名，武秀才1名。[610]板橋街、中和莊、鶯歌莊的情況當也無太大的差異。比如板橋街，「改隸後，自師範學校及其他中等學校畢業，目前活躍於教育界、實業界、公家機關、醫界及銀行界的人數不計其數。進而再上專科學校、帝國大學，已畢業者也不在少數。」[611]板橋街教育發達，其兒童入學率高於臺北州平均水平，其中等學歷以上人數當不會少於三峽莊。總的來說，接受日本新教育的群體在數量上非晚清科舉群體所能比擬。

眾多的接受日本新教育的臺灣人成為社會菁英，並進而取代晚清科舉功名人士成為社會領導階層是全島的一個普遍現象，其情況有如下表：

表4　1940年代前期臺灣社會領導階層學歷狀況統計

學歷別	漢學	公學校	中學	師範	專科	醫學校	留學	不詳
人數	64	201	235	219	23	251	377	187
百分比	4.1	12.9	15.1	14.1	1.5	24.2	26.1	12.0

資料來源：同表1，興南新聞社編「臺灣人士鑑」（略去「備考」）

對於1919年以後，接受中等、高等教育的臺灣社會菁英和領導階層，吳文星曾有深入的研究。他認為接受日本新教育的新一代社會菁英是1920年代興起的反殖民體制運動的主導者，但不可否認的是，另有許多社會菁英參與殖民政治，成為殖民政治體制中的一員。[612]

接受日本新教育的社會菁英和領導階層（醫生、教師、紳商等以及參與地方各級機構任參事、街區莊長、保正、甲長者）在殖民當局的同化政策方面發揮了許多作用，其中一個非常重要的作用體現在社會教育方面，即透過民間團體對民眾進行思想教育。1930年代的臺北州各街莊志透露出了許多這方面的情形。從

1910年代起,由社會菁英和領導階層導入的新觀念,始而發起放足斷髮運動,繼而在殖民當局的慫恿、鼓勵下,發起社會教育事業,在地方各級組織了許多「同風會」,「矯風會」,「敦風會」,「國語(日語)普及會」等等民間團體,這些民間社會教化團體一方面提倡革除陋習,改善生活;另一方面則推動融合臺日,推廣日語,對社會影響極大。據《樹林鄉土志》,「同風會濫觴於1914年11月的樹林地區(其時行政上屬三角湧支廳),由區長黃純青發動組織。1916年後,由於總督府之獎勵逐漸普及於全島。」[613]「同風會」之下,針對不同人群深入地組織了戶主會、主婦會、青年會、處女會等等。進入30年代,當局更將這些社會教化團體整合成為「教化聯合會」,並讓它承擔起同化政策中之社會教育任務。

綜上所述,殖民當局透過早期的公學校教育和後來的中等教育、專科教育等培養了許多社會菁英和社會中堅分子,然後更透過這些社會菁英和中堅分子展開了廣泛的社會教育。無論學校教育或社會教育,都成為同化政策的重要手段,我們對教育內容進行分析後將很容易明白這一點。以下將主要圍繞公學校教育和社會教育進行分析。

1895—1937年臺灣的教育和殖民當局的同化政策

殖民當局在臺灣實行的教育,固然包含近代科學知識和農、林、醫等專科知識,而在德育方面,為貫徹同化政策,則實行認同日本的精神教育和日語教育。

日本在明治維新初期,實行的是自由主義教育方針。及至1887—1890年間,轉而實行國家主義教育政策,「旨在教育國民維護日本固有的語言、習俗、制度及國體等,以奉戴萬世一系的天皇為最大的榮譽和幸福,亦即是以培養國民忠君愛國思想為最終標的,由是而建立近代日本的國民教育制度。」[614]為配合此一國家主義教育政策而採取「教育敕語」教育體制。所謂教育敕語教育體制,就是「將教育敕語之精神,跟御照、三大節日儀式、『國歌』、『修身』體系灌輸兒童。」為此,日本全國的學校都頒有「教育敕語」謄本。[615]臺灣總督府首任學務部長伊澤修二是日本國家主義教育政策的倡導者之一,任職臺灣後,對於在臺灣推行國家主義教育政策以達同化臺灣人的目的自是不遺餘力。伊澤修二之

後，歷屆總督府亦全力推行國家主義教育政策。

在公學校教育中，對臺灣兒童的精神教育是以「奉戴教育敕語」的儀式和修身課的教學為中心的。早在實行公學校教育之前，第三任總督乃木希典就頒授教育敕語謄本給國語（日語）學校和講習所；總督府更在1899年頒布「教育敕語述義」予官公私立學校及書房義塾。實行公學校教育後，公學校先後都「奉戴教育敕語」。從上述臺北周邊的街莊來看，有如下的情況：

表5　臺北周邊街莊公學校「奉戴教育敕語謄本」時間

公學校名	設立時間	「奉戴教育敕語」時間
板橋公學校	1899. 3. 31	1899. 4. 22
江子翠公學校	1919. 4. 1	1922. 2. 8
沙崙公學校	1921. 4. 1	1922. 2. 10
樹林公學校	1898. 10. 1	1901. 4
尖山公學校	1907. 12. 25	1911. 2. 6
柑園公學校	1911. 3. 27	1911. 11. 2
山子腳公學校	1920. 4. 1	1933. 5. 22
三峽公學校	1900. 1. 26	1901. 4. 4
成福公學校	1918. 4. 1	1922. 2. 8

資料來源：《臺北州街莊志彙編》。按：「中和莊志」未載「奉戴教育敕語」事項。[616]

1919年殖民當局的「臺灣教育令」則以法令形式將「教育敕語」定為教育的基本原則，其第一章總則第二條載「教育以其有關教育敕語之宗旨，養成忠良臣民為本義。」在「教育敕語」這個基本原則之下，日據時期的臺灣兒童從教學內容和日常儀式被灌輸以「養成（日本）忠良臣民」的精神教育。杜武志指出，公學校的學童，在第四學年前被要求做到一字不誤地正確背誦「教育敕語」，第六學年前要能默寫。而修身科更是貫徹「教育敕語」的中心。修身科解說「教育敕語」為「國民應遵守之道，它涵蓋修身所有教條，要兒童以至誠遵從教育敕語之宗旨，立志成為忠良的日本人。」（第三學年第二十五課「忠良的日本人」）而第五、六學年的教學則要求「務必使兒童深切瞭解教育敕語的宗旨，且藉此培養其德性，指導其如何實踐道德，期能更加完成其陶冶之功。」而最終目的，就是教臺灣兒童以「奉戴天皇血統永不絕──萬世一系的天皇。而皇室與國民為一

體，擁護國體之尊嚴，努力報效國恩。」[617]

除了教學，經常的儀式也成為向兒童灌輸「忠君（天皇）愛國（日本）」思想的手段。公學校在奉戴「教育敕語」後，每逢重大節日（國定紀念日）要舉行捧讀儀式，學生除了靜聽校長捧讀敕語以外，還要向天皇、皇后的御照行最敬禮。公學校大多建有「奉安殿」安放御照和敕語，學生經過時要行最敬禮。「奉安殿」有時建在校門和校舍的出入口之間，所以學生上學放學每天至少要行兩次最敬禮。杜武志指出，每天對御照、敕語行禮是促使學生尊敬敕語的精神生根的重要手段之一，再加上舉行儀式時的反覆訓練「在情感上予以灌輸，以使兒童對天皇產生敬畏之心。」[618]

除了精神方面的灌輸，殖民當局最重要的同化手段是「國語（日語）普及」。語言和文字是文化最主要的載體，語言文字變，則文化認同隨之而變。因此，殖民當局在普及日語上更是不遺餘力。明治維新後，日本逐漸形成「進步的日本，落後的亞洲」這樣一種意識，在此意識的作祟下，更提出「近代化的日語論」，即企圖透過對亞洲民族強制實施日語教育而使其「開化」，占據臺灣後，「近代化的日語論」進而轉化成為「同化的日語論」，欲透過日語教育而同化臺灣人。早在割臺之初，伊澤修二任總督府學務部長之時就認為臺灣的教育並非單純的教育，而是以具有同化臺灣人使之成為日本人為目的的教育，因此，應以日語為主而輔之以漢語。此一政策為歷屆總督府所秉承，並變本加厲，欲將漢語去之而後快。

如前所述，在公學校教育實施前，總督府在臺北設立國語（日語）學校，在各地設立國語（日語）傳習所，國語傳習所規則第一條「國語（日語）學校以教授臺人國語（日語），資其日常生活，且養成日本的國民精神為本旨。」明白道出了推廣日語乃為同化臺灣人。實行公學校教育後，以同化臺灣人為目的的日語教育得到了加強。1898年7月頒布的「臺灣公學校令」第一條規定「公學校係對臺人子弟施行德教，教授實學，以養成日本的國民性格，同時使之精通國語（日語）為本旨。」從此，公學校教育中的日語教育不斷得到加強，吳文星指出，「就教學時間觀之，國語（日語）科（含國語、作文、讀書、習字，）每週教學

時數占總時數的十分之七，其餘修身、算術、唱歌等科不過是強化日語科教學效果的輔助科目罷了。」[619]在強化日語教育的同時，對公學校中的漢語教育則一再限制、削減。最初，公學校教育的漢文科為每週4—5小時，1910年代中期，殖民當局推行「國語普及運動」，漢文科於1918年公學校規則修訂時被減為周2小時；1922年「臺灣教育改正令」頒布，漢文科被改為選修科目，許多公學校更紛紛廢止漢文科。此一舉措遭到了臺灣人民的強烈反對，臺灣有識之士更掀起「反國語普及運動」。總督府基於臺灣人日常溝通仍以漢語為主的事實，於1927年恢復了部分地區的漢文科，但同時進一步強化日語普及，而各地方當局和公學校則仍持續廢止漢文教育。至1937年，全臺灣625所公學校僅有37所仍設有漢文科，總督府乃斷然修訂公學校規則，完全廢止公學校的漢文教學。

綜上所述，我們可以看到，早在日據初，臺灣兒童在公學校中所受到的就是以日語為主的教育，到1930年代，所受到的則是完全的日語教育，而在德育方面，所受到的是認同日本的精神教育。非但如此，殖民當局還利用接受了日本新教育的社會菁英和中堅分子將這種教育推廣到全社會。

1895—1937年臺灣地方社會的社會教育

菁英文化之作用於地方社會，一個主要途徑就是社會教育，而在殖民體制內，社會教育必定會被納入殖民當局的同化政策和措施之內。如前所述，在1915年前後，殖民當局利用社會菁英與領導階層提倡斷髮放足之際，推動他們出面組織了許多「風俗改良會」、「同風會」、「矯風會」等社會教化團體，隨著時間的進展，這些社會教化團體的活動內容、宗旨逐漸由風俗問題而向「國民精神之振興」傾斜，成為殖民當局同化政策之一環。以鶯歌莊觀之（樹林後來行政上改隸鶯歌莊，並成為鶯歌莊莊公所所在地。）「同風會」、「教化聯合會」之「行事大要」隨時間的進展而演變的狀況如下：

表6　日據時期鶯歌莊社會教育內容之演變

1914年11月—1920年9月　同風會行事大要

夜間巡迴講話，勸誘婦人解纏足，勸誘男子斷髮，改善喪葬陋習，參拜臺灣神社，勸誘子女就學，國語（日語）練習會，禮儀作法講習，理科實驗幻燈會，

宣導總會法令，厲行守時；

1920年10月—1925年7月　同風會行事大要

通俗講話會，國語（日語）練習會，生活改善法令宣導，厲行守時，未成年者禁吃煙，養豬獎勵，米種改良，豬舍改良，廁所改良，道路補修，勤儉儲金，家內工業講習會；

1925年同風會綱領、事業

（1）綱領：

一：尊崇皇室，報效國家；

二：學習日語，增進國人修養；

三：重公德，厚植共存之誼；

四：匡正時俗，圖鄉風之敦厚；

五：崇尚勤勞，磨煉職業智慧；

（3）事業：

甲：開辦講習會、講演會、國語（日語）練習會等；

乙：籌設各種展覽措施；

丙：表揚本會有功人員、篤行者；

丁：其他被認為有必要之事項；

1931、1932年教化聯合會綱領、事業

（1）綱領：

一：釐清國體觀念，振作國民精神；

二：致力於國語（日語）之普及；

三：改善生活，厚植國力；

（2）事業：

一：徹底灌輸尊重國旗的觀念；

二：普及國語（日語）；

三：力圖生活之合理化；

資料來源：《鶯歌莊志》第六章・教育・第二節・社會教育

其他街莊的情況亦大致如是，如板橋街，其「同風會」時期的事業是「舉辦講話、講習會，教化衛生，其他活動，寫真映寫生活改善，國語（日語）普及會，」等。而其「教化聯合會」時期的事業則是「國語（日語）的普及，生活的改善，宣導國旗的尊重及祝祭日的意義，各種社會設施的宣傳，街內教化團體的助贊，」等等。[620] 很明顯的，社會教育愈來愈向「國民性格」的養成傾斜，而為「皇民化」運動打下基礎。

與公學校教育一樣，除了認同日本的精神教育以外，推廣、普及日語是同化政策的主要內容之一。早在日據初期，殖民當局就以以公學校為中心，向全社會推廣、普及日語。1898年的「臺灣公學校令」第二條規定「公學校依地方情況別設速成科，得利用夜間、假日或其他課外時間教授國語（日語）。」而從1910年代中期起，日語普及則成為一些接受了公學校教育的社會菁英所領導的同風會等民間團體所主持的社會教育的中心工作。1915年，以「始政20年紀念」為契機，殖民當局正式展開了以同風會等民間團體為中心的「國語普及運動」；1920年「地方制度改正」以後，推廣、普及日語所需經費由市、街、莊編列，同風會等民間團體所領導的日語普及運動得以更廣泛的開展。

就我們所觀察的臺北周邊街莊而言，以三峽莊的相關記述較詳細，今據其記述將相關情況列表如下：

表7　1915—1933年三峽莊的日語普及運動狀況

一、1915年，依桃園廳指示，作為「始政20年紀念」而設置國語（日語）練習會，以成年男、女性為主；會費由練習人承擔；練習會遍布莊所轄的三角湧、二鬮、犁舌尾、橫溪、成福、隆恩埔等各處。

二、1921年4月1日，在同風會分會附設國語（日語）普及會，原有的國語

（日語）練習會廢止。

三、1925年，依州訓令，國語（日語）普及事業由青年會及處女會負責實施。

四、1931年，依州訓令，國語（日語）普及事業由莊教化聯合會及男、女青年團施行。

五、1932年，莊教化聯合會成立大成國語（日語）講習所。

六、1932—33年，莊教化聯合會所屬各男、女青年團成立三峽、成福、大埔等簡易國語（日語）講習所；五寮國語（日語）練習會；大寮國語（日語）練習會等。

資料來源：《三峽莊志》第576-578頁。

上述資料顯示，從1920年代起，同風會、教化聯合會成為推廣、普及日語的社會教育機構，因處於民間團體的位置，這種推廣、普及是十分廣泛、深入的。如三峽、成福等簡易國語（日語）講習所，是「為喚起一般地方民眾學習國語（日語）的熱潮，同時使國語（日語）普及事業急速進展，而在部落（社區）設置的。」而大成國語（日語）講習所則是針對「居住在本莊成福公學校學區內大寮、小暗坑方面的偏遠深山地區的兒童」而設立的。

綜上所述，1895—1937年，無論是公學校教育或主要由同風會、教化聯合會施行的社會教育，在殖民當局的同化政策實施中均作用甚大，對日據時期臺灣社會思想文化變遷影響至深。

結語

19世紀中葉，東方世界面臨大動盪、大變革，西方列強仗其船堅炮利大舉東來，在侵略的同時，也帶來了西方世界先進的科學技術及其思想文化。在引進西方先進的科學技術及思想文化方面，日本比中國積極主動，走在了中國的前面，因此，清末民初，許多知識分子和青年學生不僅留學歐美，而且紛紛東渡，透過日本學習、吸收西方科學文化知識。在這種情況下，日本的思想文化對中國的影響越來越大，乃至晚清有學者驚呼「亡吾國學者在日本。」其認為，一國之

立，必有其立國精神，滅之則亡種亡國，而英俄滅印度裂波蘭，「皆先變亂其言語文學，而後其種族乃凌遲衰微。」清季朝野乃一致積極抵禦日本文化之影響。[621]而臺灣的情況則完全不同，在殖民體制和同化政策下，日本思想文化透過教育等手段得到全面的推行，幾無任何阻礙。雖然臺灣的有識之士曾掀起過「反國語普及運動」，然而他們的力量是難以和殖民當局的政權力量相抗衡的。教育是思想文化傳播最重要的渠道和手段，而殖民當局充分利用了這個渠道和手段，從初等教育依始，就全面灌輸日本思想文化，再透過受過教育的菁英人士和社會領導階層推廣到全社會，其影響非常之大、非常之深遠。

對於日據時期臺灣殖民當局的同化政策及其在思想文化方面的影響，我們應有一個認識和評估，本文希望透過地方社會的教育這個層面，能夠給我們提供一個深入的視角。

日據時期臺灣經濟總體評價

周翔鶴

一

日據時期臺灣經濟的研究，無論理論上或現實上都有重要的意義。

臺灣學者說「日據時期是臺灣社會本質激變的時期」[622]，毫無疑問，社會經濟的變化是各種變化中最重要者，同時又是其他許多變化的根源和誘因。正確地分析社會經濟的變化，是研究日據時期臺灣歷史的基礎和出發點。

從理論演進的角度來說，日據時期臺灣經濟將給殖民地經濟學提供一個良好的研究範例。傳統的（或經典的）有關帝國主義和殖民地的理論，都是以宗主國為研究的中心和目的。對殖民地的研究僅是從屬於、服務於對帝國主義研究的需要。現在，這種情況已發生變化，學術界把他們的興趣和力量轉移到對殖民地經濟本身的研究上來。這種轉變不僅僅是一種出發點和研究角度的變化，同時也將涉及方法論問題。戰前日本學者和戰後臺灣學者對日據時期臺灣經濟的研究典型地體現了這種變化及其涉及到的方法論問題。

戰前日本學者有關日據時期臺灣經濟最重要的研究成果為矢內原忠雄的《帝國主義下的臺灣》和川野重任的《臺灣米穀經濟論》。前者至今仍被一些人視為經典。對於《帝國主義下的臺灣》「先驅性的成就」，當今的臺灣學者有充分和切中的肯定，認為在此書中矢內原忠雄將臺灣經濟定位於日本帝國主義的統治之下，明確了佔領殖民地臺灣的日本資本主義的歷史性質；並將日本資本之稱霸臺灣與日本的國家權力活動及其性質聯繫起來，做了符合實際情況的冷靜而透徹的考察；並且矢內原忠雄系統地掌握了臺灣的殖民經濟的發展過程[623]。《臺灣米

穀經濟論》的成就則在於深入細緻地考察描繪了日據時期臺灣米穀生產變遷及其和蔗糖生產的摩擦（即「米糖相剋問題」）。但臺灣學者同時也指出，由於矢內原忠雄等人乃是以本國——日本帝國主義為研究的對象和中心，並且由於對殖民地臺灣的經濟史認識片面，因此他們採用的基本概念和方法論也就不可避免地存在缺陷。

臺灣學者指出，矢內原忠雄單純採用經典政治經濟學的方法，把他的注意力集中在「資本的壟斷剝削及勞資關係的形成」（用矢內原忠雄的話來說是「集中化」與「無產化」）上面[624]，利用他提出的「資本主義化概念」，將侵入臺灣的日本資本在臺灣的擴張、集中，當成臺灣資本主義的形成發展，並涵蓋於臺灣社會經濟的全面，從而認為日據時期臺灣農業已形成土地集中，大規模耕作，農民小生產者瓦解和無產化等日後被證明（矢內原忠雄著作發表於1929年）截至1945年臺灣光復都一直未出現過的經典的農業資本主義轉型的演化[625]。對於川野重任，臺灣學者指出，他從流通領域入手，採用市場價格理論，用「部門間生產力發展不平衡以致短期內均衡價格難以達到」來討論「米糖相剋」問題。但他無視在日本帝國主義殖民當局的統治下，是否存在著價格自由形成的可能。

日本學者都無視或忽略了日據時期臺灣的傳統經濟（主要是農業部門）以及以地主及原有買辦為中心的臺灣本地資本。臺灣學者指出，日本帝國主義一方面容忍本地資本，另一方面以日本的資本主義企業來控制臺灣經濟，確保自臺灣這塊殖民地掠取的經濟利益[626]。研究日據時期臺灣經濟是不能拋開傳統經濟的，因此戰後臺灣學者對這一時期臺灣傳統經濟領域——本地資本和農村經濟傾注了極大的興趣，做了許多深入細緻的研究，呈現出了以殖民地臺灣為研究對象和中心的殖民地經濟學的潮流。

旅日臺灣學者塗照彥的《日本帝國主義下的臺灣》分析了日據時期臺灣經濟結構中的各個組成部分——日資企業和傳統經濟部門，在此基礎上透過兩者之間的「壓迫與抵抗，支配與弱化的過程，說明臺灣經濟殖民地化的本質」。柯志明則深入分析傳統社會結構及其在殖民地社會中的一種作用——「土著（本地人）支配的米作部門『相剋性』的發展使原先以糖業為中心的殖民積累機制的持續和

後續日資工業部門對農業剩餘的榨取變得相當困難。」[627]

總之，只有對日資企業和傳統經濟部門都充分把握才能正確分析日據時期的臺灣經濟。當然，對於殖民地經濟結構兩個部分分別研究還是不夠的，必須將二者綜合起來分析。這種綜合分析不僅要對兩部分經濟的運作模式和矛盾衝突進行研究，還必須從宏觀上對它們的發展軌跡進行度量。只有建立在對整體經濟體系準確估量基礎上的分析和結論，才能使我們避免類似矢內原忠雄那樣發生「理論研究中容易發生的錯誤」，而加深對日據時期臺灣經濟的本質的深刻認識。美國學者西蒙·庫茲涅茨對國民經濟增長的分析方法是一個對經濟體系進行估量的行之有效的方法。庫茲涅茨認為：隨著經濟的發展，在國民生產總值不斷增長和人均國民生產總值不斷提高的情況下，生產的部門結構將朝著農業部門在總產值中所占比重不斷下降，工業和第三產業部門比重不斷上升的趨勢變化[628]。因此，分析國民經濟部門結構變化趨勢能正確地反映其發展狀況。我們將按此方法對日據時期臺灣的經濟作一個宏觀上的統計分析，以揭示其實質。

顯然，我們對日據時期臺灣經濟的統計分析應在和日本的對比分析下進行，才能揭示問題的本質。總的說來，我們的方法是：分析並計算日據初期臺灣人均國民生產總值，並將之與明治、大正時期日本資本主義起步和發展時期的人均國民生產總值相比較；其次，分析並對比日據時期臺灣和明治、大正時期日本國民經濟部門結構的長期變化趨勢，透過以上兩個對比顯示兩個經濟截然不同的發展方向。對於臺灣國民經濟生產總值長期變化趨勢的分析的年份將截止於1937年。眾所周知，「七‧七」事變以後，抗日戰爭全面爆發，再往後，太平洋戰爭也全面爆發。日本帝國主義為加緊它在中國大陸和太平洋地區的侵略戰爭，把臺灣變成一個供應軍需物資的軍事工業基地。這一階段臺灣的經濟是畸形的、非正常的戰時經濟。

二

以下先分析日據初期臺灣國民生產總值。我們選擇20世紀之交的幾年作為分析的時期。之所以這麼做有兩個原因。其一，日本帝國主義雖然於1895年占據臺灣，但它並未能立即介入臺灣經濟。一般而言，學術界都把1895-1905這一

時期劃為日本帝國主義統治臺灣的基礎工作時期。前7年（1895—1903）日本殖民當局臺灣總督府主要進行鎮壓武裝抗日活動，建立保甲制度的「治安維持」工作；後3年（1902-1905）實行了土地、林野調查，舊慣調查，幣制、度量衡改革，排斥西方資本主義勢力等經濟措施[629]。因此，在19世紀末和20世紀初前後幾年中，臺灣經濟還保持著晚清時期固有的結構和發展水平。其二，20世紀初前後幾年臺灣已有比較可靠的統計數字。日本帝國主義一占據臺灣，即實施統計制度，發布統計數字。以割臺次年為始，臺灣總督府編號發布了歷年的《統計書》。一般認為，1899年以後，統計較為完備，數字較為準確。當然，由於其時日本帝國主義的統治尚未穩固，制度亦未完善，有些數字乃靠估測所得，難免有所偏差。對此，我們將依據其他資料加以修正。總的來說，我們還是將以總督府發布的統計數字為基礎來測算這一時期臺灣的國民生產總值和人均產值。為行文的方便，對於統計數字的來源和其他方面的說明以及對其考證和修訂都將附於正文之後的附錄之中，請讀者根據需要自行參考。

20世紀之交臺灣國民生產總值及其構成（單位：日元）

項目	產值	市場價格	產值(日元)
1. 米	2522564 日石	5.5 日元/日石	13874102
2. 茶	16912035 斤		6491556
3. 糖	70－80 萬擔		3454545
4. 樟腦	3 萬擔左右		3297492
5. 番薯	366141388 斤	0.75 日元/百斤	2746060
6. 花生	120838 日石	4.315 日元/日石	521415
7. 豆類	50281 日石	5.5 日元/日石	276545
8. 芝麻	36348 日石		165694

續表

項目	產值	市場價格	產值(日元)
9. 麻	1022063 斤	19.167 日元/百斤	195898
10. 黃麻	1481548 斤	6.75 日元/百斤	100004
11. 山蘭(大菁)	286094 斤		29685
12. 木蘭(小菁)	1463830 斤		86341
13. 鳳梨	35000 斤		18471
14. 薑黃	2402789 斤		128733
15. 筍乾			14580
16. 龍眼			210375
17. 簿草紙			12400
18. 菜籽			14968
19. 油槽			49595
20. 木料			9817
21. 雜貨			12951
22. 雞	2365185 隻	23 日元/百斤(雞肉)	543973
23. 鴨	537849 隻		61852
24. 鵝	54196 隻		6232
25. 山羊	17626 隻		69070
26. 豬	225092 頭		3601472
27. 牛	11622 頭		348660
28. 漁撈物	6717875 斤		440595
29. 水產製品	1903029 斤		133187
30. 金	13000		53000
31. 煤	19000 噸		103000
32. 硫礦			16686
33. 鹽	11037.95 噸		146702
34. 大麥	11460 日石	3.15 日元/日石	36099
35. 小麥	26710 日石		69148
合計			37340908

根據上表，日據初臺灣國民生產總值約為37340908日元。

日據初的人口，據1905年第一次臨時戶口調查，總人口為3039751人。（日據初臺灣人口自然增長率約為7‰，因此1895—1905年間臺灣人口當增加20多萬。但割臺之際有許多人因「義不臣倭」而渡海回到大陸。一般認為這些人有十

幾萬之眾。因此採用1905年的人口數字作為日據初的代表數字還是恰當的。）
據此，日據初臺灣人均國民生產總值約為12.284日元。這個數字亦可視為晚清已達到的水平。這個數字的意義如何呢？我們應將之與日本的數字對比。19世紀末，日本的經濟狀況有如下表。

19世紀後期日本主要經濟指標

年份	總人口(萬人)	工業總產值(億日元)	農業總產值(億日元)	人均工農業總產值*(日元)
1880	3665	1.58	5.34	18.881309
1890	3990	2.28	5.95	20.626566
1900	4385	10.6	9.33	45.450399

資料來源：樊亢、宋則行等《主要資本主義國家經濟簡史》。*據左三欄推算出。

據此，同期日本的人均工農業總產值似乎比臺灣高出許多。但如果考慮到人均真實所得，即貨幣收入的真實價值時，臺灣和日本的水平是差不多的。

我們以米價（大米同是臺灣人和日本人的主食）作為物價的代表來計算二者的真實所得。1898—1902年期間，日本的平均米價為9.153日元／日石[630]，同期臺灣的中等米價為5.5日元／日石。（關於20世紀前後幾年臺灣的米價在附錄中有詳細的討論，請讀者參閱。）二者之比為1.72，即臺灣的人均國民生產總值乘上1.72方可與日本相比較。據此，臺灣的人均真實所得當為21.128日元，大約處於日本1890年代的水平。

三

眾所周知，明治維新（1868年）後日本國內資本主義工業的成長，資金來源完全依靠本國積累。準此，如果日本當局有心要在臺灣發展資本主義，那麼，在它占領臺灣之時，臺灣經濟已高於它本國資本主義工業起步時的水準，已具備了發展的條件了。那麼，日本帝國主義又是如何做的呢？我們來分析1900—1937年臺灣國民經濟部門結構的變化趨勢，並將之與日本資本主義發展的最初幾十年的情況對比，便可找到答案。

這一時期，臺灣的發展趨勢有如下表：

1902—1942年臺灣各種產業生產額百分率

年份	總生產額(千日元)	農業產額	工業產額	礦產額	林產額	水產額
1902	71752	78.3	16.8	2.9	0.1	1.9
1907	91126	81.7	14.1	2.5	0.1	1.9
1912	146374	63.4	32.1	3.1	0.1	1.4
1916	188938	46.9	47.3	3.0	0.7	2.1
1922	354260	52.6	37.8	3.6	3.1	2.9
1927	497170	54.9	34.6	4.2	2.8	3.5
1932	529865	52.7	40.1	2.6	2.0	2.6
1942	844074	47.9	43.2	4.3	1.9	2.7

資料來源：臺灣總督府殖產局第15次、第18次等《臺灣商工統計》。

而日本資本主義發展最初幾十年的情況有如下表：

1879—1933年日本國內生產總值中主要部門份額的長期變動趨勢（％）

年　份	農業部門	工業部門
1879－83	62.5	37.5
1904－13	40.6	59.4
1924－33	22.4	77.6

資料來源：西蒙·庫茲涅茨《各國的經濟增長·總產值和經濟結構》表21，商務印書館。

　　以上兩表的對比可以導出如下的結論：日據初人均真實所得較高的臺灣，經過30多年的發展，工業部門僅勉強達國民經濟的四成左右，而明治維新後人均真實所得較低的日本，經過30多年的發展，到1920年代工業部門已達國民經濟的七成以上。國民經濟部門結構中，農業部門份額的降低被公認為經濟近代化最主要的判別標誌，因此，我們很難說日本帝國主義在它占據臺灣時實行近代化（資本主義化）。或許，有人會提出疑問，四成左右的工業部門，發展趨勢雖然比日本慢得多，畢竟也是一個發展。但如果我們再進一步分析這四成左右工業部門的內部構成及其資金來源，便可以廓清此一疑問。

統計資料表明，1937年以前臺灣工業內部結構70%左右為食品工業：1914年，86.30%；1920年：81.1%；1925年：74%；1931年：76.80%；1935年：75.4%[631]。所謂食品工業，是以製糖為中心的。以1935年為例，糖占了工業的60.9%。而且，其他工業中有許多項，如酒精（2.7%），製糖機器（1.6%），洋鐵罐（0.8%）等等，亦是由製糖工業派生出來的[632]。

　　因此，日據時期（1937年以前）臺灣除了製糖，幾乎沒有什麼工業發展可言，而日本帝國主義發展臺灣製糖業是為了本國的需要（日本不產糖），而非為了臺灣人。日據時期，臺灣所產的糖絕大部分都輸出到日本去了。

　　同時，日據時期，僅僅經過10—20年的發展、集中過程，臺灣製糖業中的老式、新式製糖企業都被日資企業所併吞，最後形成由臺灣製糖株式會社、大日本製糖株式會社、鹽水港製糖株式會社、帝國製糖株式會社等少數幾家日資企業壟斷臺灣製糖業的局面[633]。實際上，臺灣製糖業是日本壟斷財團資金輸出的理想王國。

結論

　　以上分析表明，日據時期（1937年以前）臺灣的國民經濟由兩部分所構成，一是製糖業占絕大部分的工業企業，其由日本壟斷資本所擁有和控制；一是農業占絕大部分的傳統產業部門，為臺灣人所擁有。日本帝國主義根本就無意推動臺灣傳統經濟資本主義化，雖然這個傳統經濟的發展水平已高於明治維新後的日本資本主義工業起步時的水平。根據國民經濟部門結構的構成和資金構成來判斷，日據時期臺灣的經濟是一個典型的殖民地經濟。

　　臺灣的例子表明，西蒙‧庫茲涅茨對國民經濟的分析方法可以很好地運用於殖民地經濟學的研究之中。

　　不但如此，這個方法在被用來判斷殖民地經濟的實質時，同時也直接顯示出它的現實意義來。旅日臺灣學者戴國煇指出「近年來（按：指60年代），臺灣的『經濟成長』為世人所稱道，由是一些人——尤其與臺灣總督府有關者——所說的『臺灣的殖民統治是成功的』，『臺灣是以日本人的力量開發的』，『臺灣

是因日本而近代化的」等議論,正在走出輓歌的領域,而相當肯定並普遍地被人接受。」[634]戴國煇先生除了批判這種論調及指出一些人視殖民地臺灣為日本附屬物,僅從宗主國的角度和立場出發看問題之外,同時指出研究臺灣經濟發展不能割斷歷史,戴國煇先生說「由於殖民統治包括主體和客體兩方面,因而忽視客體方面社會經濟發展之階段——尤其是殖民統治前夕——的分析,則不可能全面把握殖民統治史。上述論者正忽略了此一當然的論理。有關日本在臺灣的統治史研究重大的缺點亦正在於此。」[635]因此,戴國煇先生對殖民統治前夕,以劉銘傳為核心的洋務運動予以考察和充分的肯定,說明日據時期殖民地經濟的增長是有其本地傳統來源的。假如說戴國煇先生只是定性地以臺灣洋務運動的成績來說明這一點,那麼,使用西蒙·庫茲涅茨的方法可以定量地更明確充分地證明這一點。

附錄:對於統計資料的考訂和說明

由於米、茶、糖、樟腦構成臺灣傳統經濟的絕大部分,因此須對其進行具體的考訂。另外,由於統計資料不直接反映雞、鴨、鵝、豬、牛等家畜以及鹽的產量、產值,也須我們設法考訂、計算。其他物產的數字,我們將直接取自統計資料。為排除偶然的波動,我們的原則是取常年產量或三年(1898—1900)平均數。

數字均出自臺灣總督府《第四統計書》、《臺灣統計要覽》,並參考其他資料。

1.米:米的總產量難以統計。割臺之初造報制度尚未十分完備,總督府發布的一些數字亦是根據估計而來。總督府不同部門及當時日本學術界對割臺最初幾年的米產量有不同看法。我們以總督府發布的數字為準,參考其他說法。據總督府發布的數字,1899—1902年的米產量如下:1899年:2052970日石;1900年:2150027日石;1901年:3065838日石;1902年:2821423日石(資料來源:臺灣總督府《臺灣統計要覽》)。取其平均,得2522564日石。

總督府發布的這些數字是收穫統計,即估計稻穀年產量再換算成米的數量。如,據《臺灣總督府第四統計書》1900年稻穀產量為430萬日石,換算得米215

萬日石。估測時，由於對畝產量估計不同，得出的結果也不同。當時一個官方組織「臺灣協會」據當年試割測算，再以消費量、輸出量修正，得出1900年米產量為260萬日石左右，比總督府公布的數字高出17%左右[636]。30年代日本官方發行的《臺灣米穀要覽》登錄的20世紀頭幾年臺灣的米產量，亦比上述數字高出5%左右。總督府的數字還是比較保守的。

至於稻米的年產值，據《臺灣統計要覽》的數字，1900年為8866711日元。1902年則為20.229603日元，前一個數字似乎偏低，以當年產量平均之，得米價為4.12日元/日石，折合1.80元/擔左右（按：銀元/臺擔）。晚清臺灣許多產米區常年米價已是2元/擔左右了[637]。另據日本人調查，割臺前2年，臺北盆地的米價已達6日元/日石左右：

臺北盆地割臺前夕米價（單位：日元／日石）

	1893 年	1894 年	1895 年
上季	5.96	6.22	6.49－7.38
下季	6.14	6.49	6.84

資料來源：臺灣總督府民政局殖產部《臺灣產業調查錄》。

當時，佃農所交貨幣地租是按6.14日元/日石折算的[638]。割臺以後，米價年年上升[639]。一般而言，臺島米價是兩頭高中間低，北部基隆、臺北和南部臺南、鳳山米價高於中部臺中、彰化等地，我們取5.5日元／日石的數字。是處於高低兩個價位之間的。另據輸出價，1897—1902年，輸往大陸的米價在5.42—6.54日元／日石之間：

日據初輸出米價（單位：日元／日石）

1897 年：5.42	1899 年：6.64	1901 年：6.89
1898 年：5.61	1900 年：7.23	1902 年：6.54

資料來源：臺灣總督府殖產課《移出米概況》

據同一資料，島內批發米價與輸出價格相差不多，互有高低，亦可證明我們

取5.5日元／日石作為割臺初的米價不會過高。據此，我們得出日據初臺灣稻米年產值13874102日元左右。

2.茶：割臺初，總督府對於茶葉產量的統計，是由分布於產地各處的徵收制茶稅的租稅檢查所的數字彙集而成的。由於存在許多逃稅，所以租稅檢查所的數字往往不完全，有時甚至低於當年茶葉出口數。因此，割臺初茶葉產量、產值的許多數字都是根據輸出數字估計而來的（輸出數字當然亦由官方統計而得）。一般認為，茶葉（精製茶）的年產量為輸出量的1.1—1.2倍左右，比如，據臺北茶商會統計，1898年市場到貨為16948307斤，輸出為15201875斤。二者之比為1.1左右[640]。但總督府殖產課調查認為，這個比數應為1.2左右。[641]綜合考慮，可取1.15。據此，再參考總督府歷年的茶葉輸出統計，可以得出割臺初幾年茶葉的年產量。

但茶葉的總產值並不和產量完全相關。由於世界茶葉市場競爭激烈，所以價格多決定於消費地而不是產地。割臺初臺灣茶葉在主要市場——美國，正逢錫蘭茶葉的激烈競爭，因此臺灣烏龍茶價格呈下跌趨勢，嚴重影響臺茶輸出總值[642]。

割臺初臺灣茶葉輸出量（斤）、產量（斤）和輸出值（日元）

年份	輸出量	產量估計	輸出值
1896	15923475	18311996	5854019
1897	15228643	17512939	6906030
1898	15 的 5112	17359378	6223575
1899	13840158	15916871	5295796
1900	13442602	15458．992	4817652

資料來源：《臺灣總督府第四統計書》，臺灣總督府官房統計課明治三十五年刊行。*產量係據：產量=1.15×輸出量得出。

根據上表，割臺初茶葉平均產量為16912025斤。1899年以後，因輸美烏龍茶價格大幅下跌，輸出總值也下降許多。我們以上表幾年輸出值平均，得出年輸出值約5819414.4日元。扣除3%的關稅，實際年輸出值約為5644832日元，因產

量比輸出量多一成多，因此割臺初臺茶年產值應為6491556.8日元。

3.糖：出於發展臺搪生產的需要，殖民當局各方對傳統臺糖生產調查非常徹底，各方估計也比較一致，這種估計一般也是從生產和輸出兩方面分別進行的。

從生產方面估算，根據1900年的資料，當年「全島甘蔗種植面積約3.5萬甲，據臺南方面實測，假定一甲蔗田平均收穫量為3萬斤，共可得蔗莖10.5億斤。」從輸出方面進行推測，1897—1899三年平均臺糖出口貿易額為70.9萬擔，島內消費估計為10萬擔，兩者相加，這三年平均產量為80.9萬擔[643]。綜合兩種估算方法，臺糖正常年產量為80萬擔左右。這個估計和總督府舊慣調查會第二部對割臺前後的糖產量估計基本相符。

一般而言70萬—80萬擔被認為是臺糖的正常年產量。總督府的統計數字表明，1898、1899兩年的糖產量為70萬—80萬擔。

臺糖年產量（單位：斤）

年份	白糖	紅糖	冰糖	白下糖	糖蜜	合計
1898	4633950	63715957	—	1909671	—	70259578
1899	7754243	72737646	34600	186000	983746	81696233

其產值如下：

臺糖年產值（單位：日元）

年份	白糖	紅糖	冰糖	白下糖	糖蜜	合計
1898	274177	2528931		109222		3021552
1899	553441	3308998	4180	4650	16269	3887538

資料來源：《臺灣總督府第四統計書》。

以上兩年平均，臺糖年產值為3454545日元。

4.樟腦：樟腦是一種產量和價格變化極大的產品，雖然樟腦產品全部輸出。但晚清臺灣開港後30多年中，樟腦輸出量和價格變化幾乎無規律可循，這除了採樟方面因和原住民不時的衝突（所謂「番害」）而造成產量極不穩定以外，一

個重要的原因是走私的存在。割臺之初，臺灣總督府將樟腦稅看成最重要的稅源之一，但亦深感無法控制樟腦走私。當局有人估計，1898年走私樟腦高達350萬斤，而當年經稅關納稅的樟腦輸出為240萬斤左右[644]。這個估計似乎太高，但走私的大量存在是完全可能的。樟腦從眾多的中、小港口用帆船運至廈門再轉口輸出並不是困難的事。

從世界市場的需求方面來看，1890年以後，因樟腦成為製造無煙火藥與賽璐珞的工業原料，需要量十分大。當時全世界年消費樟腦6萬擔左右，全部由日本和臺灣兩地供應。因此，扣除日本的輸出大約即可衡量臺灣的產量。下表為1891—1897年臺灣和日本的樟腦產量：

臺灣、日本樟腦年產量（單位：擔）

年份	1891	1892	1893	1894	1895	1896	1897
台灣	18881*	17541*	33310*	39547*	*	43059	31742
日本	44290	30640	24875	20714	22383	16176	26082
合計	63171	48181	58185	60261		59235	57824

資料來源：守屋物四郎《臺灣樟腦的現在與將來》，臺灣協會會報1號。*1891-1894年數字顯然錄自晚清海關統計。1895年海關統計量突然低下去（15840擔），作者可能認為不反映實際產量，因而空缺。

從上表來看，割臺前後，要供應6萬擔的世界消費量，臺灣年產樟腦應在3萬擔左右。1899年，臺灣總督府規劃樟腦專賣，設定的目標為買收樟腦3076400斤，買收樟腦油1636200斤[645]，應該亦是根據年產3萬擔左右定出的目標。

1899年當局所收購到的樟腦數量還非常之少，實行專賣以後，當局憑藉政權力量，1900年就達到預定目標。

1900年臺灣當局收購樟腦、樟腦油數額

	數量	金額
樟腦	3228900 斤	2844755 日元
樟腦油	2362108 斤	452737 日元
合計	—	3297492 日元

資料來源：臺灣總督府官房統計課《臺灣總督府第四統計書》。

5.雞、鴨、鵝：家禽隻數為1898、1899、1900三年平均數。每隻雞以平均產肉一斤計算，鴨與鵝價值以雞的一半計，禽蛋部分略而不計。

6.豬：臺灣和大多數大陸老農業區一樣，養豬是傳統農家經濟的重要組成部分。據日據初調查，南部養豬，多者每戶50—60頭，少者20頭，所以，從社會總體看其價值量亦不小。全臺存欄頭數有40萬—60萬頭。但要計算養豬業年產值卻是比較困難的，一個辦法是只得從年屠宰量計算產值，但因每年屠宰的豬裡有些是從大陸輸入，所以還要扣除輸入頭數。日據初年臺灣每年宰豬頭數如下：

日據初臺灣年屠宰豬數量

年份	總屠宰頭數	總價額(日元)	大陸輸入頭數*	台灣自養屠宰數*
1898	290969	5792226		
1899	229508	4008.006	52968	176540
1900	243876	3293794	37447	206399
1901	321338	29001	292337	

資料來源：臺灣總督府官房統計課《第四統計書》。*東鄉實，佐滕四郎《臺灣殖民發達史》第306—307頁，**據第一欄和第三欄算出。

據上表，1899，1900，1901三年，平均每年臺灣自養屠宰的豬為225092頭。又據上表第一、第二欄可算出每頭豬屠宰後價額17.5日元左右，但其中包括了大陸輸入部分豬的運費，除去運費，臺灣自養的豬每頭大約可賣至16日元左右。

7.牛：臺灣傳統養牛是作為動力來源的，一般用於耕田、運輸以及製糖等手工業之中。割臺初臺灣大約有牛20萬頭左右，其中水牛多於黃牛。為保持每年

牛頭數不變，都要餵養新牛以補充老、病而死的牛數。一般而言，老病的牛都屠宰，因此，我們可視屠宰數為養牛業每年產出數。這個數有如下表：

日據初臺灣年屠宰牛數量

年份	水牛頭數	黃牛頭數	合計
1898	4902	6362	11264
1899	6655	4716	11371
1900	7204	5027	12231

資料來源：臺灣總督府：《臺灣統計要覽》。

三年平均為11622頭

水牛和黃牛價格各有4等，1901年南部牛價如下：（見下表）

日據初水牛、黃牛價格（單位：日元）

地區	最上等 水牛	最上等 黃牛	上等 水牛	上等 黃牛	中等 水牛	中等 黃牛	下等 水牛	下等 黃牛
嘉義	70	50	40	35	30	28	15	13
台南	70	50	40	35	28	25	15	15
鳳山	60	40	35	30	24	20	13	10
台東	40	40	30	20	20	15	10	8

資料來源：《臺灣南部畜產之概況》，臺灣協會會報29號，第17-24頁。

我們取中等偏低價格30日元為一般牛價，據此，臺灣養牛業年產值為248660日元。

8.鹽：臺灣雖四面環海，但產鹽不多。清季年產鹽30萬—50萬斤，不足本島需求，尚需從大陸輸入補充，割臺初鹽業生產局面有如清季，並略有下降。1900年後鹽業生產上升，量足夠本島消費需求，因此，我們以1899年（這是日據臺灣最早有鹽業統計的年份）為割臺初的鹽產額。當年臺灣自產鹽11037.95噸，銷售20277.20噸，不足部分由大陸和日本輸入。當年銷售必入為270827日元，則其中臺灣本島產鹽價額當占54%，為146702日元。[646]

日據時期臺灣社會的中國意識與臺灣意識

陳小沖

　　1895年《馬關條約》簽訂後，臺灣成為日本殖民地。身為中華民族一分子且擁有悠久歷史文化傳統的臺灣人民，依然堅持自己的文化觀念和行為模式，與日本殖民者的同化政策相抗爭，中國意識十分強烈。與此同時，臺灣人也曾提出「臺灣是臺灣人的臺灣」這樣臺灣意識十分濃重的口號，這又應予以怎樣的理解？日據時期臺灣社會中國意識與臺灣意識的關係如何？本文擬就此略作分析，敬祈指正。

一、日據時期臺灣社會的中國意識

　　日據之前，臺灣是中國領土的一部分，臺灣人民是中華民族大家庭中的一員，漢民族在遷徙登臺的同時，也將傳統中華文化傳入臺灣並綿延傳承，而廣大原住民同胞以其獨特的文化豐富了中華文化的內涵。臺灣人是中國人，臺灣文化是中華文化的一部分，臺灣人的中國意識，無論在反清復明的鄭氏時期抑或大一統的清代，其作為主流意識，一直都是臺灣民眾思想意識和社會生活的基礎。

　　日據之後，臺灣淪為日本的殖民地，雖然依據《馬關條約》，兩年內未離臺灣的民眾自然轉變為「日本國民」。但是，臺灣人民的中國意識並沒有被消滅，儘管在日本殖民統治的高壓下，中國意識的表現方式或顯現程度有所區別，中國意識作為臺灣社會意識的主軸卻從來沒有出現大的偏差。無怪乎臺灣總督小林躋造要懷疑：「（臺灣人）沒有作為日本人應有的精神思想，惜力謀私，僅披著日本人的假面具。」[647]

　　甲午戰後，臺灣人民就在大陸人民的支持下，展開轟轟烈烈的反割臺運動，

丘逢甲等士紳即發出「義與存亡」[648]的誓言，隨後的臺灣民主國，亦多方表示：「仍應恭奉正朔，遙作屏藩，氣脈相通，無異中土」。並明白揭示：「臺灣士民，義不臣倭，願為島國，永戴聖清。」日本殖民者完全占領臺灣全島之後，臺灣人民又起義反抗，陳秋菊、胡嘉猷等領導的臺北大起義，即在討日檄文中號召恢復中國在臺灣的主權，以「上報國家（清廷—中國），下救生民」。柯鐵、簡義等於鐵國山聚集人馬，號稱天運元年，他們在大坪頂上高高豎立的兩面大旗中，有一面即書寫「奉清征倭」幾個響亮的大字，可見這也是一次以回歸中國為主旨的抗日起義；南部林少貓、黃國鎮等聯合攻擊日軍駐地，並密謀進攻嘉義，試圖消滅日軍，「回覆清政」，更是明白無誤地要求恢復清王朝在臺灣的統治。

我們研究還發現，在日據初期為數不多的幾次試圖自稱「臺灣王」的起義活動中，這些起事者依然擺脫不了大中華思想或中國意識的影響。六甲事件中的羅臭頭曾試圖「自立為王」，但他理想中的臺灣王，只是清國皇帝封賞下的臺灣地方統治者，史稱：「羅臭頭更藉託清國皇帝及天帝，准許羅君得近日即位為天下皇帝。」亦即大中國範圍內的小兒皇帝。[649]土庫事件中的黃朝也提出過自立為王的主張，但這裡的所謂「臺灣王」仍然是屬於中國而不是脫離中國。他自稱天有四門，自己是為清國這個「天」來守護南大門的。[650]西來庵事件中的余清芳自稱臺灣將生「聖明之君」，而這個聖明之君是企圖恢復漢族雄風的皇帝，其理想為復興「中原大國」。[651]

以上種種事例表明，在日本殖民主義的刺刀下，臺灣人民不屈反抗的精神寄託為中國，無論是直接號召回歸的起義還是曲線圖存的起事，萬變不離其宗，最後的目標，都是為了使臺灣擺脫日本統治，重新歸屬中國，使臺灣再度成為中國人自己的臺灣。毫無疑問，中國意識是日據初期臺灣社會的主流意識。

1910年代中期，日漸成長起來的臺灣民族資產階級及其知識分子，在以林獻堂為首的部分士紳領導下，開始走向一條與武裝鬥爭不同的以非暴力手段爭取自身權益的鬥爭。在這一系列政治抗爭中，繼承中華文化傳統、宣揚中華民族意識、復興中華文化，成為運動領導者、參與者的自覺行動，隨著運動的深入，中國意識在臺灣得到了更深層次的扎根和更廣範圍的傳揚。

首先，他們在各種場合宣傳臺灣人是漢民族的後裔，是中華民族的一分子。黃呈聰稱：「回顧歷史，我臺灣文化，曾由中國文化作為現在生活的基礎，無論風俗、人情、社會制度，盡皆如此。——從文化上說，中國為母，我等為子，母與子生活上的關係，其情誼之濃，不必我等多言。」[652]林呈祿則言：「現在臺灣島的大部分，無論怎樣說，都無法否定他們是中國的福建、廣東移過來的歷史事實。」[653]

　　日本人自己也不得不承認：「本來漢民族經常都誇耀他們有五千年傳統的民族文化，這種意識可以說是牢不可破的。臺灣人固然是屬於這漢民族的系統，改隸雖然已經過了四十餘年，但是現在還保持著以往的風俗習慣信仰，這種漢民族的意識似乎不易擺脫。」[654]臺灣民眾對自身民族屬性和定位，以民族運動主要領導人蔣渭水的一番話即可明白無誤的顯示出來了，他說：「臺灣人不論怎樣的豹變自在，做了日本國民，隨即變成日本民族，臺灣人明白地是中華民族即漢民族的事，（是）無論什麼人都不能否認的事實」[655]

　　其次，當時臺灣社會出現了認同中華文化，眷戀中國，以中國為自豪的濃烈氛圍。在民族運動各團體的宣傳、鼓勵和切實推行下，中華文化在臺灣得到進一步的復興和傳播，中國意識在臺灣民眾，特別是知識分子中普遍勃興。[656]日本殖民者在一份內部報告中曾寫道：文化協會成員多懷有民族意識，常說：「我中國或我中華民族」，「追慕中國之念相當興盛」，「期盼（中國）早日統一」等等。[657]日人承認：「以中國為祖國的人，恐怕不在少數」。以至於整個臺灣社會中國意識十分濃重，「今日臺灣人，除特權階級外，大部分人醉心於中國，乃是不爭的事實。」[658]民族運動骨幹分子莊遂性則深情地表達了自己內心的感受，他說：「我在國外和異民族相處時，我心安理得地當一個中國人，在國內和國人相處時，則我心安理得地當一個臺灣人，並且以能心安理得地當一個『中國的臺灣人』而覺驕傲。」[659]李友邦在談及日據下臺人心態時亦指出：「臺灣割後，迄於今日，已四十餘年，雖日寇竭死力以奴化，務使臺人忘其祖國以永久奴役於日人。然臺人眷戀祖國的深情，實與日俱增。時間愈久，其情愈殷，是並未嘗有時刻的忘卻過。」[660]

「七七事變」後，日本殖民者加強了對臺灣社會的控制，有組織的政治運動均遭取締。為了強化同化政策的貫徹及將臺灣整合為日本南進基地的需要，配合日本帝國主義對外侵略戰爭，日本殖民者在臺灣掀起皇民化運動的浪潮，這一運動的核心內容即是竭力摧殘中華文化，灌輸日本皇國思想，以圖將臺灣人民「從裡到外」都轉變成為「真正的日本人」。顯然，在這一特殊歷史背景下，臺灣人民不能公開宣揚中華文化，無法保持與大陸的密切聯繫，不能從事一切與大陸相關的活動。但是，惡劣的環境並不能動搖臺灣民眾心中與大陸難以割捨的情懷，他們頂著日本法西斯統治的高壓，以各種隱祕的、半公開的方式，繼續保持自身固有的文化傳統，以中華民族一分子的堅韌精神與強制同化政策進行鬥爭。

「七七事變」爆發，臺灣民間即流傳中國將收復臺灣，民眾心中潛藏的中國意識再度升溫。據日人密報，不少人認為「中國是個大國，日本必敗；中國是我們的祖國，希望中國勝利」。他們相信中國將收復臺灣，「現在中國將奪回臺灣，如果我們起來與日本抗爭的話，不用多久，我們就能回到中國的治理下」。據當時對大屯郡下西屯公學校高年級學生的調查，在這些臺灣學生家長對時局的認識中，「相當多數的人希望回歸到中國的懷抱。」臺灣同胞還不時公開表示自己是中國人，如宜蘭郡礁溪莊的游在添稱：「中國是我們本島人的祖國」，有人還冒險投書寫道：「日本必亡，祖國興隆」。臺灣軍司令部在分析當時臺灣人的反應時不得不承認：「事變爆發當時，一部分本島人（臺灣人）中間由於民族的偏見，依然視中國為祖國，過分相信中國的實力，受宣傳的迷惑，反國家或反軍隊的言論和行動在各地流傳，民心動搖。」[661]

在皇民化運動囂塵直上的時候，臺灣人民仍暗中學習漢語，收聽大陸的廣播，對日人推行的改姓名運動不屑一顧，即使少數被迫更改者，亦以穎川、江夏等帶有大陸故地意識的姓氏冠名。一些被迫加入皇民奉公會的人亦大都消極敷衍。難怪到日據行將終結的時候，臺灣總督安藤利吉對「領臺五十年」後的臺灣人仍發出「並無絕對加以信賴和自信」的慨嘆。[662]日據時代臺灣社會的中國意識，藉用楊肇嘉先生的話就是：「臺灣人民永遠不會忘記祖國，也永遠不會丟棄民族文化！在日本人強暴的統治之下，渡過了艱辛苦難的五十年之後，我們全體臺灣人民終以純潔的中華血統歸還給祖國，以純潔的愛國心奉獻給祖國。」[663]

以臺灣人民抵抗運動為視角，可將日據時代分為三個時期，即武力反抗時期（1895-1915年）、民族運動時期（1915—1936年）和皇民化運動時期（1937—1945年）。日據時期臺灣社會的中國意識在不同的階段呈現出不同的特點。在武力反抗時期，由於距割臺不久，當時的臺灣民眾仍存有一種透過武裝鬥爭達到回歸大陸的熱盼，這時的中國意識直接而鮮明；民族運動時期，臺灣民眾轉向以非暴力政治抗爭來謀求自治，同時等待恢復與大陸關係有利時機的到來，此時的中國意識體現為對自身民族性的體認和對中華民族文化的堅持和弘揚；皇民化運動時期，由於法西斯高壓政策和軍部勢力的猖獗，社會運動停頓，臺灣人民只能以抵制皇民化、堅守中華傳統文化來與強制同化相對抗，這時的中國意識更多的體現為對中華文化和中國的心理認同。

二、日據時期臺灣社會的臺灣意識

　　正如任何一個國家的民眾在國家意識之外還有其自身所屬地域的地方意識一樣，臺灣民眾除了擁有中國意識之外也擁有臺灣地方意識是再正常不過的事情。從理論上說，自大陸遷臺的居民從早期的移民社會向定居社會轉化之後，臺灣地方意識便隨之產生。這種意識是對自己定居繁衍的這塊土地的認同感，是自身區別於中國不同區域民眾的心理標識，正如福建人與山東人自我地域認同感不同，臺灣人與河北人或是其他省份人群不同而有其地方意識是社會生存的自然樣態，本身並不包含任何政治含義。

　　日本占據臺灣之後，在統治者方面，日人作為外來殖民者，其與臺灣人分屬兩個完全不同的民族，臺灣的民情風俗、人文地理乃至民眾性格、社會制度又與日本迥異，加上日據初期臺灣人民接連不斷的抗日起義，使得日本國內高層及總督府當局傾向於將臺灣作為一個與日本「內地」不同的特殊地區來看待，在臺灣推行特殊統治。在此基礎上，實施總督制，並制定《六三法》，賜予總督很大的權力。如臨機處分權，特別律令權等。因此，首先提出臺灣地位特殊的其實是日本人自己，其出發點是以此為依據擴大總督的權力，方便殖民統治的運作。

　　另一方面，由於日本殖民者政治上的壓迫、經濟上的剝削和民族歧視政策，臺灣人民從一系列不平等的待遇和生活體驗中，感受到了壓迫民族與被壓迫民族

間本質的不同,在「內地人(日本人)」與「本島人(臺灣人)」間政治經濟不平等的鴻溝中,加深了「非我族類」的排異性,使得臺灣人相互間強化了自我認同和「自我歸類」,自發的凝聚為濃烈的臺灣意識。1910年代世界範圍內民族自決浪潮的衝擊和臺灣人民族意識的覺醒,促成了一部分臺灣先進知識分子將由日人始作俑的臺灣特殊論拿來為我所用,發展出臺灣地方自治和設置臺灣議會的政治訴求。在這裡,臺灣意識從自發走向了自覺。可以說,日據時期的臺灣意識已經不僅僅是一種地方意識或地域意識,而且是包含有民族反抗喻意的政治意識。

概括第說,日據時期的臺灣意識包括以下幾個方面的主要內涵:

首先,臺灣人與日本人分屬不同民族,臺灣人是漢民族。在這裡,臺灣意識與中國意識產生了交叉點。《臺灣民報》上常有這樣的語句:「臺灣人的祖先們自三百年前,為要開拓新天地樹立生存權,由福建省的漢民族陸續渡海而來,造成這個美麗的臺灣。」[664]「現在臺灣的先住民族中,除起八萬未開化人之外,十分之九算是由中國渡來的漢族。」[665]

其次,臺灣風土人情與日本不同,依其特殊性應實施不同的政策。「臺灣固是日本帝國的屬領,但是離了本國遠了,氣候是不同,而人情、風俗、言語思想各種的生活樣式都是有大差了。——臺灣和日本內地不同,不是日本內地的一部分,故不能依照同樣的統治法。」[666]「殖民地原住的民族,既然與本國(按指日本-引者)不同,風俗習慣自然與本國迥異,其各殖民地的特殊的事情,於統治上是有絕大的關係,所以不能以統治本國人的方針制度,來適用於殖民地的統治,這是極其明顯的事情。」[667]在這裡,臺灣意識的第二層含義是,臺灣人要有與日本人不同的自己的生活方式。

再次,設置臺灣議會,實施臺灣自治,這是日據時期臺灣意識上升為政治層面的訴求。他們指出:「臺灣雖是在日本統治之下,但是因為臺灣本來的民族是與日本民族不同,實際的政治施設非特別參酌臺灣特殊的民情風俗不可。」[668]自1921年起臺灣議會設置請願運動蓬勃發展起來,其請願的理由,在《臺灣民報》發表的社論《臺灣議會與臺灣憲法》中得到了明白的闡述:「請願的根本主

旨,始終一貫,要求臺灣特別委任立法及臺灣預算的議決權,即要求在臺灣地域之範圍內的參政權。其要求的根本理由,是為臺灣的民情風俗與日本內地不同,如欲謀臺灣民眾的幸福,須行適合臺灣民意的政治,欲適合臺灣民意的政治,必要使臺灣住民參政,欲使臺灣住民參政,非設置臺灣議會不可。」[669]

在臺灣社會的實際層面,臺灣意識是抗拒日本殖民者推行的同化政策的利器。我們知道,日本在臺殖民統治的重要目標,就是企圖破壞臺灣人原有的中華文化體系,移植日本文化,將臺灣人同化為畸形的日本人。而臺灣意識所強調的臺灣人漢民族性及臺灣社會特殊論,則恰恰與日本殖民者的同化意願背道而馳。「大凡國民性的構成基礎,是自然的造成的共同體,就是在一定地域,由血族的種族的共同體,把一種共同的歷史、共同的文化、共同的生活條件所發生,而成長做國民或是做民族的。以上的共同體,是經過數百年或數千年訓養而來,故有特別性格,和他國人定有差異,所以這國民性決非一朝一夕可以改造的。倘若欲強行,不但勞而無益,並且是背人道、逆自然的政策了。」[670]「臺灣是有四千年的歷史和文化,社會上有特別的制度、民情、風俗,——同化政策欲使臺灣化作與內地(日本)的府縣同樣,這實在是難的,若要達其目的,總要生出種種的強制,無視臺灣的個性了。若此則不利於臺灣民的現實生活。」[671]

在臺灣意識的構想中,作為「模範的殖民地自治」的藍圖應該是這樣的:「——尊重原住民的民族心理,至於風俗習慣種種的固有文化,其善良的不可不給它保存,所有的一切施設,須要以殖民地人為本位。母國唯有間接的受其利益而已。」[672]而日本殖民者同化政策卻「萬事都以本國為本位以定方針,要使殖民地改變和本國一樣」[673],一個是以臺灣為本位,一個是以宗主國日本為本位;一個要求保存臺灣人固有的民族性,一個力圖使臺灣人異化為日本人,二者有著本質的不同。因而臺灣意識作為同化主義的對立面,再次顯現出其民族反抗的政治意義和在當時歷史條件下的進步性。於是我們對於日據時期相當多的臺灣意識強烈的口號便不難理解了,請看他們發自內心的吶喊吧:「臺灣本是臺灣住民的臺灣,萬般的事業和施設,皆要以臺灣住民為本位的,而且萬般的事情都要靠仗臺灣民眾自身的力量去做,才會徹底才有誠意的。」[674]

臺灣意識作為臺灣自別於日本人的一種思想意識，其著力強調臺灣地方性和臺灣人個性的特點，使得它又不是簡單地表現為地方意識或昇華為臺灣自治的政治意識，同時也表現為鄉土文學意識，臺灣地方特色文化意識，臺灣特殊民俗形態等等，即滲透到社會文化、生活的各個方面。僅舉臺灣文學為例，他們就極力強調寫臺灣的地方特色，發展新臺灣文學。他們說：「要產生有價值的文學不消說要表現強大的地方色彩（local color）的，如像蘇格蘭文學、愛爾蘭文學的鄉土藝術，個性愈明亮而價值愈高升的，才是現代的之活文學。在臺灣有什麼詩人會描寫著臺灣的風景、空氣、森林、風俗、人情和老百姓的要求沒有？我們不得不盼望白話文學的作者的將來，務要拿臺灣的風景為舞臺，臺灣的人情為材料，建設臺灣的新文學，方能進入臺灣文化的黎明期。」[675]

　　綜合而言，日據時期臺灣意識與日據之前的臺灣意識既有傳承又有很大的不同，它們都是一種臺灣地方意識，但在日本殖民統治下臺灣人民身受異族壓迫的新的歷史條件——「治者和被治者兩階級的對立……明顯地因民族的不同而區別著」[676]，使得臺灣意識隨著民族運動的展開從自發轉而成為自覺，並擁有強烈的政治反抗的意味，從而烙上了地域概念和政治概念的雙重印記。

三、中國意識與臺灣意識的關係

　　一個民族由於共同生活、共同語言而產生共同意識；一個社會由於群體的不斷重複的經歷和體驗而形成共同的感受，從而產生社會共同意識。又由於社會群體自身民族性和某一群體的特殊性（地域性）而分別擁有民族意識和地方意識。

　　在日據時期的臺灣社會，中國意識作為宏觀意識，它體現了臺灣人的民族性；臺灣意識作為次級意識，它體現了臺灣人的地方性；二者既相互區別，又共處於一個統一體中。具體而言，臺灣意識與中國意識又可視為表與裡、殼與核的關係。中國意識的深層內涵是它的實質所在，臺灣意識的表象外殼則是它的外在構態。無論中國意識或是臺灣意識，在日本殖民統治下它們共同聚合為反日意識。正是基於二者關係的上述特點，所以不管這種反日意識是以中國意識抑或臺灣意識的面目出現，日本殖民者都很自然的將其一併歸結為中國人（或漢人）的中華民族意識（或漢民族意識）。換句話說，日本人已經看穿了中國意識與臺灣

意識的同質性，即它只是臺灣人反日運動手握匕首的兩刃而已。這一認識在日人對臺灣民族運動中代表中國意識的祖國派和代表臺灣意識的自治派的描述中得到了淋漓盡致的表現：

一種是對支那（中國）的將來也持很大的矚望，以為支那不久將恢復國情，同時雄飛於世界，必定能夠收復臺灣。基於這種見解，堅持在這時刻到來之前不可失去民族的特性，培養實力以待此一時期之來臨。因此民族意識很強烈，時常追慕支那，開口就以強調支那四千年文化鼓勵民族的自負心，動輒撥弄反日言辭，行動常有過激之虞。相對的，另外一種是對支那的將來沒有多大的期待，重視本島人的獨立生活，認為即使復歸於支那若遇較今日為烈的苛政將無所得。因此，不排斥日人，以臺灣是臺灣人的臺灣為目標，只專心圖謀增進本島人的利益和幸福。然而，即使是這些人也只是對支那的現狀失望以至於抱如此思想，他日如見支那隆盛，不難想像必回覆如同前者的見解。[677]

出現上述現象的根本原因，在於臺灣民眾無論是中國意識或是臺灣意識都毫無例外地對自己屬於中華民族一員有著深刻的認識，「中國是素稱文教之邦，我們臺灣人是漢民族的後裔。」[678]「我們是具有五千年優秀歷史的漢民族的子孫」[679]。日人亦稱：「臺灣人的民族意識之根本起源，乃繫於他們是屬於漢民族的系統」，「視中國為祖國的感情，不易擺脫，這是難以否認的事實。」[680] 面對日本殖民者的民族歧視和壓迫，臺灣民眾的心態由黃白成的一段話得以清楚地表白：「中國——對世界人類有很大的貢獻，所以世界各國都很羨望，那麼倘要問日本如何對中國人輕蔑起來？可以答覆是在日清戰爭中國戰敗而來的。自此以來，日本人竟蔑視中國人為清國奴。我到琉球、日本旅行，每聽到這種侮辱時，就想到我們的祖國是中國，中國本來是強國，是大國，道德發達很早的國家，這種感想很強烈，而且每一次都加強這種精神。」[681]

當然，中國意識與臺灣意識的立足點又有所不同，中國意識是以身在臺灣的中國人的基本立場，著力弘揚中華文化，努力保持中華文化在日本殖民統治下不致失墜，並且以此作為抵制日本殖民同化的利器；臺灣意識則以身為臺灣人，身處臺灣社會特殊歷史條件為出發點，體認到臺灣處於日本統治下的現實，努力將

臺灣與日本內地相區分，以臺灣特殊性作為抵制同化政策及「內地延長主義」的盾牌。前者謀求臺灣重歸中國社會，後者則認為在此之前應該有一個中間環節，原因一是臺灣所處地位特殊，須先謀取自治，然後才談得上歸返中國的可能性，二是當時臺灣內外情形也決定了它一定要有一個「待機」（等待時機）的過程，無法一蹴而就。但不可否認的是，二者出發點不同而歸結點是一致的，即所謂殊途同歸。

還應提及的是，日據時期臺灣意識的凸顯，與臺灣社會特殊歷史背景有關。因為當時臺灣割讓後，臺灣人名義上已經成為「日本國民」，加上日本殖民者的高壓政策，臺灣民眾無法在島內公然提出臺灣是中國人的臺灣或臺灣歸還中國的口號，臺灣人民不得不以臺灣不同於日本的特殊性為由，以臺灣意識來排斥同化意識，而日據時期臺灣意識的深層底蘊依然是中國意識。

簡言之，日據時期臺灣社會的中國意識和臺灣意識相生而不相剋，共同在反日民族運動中發揮著不同且重要的作用。具體到臺灣社會中臺灣人個體上，若干人可能偏重於中國意識，若干人可能臺灣意識更為濃厚，從而產生所謂「祖國派」與「自治派」等等分別。在民族運動發展不同階段中國意識與臺灣意識也有此漲彼落的關係，但二者的同質性，使得臺灣意識一直圍繞著中國意識的軸心在轉動，中華民族意識便是在其中起著決定性作用的力量。

（原載夏潮基金會編：《中國意識與臺灣意識論文集》，海峽學術出版社，臺北）

光復前臺灣農業水資源的開發與利用

林仁川

　　水資源的開發與利用是發展農業經濟中不可缺少的重要條件，因為農業是人們利用生物機體的生命力，把自然界的物質和能轉化為人類最基本的生活資料的一個生產部門，農業生產本身就是一個能量的轉換過程，因此，任何時代、任何地區的農業生產都離不開水資源的開發與利用。本文主要探討光復前臺灣水資源與農業的關係，水資源的開發利用以及水資源的管理。

　　　　　　一、臺灣水資源與農業的關係

　　臺灣氣候的特點是高溫多雨，季風盛行，一方面給農業生產帶來充足的水資源，這是有利的因素，但另一方面，由於雨量各地分布不均，季風又帶來暴雨，再加上河流短小，排洪能力不足，往往給農業帶來各種災害。

　　在雨量的地區分布方面，南北的季節雨量十分不均。臺灣的東北部，因受東北季風影響最大，迎風坡的冬期降雨特多。如基隆市以南的山地間，年雨量超過5000毫米，而宜蘭地區的年雨量也在3000—4000毫米以上。而臺灣西南部的平原地區，冬季雨量極少，如高雄冬期（旱季）最多雨的10月份，只有40毫米以下。屏東平原的年平均值雖達2400毫米，最小值僅900毫米[682]，如以100天不降雨為大旱，50天不降雨為小旱，則平均每年有大旱1.7次，小旱次數更多。因此，在臺灣西南部少雨季節，農業生產必須依靠水利灌溉。

　　臺灣又是中國沿海各省中遭受臺風侵襲最多的地區之一，威脅臺灣的臺風一是自太平洋經菲律賓群島以東海面向西北進行的臺風，一是自南海中部北上偏向東北的臺風，以上任何一線臺風，均可對臺灣造成不同程度的損失。據1897年以來的67年氣象資料，西太平洋發生臺風1340次，其中侵襲臺灣達232次，如包

括發生於南海的臺風,平均每年侵襲臺灣3.7次,最多的一年達8次,按強度分,強臺風占37%,中臺風占55%,弱臺風占8%[683]。每次強臺風,都帶來連續的大暴雨,造成洪水泛濫,摧殘了農作物,沖垮良田,給農業生產造成很大破壞。

臺灣的河流流程較短,都在200公里以下,各河的主流長度在150公里以上者僅濁水溪、高屏溪、曾文溪、大肚溪。臺灣各河的發源地又都在高山,因此坡陡而流急。臺灣河流另一特徵是洪枯的流量十分懸殊,由於臺灣各河流的上游雨量特多,又受臺風的影響過度集中,流程又短,中途沒有蓄儲的地方,因之暴雨季節,經常發生特大洪水,全世界洪水量超過10000秒立方公尺的有40餘條河流,臺灣竟占6條。另一方面各河流的流域面積又不大,超過2000平方公里者僅有高屏溪、濁水溪、淡水河和大肚溪四河流,每平方公里產生的洪水量達4.5至9.2秒立方公尺,比世界各大河產生的洪水量大212至640倍,可見臺灣河水災害的嚴重性和防洪工程的重要性。另一方面在枯水季節,因雨量稀少,大多數河流迅速乾枯,如濁水溪的枯水量降至19秒立方公尺。可見臺灣各河流洪枯水量相差十分懸殊,致使洪水災害嚴重,平時用水又十分困難。同時,臺灣各河流的上游,大部分是黏板岩地帶,質地比較脆鬆,經不起雨水的沖刷,加上山地居民,濫採濫伐,破壞水土植被,每當大雨滂沱,山崩岸塌,大量泥沙傾入河中,逐流而下,使河床逐年抬高,也是造成洪澇災害的一個原因[684]。

由於臺灣以上的自然條件,所以歷史上洪澇災害十分頻繁,在史書上留下許多記載。最早紀錄臺灣臺風洪水之災的是郁永河的《裨海紀遊》一書。郁永河於康熙三十六年(1697年)到北投採取硫磺,在返回的路上遇到風雨交加的襲擊,他在書中寫道:「二十二日,風雨益橫,屋前草亭飛去,如空中舞蝶……而萬山崩流而下,泛濫四溢」[685]。當時臺灣人口較稀少,土地開發也不多,所以洪水對農業的破壞還不大,但是到雍、乾時期,隨著土地的開墾、農業的發展,洪水災害對農業生產的危害日益突顯出來。如乾隆十三年(1748年)「臺灣府屬之彰化縣,七月初二夜半,狂風大雨。初三日水勢驟漲,城內水深數尺,倒壞民房三百數十間,附近大肚溪一帶村莊,盡行沖淹,因發蛟水勢驟湧,堤防不及,受災甚重。諸羅縣笨港等處,亦有沖壓田畝,倒壞民房之處,較之沿海各邑,被風更重」[686]。

除了比較完整的災害記載之外，在各地的縣志中也可看到大風、旱澇災害給農業生產造成的損失。如臺灣南部地區：康熙二十二年（1683年）「夏五月，大雨水（時淫雨連月），鄭氏土田多沖陷，有高岸為谷之嘆」，[687]乾隆十四年（1749年）秋七月戊申，大雨水，沖陷保大東、西二里田園（計八十四甲）。乾隆十五年（1750年）秋七月庚戌，大雨水，沖陷永康、武定、廣儲西、新化、新豐、仁德北，崇德等里田園（計一百四十三甲零）[688]。臺灣北部地區也經常發生風、旱、澇災害。據《淡水廳志》記載：康熙六十年（1721年）春三月，大雨如注。雍正三年（1725年）秋七月大風。乾隆二十四年（1759年）秋八月大水，南靖厝莊居民淹沒。乾隆五十三年（1788年）春二月大雨日，饑，斗米千錢。道光元年（1821年）夏六月大風，早禾損。咸豐三年（1863年）六月，大風雨，內港大水，居民傾沒。同治元年（1862年）六月大風，饑。五年（1866年）五月，大旱，饑[689]。臺灣東北部的宜蘭地區開發較晚，嘉慶年間才獨立設置噶瑪蘭廳，但從《廳志》記載看來，洪水災害也是比較嚴重的。嘉慶十六年（1811年）秋九月，有水災，田園沖堤堰決。嘉慶十七年（1812年）有水為災，田園沖塌。嘉慶二十年（1815年）秋八月大水，田園沖壓。道光六年（1826年）九月甲辰，水，丙午為災，田園沖壓。道光二十八年（1848年）九月辛巳，連日風雨大作，山裂水湧，自十一日起，三日連宵達旦，暴雨狂風，水湧山裂。道光三十年（1850年）六月初一日未刻，西勢大湖莊突起旋風，雨雹，打傷土名八十佃隘界田園稻穀、青菜、園蔬等物[690]。

從以上災情的紀錄可以看出，臺灣各地水旱災害十分頻繁，給臺灣人民的生命財產和農業生產帶來很大損失。

二、臺灣水資源的開發利用

臺灣農民為了抗禦惡劣的自然災害，發展農業生產，長期以來修築各種水利工程，一方面充分開發利用臺灣豐富的水資源，同時也把洪澇災害減低到最低程度。

臺灣水資源的開發與利用主要表現在兩個方面，一方面是灌溉，另一方面是防洪。在灌溉方面，自漢族移民進入臺灣之日起就注意農田水利的建設，在荷據

時期為了擴大稻米和甘蔗的種植，修建了各種埤、潭、陂、井等水利設施。如參若埤，「在文賢里，自紅毛時有佃民姓王名參若者，築以儲水灌田，遂號為參若埤雲」。鴛鴦潭，「在文賢里，紅夷時有鴛鴦戲於潭，故名」。[691]。荷蘭陂，「在新豐里，鄉人築堤，蓄雨水以灌田，草潭通此」[692]。但水利設施中最多的是開挖水井，進行灌溉，其原因可能是工程較小，投資較省，又能兼做飲用水，所以早期漢族移民多開井取水。如臺灣縣境內，有大井，「在西定坊，來臺之人，在此登岸，名曰大井頭是也」；烏鬼井，「在鎮北坊，紅毛所築，水源甚盛，雖大旱不竭」；紅毛井，「在澎湖紅毛城東，紅毛所築，故名」[693]。馬兵營井，「在寧南坊，泉淡而甘，甲於諸井，紅毛時，鑿以灌園者」。《諸羅縣志》記載有龍目井，「井在大雞籠之麓，下臨大海，四周斥鹵，泉湧如珠，噴地而起，獨甘冽冠於全臺，不知開自何時，大約荷蘭所浚也」；紅毛井，「在縣署之左，開自荷蘭，因以名，方廣六尺，深二丈許」[694]。

　　明鄭時期，為瞭解決軍民糧食問題，實行較大規模的屯墾和鼓勵大陸移民開墾，於是在臺南、嘉義各地，開圳設埤，興修各種水利灌溉工程。但至今從文獻中還能找到記載的僅有20處左右，據陳文達的《臺灣縣志》記載有陂仔頭坡，「在文賢里，明鄭時所築以灌田者，大旱則涸」；草潭，「在新豐里，明鄭時築，方半里許，蓄雨水以灌田」；弼衣潭，「在新豐里香洋仔，明鄭時築，蓄雨水以灌田。」[695]又據陳文達《鳳山縣志》記載的有竹橋陂，「在竹橋莊，水源在阿猴林來，灌竹橋莊之田，明鄭時所築，又名柴頭陂；三鎮陂，在維新里，有泉，灌三鎮莊之田，明鄭時所築；三爺陂，在維新里，有泉，灌三爺莊之田，明鄭時所築」等[696]。除此之外，高拱乾《臺灣府志》還記載有月眉池，係明寧靖王填築灌田，形如月眉，中植紅白蓮花，甚盛[697]。

　　到清初，隨著大陸移民的大量湧入，臺灣島出現了大規模的開墾，但「邑治田土，多乏水源，淋雨則溢，旱則涸」，為了開發水資源，保證農業用水，興起興修水利的新高潮。當時的水利工程有各種各樣，凡「相度地勢之下者，築堤水或截溪流，均曰名陂」。還有一種是「或決水泉，或導溪流，遠者數十里，近亦數里，不用築堤，疏鑿溪泉引以灌田，謂以圳」。第三種是「地形深奧，源泉

四出，任以桔橰，用之灌溉，謂之湖（或謂之潭）」。第四種是「就地勢之卑下，築堤以積雨水，曰涸水陂」，這種涸水陂，「小旱亦資其利，久則涸矣」[698]。從上可見，臺灣農民利用各種辦法，將溪水、雨水、泉水都儘量用於農田灌溉，保證農業用水。

　　清代臺灣農田水利建設是隨著墾民的流動逐步由南向北發展的。康熙年間，臺灣的開墾還是以臺南平原為中心，因此興修的水利絕大多數在今臺南、嘉義、雲林縣境內，如臺南縣境內修建的水利工程有嵌下陂、馬朝後陂、楓仔林陂、佳走林陂、三間厝陂、烏樹林大陂、安溪寮陂等。嘉義縣境內修建的水利工程有諸羅山大陂、柳仔林陂、八掌溪墘陂、牛朝莊陂、新陂、大溪厝陂、朱曉陂、樹林頭陂、打貓大潭陂、打貓山腳大陂等。在雲林縣境內修建的水利工程有埔姜林陂、阿陳莊大陂、糞箕湖陂、石榴班陂、鹿場陂、打巴辰陂等。而在彰化縣境內的水利工程僅有十五莊圳、施厝圳。臺中市境內更少，只有馬龍潭陂。

　　康熙末年，嘉南平原開墾已近尾聲，大批移民開始向斗六以北地區拓進，由彰化渡過大肚溪進入臺中。雍正時期再由臺中渡過大甲溪，乾隆年間到達苗栗、新竹以及桃園、臺北等地。此時，不僅開墾沿海平原，而且進入丘陵地帶進行墾荒。所以，農田水利工程的建設中心也移到中部和北部地區。如在彰化縣、南投縣、新竹縣、桃園縣境內都修建許多水利工程。其中在臺北縣、市境內修建的水利工程最多，有永安陂、福安陂、隆恩陂、七十分陂、下陂頭陂、上陂頭陂。從上可見，雍正乾隆年間不僅在臺南平原的北部修建許多水利工程，而且在臺中盆地、臺北盆地，甚至於南投等丘陵山地也修築各種水利工程。

　　嘉慶初年，漳州移民越過三貂角進入宜蘭平原，嘉慶七年以後，漳泉和廣東的移民越來越多，墾地進一步擴大，隨著宜蘭平原的開墾，在今宜蘭縣境內也修建了許多水利工程，如破頭圳、冬瓜山圳、武荖坑圳、馬賽圳、金大成圳、羅東北門圳、羅東南門圳、順安莊圳、員山圳等。

　　同治光緒時期，沈葆楨、劉銘傳獎勵開山撫番，臺東地區被開墾，臺灣東部也開始修建水利工程，如在今臺東縣內修建大陂圳、大莊圳、萬人埔圳、拔子莊圳等。從臺灣水利工程修建的發展情況看，土地資源的利用與水資源的開發與利

用是密切相關的。隨著清代臺灣土地開墾的不斷擴展，水利工程建設不僅呈現由南向北，再向東發展的軌跡，而且水利工程的規模也呈現由小向大發展的趨勢。一般來說，康熙年間修築的水利工程除少數如八堡圳、通埒圳、隆恩圳外，其他水利工程比較小，投資也比較少，大多數由縣官捐助與莊民合建，如知縣周鐘瑄捐出十幾兩銀子或捐穀幾百石，甚至捐數十石穀就可建成。雍正乾隆以後，隨著土地的成片開發，修建的水利工程規模逐漸擴大，出現灌田數千甲的大工程。如瑠公圳，在臺北盆地東南側，由郭元汾於乾隆五年（1740年）出銀2萬兩興建而成。郭元汾，字錫瑠，漳州人，乾隆年間來臺，居淡水大佳臘堡，「墾田樹穀，擁資厚，時拳山一帶多荒土，而水利未興，乃傭工鑿圳，引新店溪之水」[699]，「灌溉田一千二百餘甲」[700]，水渠建成後，命名為金合川圳，後人念其功，稱瑠公圳。再如大安陂圳，在臺北盆地西南部，由板橋業主林成祖等共同集資五萬兩，於乾隆元年（1736年）興建。其中在道光十七年（1837年）由鳳山縣知縣曹瑾倡導興建的曹公新、舊圳規模最大。曹公舊圳在小竹、鳳山二里，由44條圳組成，計灌溉田2549甲5分。曹公新圳，在小竹、赤山、觀音三里，由46條圳組成，計灌溉田2033甲[701]。曹公新舊圳共灌溉田4582甲5分，規模之大，令人嘆止。

經過臺灣墾民不斷興修各種水利工程，到清末被迫割讓臺灣時，臺灣已經有半數的耕地，可以得到灌溉之利。

日本侵占臺灣以後，為了實行「農業臺灣」的殖民政策，發展農田水利，以增加米和糖的生產。日據時期，以整修舊工程為主，凡是被洪水沖垮的水利設施，儘量加以修復，如臺南之虎頭埤、鹽水之頭前溪圳、樹林之頭圳、南投之險圳、臺東之卑南圳等。其中工程較大的有宜蘭第一公共埤圳。其次是改修瑠公圳，光緒三十三年動工，主幹線一年內完工，支線歷時六年才完工。從1907年開始興建一批新的水利工程，如後龍圳，於光緒三十四年（1908年）開工，歷時二年完成；獅子頭圳工程，在高雄縣旗山區，改建進水口引荖濃溪水進行灌溉。其中規模較大的有桃園大圳與嘉南大圳。桃園大圳位於桃園縣境內，取水口在淡水河上游的支流料崁溪的石門地方，該工程開工於1916年，至1928年完成，歷時12年，灌溉面積22000公頃。嘉南大圳，該工程由二部分組成，首先建

烏山頭水庫，其次在濁水溪南岸建三個取水口，從1920年開工到1930年完成，歷時十年，灌溉面積號稱152000公頃，實際上水量不足，只能實行3年輪作式的灌溉制度[702]。

臺灣水資源的開發利用除了建立各種灌溉工程之外，還有另一項重要工作是做好防洪工程，因為臺灣山高河短，坡陡流急，又是多臺風暴雨氣候，因此各河下游兩岸的洪水問題特別嚴重。為了保護農田，必須在河兩岸建築防洪堤以及開挖排水洪。早在荷據時期，從赤崁到新港河修建一條寬60英呎的道路時，在道路兩旁各挖一條寬3英呎的排水洪[703]。清朝的漢族移民為了保護苦心經營的村落田園，相繼在大安港、中港溪、曾文溪、後龍溪、頭前溪、大甲溪和濁水溪兩岸，集資興建簡易的防洪工程14處，堤防總長達10多公里，現將清代興建的防洪堤防列表於下[704]：

溪名	地點	建築年代	堤長	提高	備註
大安溪	卓蘭附近，右岸	乾隆五十五年	220		嘉慶年沖失
中港溪	上東興，左岸，	道光十七年	180	3	1911年沖失
曾文溪	直加弄，右岸	道光十六年			
後龍溪	福基，右岸	1850年前後	160		
後龍溪	立圍牆，右岸	1850年前後	220		
中港溪	內灣，左岸	光緒元年	180		1912年沖失
中港溪	頭份，右岸，	光緒元年	180		
頭前溪	下公庄，左岸	光緒三年	200	1	1920年沖失
大甲溪	上游兩岸	光緒七年	7500		保護交通線、田庄
濁水溪	鼻子頭，右岸	光緒七年	2300		彰化知事主持興建
頭前溪	上山，右岸，	光緒十三年	115	1	保護河岸及取水口
鳳山溪	洪庄，左岸	光緒十五年	45	3	村民自建
頭前溪	柯仔林庄，右岸	光緒十八年	36	1	保護農田
大安溪	鯉魚潭，左岸	興緒十八年	75		1905年沖失

在以上的防洪堤防中，以大甲溪下游之石堤工程最宏大，堤長7.5公里，全部用溪卵石堆砌，外加竹製蛇籠保護，由當時的福建巡撫主持此項工程，於光緒七年（1881年）建成。日據初期，對防洪工程未加注意，1912至1913年的兩次洪水泛濫，埤圳破壞，農田淹沒，日本殖民者為了保證米糖生產，才開始注意防

洪設施，1916年擬訂濁水溪、淡水河、大肚溪、曾文溪、下淡水溪等九條河的整治計劃，但因財政困難，未能付諸實施。1917年增建沿海鐵路，為保護交通安全，才於後龍溪、大安溪、大甲溪及濁水溪修建部分堤防。1929年，日本當局頒布河川法，制定濁水溪等19條主要河川及鳳山溪等32條次要河川的治水計劃，主要工程以興建堤防和整頓河床為主，但至日本投降時，仍未能全部完成，現將日據時期的防洪工程修建情況列表於下[705]。

河溪名稱	堤防長度(米)		
	計劃長度	完成長度	完成百分比
宜蘭	42790	42790	100
濁水溪			
淡水河	96886	10816	11
頭前溪	40120	18093	45
後龍溪	25775	7268	28
大甲溪	18620	10073	54
大安溪	21025	15928	76
烏溪	41900	41900	100
濁水溪	76020	76020	100
北港溪	48520	5033	10
朴子溪	36670	2000	6
八掌溪	40300	4514	17
急水溪	36800	3170	9
曾文溪	39000	41227	106

續表

河溪名稱	堤防長度(米)		
	計劃長度	完成長度	完成百分比
二層行溪	18292		
下淡水溪	71120	79046	111
林邊溪	46250	20681	45
卑南大溪	33726	7717	23
秀姑巒溪	21370	3505	17
花蓮溪	21860	5649	26
鳳山溪	16825	7049	42
中港溪	9650	3029	31
打那叭溪	11600		
大里溪	46310	5335	12
鹽水溪	14046	1000	7
阿公店溪	6870		
東港溪	37360	1120	3
砂婆礑溪	10700	4200	39
呂家溪	10860	1446	13
知本溪	5940	300	5
合計	946645	419162	44

　　從表中看出，雖然修建防洪堤防的規劃達946645公尺，但實際建成的堤防僅419162公尺，占規劃總長度的44%。到日據後期，不僅規劃中的堤防無法興修，甚至已經修建的堤防，因缺少維護而損壞33243公尺。可見，日據時期防洪工程所發揮的作用是有限的。

三、臺灣水資源的管理

　　加強水資源的管理，對於充分而合理地利用水資源，緩和水的供需矛盾，具有重要意義。因此，如何建立並改進用水管理，儘可能降低水量消耗，減少損失浪費，提高水的重複利用率和用水效率，使有限的水資源發揮出更大的經濟效益，是臺灣各個歷史時期農業生產中面臨的重要問題。

　　荷據時期，大多數的水利工程是挖井取水，明鄭時期，也主要以築堤積雨水的工程為主，如三鎮陂、三老爺陂以泉灌田，大陂蓄水灌田，新園陂儲雨水灌田，而很少興建截流開渠引水工程，因為截流開渠引水工程比開挖水井及儲積雨水工程規模大、投資多，是當時勞力及資力無法勝任的。另一方面當時農業生產

技術比較落後，很多地方採取輪耕制度，建設大規模的長期式的水利工程，在經濟上也不合算。

　　清代隨著土地的大規模開發，用水量的增加，僅靠挖井或蓄雨水灌田已不能滿足農業生產的需要了，於是各地開始修建規模較大的截流開渠引水工程。然而修建此類水利工程需要較大的投資，如著名的八堡圳，投資50萬元，萬安陂具體投資數不詳，但僅開挖加里珍莊一段溝渠就用銀2600餘元，王世慶先生估計全陂投資當在萬元以上。瑠公圳，郭錫瑠前後投資2萬餘元。曹公舊圳工程費用約63700餘元。曹公新圳，總工程費用約51300餘元。麻薯舊社圳，約需銀3萬餘兩。其餘投資在千元以上的陂圳比比皆是。清代興修水利工程要如此大的投資，除了個別的大業戶獨資外，大部分的投資形式採用合資經營，清代臺灣的合資形式有如下幾種：

　　（一）合夥投資開鑿。其中又分二類，一類是業戶合夥投資開鑿，如大坪林圳，乾隆五年（1740年）先由墾戶首金順興（即郭錫瑠）在青潭口破土開圳，未成功，乾隆十八年（1753年）墾戶首金合興（即蕭妙興）率股夥業主朱舉、曾鎮、王綸等與金順興合夥，繼續開挖，至乾隆二十五年（1760年）建成。第二類是一方提供土地、另一方提供資金或勞力合築者。如永安陂，乾隆三十年（1765年）由業戶張必榮提供土地，張沛世提供資金18500兩，從三塊厝引水開挖大圳。

　　（二）業佃鳩資合築。其投資比例一般是業三佃七。如暗坑圳，乾隆六十年（1795年）眾佃人林運等托工首張仲裔，向業主林登選提出，依照永豐莊之例，業三佃七，鳩出工本銀募工，開挖從赤塗崁外五張至九甲三直至溪州等處，同年底完工。

　　（三）全莊眾田甲、田主合築。如林仔埤，在嘉義境內，乾隆年間，由全莊埤甲、甲首及眾田甲等，置四、六分合築。原舊水穀1200石，作四、六分攤，每甲加田底穀2石，逐年共加水穀田底穀1340石。

　　（四）由莊內眾佃共同投資興建。如元帥爺圳，在宜蘭八寶莊，嘉慶十九年（1814年）由莊內眾佃戶開築灌溉，由莊內135佃戶共管。

（五）官民合建。由縣庫借撥庫平銀並捐補民興建，建成以後，借撥的庫平銀分年攤還縣庫，如網紗圳埤。

　　（六）漢族移民與平埔族合作修建。其中有漢人出資，平埔族提供圳路地的，有完全委請漢人出資募工開築者，有業四佃六分攤工本者，有割地挖水者，還有貼平埔族圳底銀者。如乾隆三十年（1765年），由通事瑪　、番業主君納，與永安陂圳主張廣惠、張源仁合作開挖海山大圳，引永安陂之水灌溉二、三重埔番業田園。

　　（七）平埔族自己修建。有通事、業主、番業主出資開鑿，也有社主、土目與眾新番鳩資合築者。如辛永安圳，在四圍堡，由辛仔罕番社土目劉武禮及眾社番，於嘉慶年間開鑿時，協力同心修建的[706]。

　　由於修建水利工程的投資形式多種多樣，因此對於水利工程的管理也是形式不一，有直接管理、委託管理、專人管理，也有眾人共管等。凡是獨資建立的水利工程，由投資者自行管理，而且向受益者收取水租，支付修建、維護水圳之費用。如著名的八堡圳由施世榜獨資興建，可灌溉面積達1萬餘甲，年收租穀近45000餘石。施世榜去世後，除將清水福馬圳之租權交由長子土安經營外，將其餘的租權分為十二租館，由其餘8個兒子繼承經營。抵美簡圳，由劉諧老自備工本開築埤圳，每佃每年每甲田貼水租穀3石。金同春圳，由吳惠山為圳戶頭家，自備資本開挖，圳水疏通以後，約定各佃田畝，逐年每甲完納水租穀4石2斗。柯濟川圳由柯濟川充為圳主，自備資本，傭工開築大圳。至於小圳，則由眾佃各自開鑿，眾佃每甲遞年納水租穀1石5斗。從上可見，每條圳的水租穀高低不等，高至每甲4石2斗，低至每甲1石5斗，一般來說每甲每年的水租穀在4石至1石之間，水租穀的高低可能是各條水圳的修建費用和維修費用不同而造成的差額。

　　合資修建水利工程的管理比獨資修建的工程管理要複雜一些。一般是按股份多少攤派資金，同時也按股份多少受益。如丘吳成圳，由丘德賢與鋪戶吳國珍合夥修建，公立圳戶名丘吳成，開圳一切費用，二人對半均攤，逐年所收水租穀，二人對半均分。東勢埤圳，因工本銀浩大，動用銀元計以數千，所以作十股均

開，陳奠邦、賴陽、王臘出六份，簡懷苑出四份，大圳出水告竣，眾佃戶遞年每甲納水租穀3石，所收水租穀亦照十股均分。

　　為了加強對合資水利工程興建、維修以及使用過程中的管理，一般先設立圳號，如金泰安、金新安、金大安、金慶安、金長源等。然後推舉圳長、埤長或總理作為總負責人，下設甲首等協助管理工作，如曹公舊圳，道光十八年（1838年）竣工，選舉奮勉督工者35人為甲首，管理各段灌溉區域之田甲，再由各甲首及地主推舉熟悉圳務者1人為總理，掌理一切圳務。曹公新圳竣工後也推舉甲首15人處理圳務、又推舉總理一人綜理圳務。從上可見，清代臺灣水利工程的興修，大部分是民間集資，自行管理，清政府很少進行干預。只有圳戶為了開圳的順利進行，及保護開圳後的權益，主動向官府稟請發給圳照、戳記時，才會發給有關的執照。

　　日本占據臺灣以後，為了實行「農業臺灣」的殖民掠奪政策，加強對農田水利工程的管理和控制，逐步將臺灣的農田水利管理權由農民手中轉置於日本總督府的管制之下。臺灣總督府對臺灣水利工程的控制可分為三個階段。第一階段是1901年，頒布《公共埤圳規則》。在此之前，已著手普遍調查臺灣之大小埤圳，並加以詳細登記，為實施《公共埤圳規則》作準備。光緒二十七年（1901年）七月四日公布《臺灣公共埤圳規則》十六條，同年九月一日又公布《臺灣公共埤圳規則施行細則二十八條》，根據規則第一條規定，公共埤圳是「包括以田煙灌溉為目的所設之水路，溜池及陳附屬物，而由行政官廳認為對於公共有利害關係者，凡河川池沼之堤防，對於前項水利有直接關係部分，亦視為埤圳之一部」，由此可見，各種水利工程，包括防洪工程是否屬於公共埤圳並不是由投資性質決定的，而是由行政官廳說了算。每一個公共埤圳的利害關係人（指受公共埤圳利害關係之土地所有權人、典權人、佃戶及埤圳主），經官廳認可，要組成「組合」，並作為法人代表。每一個公共埤圳組合設置理事（掌理事務）、技師（掌理技術）、書記（從事庶務）、技手（從事技術）、監視員（監視埤圳及其利用）。這些公共埤圳組合的管理人員，雖然由協議會或組合會決定，但必須得到行政官廳的認可，同時行政官廳得以免職之處分。關於公共埤圳之一切水利爭議，由行政官廳裁決。在公共埤圳財務方面，不但預算、決算，須經官廳之認

可，且規定帳簿種類，還可隨時派員抽查。總之，透過《規則》和《細則》的頒布將原來民間集資、自行管理的水利工程完全處於臺灣殖民當局的嚴密監督和控制之下。

日本人不滿足於控制已有的水利工程，進一步籌建新的官設埤圳。1908年頒布《官設埤圳規則》和《附則》。所謂的官設埤圳，指政府為經營水利事業所設置之水路，溜池及其他營造物，直接有關前項水利之土地及其附著物，也為官設埤圳之一部。《規則》規定，官設埤圳之區域，由臺灣總督府指定之；受官設埤圳水利之土地，也由臺灣總督定之；關於官設埤圳之一切爭議，由臺灣總督裁決之；本規則未盡之必要事宜，由臺灣總督核定之。由《規則》內容看，臺灣總督府直接控制各地的官設埤圳水利工程。當時成立的官設埤圳有新竹的桃園大圳、臺中的後生圳、莉仔埤圳、高雄的獅子頭圳等。為了對官設埤圳加以管理，宣統二年（1910年）又頒布《官設埤圳水利組合規則》。《組合規則》第一條規定，為舉辦官設埤圳水利及維護官設埤圳，在每一官設埤圳區域設置水利組合，水利組合由臺灣總督設置之。《組合規則》還規定，變更規約時，應經組合會之議決，呈經臺灣總督認可，臺灣總督認為必要時，得以命令變更規約。從上可見，官設埤圳完全是由臺灣總督府一手控制的官辦水利工程。

為了進一步控制臺灣的所有水利工程，1921年頒布《臺灣水利組合令》，第二年又頒布《施行細則》，共六章六十五條及附則二條。同時公布《水利組合規約準則》。根據以上條令，將所有的公共埤圳和官設埤圳共約180多個單位合併為108個水利組合。1937年再合併為38個單位。在人事組織上，每個組合設組合長一人，由知事或廳長任命之，任期4年；又設置評議會，評議會以組合長及評議員組織之。有關組合吏員之任免、職務權限、服務規律、懲戒、賠償責任、身分保證及事務交代，由臺灣總督規定之。在組合的財務管理上，水利組合對於組合費或其他組合收入徵收，得依臺灣總督所定，委託地方公共團體徵收，並應支給地方公共團體所收金額百分之四以內的徵收費。《組合令》還特別強調，本令所有規定外，關於組合費、勞務、實物、加入金、過怠金，或使用費之賦課徵收，及其他關於組合財務之事項，由臺灣總督另定之。從上可見，經過三次政策的調整，臺灣各種水利工程已完全被臺灣總督府所控制，正如《臺灣省通志》指

出:「水利組合之一切實權,均操於組合長之手,而組合長可由非組合員充任,且由知事或廳長任免,知事或廳長並可任免評議員,其權力之總樞紐,遂完全操於政府手中矣。」[707]

綜上所述,光復前臺灣水資源的開發與利用取得一定的成效。由於臺灣的氣候特徵對農業影響較大,所以歷代的臺灣農民很注意興修各種灌溉工程和防洪工程,同時制定符合本地實際情況的水資源管理制度,從而提高水的重複利用率和用水效率。臺灣水資源的開發與利用對臺灣農業經濟的發展產生積極的推動作用。

臺胞在大陸組織統一革命團體推動臺灣光復運動

陳在正

一、組織臺灣革命團體聯合會與臺灣革命同盟會

在金華組織臺灣義勇隊的李友邦，為了實現「保衛祖國、收復臺灣」的歷史任務，十分重視團結各種革命力量，把「統一臺灣革命組織」列為臺灣獨立革命黨十大行動綱領之一。1940年3月，李友邦決定去重慶，與其他臺灣革命團體商量統一革命組織的問題。他從金華出發，途經廣西桂林和貴州貴陽，「為擴大臺灣革命的影響」，在桂林、貴陽都演講臺灣革命與臺胞參加抗戰問題，由於李友邦「在沿途親擔宣傳號召之責，獲得祖國各方面同情與援助，收效甚大。尤其是到陪都的各種發動，終使我們不得不承認當時的努力是臺灣革命向組織方面發展的起點」[708]當時於1938年9月聯合在福建的「臺灣民眾黨再建委員會」、「臺灣反戰同盟」、「臺灣光復團」而組成的「臺灣民族革命總同盟」，同樣有形成統一的組織、集中力量共同奮鬥的要求，經李友邦與謝南光相互協力的結果，於中華民族革命史上有重大意義的黃花崗紀念日，3月29日，臺灣革命團體聯合會成立了。發表了《臺灣革命團體聯合會成立宣言》，決定由謝南光、李友邦等任常務委員，輪流擔任主席，劉啟光擔任祕書長。《宣言》指出：「為集中力量，加緊推動臺灣革命運動，響應祖國抗戰……結成臺灣革命團體聯合會。」《宣言》回顧了40餘年來臺灣人民前仆後繼的反日鬥爭，特別是「七七」事變後，島內與大陸臺胞的奮起抗日事實，並從大陸抗戰與臺灣革命的密切關係及臺灣在國防上的重要地位，指明：「中國欲速獲最後勝利，而保持國家之強盛於久遠，必須援助臺胞重獲自由解放；臺胞欲變奴為主，亦必須協助祖國抗戰」。《宣言》最後昭告中外父老：「根據上述認識，臺灣獨立革命黨、民族革命總同盟，誓願精

誠團結，群策群力，為促成祖國抗戰勝利，臺灣自由解放而攜手奮鬥。日月如梭，良機不再，吾人決以三民主義及抗戰建國綱領為今後運動之總則，在我民族領袖蔣委員長領導之下，集中一切臺灣革命勢力，推翻日本帝國主義在臺灣之統治，爭取臺灣同胞之自由解放。同時加緊動員臺胞，擴充臺灣義勇隊，協助祖國英勇將士，驅逐倭寇出中國。唯吾人深感責重力薄，切望臺胞奮起合作，中外父老隨時指導，以輔其成」[709]。臺灣革命團體聯合會是大陸臺胞自發聯合的組織，「可以說是臺灣革命運動有了統一指導機關的開端，也就是臺灣革命運動踏上了新階段的標誌」[710]。聯合會成立後，就展開了如下四種工作：第一是號召散處於各地的臺灣革命團體及無團體關係的個別同志，統一團結到「革聯」的旗幟下來；第二是向祖國當局建議，與臺灣革命者建立正常的關係，加強領導；第三是透過各加盟團體的關係，推動臺灣內部及淪陷區臺胞的革命工作；第四是協助臺灣義勇隊擴充其組織。同年5月2日，「革聯」與臺義隊在重慶舉行臺灣民主國紀念日茶會，共同開展抗日宣傳任務，以擴大其影響。5月7日，李友邦撰寫《為臺灣革命團體聯合會成立告本黨本隊同志》，說明「革聯」成立的重大意義，並號召「凡我臺灣獨立革命黨黨員，凡我臺灣義勇隊隊員，均應為此作最大之努力，均應為此作最大之犧牲，以造成其光明之前途」[711]。7月，林士賢、陳友欽領導的臺灣青年革命黨和柯臺山、宋斐如領導的臺灣國民革命黨表示願意加入「革聯」，願在統一領導下，與各友黨精神團結，共同鬥爭，經聯合委員會批准加入後，並請他們各派代表參加聯委會工作。半年後，又有抗戰後成立的由張邦杰領導的臺灣革命黨從福建沿海派代表到重慶要求參加「革聯」，11月19日聯合會批准其請求，至此「革聯」已成為5個臺胞團體的聯合組織，已完成了臺灣革命戰線的初步統一，統一了臺灣革命同志的政治動向，加強了臺胞對大陸的向心力，促進了大陸人士對臺灣之注意[712]。這時由臺灣獨立革命黨單獨組織的臺灣義勇隊中，亦增加了謝南光由上海敵占區調來的20多名幹部，劉啟光也派兩名幹部到金華，直到1942年5月臺灣義勇隊奉令撤到福建龍岩時，他們才全部離開義勇隊。

　　5個臺灣革命團體雖陸續加入臺灣革命團體聯合會，形式上統一了，但難收統一力量之效，各團體獨立性很強，「革聯」的決議要透過各加盟團體去實現，

由於意見存在分歧，行動也就很難統一。因此，「停留於討論、研究、交涉工作的聯合會，許多同志已感覺到這已不足應付，遂於提出必改革擴大機構，並須切實朝向實際工作去發展的意見」。[713]自1940年8月起，經入會各團體進行廣泛的磋商，於1941年2月實行改組，由臺灣獨立革命黨、臺灣民族革命總同盟、臺灣青年革命黨、臺灣國民革命黨和臺灣革命黨五個團體各派代表於2月4日起在重慶召開代表大會，「議決解散臺灣革命團體聯合會及所屬各團體，成立臺灣革命同盟會，統一臺灣革命戰線，增強抗敵力量」。[714]2月10日舉行革命同盟會成立大會，大會通過《臺灣革命同盟會成立宣言》，設立機構，選舉幹部。同盟會設主席團，下分設總務、組織、宣傳、行動四部。為顧全現實及防止敵人破壞起見，採用「雙料組織」之原則，設立南北方面執行部，分別同時進行淪陷區及臺灣島內之組織，推進革命運動[715]。同盟會總會設在重慶，北方執行部設在浙江金華，由主席團執委李友邦兼北方執行部主席，南方執行部設在福建漳州，由主席團執委張邦杰兼南方執行部主席。同盟會《宣言》宣告：「本同盟會之成立乃為謀臺灣革命力量之集中與鬥爭陣線之統一，今後更將此精神及運用本會之宗旨與綱領，站於青天白天旗之下，萬眾一心，戮力與日本帝國主義者作殊死戰。祖國既不以臺灣為棄地，且未視臺灣人為化外之民，願吾臺灣內外五百餘萬民眾敵愾同仇，一致執戈奮起，歸依祖國，服從領袖之領導，協助抗建大業，打倒共同敵人，以爭取臺灣民眾之解放與自由，吾人更願與東方各弱小民族及日本反侵略之革命民眾攜手，共同奮鬥，打倒日本帝國主義，重建遠東之和平秩序，不達目的，誓不停止」[716]。臺灣革命同盟會是大陸臺胞的抗日愛國統一戰線組織，具有政黨的雛形。各團體以平等的資格參加，總會設主席團，以免人事糾紛，而阻礙統一。設立南北兩執行部，尊重原有組織，逐漸促進統一。但自1941年6月國民黨臺灣黨部籌備處成立後，黨部採用收買與分化政策，甚至「用分化與仇視策略對付同盟會」，「致使糾紛與磨擦不斷發生，北方執行部未準時成立，南方執行部又走入歧途」，「致使所期的目的不能達到」。為補救過去階段的失敗，1942年在新形勢下又進行了領導機構的改組。[717]

1941年12月8日太平洋戰爭爆發，9日中國政府向日本正式宣戰，中國抗日戰爭與臺灣革命都走上了新的階段，在此新形勢下，同盟會於1942年3月召開臨

代會，議決取消兩執行部及主席團制，改設分會制以代兩執行部，新設常務委員會以代主席團，加強總會的領導力量，下層機構之封建割據情勢完全消除，以民主集權制統一指揮下層機構，設立分會及直屬區分會[718]。大會選舉謝南光、李友邦、宋斐如、郭天乙、謝掙強、林嘯鯤、李建華、蘇華、牛光祖、李祝三、林海濤、柯臺山、張邦杰、洪石柱、黃光軍等15人為執委，莊澤民、王正西、張大江、呂伯鏞、王少華等5人為候補執委，翁俊明、廖建東、馬士德、李建南、李明法等5人為監委，鄭崇明、林士賢等2人為候補監委。並推選謝南光、李友邦、宋斐如3人為常務委員，翁俊明為常任監察委員。郭天乙為總務部主任，蘇華為幹事；謝掙強為組織部主任，蘇華兼幹事；林嘯鯤為宣傳部主任，林海濤為幹事；李建華為行動部負責人，李建南為幹事。八個分會中的西南分會，以組訓散在四川、青海、貴州及廣西各省臺灣同志為目的，有會員23人，本分會之幹部以總會重要職員兼任，由謝掙強、林嘯鯤、蘇華、林海濤、邱晨波5人為委員；直屬第一區分會以在泰和和臺灣黨部訓練班之教職員及學員為主體組成，有會員32人，選出葉永年、宋斐如、鄧光弼、王秀驊、黃昏5人為委員，黃丹萍、吳成鵬2人為候補委員；福建分會原有會員296人，以廈門之外的自由區臺灣人為活動範圍，本年2月決定取消南方執行部後，少數人反對取消，引起糾紛，決定全體會員舉行總登記，已登記者仍准其活動。指定李祝三、洪石柱、陳友欽、呂伯鏞、陳澤生、李中輝、李明法、王少華、莊孟倫為籌備委員，派李祝三為籌備主任，陳澤生為副主任；曲江分會以廣州、香港、澳門等地為活動區域，併負臺灣島內交通聯絡及組訓工作之一部分，會員40人，以柯康德、賴光雄、黃曙協、鄭明仁、羅義清、黃慶光、王文輝7人為分會幹部；直屬廣州灣區分會以廣州灣、海南島、安南、香港為活動區域，併負責臺灣島內之交通聯絡及組訓工作之一部分，以李建華、沈昆、林平、趙惠民、丘明為籌備委員，本年5月間開始籌備；直屬汕頭區分會以汕頭為活動區域，併負責臺灣之交通聯絡工作，以蘇貴、蕭子明、章純、黃木、廖建為籌備委員，本年5月開始籌備；直屬廈門區分會以臺灣行動隊之組訓為主體，並擔任對臺灣島內之交通聯絡工作，有會員112人，總會指定吳俠、陳載生、楊渭溪、莊劍、陳燕山等5人為籌備委員，依新分會組織法從新改組，籌備新分會；直屬上海分會以上海、南京、杭州、漢口地區

為其工作地區,該區臺灣人之組織,概歸本分會負責,併負責臺灣交通聯絡之責任,本分會以臺灣之幫會、臺灣志願兵、農業移民、文化界、商人及臺灣軍伕為其組織對象,深入淪陷區之偽軍發動反戰及反征運動,有籌備委員13人,黎民生、李光負責各幫會,趙長江、劉民負責商人,任鐵民、洪有義負責偽軍,黃光軍、張錦樹負責志願兵及軍伕,蘇興仁、黃繼堯負責學生及文化界,江明、周玉欽負責農業移民,曾明負責聯絡及指揮。[719]大會修訂《臺灣革命同盟會會章》(共55條),並發布《臺灣革命同盟會第二屆大會宣言》。會章分總則、會員、組織、全體會員代表大會、本會執行委員會、常務委員會、地方分會、區分會及直屬區分會、本會監察委員會、財政、附則等11章55條,對有關會務作了詳細的規定,在「總則」中明確規定:「本會在中國國民黨領導之下,以集中一切臺灣革命力量,打倒日本帝國主義光復臺灣與祖國協力建設三民主義新中國為宗旨」,第17條規定:「全體會員代表大會為本會最高權力機關」,第23條規定:「本會執行委員會為本會最高執行機關」,第28條規定:「常務委員會為本會事務執行機關,由常務委員三人組織之」,第30條規定:「常務委員會職權如左:甲、對外代表大會,乙、執行本會執行委員會議決案,丙、處理緊急會務,丁、指揮總會及地方分會工作。」[720]《宣言》指出,太平洋戰爭爆發,大陸向日本正式宣戰後,「馬關條約已告失效,臺灣已與其他淪陷區相同」,因此臺灣革命的任務,已視前加重,視前緊張。「臺灣革命同志有鑒於此,爰集各方代表於革命先烈之靈前,披肝瀝膽討論光復大計,修正工作綱領,以促進光復與運動;全體代表同意:捐棄派別之私,克服個人之偏見,本於互信與共信,確立臺灣革命同盟會為臺灣革命之最高指導機關。凡吾同志皆決心在此機關領導之下,集中意志,集中力量,再由此機關輻射運用於各地方組織及其他特殊單位,負起我們的歷史使命」。要求「祖國政府早定收復臺灣大計,其最重要的一著,就是應該設立臺灣省政府……目前增設臺籍參政員,使臺灣民情得以上達,尤為急不容緩的措施」。「臺灣需要建政,亦需要建軍……在國軍實行收復時,必須臺灣武力的配合,故設立臺灣光復軍及組訓幹部,也是收復臺灣的一種重要準備工作」。《宣言》最後再次強調:「總之,臺灣革命工作千頭萬緒,歸結於光復一點。在光復的前提下,建政建軍都要黨國的祖國的熱誠指導,都要祖國人士的

指教與培植」[721]。從此，正式形成了臺灣同胞在中國大陸的抗日聯合陣線，臺灣革命同盟會成為臺灣革命之最高指導機關，推動臺灣的復土復省運動。大會通過請求中央設立臺灣省政機構、設立光復軍或臺灣革命軍、設立臺灣省黨部、三青團支團部、國民參政會增設臺灣參政員名額的決議案，並於本年4月10日向國民黨中央報送《臺灣革命同盟會為請設立臺灣省政府以利臺灣光復革命工作》呈文。並在重慶、福建等地掀起光復臺灣運動的浪潮。

臺灣革命同盟會的會章雖明文規定該會「在中國國民黨領導之下」，27名執監委中也有臺灣黨部主任委員翁俊明、委員郭天乙、林海濤、工作人員鄭崇明等人參加，但仍由謝南光、李友邦、宋斐如為常務委員，執掌該會的實權，而27名執監委中卻有臺灣義勇隊的骨幹李友邦、謝掙強、牛光祖、李祝三、洪石柱、王正西、王少華、馬士德、李明法等9人，占全體執監委的三分之一，而集中大部分會員的福建分會的9名籌備委員中，臺灣義勇隊有李祝三、洪石柱、李明法、王少華等4人，臺灣義勇隊成為臺灣革命同盟會的骨幹力量，國民黨尚無法控制臺灣革命同盟會。

自1942年3月召開臺灣革命同盟會第二屆代表大會以後，至1943年11月，國際形勢已有很大的變化，戰局也已完全改變，義大利已退出戰爭，蘇德戰場德軍慘敗，蘇聯已接近光復全部領土，太平洋方面，日軍已失掉進攻力量，其在海上的前進基地相繼失守，聯合國家已從各處積極反攻，距戰爭結束已為期不遠，各國當局一面加緊作戰，一面準備戰後復興計劃。際茲臺灣即將面臨復歸大陸之重要時期，於1943年11月21日至28日，在重慶召開臺灣革命同盟會第三屆代表大會，指定代表42人，缺席宋斐如、林忠、郭天乙、謝東閔4人。大會由李友邦擔任主席，李祝三負責紀錄。大會首先由常委謝南光作兩年來的工作概況報告，繼由總務代主任柯臺山、組織部主任謝掙強、宣傳部主任林嘯鯤及會計謝掙強分別作兩年來總務工作、組織工作、宣傳工作及收支情況匯報，接著展開討論事項，首先討論通過前屆執行委員會所提《臺灣收復運動改進辦法要綱》，接著討論李友邦、林嘯鯤二代表所提本會機構應重新改革案，經議決通過改革要綱八項。內容包括取消本會常務委員制度，改為主任委員制；本會必要時增設書記長（或祕書長）一人，以協助主任委員推行會務；增設「建政委員會」，以研究中國憲政

及臺灣行政之實施與計劃；增設「建軍委員會」，以研究及籌備有關臺灣之各種軍事設施與組訓；增設「文化運動委員會」，從事發揚臺灣文化，並參加祖國文化運動，以促成臺灣文化之還本歸宗；增設「行動總隊」，駐於沿海適當地點，以指揮特種工作；增設「工作視導室」，設置各區工作視導員，以收分區負責之效；本會各部應改為各組。大會還議決呈請福建省政府恢復閩北臺胞自由，呈請中央團部准成立臺灣直屬區團部，呈請增加本會經常費，呈請准於從速成立臺灣軍事機構，呈請從速成立臺灣省政府，請以大會名義發《告臺灣同胞書》，以大會名義弔慰主任監察委員翁俊明逝世，並推選柯臺山、林嘯鯤、謝掙強3人為本會會章修改委員，修正通過大會宣言草案。最後大會進行選舉，選出謝南光、謝掙強、張邦杰、林友鵬、李祝三、呂伯鏞、牛光祖、洪石柱、何康德、柯臺山、謝東閔、林士賢、李建華、林海濤、李明法、林正傳、蘇鐵化17人為執行委員；王正西、王少華、洪石筍、陳澤生、蔡人龍、陳黎明、袁曙協7人為候補執行委員；李友邦、宋斐如、李清坡、馬士德、廖建策、吳省三、李中輝7人為監察委員；蔡世理、陳步雲、徐志剛3人為候補監察委員。執委會各部門之職務分擔：主任委員謝南光，祕書林嘯鯤，第一組組長謝掙強，第二組組長林嘯鯤暫兼，第三組組長柯臺山，建政委員會主任謝南光，副主任謝東閔，建軍委員會主任李友邦，副主任李祝三，文化運動委員會主任林嘯鯤，副主任柯臺山，視導室主任張邦杰，行動總隊隊長李建華。監察委員會之職務分擔：主任監察委員李友邦，祕書李中輝[722]。經修訂的《臺灣革命同盟會會章》把「總會設主任委員一人，綜理一切會務」載入會章，主任委員的職權：對外代表大會，執行本會執行委員會議決案，處理緊急會務，指揮總會及地方分會工作。與上屆常務委員會制比較，領導權力更加集中。同時會章把增設建軍、建政暨文化運動委員會三種特種委員會，各採用委員制辦理各該種事宜載入會章，並規定特種委員會各設主任、副主任各1人，委員7人至9人，祕書1人，幹事若干人，必要時得分科辦事。大會於11月28日發布的《大會宣言》，首先闡明召開第三屆代表大會的背景後指出，「本大會號召我全體同志，整齊步伐，精誠團結，以切實執行決議，爭取最後的成功，並決定將我們的主張宣明於社會，我們的革命目標簡單明暸，即打倒日本帝國主義，擁護祖國抗戰，要求光復臺灣，期望在民主中國版圖之

內,使臺灣民眾遵奉三民主義,建設自由平等、進步康樂的新臺灣」。要實現這個革命目標,「我們應該統一組織,有計劃、有步驟、有準備為我們的父母家鄉盡最後的努力,以臺灣的自由解放,獻祭於五十年來所犧牲先烈的靈前」。接著《宣言》重申:「我們希望祖國政府對臺灣正名,一新視聽,從速設立臺灣省政府,設立臺灣武裝部隊,添設臺灣參政員,整備政制及軍制,用以確立臺灣政治地位,為收復臺灣作具體措施,一則鼓勵島內臺胞的內向,二則糾正國際上的錯誤觀念」。最後《宣言》「代表臺灣人向全世界宣告,我們決定歸回中華民國,要求臺灣歸回其祖國」[723]。在第三屆所選出的34名執監委中,臺灣義勇隊隊員有李友邦、謝掙強、李祝三、牛光祖、洪石柱、李明法、王正西、王少華、蔡人龍、馬士德、吳省三、陳步雲等12人,超過總數的三分之一。可見,臺灣義勇隊始終是臺灣革命同盟會這一臺胞在大陸抗日聯合陣線的骨幹力量,他們為臺灣革命同盟會進行抗日宣傳組織活動,作出了巨大的貢獻。

臺灣革命同盟會自1942年11月召開第三屆代表大會之後,至1945年初,世界反法西斯戰爭取得重大勝利,蘇聯紅軍已把德軍趕出國境,秋天又擊潰在東歐各國的德國軍隊,1944年6月,英美聯軍在法國諾曼底登陸,開闢了第二戰場。1944年間,美國在太平洋戰爭中,先後在馬紹爾、加羅林、馬利亞納群島、塞班島、菲律賓等地登陸,日本侵略者受到沉重的打擊,中國的抗日戰爭也取得一系列的勝利。「值茲大好河山歸還祖國,自由解放行見來臨之日」,臺灣革命同盟會於1945年2月13日在重慶召開第四屆全體會員代表大會,謀「加強組織,鞏固團結,願為我臺灣盡最後之努力犧牲,以求臺灣之真實解放」。在《大會宣言》中表示:「本會謹代表臺灣同胞向祖國請纓效命,要求我政府或盟軍給予我人武裝,在臺灣戰事揭幕時,聽候驅策……我人願向臺灣島內作有效之宣傳,鼓動並響導工作,組織游擊隊,協助我盟軍,以減省流血而達成迅速勝利,並可能轉移臺灣人力物力為盟軍登陸日本本土及祖國對日反攻決戰之用。本會以光復臺灣為天職,累數十年之鬥爭經驗,大義當前,應不讓人,時機業已迫切,願祖國及時領導,使我人參加臺灣光復之神聖戰爭」。最後《大會宣言》再次重申:自本會成立以來,迭次向中外宣示收復臺灣歸還祖國之願望,並向中樞建議設立收復臺灣之軍事機構、政治機構(臺灣省政府),宣布臺人為中國國民及在修改五

五憲法時，確定臺灣應有之地位，凡此等等，皆我臺人日夕所祈求而亦我祖國政府所應迅速措施者[724]。會後臺灣革命同盟會會員積極投入推動臺灣光復的宣傳活動，並為光復臺灣、建設臺灣而做一系列的準備工作。

二、臺灣革命同盟會推動臺灣光復運動

自1895年臺灣淪為日本殖民地後，臺灣志士為「光復臺灣」已犧牲了數十萬人的生命，未取得成功。1937年抗日戰爭爆發後，臺胞認識到參加祖國抗戰，打倒日本帝國主義，是光復臺灣的良機。1939年初在金華成立的臺灣義勇隊就提出「保衛祖國，解放臺灣（後改為收復臺灣）」的口號。1941年12月8日太平洋戰爭爆發，翌日中國政府正式對日宣戰，中日間的一切條約包括《馬關條約》被宣告廢除，使收復臺灣獲得了法律上的根據。1942年4月，在臺灣革命同盟會的積極推動下，在陪都重慶掀起群眾性的光復臺灣運動（或稱臺灣復省運動）浪潮。當時得到重慶國際文化界和報界17個團體的熱烈支持，定4月5日為「臺灣日」，在抗建堂舉行光復臺灣運動宣傳大會，由司法院副院長覃振主持，黃少谷、章淵若、司徒德分別代表軍事委員會政治部、中央黨部祕書處及立法院出席了大會，並發表演說。與會人士共計1000多人，盛況空前。是夜又在中央廣播電臺舉行無線電廣播宣傳大會，由梁寒操副部長及吳茂蓀、林嘯鯤等人以中、英、臺語作專題演講。重慶各大報如《益世報》、《時事新報》、《國民公報》等均刊出《臺灣光復專刊》，如《益世報》專刊發表了陳立夫所撰《率土之濱》文章，表示「今抗戰已操勝算，臺灣光復即將實現，吾國內外同胞皆有收復失土之責」。馬超復亦撰《我懷臺灣》文章，表明「我與臺灣望海而居……所以我懷臺灣，我特別關心著臺灣光復的前途」。《益世報》還發表《臺灣概況》，介紹臺灣受日本的殖民統治慘狀，指出「國內希望收復臺灣與臺灣同胞之望臺灣光復，情實同切，如何策動驅逐日寇，必為時賢注意」。宋斐如也發表《臺灣農民的慘痛》一文，介紹臺灣農民受日本殖民者殘酷剝削的苦況，指出「光復臺灣，是民族革命，同時也是社會革命」[725]在「臺灣日」孫科發表了《解放已在目前了》文章，表示「我希望在今天宣傳大會之後，大家能夠坐而言起而行，使這個光復運動更堅強有力，相信到了《馬關條約》五十年紀念的日子，臺灣的同胞一定可以在祖國的懷抱裡，以自由平等的國民地位，享受新世界的幸福。」馮

玉祥也發表《我們要趕緊收復臺灣》的文章，指出「自太平洋戰爭爆發以後，日寇對臺灣加緊剝削和統治，時機是更加迫切了。我們要用全力收復臺灣，特別是熟知日寇內情的臺胞要加倍努力」。他特別對「臺灣同胞或以福建廣東的名分，或另組義勇隊，踴躍參加祖國的抗戰，在孤懸海外的島上，作艱苦的地下工作，對於這些，我們深表最誠懇的敬意」[726] 日本友人青山和夫也發表《迎臺灣日》一文，對臺灣革命同盟會舉行第一次的「臺灣日」，表示歡迎。並指出「臺灣是日本帝國主義侵略中國的起點，又為南進今天的根據地，故其革命運動，此刻更要被人所重視……我們可以攜著手攻擊日本法西斯，對國際的民主自由，努力以求貢獻」[727]。同月17日，簽訂《馬關條約》47週年紀念日，重慶各報刊皆辟專欄登載紀念文章，《時事新報》發表《島恥紀念日之言》，章淵若代表國民黨秘書長吳鐵城作《我們應如何認識臺灣》的講詞，主張內地同胞應正確認識臺灣，研究臺灣，「要負起全部責任，致力於光復運動」。康澤也發表《光復臺灣——專為簽訂馬關條約四十七週年紀念而作》文章，指出「臺灣需要祖國的提攜，同時祖國也需要臺灣的拱衛」，應共同努力，使「勝利加速到來，臺灣的光復，加速實現」。[728] 1942年4月臺灣革命同盟會在重慶所發動的光復臺灣宣傳運動，發表大批「各部門負責人士之光復臺灣之言論，曾轟動全國，聳動世界，收效甚宏」[729] 這一運動很快推向全國，特別是與臺灣一水之隔的福建，福建《中央日報》亦於6月17日刊出《臺灣光復運動特刊》，發表了劉峙：《怎樣解放臺灣同胞——為光復臺灣運動而作》、陳聯芬：《給革命的臺灣同胞》、謝南光：《收復臺灣與保衛祖國》、徐醒民：《紀念「六一七」與臺灣光復運動》等文章，宣傳光復臺灣的言論。徐醒民在文章中回顧了日本對臺灣殘酷的殖民統治後指出：「四十七年間不斷地抗爭，犧牲了六十五萬的生靈，革命先烈的血痕，種下了今日光復運動的根基。僅在抗戰五年間，有了口蔡事件、高雄事件、霧社事件、大甲事件、臺南事件、瑞芳事件、嘉義事件、宜蘭事件，八次轟轟烈烈的暴動，大武山的游擊隊到了現在，仍然在堅忍奮鬥中。在中國國內也有許多的臺灣志士，在軍事、政治各種崗位上，為祖國抗戰而奮鬥，為求自由解放而抗爭，臺灣革命同盟會、臺灣義勇隊、臺灣少年團、臺灣行動隊等各用各種鬥爭方式，活躍於前線和敵後，不斷地襲擊敵人、瓦解敵人，並建立收復臺灣的基礎」[730]。李友邦

對1942年4月的復省運動的情況及其影響曾作了很好的概括。他指出：「當年四月間，臺灣復省運動在陪都掀起了龐大的浪潮，所有關心臺灣革命的祖國當軸及社會人士，莫不對臺灣復省運動或作口頭的聲援，或為文加以宣揚，陪都的文化人與輿論界，更加對此盡其應有的宣傳任務；各報的臺灣復省運動特刊在四月十七日同時出版，而這個臺灣淪陷的慘痛的紀念日也一變而被規定為臺灣復興日！這一天，臺灣復省運動在陪都達到空前的最高潮。之後，它更從陪都擴展開來，而及於全國了。這一天陪都的臺灣復省運動，無疑將是臺灣革命史上可大書特書的一頁。隨著這一種新的發展，臺灣的建黨、建省、建軍等問題，相繼被提出，也相繼被大陸政府中樞加以採納與考慮。另一方面，臺灣的革命團體在中樞的積極扶掖中，特快地開展起來。臺灣革命同盟會的機構於去年加以調整充實；臺灣義勇隊調閩整訓，作開展工作的準備；三民主義青年團中央直屬臺灣義勇隊分團部、臺灣黨部籌備處先後成立，……這些一切事實的表現，已足為我們說明了：臺灣復省運動早成為臺灣同胞的共同要求，時至今日，並且取得其社會、政治、法律上的確立了。」特別是1942年11月3日，宋外長子文在招待中外記者席上，在關於大陸抗戰後的領土問題之答語中，更加明白公開表示：中國戰後的領土問題，不但應該恢復「九一八」前的狀態，並且要收復臺灣。「透過宋外長的談話，使我們更深知祖國對收復臺灣更具決心，也就是意味著說，祖國對收復臺灣，臺灣革命運動將有更重大的措置和扶助。這一談話鼓勵了無數臺灣革命工作者，打動了無數臺灣的心弦，澄清了前此一部分人對臺灣革命的誤解」[731]。

1942年4月臺灣革命同盟會在陪都掀起光復臺灣運動後，每逢每年的4月17日馬關條約簽字之日和6月17日所謂「始政紀念日」，定為國恥紀念日，每年屆此二日，同盟會及臺胞團體開會紀念，並配合出版專刊或專輯，以作沉痛的紀念，並宣傳光復臺灣的言論。1943年4月17日，臺灣革命同盟會發表《為馬關條約四十八週年紀念宣言》，同時發表《告祖國同胞書》，6月17日，又發表《為紀念「六一七」臺灣淪陷日宣言》，號召「獻身於臺灣革命的同志，更要加緊統一意志，集中力量，在祖國，要擴大建省建軍運動，建省以準備戰後的復員，建軍以參加祖國抗戰及建設戰後的國防，建省建軍運動及光復臺灣的一個階梯」。臺灣義勇隊和三青團義勇隊分團也聯合發表《為紀念「六一七」臺灣淪陷日四十

八週年宣言》,指出「臺灣為中國的領土,⋯⋯抗戰的最終目的,在於收復一切失地,東北四省固然在內,臺灣更須包括。因此,對於收復臺灣,祖國同胞也負有責任」。今天尤其熱烈盼望「祖國當局更進一步明白宣告世界,臺灣為一淪陷區,並應謀迅速建立政治機構,建立光復的武力。這樣,一可以鼓勵臺胞的革命情緒,進可以作為光復的準備」[732]。當時在龍岩的臺灣義勇隊也於6月17日舉行紀念活動:一、是日上午七時在該部大禮堂舉行沉痛紀念會;二、決定出版「六一七」特刊,以廣宣傳,俾能更廣泛喚醒臺胞,參加保衛祖國、收復臺灣之工作,求早日達成目的;三、製貼紀念標語;四、分電駐渝、漳、潭等地所屬機關,同時擴大籌備舉行紀念活動。《紀念特刊》發表李友邦:《加緊完成歷史的任務——紀念「六一七」臺灣淪陷四十八週年而作》文章,並刊登洪石柱:《「六一七」歷史的意義》、牛光祖:《「六一七」的經驗與教訓》、克新:《紀念「六一七」與臺灣青年》、士元:《紀念「六一七」》、陳銓:《紀念「六一七」感言》等文章,還刊登漳州各界紀念臺灣淪亡四十八週年大會:《告臺灣同胞書》特稿。當時所製貼的標語內容有:(1)紀念「六一七」要加緊「保衛祖國,收復臺灣」;(2)紀念「六一七」要加緊打倒日本帝國主義;(3)紀念「六一七」全體臺胞要同心同德共赴事功;(4)臺灣是保衛中華民族生存的要塞;(5)臺灣是中國的失土;(6)臺灣人民同是中華民族的後裔;(7)統一意志,集中力量[733]。李友邦在《加緊完成歷史任務》的紀念文章中指出:「歷史上的第一個『六一七』既是區劃臺灣歷史的分水嶺,則當四十八個『六一七』紀念日的今天,我們唯有從新闡揚『六一七』的革命意義,考察並具體分析現在我們所處的時與地的新形勢,檢討缺點,克服困難,這樣來紀念才能顯出其實踐的意義。換言之,我們在『保衛祖國,收復臺灣』必能成功的堅強信念之下,今天我們應該及時充實每個革命工作者自己,整飾與健全我們的革命陣容,加強我們的團結力量,取得更緊密的連(聯)繫,加緊打擊敵人的準備、完成我們偉大而神聖的歷史的任務」[734]。

1944年4月17日,臺灣革命同盟會發表《為馬關條約四十九週年紀念宣言》,指出「今日我們必須迅速健全組織,必須統一意志,集中力量,然後把握時機,整齊步伐,勇往直前,爭取最後的勝利⋯⋯我們希望今日是最後一次的國

恥紀念日,並希望盟邦勇敢切實履行諾言,更希望六百萬臺胞倍加努力,為自由解放不惜一切犧牲,爭取明年今日為光榮快樂的復興紀念日」[735]。丘念台作了《臺灣的割讓和不滅的民族精神——馬關條約四十九週年紀念講詞》。同年6月17日,在龍岩出版的《臺灣青年》刊物發表了丘念台:《怎樣紀念臺灣淪陷四十九週年》、李友邦:《開羅會議後之臺灣問題——為臺灣淪陷四十九週年紀唸作》、郭薰風:《共同努力收復臺灣——紀念臺灣淪陷四十九週年》、林學淵:《對臺灣同胞的希望——為紀念臺灣淪陷四十九週年作》、陳齊瑄:《規復臺灣應有的認識與努力》、蔣浩如:《收復臺灣解放臺灣——為紀念臺灣淪陷四十九週年而作》、羅推誠:《我們要收復臺灣》、陳天祥:《爭取臺灣的光復》、李友邦:《臺灣復省與收復臺灣》、李友邦:《紀念「六一七」的意義與任務——在臺灣淪陷四十九週年紀念會上講話》等文章,從各個角度宣傳光復臺灣的意義。特別是李友邦在他發表的三篇文章中指出:我們必須粉碎日帝國主義這種毒辣的鐵鎖似的統治政策,來挽救五百幾十萬的臺胞脫離水深火熱的陷阱。這就是今天我們紀念『六一七』的主要的意義與任務。他「希望明年『六一七』的國恥紀念日,能夠在臺灣島內開慶祝復土的大會,以洗雪這四十九年的恥辱」。他在文章上指出了「復省」與「復土」的關係是:「『復省』的措施,不過是臺灣革命上的一種手段,『復土』的實現,方為臺灣革命的目的。我們要縮短反法西斯日寇的路程,就必須將『臺灣復省』與『收復臺灣』的工作雙管齊下,同時並進,使革命力量,裡應外合,收事半功倍之效」。他在文章中有預見性地提出「我們如何在『保衛祖國,收復臺灣』的工作中充實準備『建設臺灣,保衛祖國』條件的問題」,並回答說:「臺灣的收復,已屬必然,臺灣的建設,自應預計。如何充實建設條件,我們認為應以國防為努力方向,以科學為實踐方法」。[736]

1945年4月17日,李萬居在重慶廣播大廈馬關條約50週年紀念會上演講《馬關條約五十週年紀念的意義》,王泉笙在紀念會上講《臺灣亟待解放》、陳儀講《甲午之役的教訓》、宋淵源講《臺灣原是我們的國土》,謝南光在陪都國際廣播電臺播講《用血汗洗刷馬關條約的恥辱》,臺灣革命同盟會也發表《為馬關條約五十週年紀念宣言》,《宣言》指出:「近八年祖國神聖抗戰,世界局勢改

觀,今日盟軍已迫近臺灣,倭寇踏上潰敗之路,我六百萬民眾行將重見天日,共享自由,值此最要關頭,同人等深感責任艱巨,誓當一致奮起,以襄大成;倘祖國有所驅策,赴湯蹈火,在所不辭。」[737]同年6月17日,臺灣革命同盟會發表《臺灣淪陷五十年——為「六一七」宣言》指出,日本侵占中國領土五十年,臺灣人做奴隸五十年,「五十年來,我們臺灣人每日在痛苦呻吟與反抗流血」。「茲當勝利在望,正要締造和平,日本帝國主義必將被打倒,臺灣定可歸還中國,我們以背負五十年悲慘命運的資格,敢向世界公言:戰後必須取消殖民地或變相的殖民地制度」。並堅定的相信,「今年今日應為最後一個『六一七』,明年,我們應該解放了,該自由了,受異族蹂躪五十年的臺灣人,該在其新生時享受大自由,有民主政治,我們願為自由民主的臺灣而繼續奮鬥」。[738]臺灣《民聲報》也發表了謝南光:《最後的「六一七」紀念日》,李萬居:《臺灣淪陷五十週年紀念感言》,孝紹:《試假定我是臺灣人來提出三項管見》,文章都對收復後的臺灣希望實行憲政,實行地方自治,實行節制資本、平均地權的民生主義,實行男女平等與民族平等,給予臺胞以政治、經濟、教育、工作的機會均等,以及言論、出版、集會、結社的自由等等。[739]

臺灣革命同盟會透過紀念每年4月17日與6月17日兩個紀念日宣傳光復臺灣運動,除借重報刊發表文章外,同盟會及其他臺胞團體亦多自行編印專輯,以廣宣傳。臺灣革命同盟會曾於1943年9月編印《臺灣問題言論集》,收集有關臺灣革命和收復臺灣的文章20餘篇,以促進革命團體的「統一運動」,並提供「祖國當局決策和同胞瞭解臺灣的參考」,並表示「倘能全國上下盡如本書執筆者之熱心明見,臺灣之收復與中國之復興,當可計日而待矣」[740]。《言論集》除收入1942年4月馮玉祥、宋斐如、孫科、梁寒操、康澤、章淵若等所撰光復臺灣的文章外,又收入1943年9月新撰寫的邵毓麟的《祝臺灣光復運動》、黃少谷的《中國錦繡河山的一角——臺灣》、孫秉乾的《臺灣光復的意義》、郭春濤的《綠樹蒼鬱的臺灣》、李友邦的《收復臺灣與遠東和平》、商務日報的《臺灣革命運動的新階段》、謝南光的《臺灣的民族運動》等多篇宣傳收復臺灣言論的文章;國民黨直屬臺灣黨部從1943年6月至1944年5月也出版了十輯的《臺灣問題參考資料》,發表了李友邦:《三年來之臺灣復省運動》、宋斐如:《如何收復

失地臺灣——血濃於水臺灣必須收復》、中執委祕書處圖書室：《戰後臺灣問題》、黃朝琴：《臺灣為漢族國民性之試驗場》、翁俊明：《改造臺胞國民性的意見》等文章；由林嘯鯤主編的臺灣革命同盟會機關報《新臺灣》發表了林海濤：《為什麼要收復臺灣》、林嘯鯤：《如何領導臺灣革命工作》等文章；1945年4月創刊的臺灣革命同盟會機關報《臺灣民報》，由連震東主編，發表了謝南光：《制定臺灣省憲》、李萬居：《由歐戰結束談到臺灣問題》、《確立臺灣的法律地位》等多篇文章，發表了謝掙強：《憲政實施與臺灣》，還發表了陳儀、王泉笙、宋淵源、謝東閔、純青、鄭烈等多人的文章；臺灣義勇隊出版的《臺灣先鋒》第十期（1942年12月25日出版）也出版《臺灣光復特輯》，三青團臺灣義勇隊分團部出版的《臺灣青年》，發表了李友邦：《福建與臺灣革命》等多篇文章，徐光、朱倬、正南、長淦、月娟、玉芳等集體寫作的《臺灣建省與臺灣少年》，葉炯：《加緊收復臺灣》，《臺灣青年》發表了《臺灣青年與憲政運動》的評論與《臺灣澎湖應列入憲章》的專題報導，還發表了丘念台、謝南光、郭薰風、林學淵、陳齊瑄、蔣浩如、羅推誠等多人關於光復臺灣的文章。從上述介紹可以看出，1942年4月掀起的光復臺灣運動的浪潮洶湧澎湃，一浪高過一浪，具有很大的規模，震動全國，影響世界，產生了深遠的影響。

三、臺灣革命同盟會反對國際共管臺灣

1942年8月，美國幸福、生活、時代三大雜誌合草《太平洋關係備忘錄》的第四章，提議戰後在太平洋建立一條防禦地帶，列入臺灣，劃歸國際共管。這一謬論傳至中國，中國人民特別是臺灣同胞極感憤激，紛紛函致美國反對共管。1943年1月7日，重慶大公報特發表《中國必收復臺灣——臺灣是中國的老淪陷區》社論，加以批駁。該社論「鄭重向世界公言：臺灣是中國的老淪陷區，我們不能看它流落異國，戰後中國一定要收復這塊土地」。社論提出三點理由，第一，根據國際公法的先占主義，臺灣是不折不扣的中國領土。隋朝已開始經營澎湖，元末在澎湖已設巡檢司，明末鄭芝龍率數萬饑民入墾臺灣，鄭成功收復臺灣後，鄭氏在臺灣治理了23年，清代繼統治二百餘年，臺灣先是福建省的一部分，後是中國的一個行省。第二，日本從中國手裡奪去臺灣，臺灣應該歸還中國。特別是中國對日宣戰後，臺灣已是中國的老淪陷區，中國要收復所有的失

土，包括臺灣在內。第三，根據大西洋憲章，臺灣也該歸還中國。臺灣500多萬人口，絕大多數是閩粵籍的中國人，語言風俗習慣完全與閩粵兩省一樣。他們的政治要求很簡單，即回歸父母之邦的中國。社論最後指出：「上陳三點，旨在說明：中國必收復臺灣，言情喻理，皆不應把臺灣與中國強迫分離，盟國之中如有人作此想頭，必受中國人的強烈反對。就臺灣的國防地理論，它是中國東南海疆的屏障，它與海南島是中國監視海疆的一對眼睛，誰願意讓人拆去屏障？誰願意讓人挖去眼睛？」1943年2月1日臺灣義勇隊總隊長李友邦於漳州軍次撰寫了《滿布戰爭細菌的「太平洋公路」》一文，對共管論加以批駁。該文指出，幸福等三大雜誌提議將「夏威夷向西中途島、威克島、關島以及日本代管的島嶼琉球、小笠原群島直至臺灣」建立一條橫越太平洋的公路，主張由國際共管。「此項提議，實為帝國主義殘餘思想及歷史光榮之自私交織而成，類似狂囈，原無足奇。蓋以該三雜誌在美擁有大量讀者，其思想影響所及，當不在小，吾人實有糾正之必要。」李友邦批評道：「他們提議的作用，在這裡必須給予指出：在使臺灣脫離其祖國上，充分地對中國，是取一種不信任的態度，懼怕中國富強以後所妨礙其在南洋的利益，故先事排除我東南海疆的屏障，攫取中國南部國防海空軍的根據地，以保其控制中國的地位。」文末呼籲「全世界站在時代前面的文化工作者，給一切有害於聯合國爭取勝利的思想以嚴格糾正；我們必須記取第一次世界大戰的教訓——戰事上雖勝利，和平上遭失敗。我們反對披著和平大衣的炸藥血腥的『善後主張』。這是我們對真和平應有的責任……我們要戰爭勝利，更要和平的成功。我們之所以堅決地反對這滿布著戰爭細菌的提議，就是為了拒絕第二次世界大戰的結束成為第三次世界大戰的開始。」[741]1943年1月30日，臺灣革命青年團、閩粵臺灣歸僑協會發表《為戰後臺灣問題聯合聲明》，指出：「臺灣原屬中國，臺民中93.7%保有中國血統，乃係盡人皆知之事實。甲午戰敗被迫割讓後，臺民不堪奴役，不斷反抗，50年來犧牲達百萬人以上。其目的云何？曰：驅逐日寇，復歸祖國。『七七』事變後，臺民或參加祖國抗戰，或破壞敵寇後防，功雖未著，志應可嘉。其目的云何？曰：打倒日寇，復歸祖國。今者盟軍作戰日趨優勢，臺民方摩拳擦掌，佇候反攻太平洋之早日降臨；乃該雜誌等竟忽略歷史事實，違反臺民願望，提出上述不合理、不公平之建議，殊堪惋惜。」

《聯合聲明》最後表示：「茲特代表600萬臺灣人民表示擁護孫院長及《大公報》關於戰後臺灣問題之正論，並嚴正聲明中外：戰後處理臺灣問題，除將臺灣之領土主權完全歸還中國外，任何維持現狀或變更現狀之辦法均為臺灣人民所反對。謹此聲明」[742]。1943年2月11日，龍岩出版的《臺灣青年》對大公報《中國必收復臺灣》的評論加以摘要報導，同時也報導了閩粵臺灣歸僑協會反對國際共管臺灣的聲明。並發表《臺灣容許共管嗎？》評論，指出：「美國幸福、生活與時代三大雜誌……把臺灣列入國際共管，把臺灣視為單純的日本殖民地的看法，非唯無視了臺灣的歷史，也且不明於臺灣的現狀，對於如此改造世界的不正確的思想，我們身為臺人，站在『保衛祖國，收復臺灣』的立場上，斷然不能苟同，且更有不得不略申數言的」。接著指出：「臺灣完全是中國領土之一部，已一點也無可置疑的所在，史實俱在，按覆可得的。其次，自從前年太平洋的『一二八事件』勃發後，中國即向日寇正式宣戰，日本帝國主義所以根據奪取臺灣的馬關條約，即從前年12月9日午夜12時起失效。這就是說，臺灣在此解脫了條約的桎梏，而收復臺灣更於此獲得了法的根據。祖國五十年來的革命流血，五年多來的勇於犧牲抗戰，為的正是主權的恢復，領土的完整，亦就是整個國族的獨立、自由和平等。如今對日本帝國主義是要清算到一八九五年以前的關係，被占領的一切失土，當然要收復，臺灣何能例外！……大西洋的憲章上，曾經明白地宣示著：『給予一切負責民族以自由』，鉅料這由羅邱二氏呼出的彰明顯甚的正義諾言猶　繞在耳，而該三雜誌竟與此背馳，公然有乖謬的提議，言情喻理，都是不應該。」如果照這一提議做法，「第一是不信任了中國維護真理正義的苦心，第二是貽下了第三次世界大戰的禍根，第三是表現著盟國人士之中還有帝國主義殘餘思想及自私自利的傳統遺毒在作祟。這對中國是藐視，對賢明的羅邱二氏是侮辱」[743]。《臺灣青年》同一期還轉載了孫科《戰後遠東問題》一文，批判國際共管謬論。指出「建議更違反合理與公平之原則，蓋臺灣本為中國之領土，甲午之後，始被日本占據，中國抗戰勝利，應當清算甲午以來日寇對我侵略歷時半世紀之所有血債，臺灣為中國重要失地之一，應由中國收復，世人當無異辭。設使抗戰勝利後，中國失去五十年之臺灣，仍不能收復，則在中國之立場言，絕不能承認為公平與合理。且臺灣居民，全屬中國血統，居民心理，亦必希

望回歸祖國」[744]。1943年4月17日，臺灣革命同盟會選定馬關條約簽字之國恥紀念日舉行大會，發表宣言，反對國際共管，闡明臺灣人之態度，以糾正國際上之謬論。《宣言》論述：近來對於戰後之臺灣問題，或有主張歸還中國者，或有主張共管者，或有主張為特別區域者，議論紛紛，莫衷一是。聞羅斯福總統與邱吉爾首相，亦曾論及此事，吾人對此問題，更是切膚之痛，前此曾經本會及在前方各地參加抗戰之臺灣同志，一再撰文辯正。《宣言》聲稱：「本會今復鄭重聲明臺灣土地原為中國領土，且係鄭成功篳路藍縷所開闢者，臺灣人民百分之九十三為中國人，若以土地人民而論，臺灣之歸還中國，應無疑義……本會深望世界有識之士，為使實現世界和平，必須一致主張戰後臺灣應即歸還中國，而本會領導臺灣革命方針，素以歸宗祖國為中心，今後尤為堅決本此方針而努力，無論任何異族統治臺灣，均為吾人所反對，誓必反抗到底，雖再犧牲百萬頭顱，十年歲月，亦必爭得民族之自由解放。今當馬關條約四十八週年紀念日，本會同志於悲慘痛恨之餘，特此宣言」。[745] 1945年5月16日《臺灣民聲報》又發表謝東閔撰寫的《國際託治制與臺灣》一文，針對舊金山會議美方提出了極可注意的國際託治制，認為也有聲明立場的必要，表明：「我想為不折不扣收復臺灣，我們應向國際託治制會議提供備忘錄，重申開羅會議的決定不可更改，同時透徹的說明臺灣歷史、民族及地理等，皆與中國不可分，必須保證中國領土的完整，主權神聖。」因為臺灣「攸關中國安全，中國福利；它是百分之百的中國領土」。此外，他表示「中國自身也要徹底覺悟，要態度明朗，立場堅定。由於國際託治制的提出，我們更覺得中國應準備武力收復臺灣；同時在政治上的措設，例如籌備臺灣省政府，在憲法列舉領土條文加入臺澎，選拔臺胞代表臺灣人民參政等，尤迫切必要實施，俾便以公開事實，爭在和平之前，清正世界視聽，杜絕意外之變」[746]。

四、光復臺灣的準備

1942年掀起光復臺灣的宣傳運動中，也普遍提出臺灣要建省、建軍、增設參政員名額等，為光復臺灣進行具體的準備工作。由於當局未見行動，臺胞在各個場合反覆提出這些要求。1942年9月李友邦撰寫《臺灣人民的願望》，表達了臺胞的要求。他指出：「今天準備工作至少有三：一、行政機構的設立。祖國政

府當局因曾一再表示收復臺灣的決心，然迄今未正式宣布臺灣為陷區，行政機構，當然也未建立，這不免是美中之憾；二、革命不能沒有武力，收復臺灣須要自力，這是說，今日應該盡快地建立起臺灣革命的武裝部隊；三、幹部是革命事業的動力，怎樣來訓練健全的臺灣革命幹部，殊為急務要舉」。[747]

1943年4月，福建省臨時參議會代表陳村牧、張述等8人提出「擬請中央恢復臺灣省制案」，「建議中央依東北四省例，在陪都或本省設立臨時臺灣省政府，以號召臺胞並策劃收復接管等準備」。[748]同年8月，丘念台為請恢復臺灣省制及設立臺灣省黨部特上函國民黨中央執委會祕書長吳鐵城，函中指出：「唯復省之議，對倭宣戰廢約已將兩載，竟未實現，不獨未依東四省例設臺灣省政府，即黨部亦未敢用臺灣省黨部之名，不能不令國內志士、臺島遺民嗒然失望」。他認為「一復省制則臺島革命熱情可提高，陷區臺僑可離敵內向，美英可息共管分治等妄議」。故「敬懇公力促臺灣復省早日實現」。[749]同年10月28日，臺灣革命同盟會邀請臺灣義勇隊及臺義隊分團部共同擬定《臺灣收復運動改進辦法要綱》，提交11月21日召開的第三屆代表大會議決通過。該《改進辦法要綱》提出「現在戰爭已日趨有利於聯合國，勝利在望，此時，吾人應以堅強有力之組織，團結一致，把握時機，並以充分之準備及迅速切實之行動，臨機應變，堅決推進收復臺灣之工作，實屬必要」。接著提出八項辦法：一、加強統一組織實行分工合作制度；二、加強中心組織擴大外圍團體；三、分區負責實行競賽並嚴明指揮系統；四、黨務建軍建政各項工作應分途並進；一、訓練黨政軍幹部以期革命與建設兼施並顧；六、加強思想統一運動嚴格執行革命紀律；七、擴大國際宣傳力爭臺灣歸還中國；八、擴大救濟事業並以安定同志家屬之生產。並於11月8日由臺灣革命同盟會常務委員李友邦、謝南光、宋斐如具名上報國民黨中央執行委員會及國民政府軍事委員會，12月2日，中央執委會組織部核示：「查所附要綱收復工作原則尚無不合，唯建軍建政一節，前經何總長召集有關機關決定，應先健全黨務後再辦有案，應暫從緩議」。12月27日中央執行委員會祕書處復國民政府軍事委員會函稱：「查該項要綱，前已據臺灣革命同盟會呈送到處，經核原則尚無不合，唯建軍建政各節，前經何總長召集有關機關決定應先從黨務入手，關於如何加強臺灣黨務之活動，本處現正與組織部商洽進行，並隨時聽取臺

灣革命同盟會等之意見，相應函覆，即希查照為荷」。[750]可見當局係採取抽象肯定、具體否定的辦法，對實質性的建軍建政問題卻「暫從緩議」，拖延不決。

12月1日中美英三國首腦在埃及首都開羅簽署的《開羅宣言》宣稱：「三國之宗旨在剝奪日本自1914年第一次世界大戰開始以後，在太平洋所奪得或占領之一切島嶼，在使日本所竊取於中國之領土，例如滿洲、臺灣、澎湖群島等歸還中國。日本亦將被逐出於其以武力或貪慾所攫取之所有土地」。[751]《開羅宣言》在中國國內各地傳播開後，在臺胞中要求加強復臺準備工作的呼聲更高。隨著抗日戰爭的接近勝利，光復臺灣開始被提上議事日程，中國政府也開始籌備收復臺灣的準備工作。1944年3月中奉令在中央設計局內設立臺灣調查委員會，派陳儀為主任委員，沈仲九、王芃生、錢宗起、周一鶚、夏濤聲為委員，於4月17日正式成立，召開第一次會議。當日，李友邦致函陳儀：「近側聞公兼長臺灣調查會事，得悉之餘，歡忭累日……而復臺大計，尤仗吾公運幄，晚當率屬磨礪以須，謹候驅策，俾五百數十萬臺胞早登衽席也」。[752]9月，又增派臺籍人士黃朝琴、游彌堅、丘念台、謝南光、李友邦為委員，同年12月19日又增補臺灣黨部主任王泉笙為委員。從1944年4月至1945年4月先後任命林忠、張公輝、連震東、康瑄、鄭國土、方達觀等人為專任或兼任專員，聘請李友邦、李萬居、謝南光、何孝怡、謝挣強、汪公紀、郭彝民、胡福相、楊雲竹、黃朝琴、陸桂祥、林嘯鯤、游彌堅、洪孟□、劉啟光、駱美興、宋斐如、錢宗起、夏濤聲、陳靈舟、臧渤鯨、高翰、徐永原、魏建功、蕭家霖、孫克寬、徐永原等20多人為專任或兼任專門委員[753]，其中臺籍人士占三分之一左右，透過他們從事調查、研究臺灣的實際情況，提出接管的方案，並培訓接管的幹部。如黃朝琴於當年6月提出長篇的《臺灣收回後之設計》，計分十二章，第一章、臺灣之收回與外交問題，第二章、軍事之布置，第三章、人事，第四章、日人之去留及其財產的處分問題，第五章、行政機構，第六章、警察制度，第七章、財政，第八章、貨幣制度，第九章、專賣事業，第十章、國營糖業，第十一章、臺灣之資源與工業化問題，第十二章、教育。對收復臺灣後的各方面問題都提出了自己的意見，供當局參考。柯臺山也於7月提出《臺灣收復前之準備建議》，10月又提出《臺灣收復後之處理辦法芻議》，從收復臺灣的過程所出現的問題，提出了如何處理的意

見，供當局參考。[754]丘念台亦於同年7月19日於漳州擬就《復臺大計管見》，7月28日又擬就《臺灣黨務改進管見》，於8月1日上呈國民黨中央祕書處，並分送臺灣調查委員會。中央祕書處吳鐵城答覆：「所擬復臺大計及臺灣黨務改進管見，均極切實，且富建設性，無任佩慰，經已分別函轉臺灣調查委員會及中央組織部參考與採擇矣」。並商由軍委會特發活動費30萬元，作為鼓勵[755]。在收復臺灣的準備工作中，當局廣泛蒐集各界的意見，特別是充分吸收了臺籍人士的意見，曾於7月21日召開臺籍人士的座談會，黃朝琴、謝南光、李純青、陳華西、謝掙強、柯臺山、許顯耀、游彌堅、李祝三、連震東、曾溪水等人均參加，臺灣調查委員會的陳儀主任、沈仲九、周一鶚委員及何孝怡、胡福相、林忠專門委員均出席座談會。會上對收復臺灣後的行政體制、人事制度和訓練大批參加接管的幹部等方面都提出了自己的意見；有的提出要注意爭取民心，重視對臺胞加強宣傳；有的提出收復後要注意「安定人心」、「及民之需」、「就地取材」、「增加生產」等四個步驟。[756]

臺灣調查委員會為了研究日人治臺的得失利弊，加以改革，決定翻譯日本在臺灣施行的各種法令及專題研究、臺灣概況等資料300多萬字，並透過各種渠道蒐集有關資料，包括透過臺灣義勇隊就近向回大陸臺胞收集資料。從1943年7月至12月編譯成日本統治下的行政制度、教育、交通、財政、社會事業、衛生、戶政、貿易、警察制度、專賣事業、金融、工業、農業、糖業、水產、林業、礦業、水利、糖業、電氣煤氣及自來水等19本，並在調查委員會下分設行政區劃研究會、土地問題研究會、公營事業研究會等組織，負責研討具體問題，提出方案。至1945年3月提出《臺灣接管計劃綱要》[757]，分16款82項，在第1款通則中指出：臺灣接管後的一切措施，以「力謀臺民福利、剷除敵人勢力為目的」。接管後之政治措施，「消極方面，當注意掃除敵國勢力，肅清反叛，革除舊染，安定秩序；積極方面，當注意強化行政機關，增強工作效率，預備實施憲政，建立民權基礎」。接管後的經濟措施，「以根絕敵人對臺民之經濟榨取，維持原有生產能力，勿使停頓衰退為原則，但其所得利益，應用以提高臺民生活」。接管後之文化措施，「應增強民族意識，廓清奴化思想，普及教育機會，提高文化水準」。《綱要》並對內政、外交、軍事、財政、金融、工礦商業、教育文化、交

通、農業、社會、糧食、司法、水利、衛生、土地等15個方面的接管作出原則性的規定。如規定接管後之省政府，「應由中央政府以委託行使之方式賦以較大的權力」。根據這一原則，後決定採用行政長官制，並於1945年9月公布《臺灣省行政長官公署組織大綱》[758]，第1條規定：「臺灣省行政長官隸屬於行政院，依據法令綜理臺灣全省政務」。第2條規定：「行政長官於其職權範圍內，得發署令，並得制定臺灣單行條例及規程」。第3條規定：「行政長官得受中央委託辦理中央行政，對於在臺灣之中央各機關有指揮監督之權」。賦予行政長官行政、立法、監督中央機關的大權。《綱要》在土地方面規定：「敵國人民私有之土地，應予接管臺灣後，調查其是否非法取得，分別收歸國有或發還臺籍原業主」。並規定「日本占領時代之官有、公有土地及其應行歸公之土地，應於接管臺灣後，一律收歸國有，依照中國土地政策及法令分別處理」。根據《接管計劃綱要》，以後又分別擬定臺灣地政、臺灣金融、臺灣警政、臺灣教育等四種接管計劃草案及臺灣行政區域、土地問題等重大問題研究報告，擬定了各部門接管的具體計劃。臺灣調查委員會於1945年10月底結束全部調查工作，也即結束了接收臺灣的準備工作，準備轉入實際接收。

為了做好收復臺灣的準備工作，訓練和儲備一批幹部成為重要的條件。1944年12月，在中央訓練團舉辦臺灣行政幹部訓練班，由陳儀兼任主任，周一鶚為副主任，招收學員120人，分民政、工商交通、財政金融、農村漁牧、教育、司法等6個組進行訓練，1945年4月結業。1944年10月，在中央警官學校舉辦臺灣警察幹部訓練班，1945年3月，中央警官學校福建第二分校主辦臺灣警察局級幹部訓練班，計自1944年10月至1945年9月止，先後訓練各級警務人員931人[759]。前後共培訓了1000多名接收臺灣的各類幹部。

可見，臺灣調查委員會在接管臺灣之前，在臺胞的參與、幫助下，已做了瞭解情況、草擬接管方案、培訓幹部等大量的準備工作。

五、臺灣革命團體的統一與分歧

為適應參加抗戰與收復臺灣的新形勢，分散的臺灣革命小團體聯合成臺灣革命團體聯合會，進而組成臺灣革命同盟會，成為領導臺胞的最高權力機關，在臺

灣革命同盟會的領導下,一面進行抗日宣傳,動員臺胞參加抗戰,一面在重慶掀起光復臺灣運動的浪潮,並為收復臺灣做了不少準備工作,取得很大的成績。在統一臺灣革命團體的活動中,李友邦與謝南光有首唱之功,李友邦、謝南光與宋斐如始終起骨幹作用,為臺胞的團結與統一做了很多工作。但是由於各臺灣革命團體的背景不同,雖對參加祖國抗戰、驅逐日寇、光復臺灣的目標是一致的,但分歧始終存在,行動不夠一致。如在臺灣統一運動第一階段由臺灣革命團體聯合會轉向臺灣革命同盟會時,「為委曲求全計,各團體以平等資格參加,總會設主席團,以免人事糾紛,而阻礙統一,設立南北方兩執行部,尊重原有組織,逐漸促進統一」。[760]為了南北兩執行部搞好團結,特聘南方執行部主席張邦杰(張錫齡)為臺灣義勇隊名譽顧問。張邦杰不但「迄未到隊工作」,且對李友邦領導的臺灣義勇隊橫加攻擊,在南方執行部的《工作概要》中稱:「惜原臺灣獨立革命黨一部同志仍固執其原有之主張臺灣獨立與工農政策,對三民主義之統治政策尚抱懷疑,故未能合作,殊屬遺憾。今後必予勸導與糾正,務期在同一目標、同一主義之下,站在同一戰線上共力前進」。在其覆函龍溪縣政府並無「假名招撫臺灣義勇隊另組義勇軍」時,繼續指責「臺義隊諸同人對臺革認識不清,宗旨不明,一經參加必致走入歧途,故均相戒裹足,似此臺義隊之名義如何又可知矣」[761]臺灣獨立革命黨主張「臺灣既要獨立也要歸還祖國」,李友邦堅決信仰孫中山新三民主義,臺義隊以「保衛祖國,光復臺灣」為宗旨,這是人所共知的,擔任過國民黨臺灣黨部設計委員的張邦杰,在此顯係肆意歪曲,橫加攻擊,最核心的是對李友邦執行孫中山的「扶助農工政策」的新三民主不滿。由於張邦杰領導的南方執行部「走入歧途」,1942年3月臺灣革命同盟會召開臨代會,議決取消南北兩執行部及主席團制,改設分會制以代兩執行部,新設常務委員會以代主席團,但張邦杰反對取消南方執行部,且反誣「李友邦集合少數私人捏開代表大會」上告軍委會,「懇祈糾正制裁」。李友邦等亦「以張邦杰假冒謝南光名義通電反對該會二屆大會,懇加駁斥以維統一局面等情」函覆。由於張邦杰「仍沿用此項組織對外交涉事件,各機關未明本會組織者,亦仍舊受理,以致外間曾經一度誤會本會內部組織分歧」,直至1943年9月張邦杰到重慶參加臺灣革命同盟會會議,才「自覺所為非是,當聲明不再沿用南方執行部名義對外行文,並允

許該部一切工作移交本會福建分會」。[762]

臺灣革命同盟會內部的分裂傾向，與國民黨臺灣黨部企圖實際控制該組織有密切關係。早在1940年臺灣獨立革命黨與臺灣民族革命總同盟自發聯合組成臺灣革命團體聯合會前後，擔任聯合會祕書長的劉啟光，曾在國民黨調查統計局工作多年，向國民黨中央組織部長朱家驊建議成立臺灣黨部籌備處，經朱家驊與劉啟光、林忠、謝東閔等「一再商談（發展）臺灣黨務工作」，經蔣介石「在簽呈上批一可字」，1940年在重慶籌備，1941年在香港成立籌備處。翁俊明為主任，劉啟光為祕書。根據朱家驊面諭「設法使臺灣革命團體事實上與中國國民黨發生統屬關係以利革命事業之開展」的原則，在同盟會即將成立時，翁俊明就提出「我黨應如何加以利用」向中央組織部請示。臺灣革命同盟會成立後會內的國民黨員積極開展活動。同盟會在《工作概述》中指出：正是「因臺灣黨部籌備處採用收買與分化政策對付本會，致使糾紛與磨擦不斷發生，北方執行部未能準時成立，南方執行部又走入歧途」，同盟會在《檢討與建議》中又指出：「但因臺灣黨部籌備處成立時，黨部即用分化與仇視策略對付同盟會，致使所期目的不能達到」。[763]臺灣革命同盟會在1943年6月呈中央執行委員會函中對此亦加以追述：「自民國三十年成立以來，力求思想統一、行動統一及組織統一，現在主張臺灣獨立者幾乎絕跡，均以收復臺灣實行三民主義為共同目標，乃思想統一之成功。行動與組織之統一，尚未臻完善，實為各派系各有其政治背景助長各自為政之風，又為交通不便、經費困難、連（聯）絡欠靈，不能充分援助下級幹部之活動，以致命令不易貫通。因此不得不授權於各地中堅幹部，尊重各系之指導者，本會僅指示原則同意其自籌經費以發展工作，故行動與組織之統一進步較為遲緩。去年三月為求進一步之統一曾取消主席團及南北執行部，加強直接指揮，並擬定工作計劃及實施方案，以期改進組織及行動之統一，又為經費無著未能付諸實施，殊覺遺憾」。[764]對臺灣革命同盟會工作報告書國民黨中央祕書處祕書張壽賢、潘公弼簽辦意見中指出：「該同盟會對臺灣黨部籌備處有所不滿。該同盟會自認內部有意見。」「以黨務方面言，臺灣黨部、臺灣革命同盟會及南方執行部、臺灣義勇隊派別紛歧，無所統率，結果所屆，蓋可想見」。因此提出三點解決辦法：「一、增加臺灣革命同盟會補助費五千元，連前共為一萬元，其他問

題，均暫從緩議。二、勸導臺灣革命同盟會及南方執行部暨臺灣義勇隊應與臺灣黨部合作，如能化除成見共圖光復，則予增加經費，否則聽其自然，不加扶植。三、加強臺灣黨部之機能，責成福建省政府主席或省黨部主任委員負指導之責。同時付以規復臺灣之全權，以福建省之財力人力經營臺灣。」[765]對1943年11月臺灣革命同盟會常務委員李友邦、謝南光、宋斐如上報的《臺灣收復運動改進辦法要綱》，國民黨中央組織部對所提建軍建政一節答以「應先健全黨務後再辦有案，應暫從緩議」。而臺灣黨部書記長兼代主委林忠回覆中央祕書處函中指責臺灣義勇隊在《臺灣青年》上將《改進辦法》揭露，「不特不保祕密，且公開攻訐，似有未合之處。」並對臺灣革命團體之統一問題提出：「目前臺灣革命之意志未趨統一，力量未得集中，乃同志間感情隔閡，門戶太多所致；『誰不願受誰領導』，亦為領導未見生效之最要原因。今後似宜從新甄審各臺革團體，分別裁併整頓，以納組織於統一。各革命分子，亦必須捐棄成見，服從組織領導，務使意志冶於一爐，而健全其人事，以求力量之集中，然後就刷新組織中，在『以黨救國以黨建國以黨治國』之原則之下，鹹劃一於黨的領導，以建立一堅強專一之臺灣革命陣容。嗣後凡有關臺灣問題之新組織，亦概納入最高領導機構，以專權責」。並提出「請臺革人士盡速加入民眾團體（如臺灣革命同盟會、臺灣回國同鄉會、臺灣思宗會等），由負責人薦於本部，做本部外圍團體，對內加緊宣傳，輔助黨團，完成臺革任務」。[766]1943年11月，翁俊明逝世後，中央執行委員會派蕭宜增為臺灣黨部書記長，中央執行委員會祕處長吳鐵城同意「對於臺灣革命同盟會各分子，據蕭同志面稱，業已經多次接洽，今後擬在臺灣黨部中酌設機構，分別延攬，可望不致再如過去之紛歧複雜」[767]1945年5月，在國民黨第六次全國代表大會上，謝東閔、李黎洲、王泉笙、王芃生等15人連署《擬請中央統一加強對臺灣工作之領導案》，提出「今臺灣光復在邇，發展本黨實力尤為急切要圖」[768]。在國民黨中央的大力支持下，臺灣黨部一步步加強了對臺灣革命團體的控制。

臺灣革命團體矛盾、不團結，追根究底，與敵人從中破壞關係重大。在1943年10月臺義隊、臺義隊分團、臺灣革命同盟會三團體所提《臺灣收復運動改進辦法要綱》中就明確指出：「今日勝利已愈接近，而革命情勢愈成熟，即敵

人破壞革命之工作亦必愈加激烈,自在意料中事。查敵人對吾人之奸計甚多,舉其大略,其要點如下:一、在臺灣內部,敵人利用革命叛徒及間諜,自行組織『偽革命團體』……離間民眾與革命團體之關係,使民眾對革命團體喪失信仰,放棄支持革命之決心,此其一也。二、敵人選派其曾經受間諜訓練之青年回國參加各種革命團體,在內部除取得情報外,並經常挑撥內部鬥爭破壞團結,誹謗領導革命者之信用,離間祖國與臺灣,其奸策層出不窮,此其二也。三,敵人最無恥之奸計,即假冒臺灣各種革命團體名義,在臺灣組織各級組織,使民眾真假莫辨,造成混亂狀態,此其三也。其奸計雖不一而足,最狠毒者莫過右列三種,故在開始反攻以前,吾人必須肅清一切敵奸,加強自己之陣營,堅壘以待。尋機出擊,實屬必要」[769]。據傳翁俊明「就是出於日寇的暗算,因中毒而所致的」。而堅決抗日的李友邦及其所領導的臺灣義勇隊,更成為敵人攻擊的主要目標。1944年元旦,李友邦在所撰寫的一篇文章中即對此加以揭露。文章指出:「在四十多年中,日寇對我臺灣破壞上最殘酷、最毒辣的便是他的雇工幫兇政策……遠的不說,單拿本隊來講,自成立到現在,成為敵人的雇工口奸等英雄造謠生非的對象……欲使對它失信,阻止臺灣革命力量的發展,及後又誣以走私扣餉,冀分化上下,造成離心,嗾使逃跑,瓦解組織。最近,因為本人應政治部張部長之召去渝受訓,而在臺灣黨部翁主任死後不及一旬,日寇的雇工與幫兇們又改變花樣,捏造事實,誣以去渝途中,忽然損及道德行為。這個技巧固屬幼稚可笑,但其目的卻與以往同樣的毒辣——一個領導者沒有了道德行為,當然上不能取信政府,下不能領導部屬,原有工作也難保,如何還談上其他!五年來,類似的大小花樣雖則變了很多,但把戲的內容還是那麼一套——離間上下與瓦解本隊,姑不論其為雇工(利慾的俘虜)為幫兇(官慾的俘虜),要認賊作父則一……所以,我們對自己的周圍必須以高度的警惕來注視敵人及其幫徒的動向,務使其暗毒箭頭失卻發射作用……如何使日寇及其幫徒暗毒的箭頭失卻射擊作用呢,這就在於我們組織細胞的堅強,換言之,即要求本隊團每一個同志在工作中,對革命策略的運用,能夠熟練與發揮,使日寇及其幫徒在我們嚴密的視線下,消失其活動的機會與本能」[770]。可見,在敵人的離間與國民黨的排擠下,李友邦在臺灣革命同盟會的地位不斷受到挑戰,就不足為奇了。

李友邦有關歷史問題探討

陳在正

　　終生獻身抗日愛國事業的李友邦將軍，在臺灣「白色恐怖」的1952年被國民黨慘殺後，其抗日英雄事跡也湮沒無聞。直至1982年其遺孀嚴秀峰女士在臺北《中外雜誌》三十二卷第一期發表《抗戰時期的臺灣義勇總隊——駁正藍敏女士的自説自話》一文後，才打破三十多年的沉寂而引起史學界的重視，在大陸和臺灣先後發表了一批有關李友邦組織臺灣義勇隊參加抗日事跡的文章和著作，對李友邦的歷史取得廣泛共識的同時，也出現了一些分歧。本文擬對李友邦參加黃埔軍校及多次被捕等問題進行初步探討，以就正於史學界同仁。

一、關於參加黃埔軍校問題

　　許多文章都肯定李友邦自1924年來到大陸後參加了廣州的黃埔軍校，但有的提參加黃埔軍校第二期（1924年9月—1925年9月），有的提參加第三期（1924年冬—1926年1月），少數提參加第四期，但多數肯定是第二期。現存檔案履歷材料也存在第二期[771]和第三期[772]的分歧。第三期係1924年冬入學，第四期係1925年7月至1926年1月分批入學，顯然與1924年5月抵達廣州的李友邦時間上對不上號。李友邦到廣州時，軍校第一期學生已於5月5日入學，而第二期遲至8月至11月才分批入學，還需等3-6個月。當時李友邦是否在廣州等待幾個月後去投考黃埔軍校第二期呢？答案是否定的。經查證，李友邦當時參加的是廣東警衛軍講武堂。

（一）1924年6月參加廣東警衛軍講武堂

　　1938年11月，李友邦在杭州接受《正報》記者馬疎的採訪時自稱：「為企圖臺灣民族獨立自由的鬥爭迅速掀開，於民十三年就約同同感者三人，不顧一切

艱難和阻撓，決然祕密跑到祖國來。初到上海，人地既疏，又不懂話。幸虧在船上結識了張君，上岸後，承他替我們介紹方覺慧、任劍若兩先生。後來，其餘兩位就留在上海專攻政治文學。我獨自個，再經任先生介紹，進入廣東講武堂，從總理及廖仲愷諸先生那裡，學習民族解放的理論與實踐」[773]。證實了李友邦當時在廣州參加的是廣東講武堂，而不是黃埔軍校。

1924年時，廣州除黃埔軍校外，駐粵各軍都設有軍事學校，如粵軍軍事學校、滇軍幹部學校、桂軍軍官學校、廣東警衛軍講武堂、軍政部陸軍講武堂等，陸軍講武堂係1924年春天創辦，廣東警衛軍講武堂係1924年夏天黃埔軍校第一期開學後才辦的。李友邦參加的正是這個廣東警衛軍講武堂。據1945年建制之李友邦《陸海空軍官佐履歷表》記載，李友邦於「民國十三年六月進廣東警衛軍講武堂肄業」[774]得到證實。李友邦自稱參加廣東講武堂，指的應是廣東警衛軍講武堂。

關於廣東警衛軍講武堂的創辦情況，據該校學員王大文回憶說：「和我一起從上海到廣州參加複試（按：指黃埔軍校一期複試）的人，還有七十人也未被錄取。在這種情況下，我便跑到惠州會館去找廖仲愷、張繼等人，請他們為我設法。廖先生……便囑我再等候機會。後來，廖先生命令廣東市公安局長吳鐵城在東沙頭設立一所警衛軍講武堂，來安排和收容我們這批未被黃埔軍校錄取的青年。這樣，我便進了講武堂。學員中除我之外，海南人還有鄭介民、吉章簡、蔡勁軍、鐘光番等。我們都住在省長公署招待所內」[775]。

廣州市公安局長吳鐵城，1924年3月被孫中山任命為廣東省警衛軍司令，由省長節制。警衛軍是由東路軍討賊軍第一路改編而成。5月，中央直轄粵軍同東路討賊軍統編為粵軍，總理許崇智、參謀長蔣介石、警衛軍司令吳鐵城、講武堂堂長梁廣謙[776]。據吳鐵城回憶：「當我任公安局長時，前所轄領的東路討賊軍第一路司令部隊，已集中廣州組訓，奉令改編為廣東省警衛軍，我兼任司令……我奉編組的命令後，即將警衛軍編為三團，以歐陽駒為參謀長。……另辦一講武堂，以訓練下級幹部，蔣群任教育長，蔣江西九江人，保定陸軍速成學堂畢業，為辛亥革命同在九江起義之同志」[777]。由於吳鐵城係廣東警衛軍和講武堂的直

接領導,故1942年10月24日李友邦在龍岩給時任國民黨中央執行委員會祕書長吳鐵城函稱:「鐵公吾師尊鑒」,函末署「受業李友邦」,文中自稱「生」[778],也可旁證李友邦參加的的確是廣東警衛軍講武堂,與吳鐵城有師生之誼。

(二)1924年11月轉入黃埔軍校第二期

1924年「雙十節」,駐廣州各軍校的學生決定在第一公園集會慶祝,會後遊行。當警衛軍講武堂的學生隊伍遊行到沙基西濠口時候,遭到了陳廉伯商團武裝的襲擊,開槍射擊,五名學生連同姓郭的隊長在內,統被殺害。據王大文回憶:「經過這次事件後,警衛軍講武堂便停辦了。適逢黃埔軍校第二期招生,廖仲愷先生以學校黨代表的身分,決定將我們這批講武堂的學員全部併入黃埔軍校第二期。這樣,我便正式成為黃埔軍校第二期步兵科的一名學員。同學中,海南人有鄭介民(步科),蔡勁軍(步科),吉章簡(工兵科),林中堅(輜重科)等」[779]。《吳鐵城回憶錄》亦記載:「未幾,講武堂學員並歸黃埔軍校第二期」。因此,參加警衛軍講武堂的李友邦與王大文等同班學員,均於1924年10月平定商團叛亂後,正式成為黃埔軍校第二期的學員。同年11月19日,陸軍講武堂學生158名也正式並歸黃埔軍校,編為第六隊,該隊畢業生劃歸入一期待遇外,其餘概屬第二期。

黃埔軍校第二期學員從1924年8月至11月分批入學,修業期間原定六個月,但為適應軍校戰鬥的需要,1925年2月隨校部東征隊出發東征,實行邊戰鬥邊上課,在實戰中迅速成長。在進占潮汕之後,並設潮洲分校就地開課。至6月又回師廣州,參加平定滇桂軍叛亂和沙基反帝遊行,故遲至1925年9月6日才正式畢業[780]。

(三)1924年底離開黃埔軍校

由廣東警衛軍講武堂轉入黃埔軍校二期的王大文、鄭介民、蔡勁軍、吉章簡等都同時畢業,其名字均列入黃埔軍校第二期同學名錄[781]。但名單中未見李友邦名字。根據臺灣「國防部人事參謀次長室」於1998年3月25日復連天雲先生函稱:經查部存民國三十四年建制之李員《陸海空軍官佐履歷表》記載:「(一)

民國十三年六月進廣東警衛軍講武堂肄業，同年十一月轉入黃埔軍校第二期肄業，年底離校；（二）於民國三十四年三月任軍委會政治部臺灣義勇總隊少將總隊長；（三）資料內並無被囚之記載」[782]。事實證明上述履歷表的記載是可信的，李友邦因工作需要，沒有與同期學員參加東征，1924年底即已離開黃埔軍校投入實際鬥爭。

當時廣州各軍軍事學校和講武堂等，與黃埔軍校關係很密切，作為黃埔軍校的黨代表廖仲愷，也同時兼任陸軍講武堂、警衛軍講武堂和滇軍幹部學校的黨代表，這些軍校的學習和訓練內容也都仿效黃埔軍校。1924年8月6日國民黨設立統一訓練處，主席為孫中山，委員有楊希閔、許崇智、蔣介石、宋子文、程潛、鮑羅廷等，統一訓練黃埔軍校、滇軍幹部學校、陸軍講武堂、西江陸海軍講武堂、警衛軍講武堂、警衛軍學兵營及航空局[783]。由於各軍講武堂等與黃埔軍校關係密切，因此各校的學歷也受到承認。如1924年11月轉入黃埔軍校的陸軍講武堂158名學生，考慮到已早於1924年春天入伍，學習時間已超過半年，加之當時急於建立國民革命軍，急需幹部，乃特准於1925年2月提前畢業，並按第一期學生相同待遇，分派工作[784]。講武堂的學歷受到承認。按此，李友邦從6月參加警衛軍講武堂算起，至年底離校時實際受訓時間也已超過6個月，因革命工作需要提前離校，經校方批准予以畢業也是可能的。故有關履歷出現有不同的記載。陳儀於1944年6月16日報請聘任李友邦、謝南光、李萬居三人為臺灣調查委員會兼任專門委員的履歷表中，李友邦的學歷為「黃埔第二期畢業，中央訓練團第二十八期畢業」，但在當年7月後所填的李友邦之「中央設計局臺灣調查委員會職員詳細履歷表」學歷欄填：「日本早稻田大學政治科，中國黃埔軍校第二期」。[785]後表可能係李友邦本人所填，可靠度更高。

本人對李友邦參加黃埔軍校的看法，曾作了兩次修正。1998年9月由福建人民出版社以陳正平（陳在正、陳支平合著）署名的《李友邦與臺胞抗日》一書（11萬字），及2000年8月由臺北世界綜合出版社出版的同名書（21萬字），均係採用學術界的多數觀點，認為李友邦係1924年9月考入黃埔軍校第二期，於1925年9月畢業。[786]2001年9月由臺北縣文化局印行的拙著《李友邦傳記與臺灣

近代史》,由於看到了李友邦1938年與《正報記者馬疎先生的談話》,李自稱到廣州參加「廣東講武堂」,認為他參加的是軍政部陸軍講武堂,於1924年11月轉入黃埔軍校第二期,1925年2月提前畢業。[787]2001年初看到臺灣連天雲先生轉來臺灣「國防部人事參謀次長室」給連先生的覆函,認為所提供資料可信。修正了李友邦參加廣東陸軍講武堂的提法。而確定為參加的是廣東警衛軍講武堂,亦於1924年11月轉入黃埔軍校第二期肄業,年底離校。

(四)廣州軍校對李友邦終生的影響

1924年孫中山依靠共產黨的協助改組國民黨,實行聯俄、聯共、扶助農工的新三民主義,創辦新式的黃埔軍校,培養革命軍事幹部,組建革命軍隊,旋出兵北伐,使廣州成為革命策源地。李友邦在這裡受到了軍事訓練和政治教育,學習了民族革命的理論和實踐。當時在軍校依靠蘇聯專家的指導進行軍事訓練,依靠共產黨進行政治教育。特別是1924年9月周恩來到廣州不久,就兼任黃埔軍校的政治教育,11月又兼任政治部主任,大大加強了軍校的政治教育。軍校學習的政治課有三民主義、社會主義、中國近代史、帝國主義侵略中國史、政治學、經濟學、社會科學概論、中外政治經濟狀況、勞工運動,青年運動等。雖以軍事與政治並重為教育方針,實際上是以政治教育為主。孫中山在學校開學演說中指出:「開辦這個軍官學校獨一無二的希望,就是創造革命軍,來挽救中國的危亡。」要求學員「從今天起,立一個志願,一生一世,都不存升官發財的心理,只知道做救國救民的事業,實行三民主義和五權憲法,一心一意來革命,才可以達到革命的目的。」[788]當時孫中山曾系統講演三民主義,先後出版民族主義、民權主義、民生主義單行本,1924年底又出版合訂本。李友邦不但熟讀三民主義理論,1925年還帶到臺灣廣為宣傳。擔任講武堂和黃埔軍校黨代表的廖仲愷,也曾到學校演講,勉勵學員「要救國救民,就要繼續革命。革帝國主義的命,把帝國主義趕出中國;要革依靠帝國主義生存的軍閥的命,把它殲滅掉。」他並滿懷希望地對學員說:「這個革命任務落在你們身上,你們要努力完成這個歷史使命。」[789]李友邦在廣州學習期間,曾得到廖仲愷的特別的關懷和教導。當時軍校的政治課主要都是由優秀的共產黨員擔任講授,如周恩來講中國內外形勢,惲代英主講社會主義,蕭楚女主講經濟學概論,高語罕主講政治學概論,於

樹德主講政治形勢。此外不少蘇聯顧問講述紅軍戰史、戰例等等。由於對學生進行了政治教育，使之成為有覺悟的革命戰士。為抗日救國，抱著滿腔革命熱情來廣州軍校學習的李友邦，如饑似渴地學習新知識、新思想，系統學習了民族解放和民主革命的理論，學習了唯物主義和辯證法，成為孫中山新三民主義的堅定擁護者，由自發的抗日青年成為自覺的革命戰士，指導了李友邦一生的行動。

李友邦在廣州學習革命理論的同時，積極參加了國民革命行動，並在廣州、臺灣進行抗日宣傳和組織活動。大革命失敗後，他不滿國民黨右派背叛孫中山的新三民主義發動反革命政變，開始走上反蔣革命的道路。1937年抗日戰爭爆發後，在國共合作時期，他出面組織臺灣義勇隊，投入「保衛祖國、光復臺灣」的鬥爭，抗戰勝利後，又投入「建設臺灣、保衛祖國」的鬥爭，為實現其救國救民理想而最後貢獻了自己寶貴的生命，成為一個赤誠的愛國主義者。

二、關於四次被捕入獄問題

李友邦從1924年到大陸廣州投軍，學習救國救民的理論，堅決地走上抗日民族革命的道路，路程坎坷不平，在大陸和臺灣曾四次被捕入獄，現擬對這四次被捕有關問題進行有重點的探討。

（一）1929年在上海被日人逮捕

李友邦等臺籍青年1926年冬至1927年春在廣東革命策源地組織臺灣學生聯合會、臺灣革命青年團，進行反日活動，早引起日本情治單位的關注。至1927年5月國民黨進行清黨後，革命青年團遭到取締解散，接著日本也乘機發難，於1927年8月3日至8月6日，先後在大陸、臺灣逮捕廣東革命青年團員23名，稱「八三事件」。至1928年在臺灣、大陸和日本等地又陸續逮捕7人歸案。時李友邦避居浙江內地，一時躲過魔掌。至1928年12月被捕人員經預審終結，第一審宣判，李友邦也就放鬆了警惕，又經常來往於杭州、上海等地，聯絡同志進行抗日革命活動，再次引起日探的注意，旋於1929年10月10日在上海被捕，被關押在日本駐上海領事館內。同年底，又在日本逮捕了洪紹潭。此案前後共被捕32人，其他被通緝的尚有30多人，因行蹤不明未受檢舉。1929年終審結果是：被捕32人中，有林文騰等11人分別判處1-4年有期徒刑，其他21人以證據不充分免

予起訴。包括後捕的李友邦、洪紹潭2人,也得到免予起訴處分。[790]

李友邦沒有被判刑是什麼原因呢?是因他不是參加組織廣東臺灣革命青年團的重要骨幹嘛?答案是否定的。李友邦是1925年至1927年初領導臺灣和廣州臺胞進行抗日民族革命的重要領袖,也是當時在廣州組織臺灣青年革命團體的重要骨幹。

1.李友邦是1925年到1927年初領導臺粵臺胞進行抗日民族革命動運的重要領袖

1924年李友邦在廣州軍校學習時,就組織了臺灣獨立革命黨,進行抗日的祕密活動。1924年底離開黃埔軍校後,曾主持由國民黨兩廣省工作委員會領導的臺灣工委會,林文騰、林春松等也參加了這一工作,宣傳大陸革命的大好形勢,激勵臺胞反對殖民統治的鬥志,並動員臺灣革命青年到廣州學習。當時李友邦急於回臺灣進行抗日活動,把學習到的民族解放的理論付諸實踐。他説:「偉大的反帝反封建軍閥的革命高潮底前影,激發著我轉向自身民族解放的途徑上去。那時我已警覺到:臺灣民族革命的推動工作,再不能一刻延緩了。於是馬上和大元帥府諮議林志華君商妥,取得各方的聯繫,回臺工作。」他旋於1925年上半年偕林志華君離粵回臺。「在基隆上岸時,所帶國民黨宣傳品十九被沒收。但僅存《民族主義》,在當時的臺灣,仍然是珍貴的精神食糧。雖經大量地油印散發,可是總無法滿足臺人的需要。」[791]回臺後至1926年秋一年多時間中,李友邦已在臺灣進行了大量的抗日宣傳和組織工作,他所創立的臺灣獨立革命黨滲透到臺灣的各個抗日團體中去起了核心的作用。從熟悉當時情況的竹山(疑即李祝三,黃埔軍校六期,1926年10月-1929年2月在廣州學習)所撰《臺灣青年運動的回顧》一文,專門介紹了「臺灣獨立革命黨」在臺的活動情況:「當文協妥協成分向後退卻,堅定的臺灣革命青年,除一部分結成為臺灣新聯盟、學生文化講法團而外,他們都被引到這新的革命集團(按:指臺灣獨立革命黨)裡去了,它以最勇敢的姿態出現在群眾之前,並尖對著現實,提出了向日本帝國主義者爭取獨立,然後歸還大陸的口號。公開方面以舉行巡迴講演,和普遍組織讀書會、工會、農會等等形式,去和帝國主義統治者周旋;同時以地下工作的方式,控制

著全臺青運的核心。更由於它領導的健全,主張的正確,成立後不到兩年,它的組織勢力,便布滿了整個臺灣。後來雖因其主腦者李友邦先生被迫返國,可是這個堅強的革命力量,在臺灣青年中已樹立了根深蒂固的基礎,不是日本帝國主義者的警察政治所能壓服的了。所以當1927年李先生由大陸派回的志士,能夠得著這個固有組織的援助下,展開了轟動一時的『八三事件』。如全臺的大罷工示威,臺中的一中和臺北的師範學校大罷課,以及臺灣鐵工所、臺北印刷工組合、日華紡織會社、營林所、芭蕉生產者的反對運動等工潮,並轟動當時的霧社大暴動,組成了臺灣民族運動史蹟的最可貴的一頁。」[792]上述描述可能有所誇張,但可證明1926年時臺灣獨立革命黨首領李友邦已在臺灣祕密進行了有成效的革命組織工作,他是當時領導臺灣和廣州抗日民族革命運動的重要領袖。

2.李友邦也是領導廣州臺籍青年組織革命團體的重要骨幹

1926年7月,國民革命軍出師北伐,直驅兩湖,連克城池,9月占領漢口,旋克南昌,北伐軍取得節節勝利,對臺灣革命的推動更大了。李友邦說:「當時臺灣各地青年共同的意志,要我再跑廣州,向國民黨中央接洽一切。這時在粵的臺人一天天的多了,經共同集議策劃的結果,很快的就組成臺灣革命青年團於廣州,創刊《臺灣先鋒》雜誌,同時,聯名呈准中央,仰承陳果夫先生的批示,繼續籌組國民黨臺灣總支部,並得精神和物質上的幫助,於是我又匆匆離去,回臺從事工作。」[793]可見1926年秋冬時李友邦又回到廣州,1927年初「共同集議策劃」組織臺灣革命青年團,被選為宣傳部7位部員的首位。旋於1927年三四月間匆匆回到臺灣。有的文章說,李友邦自1924年到廣州後,直到1926年才經日本回到臺灣[794],顯然是不正確的。這樣,他就根本沒有可能參加1926年12月後組織臺灣學生聯合會及臺灣革命青年團的工作了。竹山的文章也證實了李友邦確實參加了組織臺灣革命青年團的活動。他指出:「隨著祖國革命的高潮,本黨革命的勢力努力的在廣東集中,點散在祖國各地的臺灣青年,亦就迅速地集到這革命的策源地來了。臺灣獨立革命黨的領導者李友邦先生,那時正在粵奔走臺灣革命,便發起而組織了臺灣革命青年團,刊行《臺灣先鋒》。在當時黨政領袖的支援下,一時聲勢遠布,頗令日寇感受威脅。因為這一組織博得了在日、留華以及島內臺灣青年之熱烈擁護,而且個個都熱烈的要求參加,迫切期望完成國民革

命。當時集中的臺灣青年學員,多至數百,在李先生學習重於作戰的訓示下,他們多數進入中山大學,一部分考入黃埔軍校。其後,他們的頭顱和鮮血,曾為保衛祖國而灑遍了祖國南北戰場。而1927年臺灣獨革命黨決議命青年同志潛回臺灣工作,不幸事機泄漏,發生轟動全臺的八三事件。」[795]這些都證明李友邦確是參加組織臺灣革命青年團的重要骨幹。

3.李友邦被捕未被判刑的原因

李友邦當時負有主持臺灣區工作委員會的重任,而且是祕密組織臺灣獨立革命黨的負責人,主要在廣東和臺灣「以地下的工作方式」進行祕密活動,所以他的活動十分隱蔽,不大公開出頭露面,沒有在《臺灣先鋒》發表文章,也很少在報刊公開發表文章,而暗中在緊張地進行組織聯絡工作。由於行動隱蔽,當時就曾引起張深切的懷疑。張回憶說:「我們在廣州活動的期間,有一個最奇怪的人物是李友邦,他本來是和林木順、林萬振等人同時被臺北師範開除的學生,他常在學生會和青年團之間,跑來跑去,到底所為何事,至今未能明瞭。」[796]李友邦祕密從事革命聯絡活動的內容,連骨幹分子張深切都不完全知曉,日探對他活動的資料自然掌握更加有限。加上當時日本統治者也認識到一味高壓政策,難以徹底征服臺灣人民,因此開始採用一些安撫引誘的統治策略,試圖從思想上「同化」臺灣人民,甘心做他們的「良民」。故對言論雖比較激烈而鮮實際反抗行動的廣東革命青年團的青年學生,懲罰也適當從寬,被捕的32人中,21人免予起訴,被判刑的11人中,8人緩刑,真正坐牢服役的只有林文騰(徒刑4年)、郭德金、張深切(均徒刑2年)3人。而李友邦、洪紹潭2人最後被捕,預審早已終結,第一審宣判也已公布,且對後捕的李、洪2人所掌握的證據也無多,也就不了了之,免於被起訴判刑了,並非由於李友邦不是抗日革命活動的骨幹。

(二)1932年在杭州被國民黨逮捕

1.被捕的原因 由於未見到此次逮捕的檔案,逮捕的罪名不詳。但在1952年臺灣國民黨當局關於《李友邦叛亂案》的案情摘要中,得知其罪名是「李匪友邦於民國十八年在杭州金華由叛徒劉某介紹,參加匪青年團,並為傳遞信件,於二十一年被浙江當局逮捕,繫獄兩年。」[797]可見其被捕原因是因李友邦參加共產

主義青年團,進行了反蔣活動。這與事實基本相符。自1927年「四一二」蔣介石發動反革命政變後,李友邦既受日本當局追捕,又被國民黨右派列為被清除的異已分子對象,真的到了報國無門,悲情萬狀的境地。篤信孫中山新三民主義的李友邦,開始把振興大陸光復臺灣的希望寄託在中國共產黨身上,在杭州參加了抗日反蔣的革命活動。並於1929年參加了共產主義青年團,化名張震球,入團後為組織傳遞信件和進行聯絡工作。不久,他移居西湖俞樓,1930年在國立杭州藝專教授日語,並於同年10月至11月在團內擔任短期的團杭州中心市委(旋改為團杭州中心縣委)的委員。[798]除參加杭州團的領導工作外,並在杭州藝專內祕密組成了共青團支部,共青團員有胡以撰、劉夢瑩、姚馥、季春丹等人,小劉也是他們的領導人。經常在杭州進行抗日革命活動。據藝專學生沈福文回憶:「杭州市每當孫中山紀念日,李友邦都要去參加紀念大會,在會上講演紀念孫中山的偉大意義。他還利用軍官身分,祕密聯繫杭州市幾名覺醒的警察,叫他們去祕密散發傳單和張貼標語,揭露反動派的腐敗和殘酷,啟發群眾的覺悟。那些革命傳單和標語,都是李友邦和小劉(不詳其名)在俞樓房內親自書寫和油印的。」「因為他們在杭州地下活動頻繁,被反動派察覺……李友邦和小劉一齊被捕。」[799]可見,李友邦係由國民黨左派走上抗日反蔣道路而被捕。

2.被捕和釋放的時間 關於李友邦被捕的時間,記載不完全一致。有的記係1931年被捕,有的記1933年被捕,但多數記載係1932年被捕。關於坐牢的時間,分歧更大。有的記關了三年,1935年釋放;有的記關了兩年多,1934年保釋出獄;有的記1933年被捕,1937年始釋放,關了四年。[800]有的記1932年被捕,1937年出獄,關了五年。[801]其中李仲所記較為真實。李仲在《臺灣義勇隊隊長李友邦》一文中回憶說:由於繼續進行革命活動,1932年初,李友邦在杭州被國民黨右派逮捕,關進了浙江陸軍監獄。在獄中,他經受了多次嚴刑拷打,始終沒有低頭,堅信自己選擇的道路和事業是正義的。在獄中兩年多的時間,透過與難友們的接觸,革命的思想更加成熟了。後來由於黃埔軍校同學的保釋,他才出獄。[802]另據駱耕漠回憶:他在獄中關了兩三年,法院難於判決他,就被保釋出獄。[803]關於出獄的原因,二者的表達方式不同,但並不矛盾。正是由於法院難於判決,所以才由熟人保釋出獄。現據浙大歷史系樓子芳先生所提供的浙江

省公安廳雲和縣檔案記載：李友邦於「1932年2月20日關押在偽軍人監獄，1934年9月20日解到浙江反省院。」[804]對李友邦的被捕和釋放提供了具體的年月日，計被關2年7個月。李仲所記被關二年多是準確的，駱耕漢誤記1931年被捕，被關二三年，1934年出獄的時間也是正確的。「案情摘要」所記繫獄兩年，也基本符合事實。1937年出獄之說顯然有誤。但李友邦1934年被保釋出獄後，仍受國民黨特務監控，行動不完全自由。至1937年抗日戰爭爆發，國共聯合抗日後，政治犯亦被釋放，李友邦也得到完全的自由。

1947年3月李友邦再次被捕後由特務分子所羅織的罪名中，有「李友邦原係奸匪自新分子」一詞，這是不真實的。1952年判決李友邦的「案情摘要」，也沒有這一提法。李被捕後，由於國民黨無法判決，才移送反省院保釋出獄。出獄時也可能辦過一般例行的手續，而並非自新。從難友的回憶，及李友邦的在獄中及出獄後的表現，都說明他堅持其政治信仰不動搖，不屈不撓為之奮鬥了一生，最後為之犧牲了生命。

（三）1947年在臺灣被捕與釋放

1.被捕經過及被捕原因　1947年「二二八事件」後不久，3月10日李友邦被臺灣國民黨當局逮捕，旋被解送南京國防部訊辦。被捕18天後的3月28日，才由情治人員謝漢儒炮製罪名電呈南京憲兵司令部，主要罪名是「臺灣青年團主任窩藏奸匪重要分子」。誣稱「三民主義青年團臺灣區團部主任李友邦家中，現尚窩藏奸匪首要分子潘華、華雲游（即著名奸匪華西園之弟）、張一之、王萍、駱經謀等，倘能一網成擒，則臺灣奸匪當可全部肅清。查李友邦原係奸匪自新分子，此次臺省事變，李為幕後操縱人物之一。此次叛亂行動，青年團居領導地位，如高雄分團主任莊孟侯，臺北市分團主任王添丁，均係叛亂禍首」。報告送達後，在「判斷或擬辦」欄批有：「擬交陳長官查報，並抄交陳書記長併案查辦速報。」在「批示」欄有蔣中正批示：「如擬。電陳長官，臺區青年團主任李友邦現在何處，此人來歷及何人保舉，如未逮應即逮，逮捕解京法辦。」旁註：「已辦。四月二十四日」[805]此時距李友邦被捕已整整一個月零四天了。創造了先抓人後找罪名批准逮捕的突出案例。

根據上述呈報李友邦主要罪狀有二：其一、李係此次臺省事變幕後操縱人物之一；其二、「李家中現尚窩藏奸匪首要分子」。

在「二二八」期間，李友邦並未參加任何活動，幕後操縱係憑空推測，並無事實根據。但在「二二八事變」後，原來支持臺灣當局的三青團，由於對光復後臺灣政權的倒行逆施，深感不滿，逐漸由積極擁護政府轉變為反對貪官汙吏力量，在事變中廣泛地捲入運動之中，不少三青團骨幹成為各地運動的領導力量，卻是事實，並非李友邦在幕後操縱。至於所謂「窩藏奸細首要分子」，乃係羅列抗日戰爭時期，李友邦在金華組織臺灣義勇隊進行抗日時來往人物或共事之人，有的確係中共黨員，如駱耕漠、張一之、潘華等，但這在國共合作抗日的時期，夠不上罪狀。何況駱耕漠、張一之、華雲游等人，根本沒有來臺。華雲游不但沒有來臺，且已死多年。潘華雖來臺在三青團團部任職，但在「二二八事變」前早已離臺回大陸。可見這些都是莫須有的罪名，有的連人名都寫錯了，如駱耕漠寫成駱經謀，顯係捕風捉影。

由於臺灣當局曾懷疑臺灣三青團的領導人李友邦為「二二八事變」的幕後操縱者，所以陳儀曾要求李友邦公開廣播講話，以平息動亂，被拒絕後便惱羞成怒，成為逮捕李友邦的導火線才演出先抓人後羅織罪名的醜劇。

2.訊辦經過及釋放　李友邦被捕第三天，其妻嚴秀峰就去找陳儀追問，知被解京後也就趕到南京，拖著懷有身孕（正懷三子建群）的身軀日夜奔波，並向三民主義青年團中央團部二處處長蔣經國反映臺灣「二二八事變」的真實情況，告知臺胞並非暴動，而是對陳儀施政不滿的爆發。3月17日國防部長白崇禧與蔣經國抵臺宣慰視察，調查「二二八事變」真相，特別是臺灣三青團的真實情況。知道了真情後，為解決李友邦問題起了重要作用。

李友邦被拘押南京期間，國防部進行了審問。當陳誠接到蔣介石的批示後，也加緊了訊辦工作，並於6月14日復呈蔣介石：「奉交辦青年團臺灣區團部主任李友邦窩藏奸匪首要分子潘華等，並操縱臺變一案，遵飭軍法處訊據該被告供稱：潘華他到團部住在宿舍裡邊，本年陰曆正月初，已由臺乘中興輪迴家，『二二八事變』時，並不在臺。華雲游原作特工，廿九年已死。駱經謀原在浙江辦雜

誌，並沒到過臺灣。又稱：本年三月二十九日，我曾向全臺廣播，說明共黨破壞統一，應該打倒。如我與共黨有連（聯）絡，怎會如此播講等語，堅不認有非法企圖。當經電臺灣省警備司令部查復稱，李友邦寓所窩藏奸匪華雲游、駱經謀一節，經查並無事實。又該團視察潘華，據該團祕書姚舜及李妻均稱，已於二月十六（陰曆一月六日）離臺去滬等情。核與被告所供各節，尚相符合。查該被告既無違法實據，犯罪尚難成立，未便令負刑責。並查該被告係屬青年團臺灣區團部主任，原無軍人身分，不屬軍法管轄。但經訊無罪嫌，應否免予置議，毋庸移送法院之處，未敢擅專。理合簽請核示」。在「擬辦批示」欄中籤有以下內容：「前據憲兵司令部張司令報告，以青年團臺灣區團部主任李友邦家中窩藏奸匪首要分子潘華、華雲游、駱經謀等情，經呈奉批，李友邦應即逮捕解京訊辦等因，遵即轉飭陳總長逮解到京，依法審判如上。謹注。」

「卷查李友邦窩藏奸匪華雲游，駱經謀等情，既經臺灣省警備部查明，並非事實，復經國防部詳加審訊，又無違法犯罪嫌疑，擬准免予置議，毋庸移送法院」，旁證：「已辦，六，廿三」。[806]

　　李友邦被拘留三個半月後，於6月23日後才被釋放。從李友邦先被捕後羅列罪狀的過程，已隱然可見臺灣派系鬥爭的嚴重。在李友邦被拘留期間，臺灣中統、軍統等各派系也大舉撻伐，透過內部密報與公開輿論大力攻擊陳儀在臺的失政，弭亂無方。4月22日行政院決議撤廢臺灣省行政長官公署，改定《省政府組織法》，並決定任命曾任駐美大使的魏道明為臺灣省首任主席。4月29日通過臺灣省政府委員名單，其中有臺籍委員林獻堂、杜聰明、劉兼善、簡志信、丘念台、游彌堅、陳啟清等7人，占省府委員的半數，顯然是「二二八事件」後收攬臺灣民心的作法。但臺灣人仍舊不脫陪襯性質，慘痛的事件代價並沒有使臺灣人因而爭取到在政治體系中成為主流的地位。

　　李友邦被釋放後，與妻嚴秀峰一起先到上海，再到嚴的故鄉杭州，然後再回到臺灣。抵臺時在基隆港迎接李友邦平安回臺的幹部、族人、群眾達數萬人，此後夫妻多呆在家裡，不再過問其他事情。且曾產生離開政壇，遷居浙江的想法。但充滿愛鄉愛國熱情的李友邦，在新形勢的推動下，後來又過問政治，繼續滿腔

熱情地為桑梓服務。逃過了「二二八事變」的劫難，卻難逃50年代初「白色恐怖」的惡魔迫害。

（四）1951年在臺灣被捕與被殺害

1949年1月陳誠就任臺灣省主席，5月兼任國民黨臺灣省黨部主任。經其一再動員，李友邦才答應出任臺灣省黨部委員兼省黨部副主任，並兼臺灣新生報、中國旅行社、臺灣電影公司等單位董事長。當時臺灣省黨部有委員28人，其中臺籍委員有李友邦等16人，可見經過「二二八事件」後，開始比較重視臺籍人士參加黨政工作。這時重新燃起李友邦為桑梓服務的熱情，為臺灣省黨務工作做出了一定的貢獻，他富有經營實業的能力，為臺灣擁有龐大的黨營事業奠基之功也是不可磨滅的。1949年月12月，陳誠離任省主席後，另任命吳國楨為省政府主席，李友邦仍任省黨部副主任，並兼省政府委員。但自1949年底國民黨潰退臺灣後，臺灣開始進入「白色恐怖」時期。自1949年月10月10日至於1950年2月16日，保密局先後將陳澤民、蔡孝乾、洪幼樵、張志忠等人逮捕，破獲中共臺灣省工作委員會後，牽連逮捕了大批無辜分子。其中張志忠妻子季沄因與嚴秀峰有來往，嚴旋被牽連，於1950年2月18日以參加「叛亂組織」的罪名被逮捕入獄。後被判處15年徒刑。1951年冬厄運終於降臨到李友邦頭上，11月18日被臺灣憲兵司令部扣押，解送省保安司令部法辦。

1.案情資料。根據國民黨安全局所保存的《李友邦叛亂案》檔案，其案情詳況如下：

偵破時間：1951年11月18號。

地點：臺北市。

姓名：李友邦。

年齡：47。

籍貫：臺北。

處刑：死刑。

判決文號及日期：本案奉國防部1952年4月21（52）防隆字第831號代電，核定。

執行死刑日期：1952年4月22日。

案情摘要：李匪友邦於民國十八年在浙江金華由叛徒劉某介紹參加匪青年團，並為匪傳遞信件，於二十一年被浙江當局逮捕繫獄兩年，其在獄中，認識同押匪幹即現充匪華東軍政委員會財政經濟委員會委員兼祕書長之駱耕模，二十七年李匪以臺灣獨立革命黨名義向前軍委會呈准在金華成立臺灣義勇隊時，經常前往匪幹邵荃麟負責主持密設之辦事處（即皖、浙、閩、贛匪徒聯絡總機構），與該邵荃麟、駱耕模及駱妻張英等人聯絡，資助匪所出版之《刀與筆》月刊經費，以義勇隊名義為匪掩護。金華陷落，張匪曾一度隨李經閩來臺，嗣又返回大陸。三十年聘匪幹潘華充義勇隊祕書。至三十四年潘因匪嫌為福建當局逮捕，李匪竟修函為之保釋。李於三十五年來臺後仍以潘匪充任青年團臺灣區祕書。李妻嚴秀峰即由潘匪吸收參加匪幫組織。嗣潘匪離臺赴滬，另介匪幹季襪與之聯絡。嚴秀峰由李匪處得來軍政重要情報，均交季匪襪轉報，案經憲兵司令部偵破，解送保安司令部法辦。

陰謀策略與活動方式：一、以合法的臺灣義勇為號召，爭取愛國青年，進而吸收加入匪黨。二、在本黨省委名義掩護下，便利並支持匪諜分子之非法活動。三、透過本黨關係，蒐集我黨政軍重要情報。四、李匪不正面出頭，透過其妻嚴秀峰與匪黨聯繫，減少我方注意。

偵破經過：憲兵司令部據自首人沈中民檢舉李友邦有重大匪嫌，當派員與檢舉人沈中民詳細談話後，並分別密向資料組、保密局、內調局、總政治部、保安司令部等單位蒐集李友邦之有關資料，經證實李友邦確屬匪嫌重大，即於四十年十一月十七日以正式傳票，票傳其於十八日到部應詢，因嫌疑重大，當庭扣押。

對本案之綜合檢討：一、李匪友邦早年參加匪黨組織，後以本黨名義成立臺灣義勇隊，廣收愛國青年，轉變為匪黨分子，並以其在本黨之顯要地位，從事掩護與便利匪徒之非法活動，我政府久未覺察，其深入本黨長期潛伏之伎倆，殊值警惕。複查李匪友邦與匪黨歷史悠久，在我方關係複雜，其幹部如王添燈、張秋

山、簡吉、李媽兜、崔志信、潘華、王正南等先後因匪嫌被捕，但均未將李匪牽入，足證其掩護得法，設使無人告密，則李匪可能從事更多共匪有利之事，類此高度潛伏謀略，深值吾人參考。二、主辦單位接獲檢舉李匪友邦之資料後，即密向各有關單位蒐集李匪友邦有關為匪罪嫌資料，並作綜合性之研析參證，對本案貢獻甚大，因而李匪雖患嚴重之高血壓症，而鞫訊工作雖進行困難，無法窮詰，仍能達成任務，端賴我情報治安單位高度合作有以致之。

　　檔案卷號：378・1/0082[307]

　　2.案情剖析。看了上引李有邦案情資料，很自然地讓人聯想起1947年3月李友邦被捕的情況。當時李友邦是在被捕18天之後由情治人員謝漢儒密報之罪名，一為家中窩藏「奸匪首要分子潘華，駱經謀（耕漠）等」，一為「二二八事變」的「幕後操縱人物之一」。過了四年被提升為「匪嫌重大」的罪名的內容，仍然是抗戰時期與駱耕漠，邵荃麟，潘華等「匪幹」來往之事，且提及積極參加「二二八事變」的王添燈、簡吉、李媽兜等與其關係。1947年6月經臺灣警備司令部查明「窩藏奸匪」駱經謀等「並非事實」，復經國防部詳加審查，「又無違法犯罪嫌疑，擬准免於置議」，證明李友邦也並非「二二八事變」幕後操縱者。到了50年「白色恐怖」時期，又有一個與李友邦並無特別關係的所謂自首人沈中民（不知何許人）出面檢舉李友邦「有重大匪嫌」，經憲兵司令部派員與檢舉人「詳細談後，」並分別密向資料組、保密局、內調局、總政治部、保安司令部等單位「蒐集李友邦的有關資料，」「經證實李友邦確屬匪嫌重大」，而加以逮捕，名義是「叛亂案」，但並沒有同案犯，也沒有被牽連的手下人。「罪行」實際上仍是三、四十年代在大陸組織臺灣義勇隊抗日時，在國共合作時期，與共產黨人工作中聯繫，何罪之有。如潘華1941年起擔任臺義隊祕書，1945年7月國民黨製造「永安大獄」逮捕了27個進步文化人和愛國青年，臺灣義勇隊的潘華和陳學銓也同時被捕，由於各方輿論的反對，不久先後被迫釋放了被捕人士，當時擔任臺義隊總隊長的李友邦「修函為之保釋」，是其職責範圍內的事，而且經國民黨當局批准無罪釋放。臺義隊抗戰勝利後回到臺灣，潘華繼續擔任三青團祕書，到了「白色恐怖」時期，本屬正當的職務都變成罪狀。李友邦以臺灣義勇隊為號召，爭取愛國青年參加抗日是事實，他們絕大部分都被吸收加入以蔣介石為

團長的三民主義青年團，而不是中國共產黨。至於這些三青團員以後不少走上反對臺灣貪官汙吏，參加「二二八事變」，這是國民黨當局腐敗造成的。為共產黨製造同情者或擁護者，不反躬自省，反大開殺戒，遷怒無辜。至於李友邦提供情報給嚴秀峰轉交季沄之罪名，亦屬無稽。谷正文在《蔣介石定律冤死省黨部副主委李友邦》一文也承認，「朱湛之及嚴秀峰在供詞中皆表明李友邦未涉共諜案件，毛人鳳與我也都向蔣經國保證李友邦的清白。」[808]可見，一生愛臺灣愛大陸的愛國者李友邦，完全是「白色恐怖」的犧牲品。於1952年4月22日凌晨，李友邦從三軍總醫院被抬了出來，押赴刑場。在黎明曙光尚未來臨的黑暗中，一顆罪惡的子彈穿過了畢生為抗日救國而竭盡全力的愛國志士的心臟，李友邦含著冤憤倒了下去。

　　3.死因分析。對於李友邦的死因，有各種揣測的解釋，最普遍的說法是：由於陳誠勢力正在發展，而李友邦具有臺籍身分，與臺灣抗日者、文化界、政界相熟，聲望高，陳誠邀李友邦出任要職以收拾臺灣人心，陳誠與李友邦的結合將嚴重威脅蔣氏政權，因而成為政治鬥爭的犧牲品。流傳陳誠為了李友邦「叛亂案」一事，曾向蔣介石求情，但反被痛罵一頓，陳誠也毫無辦法。另一種說法是：李友邦從黃埔開始就傾向於國民黨左派，即認同以廖仲愷為執行主體的扶助農工路線，是以李友邦在臺灣的人脈關係與思想路線形成對蔣介石政權的威脅，才會遭到槍決。另一種說法是：某些臺籍人士對李友邦的嫉恨所致，根據當時保密局重要人物谷正文的說法，是蔣介石親自下令逮捕李友邦，臺籍人士中不泛告密者（如林頂立），稱李友邦為匪諜，其妻更被指為共產黨，因而李友邦是臺籍人士自己內鬥互相告密的結果。另一種說法是：自國民黨接管臺灣以來，爆發了「二二八事件」，臺籍人士中對蔣介石政權的遷臺反感者大有人在，李友邦是臺籍重要政治人物，他並不靠攏蔣氏，而其人脈與聲望有構成蔣氏政權之威脅，是以非加逮捕不可。[809]以上各種說法，均有一定的事實根據。但應當著重指出的是，蔣介石集團素有濫殺的習氣，1927年在廣東、上海的大屠殺，震驚中外，對於共產黨，更有「寧可錯殺百人，不可放過一人」的格言。1945年抗戰勝利之後，中國本有統一和平的希望，蔣介石卻一意孤行，欲滅絕共產黨而後快，結果被打得一敗塗地，潰退到臺灣孤島。在這種情況下，蔣介石對共產黨已嫉恨到了

喪心病狂的地步，凡是略有共黨嫌疑，並且未能對國民黨遷臺歌功頌德積極擁護者，都被劃入清除之列。李友邦是黃埔軍校出身繫蔣的學生，但接受的是孫中山新三民主義，屬國民黨左派，不滿於蔣介石的專制獨裁，1929年曾參加共青團，進行過反蔣活動。1932年曾被逮捕坐過牢。抗日戰爭爆發後，組織臺灣義勇隊抗日，臺義隊中容納不同政治觀點的抗日分子，如副隊長張士德就是軍統分子，他也十分重用。他在組織臺義隊中得到共產黨的大力支持，與共產黨關係親密無間，隊伍允許共產黨員參加，這一點當時就引起國民黨頑固派的側目，對臺義隊多方加以限制，並強令在臺義隊建立三青團組織，但吸收的團員多數是愛國青年，以「保衛祖國，收復臺灣」和「建設臺灣，捍衛祖國」為奮鬥目標。抗戰一勝利，臺義隊即被解散，李友邦主要擔任臺灣區團主任工作，「二二八事變」時許多團員參加了爭取臺灣民主和自治的鬥爭，許多團員遭到鎮壓，李友邦也被羅織罪名加以逮捕，釋放後又被陳誠重用，擔任省黨部副主委及黨營事業的董事長，引起一些人的嫉恨，特別是情治人員對他一貫歧視。國民黨潰退臺灣後，對臺灣本土有李友邦這樣威望很高的「異己」分子總是不放心，必乘機除之而後快。這時退居臺灣的國民黨要牢固掌握臺灣的黨政大權，安排親信擔任黨政要職，不允許李友邦這樣的「異己」分子擔任省黨部副主委，正欲乘機除之而後快。當蔣介石已內定鄧文儀為臺灣省黨部主委之後，李友邦「當時自稔身處危疑之逆境，應如何韜光養晦以求自保，反而聽信一些臺籍幹部之慫恿，表示要出而競選下屆國民黨省黨部委員，此事為政敵上聞於蔣介石先生，事遂急轉直下，至於1952年4月22日，李公乃不免於難。」[810]由於李友邦具有崇高的威望和雄厚的群眾基礎，鄧文儀肯定不是他的對手，可能打亂了國民黨的部署，因此觸怒了蔣介石，透過情治系統羅織罪名，加以逮捕，並祕密殺害，事或可信。家屬從來沒有收到過關於李友邦的判決書。用保密局督察室主任谷正文之斷言：「五十年代凡經國民黨情治單位斷然執行而未付判決書者，均屬冤案無疑」的標準來衡量，李友邦「叛亂案」純粹是一大冤獄。

三、小結——悲劇產生於理想與現實的矛盾

日本治臺後的第11年，1906年4月10日（光緒三十三年三月十七日），同安兌山李氏後裔李友邦出生於臺北蘆洲，係遷臺祖公正公的五世裔孫。李友邦生長

在日本警察統治和民族歧視下的臺灣，從小深受臺灣社會和李氏家族抗日愛國傳統的薰陶，在中學求學的青年時期，即自發地走上了抗日的道路，為逃避日人追捕而奔赴大陸廣州投入軍校學習，接受了孫中山聯俄、聯共、扶助農工的新三民主義思想，也接受了一些社會主義思想的影響，堅定地走上了自覺抗日革命的道路，一生為之奮鬥到底。

由於理想與現實存在著嚴重的矛盾，決定了李友邦一生走的是一條坎坷不平的道路，他前後四次被捕即由此而生。

1926—1927年李友邦在廣州組織臺灣青年革命團體，在臺灣與大陸進行抗日愛國活動，受到日探的注視，乘1927年國民黨右派對革命群眾的鎮壓時期，日本也對廣東臺灣革命青年團進行檢舉，先後被捕32人，四處躲藏的李友邦最後也難逃法網，終於1929年10月在上海被日逮捕，後以掌握證據不多而免於刑事處分。

李友邦於1924年底離開黃埔軍校後，即投身於國民革命洪流之中。自國民黨右派背叛孫中山新三民主義後，篤信新三民主義的國民黨左派李友邦也受到國民黨右派清洗的壓力。由於對現實的嚴重不滿，推動李友邦的思想繼續向左轉，把光復臺灣、振興中華的任務寄託在堅持抗日反蔣的中國共產黨身上，於1929年加入了共產黨的外圍組織，共產主義青年團，積極參加了抗日反蔣的革命活動。1932年2月終被國民黨逮捕，關了二年多，於1934年9月獲釋出獄。

1937年抗日戰爭爆發後，進入國共第二次合作時期。早在1925年李友邦已確信：「我們自救的方法，若要救臺灣，非先從救祖國（中國）著手不可，欲致力於臺灣革命運動，必先致力於中國革命的成功，待中國強大時，臺灣才有恢復之日，待中國有勢力時，臺人才能脫離日本強盜的束縛。」[811]這時在中共浙江省委的大力協助與閩、浙國民黨地方當局的積極支持下，李友邦毅然出面組織臺灣義勇隊和臺灣少年團，創建以大陸臺灣人為主體的以隊員特長為抗日重點任務的特殊抗日隊伍。在黃埔軍校學習的政治理論和軍訓內容，在義勇隊中得到貫徹執行，把臺義隊和少年團辦成一所革命的學校。當時夾在國共之間的李友邦和臺義隊，思想和行動與共產黨比較一致，但在組織上卻屬國民政府軍委會政治部領

導,實際歸第三戰區具體指揮,並奉命在義勇隊中組建三民主義青年團組織,加以控制。隨著國共矛盾的加劇,義勇隊也更加受到歧視,甚至迫害,李友邦處於左右為難的困境。抗戰一結束,義勇隊旋被解散。

抗戰勝利後,李友邦及其所領導的臺灣義勇隊高興地回到久別的家鄉,決心投入「建設臺灣、保衛祖國」的新戰鬥。但回臺不久,一紙令下,臺義隊便遭到解散,李友邦及其隊員多數服務於三青團組織。當年李友邦奉命在臺義隊中組建三青團本不感興趣,曾拖延不辦。1942年當臺義隊從浙江向福建轉移途中,接到三青團中央限於8月1日前成立三青團的命令,被迫在南平成立分團籌備處,經過半年的籌備,至1943年3月在龍岩正式成立。國民黨企圖透過組織三青團以控制臺義隊,李友邦卻把三青年作為培訓青年,使其成為參加抗戰,特別是將來光復臺灣和建設臺灣的骨幹力量。據與李友邦共事7年的潘叔華回憶:「1942年夏,義勇隊行軍到福建南平,上級命令李隊長在義勇隊、少年團裡限期成立三青團組織,他不得不照辦。但他告訴我:這叫大路朝天,各走一邊,你走你的,我走我的。並說,他早年在杭州某軍工作時就是這樣做的」。[812]對理想與現實、思想和組織的矛盾,李友邦採取近於「陽奉陰違」的方法來對付。他接過團長蔣介石光面堂皇的「革命」口號,實現他培訓三青團員為建設臺灣骨幹的行動。因此三青團中聚集了不少臺胞抗日革命的精英,隨著陳儀政府的倒行逆施,三青團從擁護政府建設臺灣的力量,變成走上反貪汙腐敗、要求民主的道路。三青團組織和團員廣泛捲入「二二八」運動。在「二二八」期間,李友邦雖沒有參加什麼活動,仍被懷疑為運動的幕後操縱者,又一次被國民黨政府逮捕,出現了先逮捕後找罪證的典型範例。

1947年國民黨與三青團合併後,李友邦應陳誠的一再邀請,出任臺灣省黨部副主任委員。不久,國民黨在大陸慘敗,潰退臺灣,臺灣陷入「白色恐怖」。李友邦的政治理想與現實的矛盾已十分尖銳。在國民黨懷疑其思想「赤化」的處境中,又一次被逮捕了,成為「白色恐怖」的犧牲品。

李友邦一生是光明磊落的,他熱愛臺灣,熱愛大陸,終生為抗日救國而奔波,是一個抗日愛國的將領,是一個赤誠的愛國主義者,他的英雄事跡將永垂史

冊。

光復初期臺灣的行政長官公署制

鄧孔昭

光復初期（1945年10月—1947年4月），國民黨政府在臺灣實行了一種與其他省政府組織不同的行政長官公署制。這種制度曾引起人們的種種非議，甚至被認為是造成「二二八事件」的主要因素之一。臺灣省行政長官公署制如何產生？它與一般省政府制相比有些什麼特殊的地方？在它施政一年多的時間裡有哪些利弊得失？它為什麼會產生與設計者的主觀願望相反的客觀效果？本文擬就以上這些問題作一個初步的探討。

一

在臺灣實行一種比較特殊的行政體制，是當時國民黨政府主管官員以及在大陸的臺籍人士在籌備接收過程中的一致選擇。

1941年12月9日，國民黨政府在太平洋戰爭爆發之後正式對日宣戰，宣布一切與日本有關的條約、協定、合約等一律廢止，戰後將收復臺灣、澎湖及東北四省。1943年11月，中、美、英三國首腦在開羅召開會議，中國收復失地的要求得到了美、英兩國首腦的贊同。12月1日，三國簽署的《開羅宣言》決定，戰後將把日本所竊取的滿洲、臺灣、澎湖群島等歸還給中國。開羅會議之後，國民黨政府未雨綢繆，開始了籌備接收臺灣的工作。

1944年3月，蔣介石下令在中央設計局之下成立「臺灣調查委員會」。4月17日，該機構正式成立，陳儀為主任委員，沈仲九、王芃生、錢宗起、周一鶚、夏濤聲為委員。之後，蔣介石又指示，臺灣調查委員會「如稍加充實，多多羅致臺灣有關人士，並派有關黨政機關負責人員參加，即足以擔負調查與籌備之責」[813]。因此，不久又增補在大陸的臺籍人士黃朝琴、游彌堅、丘念台、謝南

光、李友邦等為委員。並且還先後聘請了臺籍人士宋斐如、林忠、連震東、李萬居、劉啟光、謝掙強等為專門委員或專員。在陳儀的主持下，有關臺灣情況的調查研究和光復後各項工作的設計緊鑼密鼓地全面展開。

　　在關於光復後臺灣應實行何種行政體制的問題上，臺灣調查委員會主任委員陳儀和中央設計局（中央設計局以規劃收復失地的工作為其中心任務）局長熊式輝「兩人都主張應有特殊的組織，以便應付特殊的環境……陳儀是策劃臺灣應設置異於各省的行政長官制度最有力的人物」[814]。陳儀素以瞭解臺灣的情況著稱。他早年留學日本，1934年至1941年間在與臺灣一水相隔的福建任省政府主席，此間，曾組織考察團到臺灣進行過實業考察，他本人也在1935年10月間到臺灣進行過訪問。無論是考察團的考察，還是他本人的訪問，日本臺灣總督府的組織形式和行政效率，都給陳儀留下了深刻的印象。在由陳儀題寫書名並撰寫序言的《臺灣考察報告》中，對臺灣總督府有這樣一段評價：「以言政府組織，臺灣總督府除軍權外，有統治全島之權，一切法令雖經內地政府敕令公布，但均係因地制宜，由總督府擬定者。高等法院亦隸於總督之下，故立法、司法、行政三權並不分立。政治上之運用如手之使臂，臂之使指（註：此處請與吾國各省之情形互相比較）……此種制度，雖難盡適用於吾國各省，而在一島內事權之統一，職責之分明，則非吾國各省所能望其項背也」[815]。這段議論，雖非直接出自陳儀，但他心同此感則是可以肯定的。因為，後來臺灣省行政長官公署祕書長葛敬恩在省參議會解釋為什麼採用行政長官公署制度時說，「臺灣調查委員會根據陳儀長官游臺視察的心得，經過詳細的研究，才向中央建議了現在的辦法」[816]。

　　不僅政府主管官員力主採用特殊的行政體制，而且，臺灣調查委員會以及當時在重慶的臺籍人士也極力主張採用不同於各省、而類似於日本在臺總督府的行政體制。1944年7月21日，臺灣調查委員會邀請在重慶的臺籍人士舉行座談。會上，臺籍人士黃朝琴（此時還不是臺灣調查委員會的委員）發言說，「臺灣是從前的一省，所以收復必須改省。臺灣離開祖國將五十年，政治、經濟、建設以及風土習慣和大陸相差很遠，希臺灣收復以後五六年內，以維持現狀為目的，不以實驗的名義而以實驗的方式來治理。將來臺灣省的制度，必須以單行法制定，不必與各省強同……行政機構有考慮的必要。日本在臺灣的制度很好，原有的總督

府，只須名稱的取消，改為省政府，原來總督府的機構不予更動。內地各省政府的機關太多，於臺灣人不習慣。五十年來臺灣的系統都是一元化，如遽加變更，使臺人無所適從。臺灣首長的權限應擴大。臺灣總督之下，有總務長官，是總督府的幕僚長，代總督處理例行公事。現在國內各省祕書長的地位太小，似應提高。省長必須是強有力者，而亦有職權大的幕僚長」[817]。後來實行的臺灣省行政長官公署制與黃朝琴的這番主張十分相似，可以說相當程度地採納了他的意見。另一位與會的臺籍人士、此時為兼任專門委員的謝南光則說，「黃先生所提出的臺灣特別省制一節，可以說是我們臺灣同志一致的要求，對這點不必重提」[818]。謝南光的表態確實代表了與會全體臺籍人士的意見，往後的討論，未見其他臺籍人士對行政體制問題提出不同的看法。

為什麼陳儀和一些臺籍人士會主張在臺灣實行特別的行政體制呢？主要的原因是，他們都看到了當時大陸各省實行的行政體制的弊病，同時也看到了臺灣日本總督府行政的高效率。在上述所引的《臺灣考察報告》和黃朝琴的發言中，都作過這方面的對比。後來，葛敬恩在省參議會的「施政總報告」中把這一點說得更加明白：「中國各省的省制比較事權分散，牽制太多，不能充分發揮行政效能……要以這種制度來立刻變更日本在臺灣的舊制，實在容易發生混亂脫節的現象。臺灣舊有的行政機構，雖與內地各省不同，卻是從五十年的經驗中產生的，其經濟建設的積極、學術研究的進步，未始非得力於行政機構的健全……設想以國內權不專屬的省制來接收臺灣頭緒紛繁的政務，必至有些機構和業務，大家爭著要管，而有些大家都不管。因為制度各異，先後交接的事權就無法明確劃分了。這樣一來，必致影響到人民的生活，而政制的突然劇烈變更，可使人民大為不安。為了避免這些困難和缺點」，因此他們認為，在臺灣實行一種類似日本總督府的行政體制，或許是最好的辦法。葛敬恩甚至說：「如果我們臺灣的制度，在行政效率的表現上比內地的省制好，說不定內地的省制也會跟著我們改良的」[819]。

如果說，通常人們在考慮一種行政體制是否比較完善時，一般都要顧及民主程度和行政效率兩個方面的話，那麼，當時陳儀等人刻意追求的顯然只有行政效率一個方面。就連後來成為臺灣「民主政治」領袖（省參議會議長）的黃朝琴和

一些臺籍人士也是如此。

儘管在籌備接收過程中也有人主張「全盤改變日本統治時的制度，建立省政府，推行當時通行的一切法令規章」[820]，但陳儀和一些臺籍人士的意見仍然占了上風。「經過幾次討論，大家意見趨於一致」[821]。因此，臺灣調查委員會在1945年3月提交的《臺灣接管計劃綱要》「總則」部分第2條規定，「接管後之政治設施……當注重強化行政機關，增強工作效率」。在「內政」部分第12條規定，「接管後之省政府，應由中央政府以委託行使之方式賦以較大之權力」[822]。臺灣調查委員會關於在臺灣建立特別省制的意見得到了蔣介石的贊同。8月29日，國民黨政府特任陳儀為臺灣省行政長官。30日，又任命了行政長官公署祕書長及各處處長[823]。9月1日，臺灣省行政長官公署臨時辦事處在重慶成立。9月20日，《臺灣省行政長官公署組織條例》公布施行[824]。10月25日，臺灣省行政長官公署正式在臺北成立。

二

究竟臺灣省行政長官公署制與內地各省的省政府制有哪些不同呢？首先，我們可以根據《臺灣省行政長官公署組織條例》和1944年4月28日修正公布的《省政府組織法》[825]作一個比較。

《臺灣省行政長官公署組織條例》規定，「臺灣省行政長官公署，於其職權範圍內，得發布署令，並得制定臺灣省單行規章」。「臺灣省行政長官公署，受中央之委任得辦理中央行政。臺灣省行政長官，對於臺灣省之中央各機關有指揮監督之權」。而《省政府組織法》中相應的條文則規定，「省設省政府綜理全省事務，並監督地方自治」。「省政府於不牴觸中央法令範圍內，得依法發布命令」。相比較而言，臺灣省行政長官公署具有比內地各省政府更大的權力。它不但可以在本省制定單行的法規，而且還可以受委任辦理中央行政，其行政長官對在臺灣的中央機關還有指揮監督之權。換句話說，各省政府的職權一般只限於地方政務，而臺灣省行政長官公署卻可以過問那些原屬中央職權範圍的事務，如司法、監察、銀行、海關以及軍隊等。因此，它對轄地內的一切事務，具有更大的自主權。這是臺灣省行政長官公署制的特點之一。

《臺灣省行政長官公署組織條例》還規定,「臺灣省暫設行政長官公署,隸屬於行政院,置行政長官一人,依據法令綜理臺灣全省政務」。「臺灣省行政長官公署,置祕書長一人,輔佐行政長官處理政務」。而《省政府組織法》中相應的條文則規定,「省設省政府綜理全省事務」。「省政府置委員七人至十一人,簡任,由行政院會議議決提請國民政府任命,組織省政府委員會,行使職權」。同時規定,屬於省政範圍內的十二個方面的事項,「應經省政府委員會之議決」。而省政府主席的職權只是:「一、召集省政府委員會,於會議時為主席。二、執行省政府委員會議決案。三、監督所屬行政機關職務之執行。四、處理省政府日常及緊急事務」。由此可見,內地各省政府實行的是委員制,所有的委員都是簡任官,比較重要的政務都要經過委員會議的決定。省政府主席也是委員之一,他沒有凌駕於其他委員的特殊權力。而在臺灣實行的是行政長官制,由他一人「依據法令綜理臺灣政全省務」。行政長官公署祕書長也有較大的權力,是主要的輔佐人員。權力高度集中於行政長官一人之手,這是臺灣省行政長官公署制的特點之二。

《臺灣省行政長官公署組織條例》規定行政長官公署下設九個處,分別是:祕書處、民政處、教育處、財政處、農林處、工礦處、交通處、警務處和會計處。並且還規定,「必要時得設置專管機關或委員會」。而《省政府組織法》則規定,各省政府只能設置六個廳處,分別是:民政廳、財政廳、教育廳、建設廳、祕書處、會計處。必要時,可「設置專管機關隸屬於主管廳」。兩相比較,臺灣省行政長官公署比內地各省政府多設了3個處,而且還可以設置一些不低於各處的專管機關或專門委員會,而內地各省政府於「必要時」設置的專管機關,則毫無例外地隸屬於主管廳之下。因此,臺灣省行政長官公署的機構比內地各省都更為龐大。據1946年12月的統計,臺灣省行政長官公署各處、會、室、局、所及其附屬的單位共有183個,擁有公務人員18736人,其中特任1人、特任待遇2人、簡任190人、簡任待遇64人、薦任1393人、薦任待遇166人、委任8011人、僱用8528人、徵用306人,另有75人未詳[826]。因此,光復後曾任臺灣高等法院院長的楊鵬說,「臺灣省行政長官公署從它的直屬機關數目和組織規模來看,幾乎與抗戰時期的重慶政府相伯仲,其他各省自難和它比肩」[827]。機構龐

大,這是臺灣省行政長官公署制的特點之三。

除此之外,沒有列入《臺灣省行政長官公署組織條例》的規定,但實際上與內地各省顯然不同的還有:1945年9月7日,在剛剛特任陳儀為臺灣省行政長官的第九天,國民黨政府又「特派陳儀兼臺灣省警備總司令」[828],可以指揮在臺灣的陸海空三軍。當時,內地各省的省政府主席,一般只兼任當地保安部隊的司令,很少擔任正規軍的軍事長官。即如後來新疆省政府主席張治中兼任西北行營主任,四川省政府主席張群兼任重慶行營主任,行政權和軍事指揮權也不是完全重疊於一個省區之上的。由一人包攬軍政大權的例子,在抗戰勝利後初期的中國,是比較特殊的。這是臺灣省行政長官公署制的特點之四。

具有以上特點的臺灣省行政長官公署制,在當時的中國政壇獨樹一幟。它的設計者們認為,因應臺灣特殊的社會環境,只能採取這種特殊的行政體制。那麼,臺灣省行政長官公署制在實際運行過程中,又究竟如何呢?

三

從1945年10月25日陳儀正式到署上任,到1947年4月22日行政院第784次例會決定將臺灣省行政長官公署撤銷,依照《省政府組織法》改制,並任命魏道明為臺灣省政府主席(臺灣省政府5月16日成立),臺灣省行政長官公署實際運行了大約一年半的時間。這一年半的施政,總的來說是失敗的,因為它導致了「二二八事件」的發生,也導致了行政長官公署制的提前結束(《臺灣省行政長官公署組織條例》中規定,行政長官公署為「暫設」,雖然沒有明確規定「暫設」的具體年限,但據旅滬閩臺各團體披露,本「欲施行三年至五年之久」[829])。然而,深入地考察這一年半的施政,它的失敗,有當時全國普遍存在的政治腐敗、經濟凋敝等客觀大環境的因素,也有臺灣省行政長官公署自身所造成的因素。排除別的因素,探討這一制度本身在施政過程中的得失,或許可以使我們對這一段歷史能有一些新的認識。

由於施政的失敗,對臺灣省行政長官公署的評價自然是貶多於褒。而對它進行某種程度的肯定則是需要有很大勇氣的。曾擔任臺灣省參議員的黃純青先生認為,「臺灣省公署施行政治有善者、有未盡善者。舉其善者:如法幣不許在本省

流通。如數十萬人日俘、日僑，數十日間，迅速遣歸順利。如各級民意機關，於八十日間成立者是也。其他地方自治、交通、教育、工礦、農林施設日進一日，誠可善也」[830]。「二二八事件」之後出版的《陳公洽與臺灣》一書，對陳儀主持下的臺灣省行政長官公署的施政進行了種種的辯解。在提到臺幣特殊化時說，「公洽先生非但維持臺幣的通用，保留了被榨取到奄奄一息臺胞的元氣，同時他管制臺幣與國內不能自由通匯，使內地金潮不能打進島內。為著徹底地做到這一點，他拒絕了中、中、交、農來臺設行，他為著臺胞的生活安定，冒了天下的大不韙，這一點在臺灣的行政史上是永遠值得紀念的」[831]。近年，更有李敖先生為陳儀大鳴不平。他說，「說陳儀不該有日本總督式的權力嗎？殊不知正因為陳儀有這種權力，他才得以保護臺灣，儘量少受大陸腐敗的影響。陳儀一到臺灣，就不肯讓大陸的法幣登陸，而要另發行臺幣，這種『一國兩幣』，使大陸的通貨膨脹難以傳染到臺灣，使臺灣人免於重蹈大陸收復區的覆轍與犧牲。這種功勞與德政，四十年來拜其賜，其人雖亡，其政不息，豈不正是陳儀的遺愛嗎？為了抵制大陸孔宋豪門資本伸足到臺灣，陳儀把跑來接收的金融人員原機遣返，不怕為政『得罪巨室』，這種氣魄，不是陳儀，國民黨其他大員幹得出來嗎？」[832]綜合這些評價，可以得到一點啟發：臺灣省行政長官公署在抵制大陸官僚資本對臺灣的掠奪、保障臺灣人民的利益方面，起了一定的作用。

　　前已提及，臺灣省行政長官公署制的特點之一就是對轄區內的一切事務具有更大的自主權，它可以受中央委任辦理中央行政，行政長官對在臺灣的中央機關還有指揮監督之權。正是由於具有這樣特殊的權力，臺灣省行政長官公署才有可能對大陸官僚資本伸向臺灣的黑手進行一定程度的抵制，使臺灣免受行將崩潰的大陸經濟的影響。光復初期，臺灣省行政長官公署一再堅持臺灣金融、貨幣體制的特殊化，是善用這種權力的最好的例子。

　　在臺灣接收工作剛剛開始的時候，國民黨政府財政部就企圖對臺灣的金融進行徹底的控制。他們派出接收人員前往臺灣（被陳儀「原機遣返」），並且決定在臺灣發行「中央銀行臺灣流通券」（即臺灣境內流通的法幣），於1945年10月25日公布了《中央銀行臺灣流通券發行辦法》和《臺灣省匯兌管理辦法》。中央銀行同時準備在臺灣設立分行。然而，作為臺灣省行政長官的陳儀卻另有打

算。赴臺上任之前，陳儀分別在重慶和上海與行政院長宋子文、副院長翁文灝等商議，主張臺灣貨幣金融暫維現狀，中央銀行暫時不到臺灣設立分行，臺灣貨幣應由臺灣銀行繼續發行[833]。由於陳儀具有《臺灣省行政長官公署組織條例》賦予的特殊權力，他的主張，宋子文等人不表反對。但這些意見轉達到財政部之後，財政部卻不願就此善罷甘休。11月8日，財政部長俞鴻鈞呈文行政院，認為陳儀的主張「與中央統一發行政策牴觸。此例一開，竊恐傚尤者接踵而至，實於整個幣制阻礙殊多。現在臺灣已開始接收，中央銀行前往臺灣設行辦理發行及管理匯兌不宜再緩。……懇祈轉由陳長官將現在建議取消，對發行臺灣流通券及中央銀行赴臺設行二事，予以協助，以維幣政[834]」。陳儀對財政部的意見大為惱火。11月15日，陳儀致電行政院祕書長蔣夢麟，其中說，「弟到臺後體察實際情形，深覺發行必須由臺灣銀行辦理，方能適應機宜，控制物價，安定人心。至由中央銀行委託臺灣銀行發行，或由臺灣銀行自行發行，兩均無不可……中央銀行此刻絕不宜來臺設行發行，致與臺灣銀行發生競爭，使弟無法控制，以致通貨膨脹，幣制混亂，物價高漲，人心動搖，皆屬必然。近日上海物價激漲可為殷鑒……因財部司事者不明此間情形，偏執成見，使弟無法疏通，必須院長作主，弟方能在此待罪也」[835]。這場鬥爭的結果，是陳儀爭得了臺灣銀行、貨幣自成系統，阻止了國民黨政府主要金融機構在臺灣設立分行和法幣在臺灣的流通。

這件事的意義，用曾經被擋駕於臺灣島之外的中央銀行的評價最能說明問題。1948年8月，中央銀行駐臺灣代表辦公處就全國幣制改革對臺灣的影響作出評估。其中說，「臺灣自光復以來，因事實之需要，維持臺幣制度。臺灣經濟能有今日之小康局面，一方面固由於其生產力之逐漸恢復，而臺幣的生產資金之供給，對臺灣產業之復興，實有相當之貢獻。同時，臺幣價值較為穩定，故臺灣的物價，上漲速度亦較緩慢，這對隔絕大陸經濟波動，安定臺灣經濟，頗有良好的影響。此即一般所謂臺幣防波堤的作用」[836]。對臺幣特殊化政策的肯定，實際上也就是對行政長官公署制某種程度的肯定，因為，如果沒有行政長官公署制，就不可能有臺幣特殊化政策的實行。

當然，對臺灣省行政長官公署制的批評，要比對它的讚揚多得多。有代表性的批評意見主要有以下幾個方面：

一、行政長官公署制是日本時代總督制的復活,是對臺灣人民的一種不平等的待遇。光復初期一直在臺灣從事記者生涯的唐賢龍,在談到臺灣省行政長官公署的弊害時說,「自公布臺灣省行政長官公署這種特殊的制度以後,很多敏感的臺灣同胞,都認為這是一種變相的臺灣總督制。……是一種與其他各省同胞有殊的不平等的待遇」[837]。國民黨當局監察院閩臺監察使楊亮功和監察委員何漢文,在關於「二二八事件」的調查報告中也說,「臺人對長官公署呼之為新總督府。與國內各省不同,此形式上使臺胞不愉快者也。按其實際,長官公署之權力、法令亦幾與日人之臺灣總督府相若,此又事實上使臺人不愉快者也」[838]。

二、長官公署所實行的經濟統制政策限制了臺灣工商業的發展,給臺灣人民的生活帶來了苦難。楊亮功曾先後向監察院報告說,臺灣「各界人士對省政多不諒解。其原因為、經濟強制,私人企業難發展,工廠多未恢復,失業加多,糧價高漲,地方秩序失佳。其外如臺幣估價過高,對外貿易及匯兌隔絕,亦為各方所指責」[839]。「一年以來,在經濟上之種種措施,以工商企業之統制,使臺灣擁有巨資之工商企業家不能獲取發展餘地;因貿易局之統制,使臺灣一般商人均受極端之約束;因專賣局之統制,且使一般小本商人無法生存。而中央方面對此新收復之國土,不唯不能多予以資本與原料之補給,以助長其產業恢復發展,乃以種種徵取造成其經濟之貧血與產業之凋敝,此又在經濟統制上使臺胞深感不愉快之事實也」[840]。

三、行政長官公署部分工作人員貪贓枉法、營私舞弊,與日據時代官吏的操守形成了鮮明的對照。曾擔任行政長官公署宣傳委員會委員的胡允恭(筆名張琴),在《臺灣真相》一文中,列舉了大量政府工作人員貪汙舞弊的事實,並且指出,臺灣人民所以怨恨臺灣省政府,「是由於貪汙政治所激成」[841]。楊亮功的報告指出,「日人統治臺灣時,其公務人員之操守能力及軍隊之紀律,均為臺人所稱道」。而光復後國民黨政府的工作人員,「不幸有少數害群之馬,或行為不檢、能力薄弱,或貪汙瀆職,尤以經建及公營事業更不乏藉權漁利之不良現象,予臺胞以深切之反感」[842]。

四、行政長官公署把許多受過良好教育的臺灣人排斥在中高級職務之外,而

在同樣職務中又實行差別待遇，引起臺灣人民的反感。據國民黨政府監察院「臺灣省現任公務人員概況」[843]中的統計，至1940年12月底，臺灣省薦任和薦任級以上官員的省籍情況如下表：

	特任		特任待遇		簡任		簡任待遇		薦任		薦任待遇	
	人數	百分比	人數	百分比	人數	百分比	人數	百分比	人數	百分比	人數	百分比
外省人	1	100	2	100	202	94.39	204	89.47	1385	81.28	951	66.13
本省人					12	5.61	24	10.53	319	18.72	487	33.87
合計	1	100	2	100	214	100	228	100	1704	100	1438	100

可見，在特任和特任待遇級的官員中，臺灣人沒有染指的機會；在簡任和簡任待遇級的官員中，臺灣人極少；即使在薦任和薦任待遇級的官員中，臺灣人也只占很小的比例。另據胡允恭指出，「最為臺灣同胞所憎恨的，是在同一機關中擔任同級工作，待遇相差過巨。例如郵電局國內同胞在原薪外每月有六千元臺幣的津貼，臺灣同胞則一文津貼沒有」[844]。光復初期，曾在臺灣鐵路局任職的簡文發先生回憶說，「光復時，鐵路局員工中外省人和本省人的待遇是不一樣的，當時我是侯硐站站長，我的月薪是450元，外省人是650元，這有誰會服氣」[845]。

五、行政長官公署機構龐雜、冗官充斥，行政效率低下。當時的《密勒氏評論報》曾載文說，臺灣省行政長官公署，「對於復員工作，則設立了太多的部門，用了一批投機分子，對加強行政力量一些沒有效果，對於召集人民和進行其他戰後復員工作則表現出『無能』」[846]。丁果《陳儀與臺灣行政長官公署及其弊病》一文指出，「大陸各省政府固然不少冗官，臺灣行政長官公署的結構更是龐大得駭人。不僅日據時代設置的機構……依然保留（還留用部分日籍技術員），而且大量設置新的處、所……這必然導致冗官充斥……據統計，日本人只要僱傭一萬八千人就能推動的行政工作，陳儀政府卻需要四萬三千人」。「陳儀原想利用行政長官至高無上的權力來實現政出一門、提高效率的目的，結果卻正好相反」[847]。

以上這些批評意見中所指出的各種弊端，有些不是臺灣省行政長官公署制本

身所造成的,它們在實行省政府制的大陸各省也同樣出現,有些就完全是因為實行了行政長官公署制而產生的了。特別是與日本總督制相似這一點,可以說是臺灣省行政長官公署制的致命傷。「二二八事件」前夕,《觀察週刊》曾以「隨時可以發生暴動的臺灣局面」為題發表文章,其中尖銳地指出,「長官制本身的優劣,我們暫不討論,但給臺胞以不愉快之感的,便是中樞對於臺灣並不是用同等的眼光來衡量,一如對其他省份,最直覺的看法:這與日本在臺灣採用總督制有什麼區別?這問題,心理的因素比政治的因素大」。文章認為,行政長官公署制是「阻止臺灣政治上傾心內向的因素」之一[848]。這一觀點,對指明臺灣省行政長官公署的弊害,可謂一針見血。

綜上所述,臺灣省行政長官公署制在實行臺幣特殊化,使臺灣經濟免受行將崩潰的大陸經濟的影響等方面曾經起過一定的作用。但是,這種行政體制,僅僅形同日本總督制就已經使臺灣人民感到厭惡了,況且,它在行政效率和官吏的操守等方面又無法和日本總督府等量齊觀,反而形成了鮮明的對照。因此,它遭到臺灣人民的痛恨和唾棄是必然的。

四

行政長官公署制,為什麼會出現和它的設計者們主觀願望相反的客觀效果呢?這是一個更值得探討的問題。

應當承認,陳儀和部分臺籍人士在籌劃臺灣省行政長官公署制的時候,在主觀上並沒有歧視臺灣,而是希望透過設立一種有利於臺灣的行政體制,把臺灣的事情搞得比內地各省更好。當時,國民黨政府所以會同意在臺灣實行行政長官公署制,也是出於對臺灣的特別重視。蔣介石在臺灣光復一週年紀念會上說,「中央政府之視臺灣,一如離別家庭五十年的弟兄一旦歸家,骨肉團圓相聚的情緒,這一番憐惜痛愛的心情,唯有身歷其境的人,才能徹底領會……中央的愛護臺灣,遠勝於全國其他任何一省。中央對於臺灣建設的重視,也勝於其他的省份」[849]。這一番講話,不應當視為惺惺作態,而是當時國民黨政府重視臺灣的真實反映。

既然是真正重視而非歧視臺灣,那麼,為什麼又會把一種被臺灣人民視為不

平等的行政體制加諸臺灣人民的頭上呢？這只能說明，行政長官公署制的設計者們對臺灣的客觀情況、特別是對臺灣人民的心態沒有真正的瞭解。從表面上看，陳儀一貫注重瞭解臺灣，他主持下的「臺灣調查委員會」更是做了大量的有關臺灣的調查研究工作，掌握了許多的資料。可是，他們只注重了各種書面資料的研究，而忽視了對臺灣民眾心理的瞭解。即使是「臺灣調查委員會」中的臺籍人士，由於他們離開臺灣的時間較久（黃朝琴28年、李友邦21年、游彌堅21年、丘念台50年、李萬居21年……），對於臺灣的實際情況，尤其是本省同胞的心理，也有某種程度的隔膜。他們只知道，和大陸各省政府相比，日本在臺灣的總督府行政效率很高。但是，他們沒有充分認識到，臺灣殖民地的歷史造成了臺灣民眾特殊的心理。這種心理，對於任何與大陸各省的不同，都是十分敏感的，都可能被視為不平等的待遇。尤其是不瞭解臺灣民眾對日本統治的象徵——臺灣總督府是多麼厭惡，從而作出了錯誤的選擇。不瞭解臺灣民眾的心態，是陳儀等人造成事與願違的最主要的原因。

此外，當時國民黨政治上的腐敗也導致了陳儀等人的事與願違。陳儀等人原以為，有了行政長官公署制，就可以達到事權統一，提高行政效率。但是，他們沒有意識到，行政體制的變更，並無法改變政治腐敗的大環境，也無法達到真正的事權統一。曾擔任臺灣省行政長官公署民政處長的周一鶚回憶說，「表面上陳儀集軍政大權於一身（行政長官兼警備司令）應該可以為所欲為。事實上他手上沒有一兵一卒，又加上派系分立，各奉其原來主子之命，進行活動，對陳儀則陽奉陰違。而長官公署所屬也人事複雜，良莠不齊，所以，他的號令就難以貫徹到底」[850]。因此，陳儀是落得有「獨裁」之名，而無「事權統一」之實。他只好吞食他的理想之樹上所結出的這顆惡果了。

（原載《臺灣研究集刊》）

臺灣光復初期的經濟問題——兼論「二·二八」事件的起因

李祖基

一、引言

1945年8月15日，日本無條件投降，世界反法西斯戰爭取得了最後的勝利，被日本強占達50年之久的臺灣重回中國懷抱。飽受日本殖民奴役的600萬臺灣同胞個個歡欣鼓舞，奔走相告。當大陸的軍隊和接收官員抵臺時，成千上萬的臺灣百姓扶老攜幼，爭先恐後前往迎接，其場面之感人，遠非筆墨所能形容，表現出全體臺灣人民對大陸政府的熱切渴望、企盼與擁護。然而曾幾何時，臺灣人民的希望變為失望，光復時的歡欣鼓舞也變為不滿和怨恨。1947年2月27日終於以臺北市緝煙為導火線，引發了令人震驚的「二·二八」事件。事件很快波及到臺灣的每一個角落，人民的生命、財產遭受嚴重損失，而且其所造成的歷史創傷久久未能癒合。為什麼在短短不到一年半的時間裡臺灣民眾的態度會發生如此大的劇變，臺灣的局勢會發生如此大的逆轉呢？省行政長官公署經濟政策的失當以及光復初期臺灣經濟形勢的持續惡化應該是主要的原因。

二、高度的經濟統制政策扼殺了生機，導致生產萎縮，民怨沸騰

日據時期，日本殖民當局對臺灣人民政治上進行壓迫，經濟上進行剝削是勿庸置疑的。但由於其所採取的是一種「養牛擠奶」的策略，所以在這50年中臺灣的經濟，包括農業、工礦業、交通運輸業和金融業等都有相當的發展，生產力的整體水平比內地各省份為高，這是一個事實。在臺灣光復之後應如何接收，採取何種經濟政策，才能發揮臺灣經濟基礎較好這一有利條件，進一步發展地方經

濟，造福人民是一重要問題。此問題光復前在國防最高委員會中央設計局「臺灣調查委員會」中曾有過討論。有的人主張臺灣光復後應當實行自由經濟。其理由是：臺灣收復後，中美在臺灣之經濟關係必愈密切。而美國為採取自由經濟最力的國家，故臺灣的工業政策不能與之懸隔過遠，否則將對臺灣建設之推行發生甚大影響[851]；有的人則持國家資本主義之觀點，認為「收復後，對於一切事業必須國有或公營。如銀行須國有，土地實行耕者有其田，市地收為國有，交通事業公營，等等」[852]。時任調查委員會主任的陳儀就是後面這種意見的主要代表者。他認為公營事業的消耗比私營的少，收益比私營的多，人員比私營的少，效率比私營的強，成本比私營的低，品質比私營的好[853]。在1945年6月27日臺灣調查委員會黨政軍聯席會第一次會議上陳儀一再強調「事業國營有利」，臺灣是一比較富饒省份，公營事業一定更容易發展，並確信在臺灣「製造國家資本主義，並不是一件困難的事」[854]，等等。光復後，作為臺灣省行政長官的陳儀便把上述的觀唸作為經濟政策，付諸實施。

　　日據時期，臺灣共有公私企業237家，600餘個單位。光復後，這些企業經臺灣行政長官公署予以接收，並在「實驗民生主義」、「發展國家資本」的理念之下，按企業的性質、設備及規模分為國營、國省合營、省營、縣市營及黨營等幾種類型，其具體情況如下表：

表1　臺灣省接收日資企業撥歸公營一覽表

性質	接管機關	撥交企業單位	原資本額(元)	附註
國營	石油公司	12	45685290.94	
	鋁業公司	3	47450662.00	
	銅礦公司	3	54310621.00	
	小計	18	147446537.94	
國省合營	電力公司	1	96750000	
	肥料公司	4	9750000	
	製鹼公司	4	37944231	
	機械造船公司	3	14098125	
	紙業公司	7	36140015	
	糖業公司	13	298640025	
	水泥公司	10	37942946	
	小計	42	522265342	
省營	工礦股份有限公司	121	103774962	
	農林股份有限公司	56	95127617	
	家林處林務局山林管理所	7	4123556	
	台灣省航業有限公司	8	15000000	
	台灣省通運公司	37	6428000	
	台灣銀行	3	37750000	
	台灣土地銀行	1		
	台灣工商銀行	1	3589850	
	彰化商業銀行	1	2840000	
	華南商業銀行	1	3750000	
	台灣省合作金庫	1	2600000	
	台灣人民儲金互濟股份有限公司	5	950000	
	台灣信託有限公司	1	2500000	
	台灣物產保險有限公司	12	2500000	
	台灣人壽保險有限公司	14		
	台灣醫療物品公司	18	10549152	
	台灣營建公司	5	9027940	
	專賣局	31		
	小計	323	299511077	

續表

性質	接管機關	拔交企業單位	原資本額(元)	附註
縣市營	台北市政府 台中市政府 台東縣政府 台南市政府 屏東縣政府 花蓮縣政府 高雄縣政府 台南縣政府 基隆市政府 台中縣政府 新竹縣政府 小計	2 7 24 3 9 2	1075000 520000 2103897 1545000 500000 2375000 1000000	
黨營	省黨部	19		
合計		494	989525305	

資料來源：中國國民黨中央委員會黨史委員會編：《臺灣光復之籌劃與受降接收》，1990年，第425-427頁。

透過這樣的接收，整個臺灣的工業、農業、礦業、商業、交通運輸業和金融業基本上都置於長官公署下屬各個處局的控制之下，形成了一個嚴密的經濟統制網。而這個統制網中起主要作用的是專賣局和貿易局。臺灣的專賣制度始於日據時期，專賣的物品為煙、酒、火柴、食鹽、樟腦及度量衡等生活必需品，其實質是一種消費稅，它透過官方壟斷的形式，提高價格，獲得厚利，來增加財政收入。專賣的收入約占臺灣總督府每年總收入的30%—40%[855]。陳儀對日本人的專賣制度極為欣賞，光復後遂如法炮製，在長官公署下設專賣局，專管省內煙、酒、火柴、樟腦、度量衡物品的專賣。這五種物品的原料，「無論原係人民自種，抑係由人民領有公地代種，其所生產之收穫品，均須照官定之低價如數賣與該局，否則，農民便要遭處罰。但經過專賣局製造後，便要以高價賣出」[856]。就是省外運來的煙、酒、火柴等專賣品，也要經專賣局的轉手才能買賣。否則就算報了關，納了稅，依然會被視為私貨，被緝查沒收的[857]。貿易局則專管省外的貿易，就是臺灣需要什麼，貿易局買來賣給臺灣民眾；臺灣的產品需要出口，也經由貿易局輸運出口。自貿易局開門後，即「獨占生產事業，壟斷市場，包辦進出口，舉凡有利可圖的事業，均不容商人企業插足其間」[858]。

陳儀推行高度統制的經濟政策，給臺灣的經濟造成了嚴重的問題。首先，日

據時期由於日本人的獨占統治，臺胞資本受到了嚴重壓制。光復之後，砸碎了殖民統治的枷鎖，廣大臺胞在政治上獲得自由的同時，理所當然地也期盼著在經濟上能有一個充分發展的機會。然而陳儀實行公營，發展國家資本主義的政策，把臺灣人民的這一夢想擊得粉碎。其比日本人有過之而無不及的經濟統制，幾乎扼殺了所有的經濟生機，使一般私人企業無法發展。「專賣與貿易兩局就像兩支牢牢的鐵鉗，緊緊鉗住臺灣人民的喉管，連喘息的機會也沒有。又像兩支吸血管，拚命地吸取壓榨臺灣民眾快枯乾的血」[859]。臺灣民眾的滿腔希望變成了絕望，並由此引起了不滿和憤恨。高度統制的經濟政策成為當時輿論猛烈抨擊和人民一致反對的眾矢之的。其次，經濟統制還導致了生產萎縮。按照長官公署的規定，專賣的物品雖然僅限於煙草、酒、樟腦、火柴及度量衡等，但實際上除此五種物品之外，煤炭、糖、鹽等物品也在半專賣的統制之列。以煤炭為例，日據時期為增加外銷曾獎勵人民開礦，故私人之煤礦極為發達。光復後，私人經營之煤礦依然開工，且產量甚豐，煤價亦始終穩定。臺省工礦處見有利可圖，乃呈准陳儀的臺灣省石炭調整委員會，實行統制煤炭的產銷，並頒布命令，規定價格，限定所有私人礦場所產煤炭，均須照官定價格一律賣與該會，不准私人買賣。自此會設立之後，煤價日見波動。而官方所規定的價格太低，有時甚至不及生產成本，故經營煤炭之臺灣人，均不願出售所產之煤炭，且有故意壓低產量之事情發生，故產量銳減，品質也日益降低[860]。至於蔗糖也是如此，只有省營的專賣局才可以收購外銷。老百姓的糖不要說運銷蘇、閩，即在臺灣本省由甲處運往乙處，都得申請獲准。專賣局收購的官定價格比市價常低一半，往往不夠蔗農的成本。蔗農們怨聲載道，許多人憤恨之餘，紛紛犁毀蔗田，改種雜糧，表示消極的抗議。故臺灣的蔗糖業在光復後一落千丈，1946年全省植蔗面積僅18000甲，只及全盛時期的十六分之一[861]。生產的不振導致供應的不足，物價上漲。這一切對於飽受戰火摧殘，亟待恢復的臺灣經濟來說，無異又是雪上加霜。

三、國民黨政府的搜括、掠奪，官員貪汙成風引起民眾的強烈不滿

抗戰勝利之後，國民黨政府以接收為名，行「劫收」之實，早是人所共知的事實。臺灣的情況當然也不例外。國民黨政府中央資源委員會和臺灣省行政公署除了上述將日本殖民者榨取臺灣人民的血汗長期經營起來的工礦、農林、商業企

業和全部基本設施統統接收過來,據為己有,建立起壟斷的經濟體制外,還恣意搜括、汲取臺灣短暫的經濟盈餘。砂糖是臺灣最大宗的物產,當陳儀等「前往接收時,臺灣到處是糖」[862]。國民黨政府對日人官方及製糖會社存糖,實行「按敵產處理,須搶先運出」的原則,完全無償地掠奪了臺糖15萬噸,運往上海及華北等處[863]。對於民間私糖則採取登記徵購的政策,最後以「供給」的名義,只用當時大陸市價一半的低價強行收購,運往大陸,供官僚資本牟取暴利。1946年資源委員會還用1300元一噸的最低價格掠奪了臺煤4000萬噸[864]。長官公署還在各縣市設立「日產處理委員會」,將全部日產都歸長官公署處理拍賣。名義上是公開拍賣,實際上卻由內地官僚資本家和長官公署以上黨政高級官員夥同私下分贓。因此,臺灣各地的大企業、大商店、大廠房、大住宅都被有實力有背景而能在拍賣中直接插手的人,以極便宜的價格搶買去了。有些手長的甚至還買到了整條街、整町若干棟鋪店住宅,連房屋內的生產設備,生活用品都歸他們所占有。許多在拍賣中無法直接插手的人,便輾轉請託,以黃金、美鈔高價購買,為將來退步作準備。在二·二八前,所有各重要城市的日產就這樣被搶光了。原來搶得多的人,轉手之間,除掉自己在臺灣有了闊綽的房產之外,還獲得了千萬倍的暴利。許多國民黨的軍政頭目赤手空拳到臺灣,很快變成了闊人[865]。「日產處理委員會」對許多屬於臺灣人民私人的產業,如日臺合資企業的臺胞股權以及臺胞集資公司,也以「逆產」的罪名,不分青紅皂白,隨意加以沒收處理。在1946年12月的行政會議上,部分臺籍官員就大聲疾呼,要求「確定地方財產與日產之界限,以明產權,俾資整理」,並說明「此類財產係地方人民努力之結晶,與日產完全不同」。當時臺灣監察使署收到的檢舉控訴案件,就以接收日產、標賣日產、勾結貪汙舞弊和人民產業被官方掠奪的案件為最多[866]。《和平日報》的社論說道:「一般民眾普遍對接收失望,是無能掩飾的。若干民眾因接收而受到非理的損失,迄今為止,六百萬同胞尚無法申訴,無法解決」[867]。臺灣人民眼睜睜地看著許多由他們自己血汗所創造的勞動果實被國民黨的接收官員劫搜走了,其憤恨之心情可想而知。

除了政府公開搜括、掠奪之外,官員暗中貪汙舞弊,營私走私的案件也為數不少。其中較大宗的有:

省專賣局長任維鈞和貿易局長於百溪貪汙案。任、於兩人在接收時均利用職便貪汙舞弊，有憑有據，被臺北《民報》等媒體揭發，鬧得滿城風雨，無人不知，但陳儀皆不肯辦。恰好中央清查團劉文島等人到臺，經人舉報，劉認為任、於兩人貪汙證據確鑿，要求陳儀先把任、於兩人撤職，即刻移送法院審理。但劉走後，任、於兩人遲遲不撤，依然花天酒地。直到劉文島在上海發表談話，陳儀才不得不將兩局長撤職，移送法辦，後長官公署又以辦理移交為名把兩人保釋出來。任、於在辦理移交時又大舞其弊，把倉庫存貨以多報少，如列報食鹽被人搶去一萬擔，紅土（好鴉片）被白螞蟻吃掉70公斤，糖損失數十萬斤等。導致公署全體人員大嘩，但因其來頭太大，最終無人敢查而不了了之[868]。

李卓之舞弊案。李係葛敬恩（行政長官公署祕書長）之女婿，在任臺灣省紙業印刷公司總經理時把幾部大機器（當時價值千萬元臺幣）廉價標賣，暗中自己以40萬元臺幣買下來。迄改任臺北市專賣局長時被繼任總經理查出，拚命向他追索，李不得已行賄5萬元臺幣。後任收下後，連同5萬元賄款送交長官公署。事情被葛敬恩知悉，把5萬元賄款批令繳交金庫，報告則按下不辦。陳儀知道後，僅罵了他一頓，仍准他做局長，直到他荷包刮滿後才離開臺灣，此事轟動臺灣，民眾更以之作為話柄[869]。

臺北縣縣長陸桂祥貪汙案。陸在臺北縣長任內曾傳貪汙5萬萬元。長官公署原說要派大員徹查，不料臺北縣政府起了一場怪火，把會計室的帳簿單據燒得精光，令人無從查起。民眾議論紛紛，陸則召開記者會，聲稱所傳他貪汙，都是區長裘某造的謠，實則裘某在區長任上確實貪汙60萬元，被他查出，正要拘辦時，裘某攜款潛逃了。實情如何，外人不得而知[870]。

此外還有不少貪汙超過千萬元的大案。如有人指證，臺灣前進指揮所主任葛敬恩貪汙黃金120公斤[871]。嘉義化學工廠貪汙案多達2億元以上[872]。臺北市教育局舞弊千萬元以上[873]。官辦的《臺灣新生報》也揭載三件營私舞弊案：（一）紡織公司文書科長費錦鄉「利用職便，盜用印信，偽造公文」侵挪公款在法幣三億元以上；（二）新竹市政府財政科離職事務員偽造市政府印章，「向工商銀行新竹分行詐取臺幣三十七萬五千元潛逃」；（三）省專賣局人事股課員邵英偽造

三十萬噸樟腦提單及收據，盜蓋該局關防及局長官章，騙取商人廖嵩齡等人臺幣三百萬餘元，並將任職時交局保證金竊取逃逸[874]，等等。

除了貪汙之外，官員利用職便參與走私和牟利之事也比比皆是。臺灣四面環海，走私靠船，省公署航運公司控制了臺灣所有20噸以上的船，能參與走私者當然非那些有錢有勢的政府官員莫屬[875]。如糖業公司某要員勾結商人私將食糖裝臺安輪運滬，在基隆被查獲（1946年11月），各報及人民皆有反對之聲，以為人民種制食糖不能自由運賣，反讓這些貪官得以發財，要求嚴辦，鬧了一陣，以為最低限度可以打擊他，使他不能運走了。可是事竟出人意料之外，某要員不知憑什麼力量，居然把船開走了，臺灣民眾簡直恨得發瘋[876]。又如花蓮縣政府在1947年1月間即有4只大汽船走私，由財政科長黃某出面，不料太大膽了，一只在高雄海關被扣，一只到了日本被盟軍扣留，一只被花蓮民眾扣留，一只開到上海。此案發生後，轟動全臺，報紙及民眾皆要求將主犯張文成撤職法辦，然而張是有來頭的，不僅未撤職，反而官運正紅[877]。

除了不肖官員貪汙、走私之外，那些生活不檢點整日出入公園酒館，沉湎於藝妓懷抱中者也在在皆有。他們住的是洋房，坐的是小汽車，三日一小宴，五日一大宴，不是某某處長請客，就是某某主任邀宴，極盡窮奢之能事。所有這些經過報紙媒體的刻意渲染、誇張，在臺灣民眾中造成了極壞的影響，徹底破壞了政府乃至所有來臺人員在臺灣民眾心目中的形象。不少臺灣人由是以偏概全，認為大陸來臺的公務員都是嗜利之輩，而政府則是腐敗無能。有的乾脆貶稱內地去臺人員為「阿山」或「穿中山服的」，意謂「中山服的口袋既多且大，可裝鈔票和金條」[878]。毫無疑問，遍布各地的貪汙舞弊是造成臺胞輕視、仇視外省人的根源。陳儀雖然也曾表示：「貪汙人員不論大小，決予嚴處」[879]，但實際並未嚴格執行，當然又引起臺胞的不滿。這些不滿日漸積累醞釀變成仇恨的烈火，成為後來引發盲目毆打、仇殺外省人的「二‧二八」暴力事件的主要原因。

四、嚴重的失業問題

日據時期，臺灣人民雖然在政治上和經濟上飽受殖民者的壓迫和剝削，但地方上的社會治安相對來說比較清明。臺胞人心正直，比較守法，極少發生盜竊案

件，有「路不拾遺，夜不閉戶」之風。一般的住宅都是薄薄的扇門，或玻璃框，絕無防盜設備，即使在日人投降時，有大宗貨物放在門外過夜，而大門不關也不會失竊[880]。然而光復過後，不到幾個月，情況就完全變了樣，社會治安狀況急劇惡化，「遍地皆是小偷」，只要你出門一刻鐘以上，回來時屋裡就有被偷得精光的可能[881]。竊案的增加使得監獄人滿為患。如1945年接收時，臺灣第一監獄的犯人僅有8個，但是7個月之後，在同一監獄裡已經關到1400人，增加幾達百分之一千七百。臺灣另7所監獄的情況也基本相同。日人時代關4人的一間房子，現在已關了十四五人。所有的犯人中盜竊犯占了90％以上[882]。上海《僑聲報》駐臺灣記者甚至還專門發了一篇題為「臺灣——賊的世界」的報導。導致光復後臺灣犯罪率上升的主要原因是因為失業嚴重，人們的生活毫無著落。

　　造成光復後臺灣人民大量失業有諸多方面的因素。其一，工廠普遍開工不足，這其中又有多種情況，一是戰爭的破壞。太平洋戰爭末期，由於美機對臺灣進行密集轟炸，不少工廠的廠房設備受到了相當程度的破壞。據估計，毀於美機轟炸之下的工廠，約占20％左右[883]。這些被毀的工廠當然一時無法復工。二是社會經濟轉型的影響。臺灣原為日本的殖民地，有些工廠原屬日本工業的一個環節，這類工廠即使保留完整，但因脫離了日本人原來的生產系統，而無法單獨利用。有的或僅僅與日本戰時需求相配合，如軍需工廠等，戰後自須依情況的變化加以調整，而一時無法繼續生產。三是有的工廠因資金、原材料匱乏及日籍技術人員的遣還造成技術人員的不足而關門者。除上述客觀原因之外，還有主觀原因，如接收後因貪汙舞弊、盜拆機器設備，分贓不均、官僚的拖沓作風而使復原工作進展緩慢；再者長官公署天羅地網似的高度經濟統制政策也使得一些私營企業歇業。如臺灣印刷業原來是相當發達的，私人經營的印刷廠很多。後來長官公署明令各機關學校所有一切印刷的東西，皆須拿到工礦處經營的印刷公司去印，否則不准報銷。結果私人印刷業受到了很大打擊，許多印刷廠歇了業[884]。鑒於上述各種主客觀原因，光復後臺灣的工礦企業的恢復情況極不理想，一些工業區雖「遠望煙囪林立，卻不見一個冒煙」[885]。據上海《僑聲報》駐臺灣特派員的實地調查，臺灣光復十個月後復工的工廠，除去「只開了8天工」的臺灣糖廠和「在修復中」的銅礦廠與煉鉛廠之類的工廠不算，竟還不及十分之二[886]。又據

唐賢龍的調查,「二二八」時臺灣「尚有二分之一的工廠未開工」[887]。即使有的已復工,但開工程度也不足,原來100人的工廠,現在只用二三十人,許多原來在工廠做工的臺灣人都失了業。其二,政府機構大幅裁員。在日本人統治臺灣時,84551名公務員中,臺籍人士占了46955人,占總數的56%。光復後,政府為了縮減開支,公務員人數減為44451名,臺籍人士僅有9951人,占22%。也就是說在1946年,大約有36000名的臺灣人失去了他們在政府中的職位。如果每一個人的家中有7口人（當時戶平均人口數）,則受到裁員影響的臺灣民眾至少有25萬人[888]。

其三,旅居省外及戰時被日本徵召的臺胞返臺。據不完全統計,在戰爭期間被日本徵調去當兵的臺胞人數約有30萬人,其中除了幾萬人早已作了日本的炮灰之外,其餘二十餘萬人在日本投降後,便作了臨時「日俘」,受盡苦難。後來這些人又慢慢地從日本、南洋群島、澳洲、關島、緬甸、越南、香港及中國東北等地被陸續遣送回國。此外許多旅居省外的臺胞在戰後也紛紛回到臺灣,這些人回鄉後一時找不到工作,便一起加入了失業的大軍。據1946年召開的失業問題座談會上各方面的估計,當時全臺灣失業人數總共約六七十萬人,也就是說每十人當中,就有一個失業者[889]。許多臺胞抱怨道:「日本時代沒有自由,但人人有事做,能生活；光復後有了自由,但找不到事做,過不了生活」[890],明顯地流露出對現實生活的不滿。日據時期絕跡的乞丐也開始在臺灣各大車站碼頭以至通衢大道上大批出現[891]。為了生活,許多失業女性淪落風塵,成為變相妓女；男人們有的則不得不幹起了小偷小摸甚至搶劫的勾當,社會犯罪率急劇攀升,首善之區充官公署所在地的臺北市一週之內竟然發生了三數件白日搶劫的案件。搶劫者甚至還散發:「我們沒做官,不得揩油,沒飯吃,好慘！」的小紙條[892]。民眾因失業貧困而產生的不滿與憤怒就像一顆「不定時炸彈」,成為社會動亂的潛在因素。

嚴重的失業引起了社會各界的普遍關注,長官公署如能予以足夠的重視,及時採取有效的措施,如將從日人手中接收的公有地暫時放租給失業者墾種,使他們能夠填飽肚皮,以解燃眉之急（按:當時從日本人手中接收過來並掌握在政府

手中的公有地占臺灣耕地總面積的66％），當可使失業問題有所緩解，至少也可使失業造成的影響降到較低程度。然而省政當局所表現出來的態度和行為恰恰相反，不僅對戰時被日人徵召，後又被遣返的臺胞不聞不問，讓其自生自滅，而且還千方百計掩蓋工業復原緩慢，人民大量失業等社會問題，還對報導這類問題的新聞媒體，如上海《僑聲報》等興師問罪[893]。其結果自然是使這一問題的嚴重性有增無減，隨後出現的物價暴漲及米荒等經濟危機無疑又把眾多的失業者推入了更慘的境地。生活的絕望使他們對政府的不滿也達到了極點，致使「二‧二八」事件發生時，眾多的失業者，尤其是那些被日本人徵召，戰後又被遣返的失業者有相當一部分成了這場事變的主角。

五、物價飛漲，米荒嚴重，民不聊生

光復前夕，國民黨政府在《臺灣接管計劃綱要》中曾規定臺灣「接管後，應由中央銀行發行印有臺灣地名之法幣，並規定其與日本占領時代的貨幣（以下簡稱舊幣）之兌換率及其期間」[894]。此後1945年10月下旬，國民黨政府又進一步頒布了《臺灣省當地銀行鈔票及金融機構處理辦法》，規定：「臺灣省的銀行鈔票，由政府分別面額、定價分期收換，其定價及收換期間，由財政部公告。臺灣省內敵人設立之金融機關，由政府指定國家行局接收清理」[895]。然而當時已被任命為臺灣省行政長官的陳儀鑒於當時大陸金融狀況已嚴重惡化，法幣崩潰就在眼前的情況，對上述辦法持反對態度。他主張繼續保持臺幣及臺灣的金融機構，使其自成系統，阻止法幣在臺灣流通，以免臺灣像大陸各省那樣出現法幣泛濫成災，物價飛漲的局面。他並要求四行二局（中央銀行、中國銀行、交通銀行、農業銀行、中央信託局、郵彙總局）暫不插足臺灣。陳儀的這些主張在其赴任之前得到蔣介石的核許，並由蔣面囑當時的財政部長宋子文照辦[896]。後來國民黨政府財政部又公布《臺灣與內地通匯管理辦法》，規定了法幣與臺幣兌換的相關事宜[897]。

陳儀反對法幣在臺流通，主張保持臺幣及臺灣原有的金融系統的目的乃是想以臺幣作「防波堤」，防止高度膨脹的法幣泛濫成災對臺灣經濟造成衝擊，其用意不謂不善。然而，幣值的穩定與否主要取決於生產的發展及其所提供的穩定的

物質基礎,而不是僅僅依靠人為制定的某些政策和管理辦法。由於戰時的破壞,恢復困難,光復初期臺灣的工農業生產均出現大幅度萎縮;另一方面,臺灣接收後島上人口驟增,因此社會生產在量的方面不足以供給臺灣自己的需要,導致物價飛漲。其次,由於生產不振,稅收和公營事業的盈餘十分有限,省政府對地方財政的赤字,公營事業所需的資金以及駐臺中央軍隊和各機關所需經費[898],不得不靠增加臺幣的發行量來彌補。自1945年到1947年臺幣的發行量增加了6倍,其中1946年11月到1947年4月之間發行量就增加了3倍[899]。這僅是官方公布的數字,實際上恐遠不止此數。在「二・二八」事件未爆發之前的一個時期內,「臺灣銀行因籌碼不夠周轉,便大量發行了一千元、五千元、一萬元的臺幣本票,在市面上流通」[900]。通貨的增發又刺激了物價的上漲,物價上漲又增加了公營事業對資金的需求,形成了惡性循環。再者,就臺幣對法幣的匯率而言,法幣一直被高估,加上法幣籌碼供應不足,產生黑市匯率。法定臺幣對法幣的匯率為1:30,但黑市匯率僅為1:24,自貶身價,使臺幣經常處於不利地位。當時一般人都認為全國物價指數以上海為最高,然而,臺灣的物價竟遠駕於上海之上,許多日常用品,「平均都比上海要貴一到二倍」[901]。其中米價的暴漲尤其讓人感到不可思議。臺灣素有「糧倉」之稱,一年三熟,據說只要一次的稻收就可供臺灣一年的糧食。1945年10月光復時每斤大米價為臺幣一元五角,到了1946年就漲到十元以上,足足漲了10倍[902]。不斷上漲的物價使臺灣一般民眾普遍感到恐慌。1946臺灣的米穀產量和消費量分別為891417噸,供需關係基本持平[903]。而且省公署手中還掌握有當年度田賦征實的米穀、「行總」運臺20萬噸化肥換穀得來的糧食以及公有土地的租穀,這些稻穀足以抑制任何操縱囤積的情形。按理說1947年的穀價可以平穩下來。然而國民黨為了打內戰,把大批大批的大米運往蘇北、華北充軍糧,臺灣的米倉空了。所以進入1947年後,臺灣的米價不僅沒有穩定下來,反而如斷線的氣球般飄然上升。一月份每斤十四五元的米價到二月份飛漲到二十七八元到三十元左右[904]。當上海的米價賣到七萬元(指法幣)一擔的時候,臺幣卻早已漲到十四五萬元一擔了[905]。面對如此突飛猛漲的米價,一般的老百姓和公教人員無不叫苦連天。

然而禍不單行,糧價狂飆的風波尚未平息,臺灣的金融市場在上海金融風潮

的衝擊之下也發生劇烈波動。2月9日臺灣的黃金價格開始大漲，由原來的每兩三萬元臺幣左右升至三萬六千元。10日，公會掛牌門市出三萬八千元，入三萬七千元。黑市則突破四萬大關。美鈔則隨之出四百八十元，入四百三十元，旋即進入五百大關。11日，黃金以四萬元開盤，瞬即漲至五萬元，忽又跳至六萬元以外，美鈔亦躍至六百元。一時市場大亂，公會卸下牌價，停止交易[906]。另一方面，臺幣對法幣的黑市匯率也隨著黃金的暴漲而慘跌，由一比二十八跌至一比十八尚無法幣頭寸應市。

　　米價、金價的猛漲又牽動了一般生活必需品的再度全面上揚。1947年2月份臺北市零售物價指數已攀升至24325.9，比1946年12月份的12501.8，翻了一番[907]。整個臺灣的經濟已經籠罩在一片空前的恐慌之中。行政長官公署不得不採取緊急措施，於2月13日發布緊急通令，在省內禁止黃金外鈔的買賣，同時並頒布指定最高米價辦法，以限制米價。緊接著第二天陳儀又舉行記者招待會，宣布了縮減銀行商業放款，拋售公營物品，火車水電減價，嚴格限制進出口物價等管制辦法[908]。然而這些辦法只是紙上談兵，很難行得通。而且米穀限價之後，糧商米販均避不出售，市場上的米全沒有了，統統改在黑市裡交易，米價漲至每斤四十元臺幣左右。許多城市出現了「有錢無米買」的嚴重米荒，全臺騷然。警察局只好出動全體警員，挨家挨戶調查存糧[909]。這無異又是四十年代初陳儀在福建實行「糧食公沽」禍民在臺灣的重演。米荒的情形不僅未能解決，反而愈演愈熾。貧苦百姓因饑餓難耐而全家自殺的慘劇，時有所聞[910]。臺北市也出現了署名「臺灣民眾反對抬高米價行動團」的警告性傳單，宣稱「為生活之驅使，為全臺民眾之生命爭鬧，決集全臺之無產民眾，向各該社會吸血鬼反擊，以積極手段，實施行動，決定於三日之後，率民眾實行搶米運動，並制裁囤積魁首，以申正義，為無產民眾申告不平……」[911]。嚴重的通貨膨脹和米荒已使臺灣社會陷入危機四伏，岌岌可危的境地。

六、餘論

　　導致光復初期臺灣經濟出現諸多嚴重問題的原因既有客觀的，也有人為主觀的。

客觀的原因主要為二戰後期美軍轟炸所造成的破壞；光復後，臺灣由原來日本殖民地經濟體系轉變成中國經濟體系的一部分所造成的暫時脫節；以及接收後，由於原材料、設備及技術力量的匱乏造成的工廠復原困難等等。

　　至於人為主觀原因首先要提到的當然是行政長官公署的財經政策。有的人認為光復後行政長官公署財經政策的缺失，可能是導致臺灣經濟出現嚴重問題的「根本癥結所在」[912]，這種看法有一定的代表性，但並不全對。因為除了財經政策之外，其他諸如以接收為名，無償攫取臺灣的糖、米、煤炭等資源運往大陸，用於反共、反人民的內戰以及引起強烈民憤的相當嚴重的貪污、腐敗現象等也是造成光復後臺灣經濟出現嚴重問題的人為主觀原因，而這東西並不屬於財經政策的範圍，同時也不是用財經政策的缺失所可以解釋的。

　　實際上，光復後臺灣經濟出現一系列嚴重問題的根源乃是在於國民黨政府反動、腐朽的獨裁統治，而這種統治又是由其所代表的大地主、大官僚、大買辦資產階級的階級本性所決定的。為了其本階級的私利，國民黨政府不顧人民在長期抗戰中遭受的巨大苦難和創傷，在戰後以接收之名，行「劫收」之實，巧奪豪取，將大量的社會資源占為己有，以供其發動反共、反人民的內戰之需。應該指出的是國民黨反動派這種藉收復之機對人民實行的搜刮和榨取是全國性的，不僅在臺灣是如此，在大陸各地也是如此，且其程度與臺灣相比有過之而無不及。1945年10月25日蔣介石從南京發給當時陸軍總司令何應欽的一份電報中就承認：「據確報，京、滬、平、津各地軍政黨員，窮奢極侈，狂嫖濫賭，並藉黨團、軍政機關名義，占住人民高樓大廈，設立辦事處，招搖勒索，無所不為；而滬、平為尤甚」[913]，要求何要嚴加整飭，其嚴重性可見一斑。除此之外，國民黨反動政府還以多如牛毛的苛捐雜稅，對人民進行橫徵暴斂，使得民不聊生。甚至濫發鈔票，強行收兌民間金銀外幣，以竭澤而漁的方式來榨取人民的最後一滴血汗，最終導致了經濟大崩潰。這也是國民黨政權在大陸失掉民心，最終被人民所推翻的原因。臺灣「二・二八」事變的發生雖然有其特殊的歷史背景，但最主要的原因還是經濟問題，人們沒工做，沒飯吃，物價又飛漲，生活不下去，只好起來鬥爭。所以就整體而言，「二・二八」事變是解放戰爭期間「國統區」人民反饑餓、反內戰、爭自由、爭民主鬥爭的一個組成部分。事變的發生雖然已經過

去五十多年了，但它所揭示的歷史教訓，仍然值得人們深思。

（原載《臺灣研究集刊》）

試論臺灣二・二八事件中的民主與地方自治要求

鄧孔昭

1947年初,剛剛擺脫日本殖民統治才1年4個月的臺灣人民,由於不堪國民黨行政長官公署的統治,爆發了一場震驚中外的偉大鬥爭,俗稱二・二八事件,或二・二八起義。過去,人們從不同的政治觀點出發,對這場臺灣歷史上最具廣泛性和複雜性的鬥爭進行了各種各樣的評說,然而,對事件中廣泛提出的關於民主與地方自治的要求卻很少論及。本文擬就這個問題,談一些粗淺的看法。

一

二・二八事件是一場多層次的人民民主自治運動,民主和地方自治是參加事件的臺灣各階層人民的普遍要求,是這場鬥爭的主流。

以往對二・二八事件的介紹和研究,總是塗上某種單純的政治色彩。有人說它是「在中國共產黨領導下的一次起義」[914];有人則把它稱為「臺灣人民的一次抗外鬥爭」[915];還有人把它污蔑為「顛覆政府」、「背叛國家」的暴亂事件[916]。事實上,只要拋開各種偏見,客觀地、歷史地觀察和分析這場鬥爭,就可以發現,二・二八事件是一場臺灣人民自發的、全民性的民主自治運動。無論從參加者的階級地位,還是從所提出的政治要求來說,這場運動都包含著各種不同的層次。

為了說明事件的性質和臺灣人民普遍參加的程度,有必要首先簡述一下事件發生的經過。

1947年2月27日晚,臺灣省專賣局職員在臺北市延平路一帶查緝私煙過程中,蠻橫地打傷了女煙販林江邁,打死了圍觀群眾陳文溪。最初,一些目睹血案

發生的市民,憤憤不平,擁到警察局和憲兵團,要求嚴懲兇手。由於他們的要求得不到滿意的答覆,2月28日,更多的市民自發地聚集起來。他們把對專賣制度的不滿和眼前的血案結合在一起,搗毀了省專賣總局和臺北市分局,然後,又擁向行政長官公署請願,要求行政長官陳儀出來和大家講話,撤銷專賣局,交出殺人兇手。可是,陳儀卻躲在會議室裡和高級幕僚們商量對策,放棄了及時控制乃至平息事端的有利時機。此時,在大門外戒備森嚴的衛兵已和請願群眾發生了衝突,並用早已架在樓頂上的機槍向人群掃射,打死打傷多人。由於造成了流血事件,請願群眾雖很快散開,但心中的怒火無處宣洩,終於導致事件很快轉向以暴易暴的方向。開始,群眾的暴力首先施向那些平日貪汙舞弊、作威作福的政府官員身上,爾後很快又擴大到和國民黨政權一起來到臺灣的外省籍公務人員及其親屬的身上。一時間,「打阿山」的呼聲充斥臺北的街頭巷尾。這以後,陳儀宣布戒嚴令,調動軍警隨意射殺和逮捕群眾,而人民群眾的要求也已不再限於懲辦兇手和撤銷專賣局了。他們把一年多來對國民黨統治的不滿都發洩出來,街上出現了「打倒暴政」,「打倒獨裁」,「爭取自由,爭取民主」的標語[917],由緝煙血案引起的事件已經變成臺北市人民普遍參加的鬥爭,工人罷工,學生罷課,商人罷市;並透過電臺傳播,迅速擴大到全島。

在這種情況下,作為國民黨政權民意機關的臺北市參議會邀請國大代表、省參議員、國民參政員等,組織「緝煙血案調查委員會」,企圖在國民黨和暴動的民眾間搭起橋樑,謀求事件的合理解決。他們推出代表前往行政長官公署,要求解除戒嚴令,釋放被捕群眾,官民共同組織「事件處理委員會」。陳儀不得不同意了這些要求。3月2日,由民意代表、政府官員、群眾團體代表、各大中學校教職工和學生代表組成的「二‧二八事件處理委員會」在臺北市中山堂正式成立,成為事件的領導核心。臺灣各階層人民都捲入到事件中來了。

參加事件的到底有那些人呢?當時,由國民黨監察院派往臺灣調查的閩臺監察使楊亮功、委員何漢文在提交的內部報告中,把參加事件的人員分為九類:一、流氓,二、海外歸僑,三、政治野心者,四、共黨,五、青年學生,六、三民主義青年團,七、高山族,八、皇民奉公會會員,九、留臺日人[918]。這種分法顯然不夠科學,且有汙衊的意味。從階級屬性和政治傾向看,當時參加事件

的，大致有三個層次的人。

一、統治階級中的民主人士。有省縣市參議員、國大代表、國民參政員、工商知識界名流、國民黨和三青團的幹部。這些人極為活躍，不少人充當各縣市最主要的領導人物。如臺北市的王添燈（省參議員、省茶葉公會董事長）、蔣渭川（省候補參議員、臺北商會會長），基隆市的楊元丁（市參議會副議長）、張振聲（國民黨基隆市黨部書記長），屏東市的葉秋木（市參議會副議長），花蓮縣的馬有岳（省參議員）、許錫謙（三青團花蓮分團總幹事），嘉義市的陳復志（三青團嘉義分團總幹事）、潘木枝（市參議員），臺南市的湯德章（省候補參議員、臺南市人民保障委員會主任）、莊孟侯（三青團臺南分團總幹事），高雄市的塗光明（市政府敵產清查室主任）等。據不完全統計，事件中被國民黨殺害和逮捕的著名士紳有80名，其中國大代表、國民參政員和省縣市參議員就達36名之多[919]。楊亮功、何漢文的報告說：「省縣市參議會議長、議員幾普遍參加二・二八事件處理委員會，其中固不少能顧全大局，願使事變消弭者，然不免有若干議員推波助瀾，別具心腸，以求事態擴大者」[920]。尤需指出，國民黨原把三青團作為「領袖的耳目」，但實際上參加的三青團的幹部和團員最為普遍。「事變發生後，各縣市青年團員負責人參加者甚多。如臺灣省青年團婦女隊隊長謝雪紅率眾暴動，現尚在逃；嘉義青年團籌備主任陳復志、臺南青年團幹事長張幕侯以充當暴動首要而遭槍決；其他各縣市之青年團負責人或經逮捕，或已逃逸。故全省青年團之組織已形解體，非徹底改組，予團員以嚴格訓練，難有恢復活動之餘地也」[921]。由於這些人平時有較高的社會地位，且比較受國民黨的信任，因此，他們的影響也比較大。

二、原臺灣共產黨和一些進步團體的成員。主要代表人物有：謝雪紅、楊克煌、林日高、林樑材、王萬得、潘欽信、蘇新等。國民黨汙指二・二八事件受「奸黨」指使和煽動，所說的「奸黨」，指的就是這一部分人。其實，臺灣共產黨早在1932年被日本殖民當局沉重打擊之後，就已停止活動。臺灣光復以後，這些人已分別參加「人民協會」和「臺灣政治建設協會」等團體，有些人還在國民黨政權的民意機關或三青團中擔任職務，如林日高為省參議員，謝雪紅為臺灣三青團婦女隊隊長。這一部分人人數不多，事件中只在臺中市和臺北縣等地具有

較大的影響。另據楊亮功、何漢文的報告，臺灣光復以後，中國共產黨曾派人到臺灣活動，其組織名稱有「臺灣省工作指導委員會、臺灣省工作指導團、中共東南區第七聯絡站、閩臺政治組、臺灣共黨（產）主義青年團等」[922]。當時，共產黨的地下組織雖然在臺灣建立的時間不長，人數也不多，但在「看到臺灣人民起來以後，勇敢地站出來……並且把所有力量都投入了這場鬥爭」[923]。

三、廣大的人民群眾。其中按社會屬性，又可以分成幾個大的群體：（一）知識分子和青年學生。他們中有教師、醫生、律師、法官、記者、編輯等，而以青年學生的人數為最多。僅臺北一市，事件中成立的「學生自治同盟」和以留日臺灣學生為主幹的「憂鄉青年團臺北支部」就有4千餘人。此外，擁有4萬多人的「臺灣省自治青年同盟」中也有數量不少的青年學生。全省參加事件的青年學生，當有數萬人。（二）歸臺退伍軍人。他們大部分是第二次世界大戰中被日本人徵調至南洋、大陸和海南島服役，臺灣光復後陸續遣回的退伍軍人。事件中組成的「海南島歸臺者同盟」，就約有5萬餘人[924]。（三）工人、商人、政府機關臺籍職員和臺籍警察，以及一般的市民。這部分人亦有數萬。事件中，僅臺北市臺籍警察組成的「臺灣省警政改革同盟」，就有三千人[925]。（四）高山族同胞。事件中，臺東、花蓮、屏東、臺中、嘉義等地的高山族同胞紛紛下山參加鬥爭，據說也有三、四萬人[926]。（五）流氓無產者。包括一部分失業群眾和浪人。

參加事件的人們包羅了臺灣社會的各個階層，由於他們各自的階級利益不同，他們在事件中所提出的政治目標和要求也就不會完全一致。總起來說，大致也可以分為三個層次。

一、不反對國民黨的中央政府，但強烈要求在臺灣進行政治改革，要求剷除專制和腐敗現象。在事件中，「二・二八事件處理委員會」是全省的領導核心，其「組織大綱」明確規定：本會「以團結全省人民、改革政治及處理二・二八事件為宗旨」[927]。3月6日，「處委會」發表《告全國同胞書》，聲明「我們的目標是在肅清貪官汙吏、爭取本省的政治改革」，最後的口號有：「中華民國萬歲」、「國民政府萬歲」等[928]。同日，又提出「二・二八事件處理大綱」32條

[929]，其中關於政治改革方面的有22條。在事件中有相當影響的「臺灣省自治青年同盟」規定，「本同盟以培養自治精神，遵守國父遺囑，擁護蔣主席，實行三民主義，協助政府建設新臺灣，暫時協力保持治安為宗旨」[930]。然而，也主張「必須從根本上改革光復以來本省的苛政」[931]。被認為受共產黨影響較大的「臺中區時局處理委員會」，在其「宣言」中提出的口號是：「建設新中華民國，確立民主主義，擁護中央政府，剷除貪官汙吏，即刻實行縣市長民選，反對內戰，反對專制，反對違反民主的措施，反對以武力把持政權」等[932]。花蓮縣「處委會」還提出了「以不流血解決政治問題」，「不獨立，不共產」等[933]。這類要求最為普遍，體現出整個事件的基本政治傾向。

二、要求推翻國民黨的專制統治，建立人民的政權。這主要在臺中和嘉義等地提出，另還散見於臺北和臺南等市的一些標語和傳單中。在3月2日召開的市民大會上，臺中市人民曾提出「打倒國民黨的反動專政，組成包括各黨派的民主統一戰線，組織聯合政府」[934]。「嘉義報導部」曾在廣播中號召：「我們已決然而起，為一掃光復以來之苛政，向國民黨專制政府勇敢地發起攻擊」。「我們的目標在於打倒國民黨的一黨專制政府，組織民主聯合政府」[935]。臺北市也出現了「打倒獨裁、專制、自私背信的政府」，「廢除官僚統治，建立臺灣自治民主政府」[936]的傳單。臺南市則張貼出「農工趕緊起來，趕走國民黨，建設新民主政府」；「打倒國民黨一切的統治」；「新民主政府是民眾所要求」[937]等標語。

三、極少數人提出「臺灣獨立」和「國際託管」的主張。它在事件中很少見，只有花蓮縣地方浪人組織的「金獅隊」提出過「臺灣實行獨立」的口號[938]，臺南市青年路出現過「臺灣人要獨立自由」的標語[939]，臺北市也出現過要求「聯合國託管」之類的傳單[940]。

在上述三種不同層次的要求中，除了「臺灣獨立」與「國際託管」為極少數別有用心者的陰謀，與當時參加事件的廣大臺灣人民的意願格格不入之外，值得注意的是，前兩個不同的層次中都有一個共同的要求，那就是「民主」與「自治」。儘管各自賦予「民主」與「自治」的含意有所不同，但在二·二八特定的

事件中,卻有明顯一致的一面。

當時,比較全面反映臺灣人民關於民主和地方自治要求的,首先是「二·二八事件處理大綱」。在整個「大綱」32條意見中,除了「對於目前的處理」7條外,另外有關「根本處理」的25條,大體上都是有關民主與地方自治問題的。為了說明這一點,我們不妨摘引「大綱」中的部分內容。「軍事方面」有3條,「一、缺乏教育和訓練之軍隊絕對不可使駐臺灣。二、中央可派員在臺徵兵守臺。三、在內陸之內戰未終息以前,除以守衛臺灣為目的之外,絕對反對在臺灣徵兵,以免臺灣陷入內戰漩渦。」「政治方面」有22條,「一、制定省自治為本省最高模範,以便實現國父建國大綱之思想。二、縣、市長於本年六月以前實施選舉,縣市參議會同時改選。三、省各處長人選應經省參議會(改選後為省議會)之同意,省參議會應於本年六月以前改選,目前其人選由省處理委員會審議。四、省各處長三分之二以上須由在本省居住十年以上者擔任之(最好祕書長、民政、財政、工礦、農林、教育、警察處長應該如是)……七、除警察機關之外不得逮捕人犯。八、憲兵除軍隊之犯人外不得逮捕人犯。九、禁止帶有政治性之逮捕拘禁。十、非武裝之集合結社絕對自由。十一、言論出版罷工絕對自由,廢止新聞紙發行申請登記制度。十二、即刻廢止人民團體組織條例。十三、廢止民意機關候選人檢核辦法。十四、改正各級民意機關選舉辦法」[941]等。

另外,事件中成立的各群眾團體也紛紛提出了民主與地方自治的要求。如「臺灣省自治青年同盟」提出了「建設高度自治,完成新中國的模範省」;「發揮臺胞優良的守法精神,為促進民主政治的先鋒」;「只有高度自治,才是臺灣進步的、唯一的、光榮的道路」[942]。「臺灣民主聯盟」提出,「在臺先實行憲政,並省予自治」;「不分本省外省全體人民攜手為政治民主奮鬥到底」[943]。臺中市人民提出「立即實行臺灣人民的民主自治」等[944]。當時,臺灣全省17個縣市都普遍提出了「民主」與「自治」的要求,有的地方還選出了市長或市長候選人,有的地方成立了「民主聯軍」或「自治聯軍」,有的人還主張成立「臺灣省臨時民主自治政府」[945]。甚至連當時旅居大陸的一些臺灣同胞,在得知島內人民起來鬥爭之後,也提出了在臺灣「實行地方自治,任用臺灣人治理臺

省」[946]。

很明顯，二‧二八事件既不是企圖「顛覆政府」，「背叛國家」的暴亂事件，也不是「中國共產黨領導下的一次起義」，更不是什麼「臺灣人民的一次抗外鬥爭」。它是一場多層次的人民民主自治運動。唯有「民主」與「自治」的口號，才反映了當時廣大臺灣人民的心聲。

二

「民主」與「自治」為什麼會成為當時臺灣各階層人民共同的、普遍的要求呢？為了說明這一問題，有必要回顧一下當時國民黨接管臺灣一年多來的專制統治，以及臺灣人民長期以來為民主與地方自治所進行的鬥爭。

臺灣光復之時，飽受了日本50年殖民統治的臺灣人民，對代表大陸政府來到臺灣的國民黨政權進行了熱烈的歡迎，並抱有很大的希望。他們以為，擺脫了異族的統治，臺灣人民將不再受到歧視和壓榨，而可以享受充分的民主和自由，臺灣社會也將從此走向繁榮和進步。可是，沒過多久，國民黨政權很快就暴露了它的專制、獨裁的面目。面對現實，臺灣人民從希望轉向失望，不少人進而變成仇恨。當時，引起臺灣人民極大不滿，因而使他們感到「民主」與「自治」之所以特別可貴的，主要有以下幾件事：

一、行政長官公署制度。臺灣光復之後，國民黨政府藉口「情形特殊」，在臺灣設立了與他省迥然不同的行政長官公署制度。根據1945年9月20日公布的「臺灣省行政長官公署組織條例」，「臺灣省行政長官公署，於其職權範圍內，得發布署令，並得制定臺灣省單行規章」。「臺灣省行政長官，對於在臺灣省之中央各機關有指揮監督之權」[947]。在此之前，國民黨政府已經任命陳儀為臺灣省行政長官兼警備總司令，集軍政大權於一身。對於這種有利於專制獨裁的制度，「臺灣同胞，不論他是住在省內的或僑居海外的……恐怕沒有一個人（陳儀的親信屬僚當然除外）不搖頭嘆息，憤怒地指責，幾乎認為這是在日本統治時代總督制的復活。其權力之大，與獨裁之嚴，甚至還有過之而無不及」[948]。連國民黨官員也說：「臺胞對長官公署呼之為新總督府。與國內各省不同，此形式上使臺胞不愉快者也。按其實際，長官公署之權力法令亦幾與日人之臺灣總督府相

若，此又事實上使臺胞不愉快者也」[949]。由於推行行政長官公署制度，臺灣人民受到強烈的刺激，在心理上，覺得這是「一種與他省同胞有殊的不平等的待遇」[950]。事實上，他們的民主自由權利，也由於行政長官公署制度的實行而更多地被剝奪。

二、歧視臺灣人的政策。日本殖民統治時代，臺灣人民被當作「二等公民」，沒有參政的權利，一切重要的公職全部由日本人擔任。光復以後，國民黨政權名義上給了臺灣人參政的機會，但實際上卻以「臺灣沒有政治人才」[951]為藉口，把許多受過良好教育的臺灣人排斥在中高級職務之外。據國民黨政府監察院「臺灣省現任公務人員概況」中的統計，至1946年12月底，臺灣省薦任和薦任級以上官員的省籍情況見下表[952]：

	特任		特任待遇		簡任		簡任待遇		薦任		薦任待遇	
	人數	百分比	人數	百分比	人數	百分比	人數	百分比	人數	百分比	人數	百分比
外省人	1	100	2	100	202	94.39	204	89.47	1385	81.28	951	66.13
本省人					12	5.61	24	10.53	319	18.72	487	33.87
合計	1	100	2	100	214	100	228	100	1704	100	1438	100

可見，在特任和特任待遇級的官員中，臺灣人沒有染指的機會；在簡任和簡任待遇級的官員中，臺灣人極少；即使在薦任和薦任待遇級的官員中，臺灣人也只占很小的比例。另據李筱峰《臺灣戰後初期的民意代表》一書中的統計，「當時省府行政長官、祕書長、處長、副處長、主任祕書共廿一名，其中臺灣人只占一名，其餘廿名為外省人。省府各處祕書、專員、科長、股長、視察、主任共三百十六名，其中臺灣人只占十七名，其餘二百九十九名為外省人」[953]。全省縣市長中，除臺北市長曾由臺籍人士黃朝琴擔任過一段時間外，其餘也都由國民黨派去的外省人壟斷。行政長官陳儀甚至說，「在中國大陸一九四七年十二月二十五日生效的新憲法將不能適用於臺灣。因為中國人民較為先進，所以才能享有憲法的特權。臺灣人民由於受日本長期專制政治的統治，政治意識退化，不能以理智的態度來實行自治的政治，因此需要二三年之久的國民黨之『訓政』才能使他們成為完全的公民」[954]這些言論，嚴重地刺傷了臺灣人民的自尊心。

三、貪官肆虐，軍警橫行。隨著國民黨對臺灣的「接收」，大批內地的軍政人員到了臺灣。他們當中雖不乏願意為建設臺灣貢獻力量的仁人志士，但也有許多人一本當時大陸軍政界腐敗作風和醜陋惡習，到臺灣去「劫收」的。日本殖民者為了醜化中國的形象，曾在臺灣散布：「中國官吏無一不貪汙，無一不飯桶」[955]。可悲的是，國民黨軍政人員到了臺灣之後，不少人卻用行為證明這句話並不完全是謊言。當時，大大小小的貪官汙吏在臺灣各顯「神通」，製造了「層出不窮的貪汙案件」。張琴《臺灣真相》一書在「臺灣人民為什麼仇恨臺灣省政府」的標題下，以無可辯駁的事實，列舉了一些聳人聽聞的大案。國民黨「中央清查團」的人員也不得不表示，臺灣「蒼蠅太多，不管它，只打老虎」[956]。其實，在行政長官公署的庇護下，連「老虎」也沒有受到多少懲處。長官公署的警務處長在答覆省參議員們的質詢中竟然說：「官吏貪汙，人民也要負責」，「人民守法不行賄賂，貪汙的事可以減少些」[957]，這就使得一大批貪官汙吏更加明目張膽地為所欲為。由於政府工作人員多以貪汙舞弊為能事，臺灣人民輕蔑地稱他們為「中山袋」[958]。

另外，國民黨軍隊士兵和警察的風紀、操守之差，也同樣引起臺灣人民的不滿。士兵「坐車不買票，越等級坐火車，爭先搶坐，不肯排列，破壞社會秩序」[959]，還發生過多起隨意槍傷百姓的事件。國民黨官員也承認：「各地駐軍間有少數軍紀欠佳士兵欺擾百姓之不良情事發生」[960]。至於「警察人員濫用職權，和地方流氓勾結，為非作歹」[961]的事件，更是時有發生，以致引起參議員們在省參議會上對警務處長提出尖銳質詢。

四、經濟統制政策。臺灣光復之後，國民黨政權在臺灣實行了全面的經濟統制政策。這個政策主要包括：設立專賣局，以實行對煙草、火柴、酒、樟腦、度量衡器等物品的專賣；設立貿易局，以壟斷全省工農業產品的購銷和輸出；實行臺幣特殊化，以實現對全省金融市場的控制和限制外省工商業者與臺灣的經濟往來。經濟統制政策的實行給臺灣人民帶來了無窮的災難。一個國民黨官員曾說：「以工商企業之統制，使臺灣擁有巨資之工商企業家不能獲取發展餘地；因貿易局之統制，使臺灣一般商人均受極端之約束；因專賣局之統制，且使一般小本商

人無法生存」[962]。實際上遠不止於此。經濟統制政策還造成了許多生產者破產，物價飛漲，民不聊生。如對蔗糖生產的統制和專賣，使「蔗農和產商，均感到不夠成本，故怨聲載道」[963]。而臺灣的物價，也在一年多的時間裡，幾倍甚至幾十倍地飛漲。據臺灣省行政長官公署統計室編印的《臺灣物價統計月報》，1946年1月至1947年2月，臺北市幾種主要生活日用品價格的上漲情況如下表[964]：

單位：台幣元

	米（斤）	麵粉（斤）	豬肉（斤）	雞蛋（个）	花生油（斤）	鹽（斤）	白糖（斤）	茶葉（斤）	香菸（十支）	陰丹布（尺）
1946年1月	8.84	11.11	31.95	2.67	27.67	1.33	2.70	6.70	3.00	15.40
1947年2月	42.67	59.72	102.78	9.17	106.39	9.44	60.28	61.11	9.67	92.40
上漲倍數	3.83	4.37	2.21	3.44	2.85	6.09	21.33	8.12	2.22	5

另據國民黨政府監察院的檔案資料，同期「臺北市主要民生日用品價格」情況則如下[965]：

單位：台幣元

	大米（斤）	麵粉（斤）	豬肉（斤）	雞蛋（个）	花生油（斤）	鹽（斤）	白糖（斤）	茶葉（斤）	香菸（十支）	陰丹布（尺）
1946年1月	6.30	12.16	40.00	1.00	28.00	0.75	3.5	10.16	4.00	20.50
1947年2月	32.33	74.50	123.33	9.00	126.00	14.00	74.00	106.00	8.00	120.00
上漲倍數	4.13	5.13	2.08	8	4.5	17.66	20.14	9.43	1	4.85

當時臺灣的物價水平，竟比大陸最高的上海還高。如「各種布匹、肥皂、火柴、襯衣、襪子、玻璃、皮鞋、牙刷、牙膏、麵包，以及其他日用物品等，平均都比上海要貴一倍到兩倍」，甚至臺灣盛產的米和鹽，也比上海貴得多[966]。

1946年2月6日，當時在臺灣視察的閩臺監察使楊亮功在發給國民黨政府監察院院長於右任的電報中說：「職此次視察經過臺中、臺南十一縣市，昨返抵臺北，各地人士對省政多不諒解。其原因為經濟強制，私人企業難發展，工廠多未恢復，失業加多，糧價高漲，地方秩序失佳。其外如臺幣估價過高，對外貿易及匯兌隔絕，亦為多方所指摘，美人在臺者亦有微摘。此種難關，正未易克服」[967]。

這種專制、獨裁、腐敗的統治，當然不可能得到臺灣人民的「諒解」。要知道，臺灣人民是從不逆來順受的。過去，他們「三年一小反，五年一大反」，使清朝封建統治者深感這塊地方難治。在日本殖民統治期間，他們又不斷地運用游擊戰爭和起義活動，使日本殖民統治者吃了不少苦頭。進入20世紀以來，在辛亥革命、五四運動和世界民主潮流的鼓舞和影響下，在特殊的鬥爭環境中，臺灣一部分地主資產階級民主人士，又不斷地運用合法手段，進行爭取民主和「地方自治」的鬥爭，並且取得了豐富的經驗。

早在1919年，為了反對臺灣總督的專制獨裁統治，以林獻堂、蔡培火為代表的一部分臺灣地主資產階級民主人士和知識分子，就發起了「六三法」撤廢運動（所謂「六三法」，是日本政府1896年頒布的法律六十三號，其中規定臺灣總督在臺灣得以任意制定法律，實行專制統治）。20年代，林獻堂、蔣渭水、蔡惠如等人又發起了「臺灣議會設置運動」，要求設立一個由臺灣居民公選出的議員組成的臺灣議會，以限制「六三法」賦予臺灣總督的特權。1923年，他們進一步組織了「臺灣議會期成同盟會」。儘管日本殖民當局對「臺灣議會設置運動」進行了殘酷的鎮壓，許多人被投入牢籠，但其餘的人仍堅持鬥爭，每年都向日本國會提出請願書，前後共達12次之多[968]。30年代以來，臺灣地主資產階級的政黨——民眾黨，為了反對日本殖民統治者的專制獨裁和有名無實的「地方自治制度」，提出了「地方自治改革」的單一目標，進行自治促進運動[969]。1930年8月，黨內以林獻堂、蔡培火、楊肇嘉為代表的改良主義分子，在臺中市成立了「臺灣地方自治聯盟」，要求殖民當局即刻實行「完全之地方自治制」[970]，爭取臺灣人參政的權利。雖然「臺灣地方自治聯盟」用叩頭請願的方式，不可能在臺灣真正取得實行「地方自治」的權利，但他們這種反對殖民專制統治、爭取

地方人士參政權利的鬥爭方式,卻給臺灣人民留下了深刻的印象。在長期反對日本殖民專制統治的鬥爭中,臺灣地主資產階級民主人士和知識分子,也在自己的隊伍中造就了一大批善於運用合法鬥爭的手段以爭取民主和地方自治的人才。

臺灣光復以後,雖然當時臺灣已回到大陸的懷抱,但國民黨的專制統治卻一仍其舊。這樣,臺灣地主資產階級民主人士和知識分子,運用合法手段爭取民主和地方自治的鬥爭也就沒有停息。1946年5月,臺灣省第一屆參議會召開第一次大會。會上,參議員林日高就民主與地方自治問題向民政處長提出了尖銳的質詢。他問道:「臺灣人民對於民主的熱烈情形,處長知道否?」「本省國大代表是由政府圈定,這算得民主嗎?」「依照國父遺教,地方自治的推行,各省可以有先後的,只要他的各種條件都夠就可以了,本省各方面都比其他各省進步,為什麼不能首先實行」[971]?此外,參議員黃純青也提出「據本省行政長官公署組織條例第三條規定,行政長官對於在臺灣省之中央各機關有指揮監察之權,這不是專制嗎」;「監察與司法受行政監督,不是違反三民主義的精神嗎」?並且要求將行政長官公署制改為省政府制[972]。參議員郭國基還在會上對教育處長詆毀臺灣人「有獨立思想」、「排斥來臺外省人」、「臺人治臺主張」、「完全奴化」的論調進行強烈的駁斥[973]。這種敢於向專制挑戰,爭取民主的風氣,使行政長官公署官吏們大感難堪,甚至也使長期在大陸接受國民黨教育的臺籍議長黃朝琴深感為難。大會還沒有開完,他就提出了辭呈,理由之一,是他所受的民主教育與臺灣的民主作風不同,「如再尸位素餐,實無補於大眾」[974]。

行政長官公署對參議員們利用參議會的講壇宣揚民主與地方自治感到害怕。當年12月,第一屆省參議會召開第二次大會時,「陳儀部下不准參議會利用臺北市公會堂的大會堂開會。參議會只好藉狹小而且距離城中區頗遠的教育會大樓召開。教育會大樓只有有限的地方可容納與會人,根本沒有可容納聽眾的空間。當臺灣代表起立發言的緊要關頭,公開演講系統就失靈」[975]。儘管如此,參議員還是充分地利用了這個講壇,強烈地抨擊陳儀的專制統治,宣揚民主與地方自治。所以,有人說;「參議會第二次會議把危機帶近」[976]。

除利用參議會的講壇外,1946年7月,閩臺建設協進會上海分會、臺灣重建

協會上海分會、臺灣省政治建設協會等六團體，還派出代表到南京，分別向國民黨政府、立法院、行政院、國民黨中央黨部、國防最高委員會、國民參政會請願，要求撤廢行政長官公署條例，改設與各省同樣的省政府於臺灣。他們指出：「該條例實施以來，弊害叢生，人民受專制獨裁統治的壓榨，生機幾斷，呼籲無門，怨聲載道，危機四伏」[977]。12月，在南京召開的「國民大會」上，臺灣代表聲明說：「臺灣已準備好行使憲法，臺灣人要求及早實現地方自治，普選市長及行政長官的事實正表示臺灣人是熱切渴望有一個憲政組織，而不是表示臺灣人反對政府」[978]。

綜上所述，臺灣人民在二‧二八事件中普遍要求實行民主與地方自治，正是當時國民黨政權在臺灣實行專制統治的結果。臺灣人民富有反對專制統治的鬥爭傳統，二‧二八事件，是他們長期以來爭取民主和地方自治鬥爭的繼續和高潮。

三

怎樣評價臺灣人民在二‧二八事件中提出的民主與地方自治要求呢？這裡，我們不妨先摘引幾句中共中央1947年3月8日對臺灣的廣播詞[979]。（這篇廣播詞，《解放日報》3月20日以《臺灣自治運動》為題，作為社論發表，只增加了個別字句）。其中說：「臺灣的自治運動，是完全合理的、合法的、和平的。」「臺灣人民的要求是極其平凡的，不過是要自治，要廢止專賣制度，要臺灣人能在臺灣當行政官吏等而已。」「臺灣人民提出如此合理的要求，採取和平的、合法的手續以求實現，有何理由不答應他們？」儘管當時中共中央遠在大陸的西北，對二‧二八事件的情況並不十分瞭解（所以才會在二‧二八事件已經基本平息的3月20日，又把它當社論發表），但是，這些對於臺灣人民民主自治要求的評價卻是十分正確的。

臺灣人民關於民主和地方自治的要求確實是「極其平凡的」、「合理的」、「合法的」，因為它們大多屬於資產階級民主的範疇，不但符合孫中山先生《建國大綱》中的思想，符合國共兩黨「雙十協定」中的規定，符合1946年有中國各民主力量參加的「政治協商會議」的「決議案」，而且也符合1947年元旦剛剛公布的《中華民國憲法》的精神。

孫中山先生在《建國大綱》中闡述關於民主與地方自治問題時說：「以縣為自治單位，於一縣之內，努力於除舊布新，以深植人民權力基本，然後擴而充之，以及於省。」「一完全自治之縣，其國民有直接選舉官員之權，有直接罷免官員之權，有直接創造法律之權，有直接復決法律之權。」「凡一省全數之縣皆達完全自治者，則為憲政開始時期。國民代表會得選舉省長，為本省自治之監督。」他還說，地方自治「當以實行民權、民生兩主義為目的，故其地方之能否試辦，則全視該地人民之思想智識以為斷。若自治之鼓吹已成熟，自治之思想已普遍，則就下列之事試辦之，俟收成效後陸續推及其他。試辦之事的順序是：一清戶口，二立機關，三定地價，四修道路，五墾荒地，六設學校」[980]。臺灣人民在事件中提出的要求完全符合上述這些思想。他們敦促國民黨政權盡快「實現國父建國大綱之思想」也很有道理，因為，當時在臺灣實現孫中山先生這些構想的條件已經成熟。一個國民黨地方自治問題「專家」曾說：「臺灣省的地理位置優越，國民教育相當普及，戶籍比較精確，民風淳樸，而守法的精神特優，省內交通便利，社會秩序至為安定，自此皆最適宜於辦理地方自治，與國父在建國大綱第八條所規定的條件亦大致相合」[981]。所以說，事件中臺灣人民提出的民主與地方自治要求「合理」，就是合孫中山先生倡導的三民主義之理。

抗戰勝利後，國共兩黨在和平、民主、團結、統一的基礎上，於1945年8月至10月，在重慶舉行了談判。談判後形成的《政府與中共代表會談記要》（即「雙十協定」）中規定，實行「政治民主化」，「迅速結束訓政，實施憲政」，「各地應積極推行地方自治，實行由下而上的普選」[982]。1946年1月，各民主黨派參加的「政治協商會議」所通過的《和平建國綱領》決議案中也規定了：「積極推行地方自治，實行由下而上之普選，迅速普遍成立省、縣（市）參議會，並實行縣長民選」[983]。可見，臺灣人民在事件中提出的要求，和全國人民在抗戰勝利後提出的要求是一致的，完全符合「雙十協定」和「政治協商會議」決議案的精神。

臺灣人民的要求，甚至還符合1946年12月25日「國民大會」通過、1947年元旦公布的《中華民國憲法》的精神。儘管這次「國民大會」是在國民黨排斥了共產黨和其他民主力量的情況下召開的，這個「憲法」也對國民黨的一黨專政有

利，但為了粉飾「民主」，這個「憲法」的一百十二條和一百十三條還是規定了：「省得召集省民代表大會，依據省縣自治通則，制定省自治法。」「省自治法應包含左列各款：一、省設省議會，省議會議員由省民選舉之；二、省設省政府，置省長一人，省長由省民選舉之；三、省與縣之關係，屬於省之立法權，由省議會行之」[984]。根據這些規定，臺灣人民在事件中提出的民主與地方自治的要求還是「合法」的。這個「法」就是「中華民國憲法」。

臺灣人民在事件中爭取民主與地方自治的手段大多也是「合法」的。省「處理委員會」在「對於目前的處理」意見中規定：「各地若無政府武裝部隊威脅之時，絕對不應有武裝械鬥行動，對貪官汙吏不論其為本省人或外省人，亦只應檢舉轉請處理委員會協同憲警拘拿，依法嚴辦，不應加害而惹出是非」[985]。各地人民在事件中大體上也按此行事。有些地方雖然採取了武裝鬥爭的方式，但實際上只含有武裝自衛的性質。如「臺中地區時局處理委員會」曾提出：「以武裝力量為背景，徹底爭取民主自治」[986]，就是因為當時國民黨軍隊開進臺中進行鎮壓的風聲很緊，一些有識之士已經意識到，沒有武裝力量作背景，民主與地方自治的要求肯定無法實現，而且還將擺脫不了任人宰割的命運。

然而，當時大多數人還是過於依賴「合法」鬥爭的手段。他們對臺灣省行政長官公署背後那個「中央政府」的專制、獨裁的面目還沒有認識清楚，以為光復以後在臺灣的一切專制統治，都是臺灣省行政長官公署的倒行逆施和陳儀個人的意志，對國民黨中央政權抱有幻想。他們不知道國民黨在撕毀「雙十協定」和「政治協商會議決議案」、貿然發動內戰之後，已完全置「民主」與「地方自治」的諾言於不顧。所以，當3月8日從大陸開來鎮壓的國民黨軍隊在基隆登陸之後，不少人難免驚慌失措，省「處理委員會」中的一些人甚至還發表一個退讓的「聲明」，「認為改革省政要求，已初步達到」[987]。儘管這時已有更多的人們認識到，要爭取民主、「自由與權利，確保真正的高度的自治」，就必須組織起來，武裝起來[988]，但已經遲了，等待他們的已是國民黨軍隊的槍彈和刺刀。

臺灣人民在二・二八事件中要求民主與地方自治的呼聲，雖然被國民黨軍隊的槍炮聲淹沒了，但是，臺灣人民對民主與地方自治的追求卻一直沒有止息。

1947年11月,一部分倖免於難的二・二八志士在香港組建了「臺灣民主自治同盟」,繼續為爭取臺灣人民的民主自治權利而鬥爭。一些流居海外的二・二八志士和二・二八烈士的子弟,也仍在為推動臺灣的民主運動作不懈的努力。可以說,二・二八事件和事件中臺灣人民所提出的民主與地方自治的問題,在今天仍不失為一個很有現實意義的研究課題。

（原載《臺灣研究集刊》）

[1]孔立：《元置澎湖巡檢司考》，《中化文史論叢》1980年第2期。又見陳孔立著：《臺灣歷史與兩岸關係》，臺海出版社，1999年。

[2]據學者考證，「宋志」即范子長《皇朝郡縣志》，參閱張崇根：《臺灣歷史與高山族文化》第103頁，青海人民出版社，1992年。

[3]陳光烈撰、許偉齋主編《南澳縣志》卷十四，民國三十四年縮印本。轉引自王琳乾等輯編點校：《明代倭寇禍潮與潮汕軍民抗倭資料》第149頁，潮汕歷史資料叢編，第一輯，2000年。

[4]張星烺：《菲律賓史上『李馬奔』之真人考》，附《林道乾事跡考》，《燕京學報》第8期，1930年；黎光明的「補正」，見《燕京學報》第10期，1931年。黎先生未見到臺灣的一些方志。

[5]曹永和：《臺灣早期歷史研究》139-140頁，聯經出版，1981年。許雪姬：《明代對澎湖的經略》，《臺北文獻》直字第46期，1978年。

[6]《臺灣輿地匯鈔》，臺灣文獻叢刊第216種，第3頁。

[7]黃叔璥：《臺海使槎錄》，臺灣文獻叢刊第4種，第1頁；魯鼎梅：《臺灣縣志》卷十三，藝文（一）。

[8]俞正燮：《臺灣府渡口考》，《清初海疆圖說》，臺灣文獻叢刊第155種，第118頁。

[9]連橫：《臺灣通史》，商務印書館出版，1983年，第18頁。

[10]臺灣慣習研究會：《臺灣慣習紀事》第二卷，古亭書屋印行，1969年，第64頁。

[11]伊能嘉矩：《臺灣志》，臺灣祥生出版社出版，1973年，第9頁。

[12]伊能嘉矩：《臺灣文化志》（中譯本）上卷，臺灣省文獻委員會編譯，1985年，第78頁。

[13]方豪：《陳第《東番記》考證》，見《方豪教授臺灣史論文選集》，臺灣捷幼出版社出版，1999年，第298頁。

[14]方豪：《陳第〈東番記考證〉》，見《方豪教授臺灣史論文選集》，臺灣捷幼出版社出版，1999年，第302頁。

[15]方豪：《臺灣文獻的散佚與今日的迫切工作》，同上，第285頁。

[16]方豪：《臺灣文獻的散佚與今日的迫切工作》一文最初於1950年5月發表於《臺灣文化》第六卷第二期。1969年，方豪將該文修正後收入《方豪六十自定稿》時曾反思：「當時所下之斷語未免太肯定」，但還是認為：「在《遠遊編》未重現前，亦未嘗不可作此推測」。

[17]方豪：《陳第〈東番記考證〉》，見《方豪教授臺灣史論文選集》，臺灣捷幼出版社出版，1999年，第300-301頁。

[18]張崇根：《周嬰〈東番記〉考證》，載《臺灣歷史與高山族文化》，青海人民出版社出版，1992年，第156-168頁。

[19]張崇根：《周嬰〈東番記〉考證》。

[20]張崇根前揭文。

[21]金雲銘：《陳第年譜》，臺灣文獻叢刊第303種，第144頁。

[22]參見李祖基：《陳第、沈有容與〈東番記〉》，載《臺灣研究集刊》2001年第1期。

[23]沈有容所輯《閩海贈言》一書也曾湮沒多年，1955年方豪先生得日本友人幫助，從東京大學東洋文化研究所藏書中尋回，最初在臺灣以《慎思堂》名義影印發行，後收入臺灣文獻叢刊第56種，有關過程詳見方豪《閩海贈言》《弁言》。

[24]宮兆麟：《莆田縣志》，乾隆二十三年刊本，卷二十二『人物・文苑』，周嬰傳。

[25]陳第：《東番記》，見沈有容：《閩海贈言》，臺灣文獻叢刊第56種，第27頁。

[26]鄭王臣：《莆風清籟集》，卷36。周嬰：《卮林》收入《四庫全書》。

[27]周記中蟒港、大封坑、伽老灣、家里林、臺員等地名與陳記中的魍港、大幫坑、加老灣、加里林、大員雖然讀音相似，但用字卻有所不同。如果這些地名錄自陳記，那麼周嬰為何要作這些在我們今天看來意義不大的改動呢？這一令人費解之處也是周記另有所本的一個重要證據。

[28]蔣毓英：《臺灣府志》，陳碧笙校注，廈門大學出版社出版，1985年，第2頁。

[29]《臺灣輿地匯鈔》，臺灣文獻叢刊第216種，第7頁。

[30]郁永河：《裨海紀遊》，臺灣文獻叢刊第44種，第14頁。

[31]同上書，第32頁。

[32]同上書，第35頁。

[33]黃叔璥：《臺海使槎錄》，卷五《番俗六考》北路諸羅番一，新港、目加溜灣、蕭壠、麻豆、卓猴，臺灣文獻叢刊第4種，第95頁。

[34]六十七：《番社採風圖考》，臺灣文獻叢刊第90種，第12頁。

[35]劉良璧：《重修福建臺灣府志》，卷六風俗，土番風俗。

[36]《臺灣輿地匯鈔》，臺灣文獻叢刊第216種，第35頁。

[37]郁永河：《裨海紀遊》，臺灣文獻叢刊第44種，第19頁。

[38]同③，第20頁。

[39]張燮：《東西洋考》中華書局出版，1981年，第104頁。

[40]荷蘭人毛髮顏色較紅，史籍中常常稱其為「紅毛」、「紅夷」；和蘭，即荷蘭。

[41]鄭王臣：《莆風清籟集》，卷36。

[42]宮兆麟：《莆田縣志》，乾隆二十三年刊本，卷二十二「人物・文苑」。

[43]鄭王臣：《莆風清籟集》，卷36。

[44]周嬰：《遠遊篇》，序。

[45]同上。

[46]以上兩詩由蔣維錟先生抄贈,並提供寶貴參考意見,謹此致謝。

[47]周嬰:《尋山賦並序》,《遠遊篇》,卷一。

[48]張崇根前揭文;方豪:《陳第〈東番記〉考證》。

[49]周凱:《廈門志》,卷四,防海略,鷺江出版社出版,1996年,第84頁。

[50]《彭湖平夷功次殘稿》(二),《明季荷蘭人侵據彭湖殘檔》,臺灣文獻叢刊第154種,第14頁。

[51]周嬰:《湄洲天妃宮碑》,《遠遊篇》卷九,碑文。

[52]周嬰:《遠遊篇》,卷十。

[53]同①,卷三,兵制略,第61頁。

[54]《彭湖平夷功次殘稿》(二),《明季荷蘭人侵據彭湖殘檔》,臺灣文獻叢刊第154種,第14頁。

[55]黃克纘:《平夷崇勛圖詠序》,《大中丞南公凱歌副墨》卷前。

[56]福建巡撫南居益又奏(天啟三年八月二十九日),臺灣文獻叢刊第154種,《明季荷蘭人侵據彭湖殘檔》,第5頁。

[57]同上書,第14頁。

[58]同上書,第36頁。

[59]載《湄洲日報》海外版第231期。

[60]如蔡獻臣的《浯洲建料羅城及二銃議》、《答南二泰撫院書》、《與徐心霍都督書》及池顯方(直夫)的《與蔡體國書》、《與闕褐公書》、《與姜青芝書》等等,見薛起鳳:《鷺江志》,卷之四,藝文。前面提到周嬰的《御夷論》,大約也是在這個時候所作。

[61]沈鈇:《上南先臺移檄宣諭紅裔書》,康熙《詔安縣志》,卷十二,藝文。

[62]同上。

[63]《明史》列傳二一一,外國。

[64]楓亭,在仙遊縣;洛陽橋,在泉州市郊;小盈,在南安縣,三地均為莆田來往閩南的必經之地。己卯為崇禎12年(1639),第二年(庚辰),周嬰即以明經貢入京。以上各詩見《遠遊篇》卷十。

[65]萬石山,即萬石岩,在廈門島上;鼓浪洞,即鼓浪嶼。

[66]雞嶼,又名圭嶼,在廈門西,水程四十里,屹立海中,為廈島之內臂,漳郡之外戶,明置銃城禦寇(見《廈門志》)。

[67]普照寺,在廈門五老峰中峰之下,始建於五代,左右山上有鐘鼓石,明末毀於兵。清初福建水師提督、靖海侯施琅重修後改名南普陀,為島上叢林之冠。

[68]虎溪山,一名玉屏山,在廈門城東二里有奇,秀峭嶙峋。下有穴,昔虎居之,人跡稀至,萬曆43年(1615),池直夫建剎,名「玉屏」。「虎溪夜月」為廈門八景之一(見《鷺江志》)。

[69]紫雲寺,在廈門城東,去醉仙岩半里,舊名「達中庵」,祀文昌之神,故又改為「紫雲」(見

《鷺江志》）。

[70]以上各詩見《遠遊編》卷十。

[71]參見《熱蘭遮城日誌》第一冊（1629年10月1日至1641年1月25日），江樹生譯註，2000年臺南市文獻委員會編輯發行。

[72]曹永和：《明代臺灣漁業志略補說》，《臺灣早期歷史研究》，聯經出版事業公司1979年版，第180-209頁。

[73]《雷約茲日記》1622年7月13日，該日記有關部分載於村上直次郎譯：《巴達維亞城日誌》第一輯，序說，平凡社，東京，昭和53年版。

[74]〔荷〕德·克·奈克：《荷屬東印度歷史》，日譯本，春陽堂，東京，昭和17年版，第144頁。

[75]黃文鷹等：《荷屬東印度公司統治時期吧城華僑人口分析》，南洋研究所，1981年，第74頁。
Aibert Hyma, A History of the Dutch in the Far East, Geoge Wahr Pub-lishing Co. Ann Arbor, Michigan, 1953, p.130.

[76]同上，第74頁。

[77]歐志培：《中國古代瓷器在西亞》，《文物資料叢刊》第2輯，第234頁。

[78]〔日〕三杉隆盛：《海上絲綢之路》，創元社，東京，昭和43年版，第102頁。

[79]同上，第102—104頁。

[80]同上。

[81]J.C.Van Leur, Indonesian Trade and Society, 2an. edition, N. V. Mij Vorkink-Van hoeve, Bandung, 1960. p.103.

[82]〔德〕奧斯卡·奈赫德：《十七世紀日荷交涉史》，日譯本，養德社，奈良，昭和31年版，第61—100諸頁。

[83]〔西〕阿比拉·菲諾：《日本王國記》，大航海時代叢書XI，岩波書店，東京，1965年版，第66頁。

[84]參閱內田星美：《日本紡織技術史》，地人書館，東京，昭和35年版，第43-50頁。

[85]菲諾，上揭書，第66頁。

[86]〔葡〕杰安·諾德里格斯：《日本教會史》（上），大航海時代叢書XI，岩波書店，東京，1973年版，第273頁。

[87]菲諾，上揭書，第66頁。

[88]〔日〕山協悌二郎：《長崎的唐人貿易》，吉川弘文館，東京，昭和7年版，第11頁。

[89]徐光啟：《海防迂議》，《徐光啟集》卷一。

[90]諸葛元聲：《三朝平壤錄》卷五，日本上。

[91]《巴達維亞城日誌》1624年4月6日。

[92]〔日〕遷善之助：《增訂海外交通史話》，內外書籍株式會社，東京，昭和15年版，第488頁。

[93]菲諾，上揭書，第66—67頁。按嘉靖以後，由於倭寇問題，日明關係日形緊張，尤其是1593、1597日本兩次侵朝戰爭後，明政府更嚴禁通商日本，1606年，島津義久在給琉球王尚寧的信中便寫道：「中華與日本不通商舶者，三十餘年於今矣。」（《異國日記》，轉引自木宮泰彥：《日中文化交流史》，商務印書館，北京，1980年版，第624頁。）因此，日本所需中國生絲和絲織品，均需轉運自澳門、馬尼拉等地，或採取走私方式，無法直接從中國大量輸入。

[94]〔日〕岡田章雄：《三浦按針》，創元社，東京，昭和19年版，第103，233-234頁。

[95]遷善之助，上揭書，第521頁。

[96]岡田章雄，上揭書，第233—234頁。

[97]奈赫德，上揭書，第102—103頁。

[98]奈赫德，上揭書，第109—110頁。

[99]〔日〕岡本良知：《十六世紀日歐交通史》，原書房，東京，昭和49年版，第696頁。

[100]〔日〕岡本良知：《十六世紀日歐交通史》，原書房，東京，昭和49年版，第668，679頁。

[101]同上。

[102]許孚遠：《請計處倭酋書》，《明經世文編》卷400。

[103]甘為霖：《荷蘭人侵占下的臺灣》，譯文載《鄭成功收復臺灣史料選編》，福建人民出版社，1982年版，第106頁，以下簡稱《史料選編》。

[104]參閱嚴中平：《絲綢流向菲律賓，白銀流向中國》，《近代史研究》1981年第1期。

[105]〔西〕安東尼奧·德·摩爾加：《菲律賓群島志》，大航海時代叢書Ⅶ，岩波書店，東京，1973年版，第387-388頁。

[106]〔日〕奈良靜馬：《西班牙古文書所見之日本與菲律賓》，講談社，東京，昭和17年版，第210-213頁。

[107]徐光啟：《海防迂議》，《徐光啟集》卷一。

[108]傅元初：《請開洋禁疏》，顧炎武：《天下郡國利病書》。

[109]同③。

[110]〔日〕百瀨弘：《明清社會經濟史研究》，第19頁；小葉田淳：《金銀貿易史的研究》第8頁。

[111]甘為霖，上揭書。《史料選編》，第107頁。

[112]岡本良知，上揭書，第673頁。

[113]《十六、七世紀日本關係文書》，載《日葡交通》第2輯，東洋堂，東京，昭和19年版，第180頁。

[114]轉引自李永錫:《菲律賓與墨西哥之間的早期大帆船貿易》,《東南亞史論叢》1979年第1輯。

[115]奈良靜馬,上揭書,第172頁。

[116]甘為霖,上揭書。《史料選編》,第107頁。

[117]當然,這並不妨礙他們同時致力於擴大東南亞的香料貿易和殖民力量,只是它的重要性和活躍程度正逐漸為對華貿易所超越。

[118]《明季荷蘭人侵據澎湖殘檔》,臺灣文獻叢刊第154種,以下簡稱《澎湖殘檔》。

[119]張蔭桐選譯:《1600—1914年的日本》,三聯書店,1957年版,第14—15頁。

[120]奈赫德,上揭書,第102—103頁。

[121]《十六、七世紀日本關係文書》,《日葡交通》第2輯,第210頁。

[122]〔德〕里斯:《臺灣島史》,《臺灣經濟史研究三集》第13頁。

[123]摩爾加,上揭書,第118—119頁。中村孝志:《十七世紀西班牙人在臺灣的布教》,《臺灣史研究初集》第113—114頁。

[124]杜臻:《粵閩巡視紀略》附記,澎湖。

[125]佐藤圭四郎:《伊斯蘭商業史的研究》,同朋舍,京都,昭和56年版,第404—407頁。

[126]鄭若曾:《鄭開陽雜著》卷四。

[127]〔日〕平澤元愷:《瓊浦偶筆》,載《海表叢書》卷六,更生閣,京都,昭和3年版。

[128]章潢:《圖書編》卷五日本國。

[129]唐樞:《木鐘臺全集》冀越通。

[130]奈良靜馬,上揭書,第213頁。

[131]〔日〕藤田元春:《日中交通史的研究》,富山房,東京,昭和13年版,第257—258頁。

[132]陳侃:《使琉球錄》;沈有容:《閩海贈言》卷二,臺灣文獻叢刊第6種,第26—27頁。

[133]張燮:《東西洋考》卷七餉稅考。

[134]〔日〕村上直次郎:《熱蘭遮築城史話》,《臺灣文化史說》,臺南州共榮會臺南支會,昭和10年版,第34頁。Tangesan即大員。

[135]許孚遠:《議處海壇疏》,《明經世文編》卷400。

[136]村上直次郎:《熱蘭遮城築史話》,《臺灣文化史說》第36頁。

[137]可參閱奈克、奈赫德及霍爾(《東南亞史》)著作的有關部分,荷印當局對這項協議強烈不滿,柯恩在給公司董事會的一封信中寫道:「儘管英國正自動地從印度群島退卻,閣下卻熱情地為他們再次開放門戶。」在他們的蓄意破壞下,1623年安汶大屠殺之後,該協議已形同具文。

[138]可參閱奈克、奈赫德及霍爾(《東南亞史》)著作的有關部分,荷印當局對這項協議強烈不滿,

柯恩在給公司董事會的一封信中寫道：「儘管英國正自動地從印度群島退卻，閣下卻熱情地為他們再次開放門戶。」在他們的蓄意破壞下，1623年安汶大屠殺之後，該協議已形同具文。

[139]《巴達維亞城日誌》序說，第10頁。

[140]村上直次郎：《熱蘭遮築城史話》，第36-38頁。

[141]葡萄牙人稱之為Lamangh。

[142]《雷約茲日記》1622年7月30日；〔荷〕威・伊・邦特庫：《東印度航海記》，中華書局，1982年版，第76頁。

[143]同上。

[144]同上1622年8月1日。

[145]邦特庫，上揭書，第79頁。

[146]雷約茲稱之為「最高官人Touja」。

[147]《巴達維亞城日誌》第一輯序說，第19頁。

[148]《澎湖殘檔》第2頁。

[149]《明史》卷325《和蘭傳》。

[150]《巴達維亞城日誌》1624年2月16日；《兵部題行兵科抄出福建巡撫朱題稿》，《鄭氏史料初編》，臺灣文獻叢刊第157種，第6頁。

[151]《巴達維亞城日誌》1624年2月16日；邦特庫，上揭書，第97-98頁。

[152]同上，第102頁。

[153]道光《廈門志》卷13列傳7隱逸、明；民國《同安縣志》卷30人物錄、成功。在攻剿海盜時施用毒藥，是明政府的慣用伎倆，參閱塗澤民：《行巡海道》，《明經世文編》卷355。

[154]《澎湖殘檔》，第16頁。

[155]同上，第5頁。

[156]包樂詩：《明末澎湖史事探討》，《臺灣文獻》第24卷3期。

[157]《巴達維亞城日誌》1624年4月2日。

[158]同上1624年4月8日。

[159]《澎湖殘檔》，第5—6頁。

[160]《巴達維亞城日誌》1624年2月16日。

[161]同上1624年4月2日。Engsopij或即守備王夢熊。

[162]葉向高：《中丞二太南公平紅夷碑》，《蒼霞餘草》卷一。

[163]同①，第10頁。

[164]同④。

[165]《澎湖殘檔》,第94頁。

[166]同上,「時新酋牛文來律自其國駕巨艦來,倭夷百餘助之,勢復張。」即指此事。

[167]同上,第10頁。

[168]同上。

[169]《巴達維亞城日誌》1625年4月9日。

[170]〔美〕臺維遜:《臺灣島的過去和現在》。

[171]郭廷以:《臺灣史事概說》,正中書局,臺北,1975年版,第112頁。

[172]甘為霖,上揭書,《史料選編》第92頁。

[173]《澎湖殘檔》,第8頁。

[174]《巴達維亞城日誌》1625年4月9日。

[175]同①,第10頁。

[176]廈門都督在給宋克的一封信中也寫道:「現在總督大人已獲悉荷蘭人遠道而來,要求在赤道以南的巴達維亞及我方的福摩薩島之間與我方貿易。」便很明確地指出臺灣是「我方的」土地。《史料選編》第94頁。

[177]《澎湖殘檔》,第31頁。

[178]同上。

[179]乾隆《漳州府志》卷49紀遺中。

[180]《澎湖殘檔》,第7—9頁。

[181]同上,第39頁。

[182]陳碧笙:《臺灣地方史》,中國社會科學院出版社,1982年版,第49頁。

[183]謝肇淛:《五雜俎》卷四。

[184]《明世宗實錄》嘉靖15年7月壬午。

[185]鄭若曾:《籌海圖編》卷4福建事宜。

[186]《明世宗實錄》嘉靖28年4月辛亥。

[187]張燮:《東西洋考》卷6外紀考、紅毛番。詳情可參閱《臺灣文獻》創刊號《韋麻郎侵據澎湖考》。

[188]顧炎武:《天下郡國利病書》卷91福建、洋稅考。

[189]沈有容:《閩海贈言》,第34頁。

[190]《巴達維亞城日誌》1624年1月23日。

[191]邦特庫,上揭書,第99頁。

[192]葉向高:《中丞二太南公平紅夷碑》,《蒼霞餘草》卷一。

[193]葉向高:《答喬獻墨按院》,同上卷九。

[194]葉向高:《答南二太撫臺》,同上卷九。

[195]葉向高:《與南二太撫臺》,同上卷九。

[196]葉向高:《與潘太一太守》,同上卷九。

[197]葉向高:《平夷疏序》,同上卷五。

[198]沈鈇:《上南撫臺移檄暹羅宣諭紅夷書》,康熙《詔安縣志》卷12藝文志。

[199]沈鈇:《上南撫臺經營澎湖六策書》,同上。

[200]岡田章雄,上揭書,第232—233頁。

[201]《巴達維亞城日誌》1625年4月6日。

[202]同上1625年4月9日。

[203]《澎湖殘檔》,第26—27頁。

[204]同②1625年4月9日。

[205]《巴達維亞城日誌》1625年4月9日。

[206]同上。

[207]可參閱邦特庫,上揭書,第77—105頁;陳碧笙:《十七世紀上半葉荷蘭殖民者對臺灣和東南沿海的侵略及其失敗》,收入《鄭成功研究論文選》,福建人民出版社,1982年版。

[208]《燕·彼得遜·柯恩東印度商務文件集》第Ⅲ卷,轉見黃文鷹,上揭書,第71頁。

[209]同上,第70頁。

[210]同上。

[211]邦特庫,上揭書,第96頁。

[212]同上,第79-97,19—20頁。

[213]同上,第144頁。

[214]《馬克思恩格斯全集》第25卷,第370頁。

[215]《資本論》第1卷,第829頁。

[216]同上,第839頁。

[217]《滿文老檔》太祖41,天命7年4月。

[218]《明實錄》熹宗天啟實錄卷一,天啟元年正月丙戌。

[219]《明史》卷247《朱燮元傳》。

[220]同上卷249《李木雲傳》。

[221]梁棻：《明史紀事》，《平奢安》。

[222]同③。

[223]地梁棻：《明史紀事》，《平徐鴻儒》。

[224]查繼佐：《罪唯錄》傳31，《徐鴻儒》。

[225]《兩朝叢信錄》卷31，天啟2年5月己酉，御史周宗健奏。

[226]文秉：《先撥志始》捲上。

[227]《明史》卷305《魏忠賢傳》。

[228]同上卷244《袁化中傳》。

[229]《明史》卷245《李應升傳》。

[230]葉向高：《答南二太撫臺》，《蒼霞餘草》卷十。

[231]《澎湖殘檔》，第7頁。

[232]張居正：《請停取銀兩疏》，《張文忠公集》奏疏一。

[233]葉向高：《請處置錢糧揭》，《綸扉奏草》卷二。

[234]楊俊民：《邊餉斷漸供億難繼酌長策以圖治安疏》，《明經世文編》卷389。

[235]劉獻廷：《廣陽雜記》卷二。

[236]參閱李洵：《明史食貨志校注》，第83頁。

[237]靳學顏：《講求財用疏》，《皇明疏鈔》卷三九。

[238]許重熙：《憲章外史續編》泰昌元年十月條。

[239]《明熹宗實錄》卷一，天啟元年正月乙亥。

[240]葉向高：《請止取錢糧疏》，同①卷一。

[241]鹿善繼：《認真草》卷一，附代戶部尚書李汝華陳聞遼餉將絕疏。

[242]《明熹宗寶訓》卷三《嚴計典》。

[243]譚綸：《復李一吾江雲右》，《譚敏襄公遺集》卷一。

[244]譚綸：《與杜晴江》，同上。

[245]塗澤民：《與閩中諸縉紳留餉疏》，《明經世文編》卷353。

[246]戚繼光：《議處兵馬錢糧疏》，同上，卷346。

[247]譚綸：《復張柏川》，《譚敏襄公遺集》卷一。

[248]《澎湖殘檔》，第3頁。

[249]鹿善繼：《認真草》卷二，附戶科給事中商周祚題參疏。

[250]同③，第22頁。

[251]同③，第30頁。

[252]《澎湖殘檔》，第30頁。

[253]同上，第7頁。

[254]同上，第31頁。

[255]同上，第6頁。

[256]同上，第32頁。

[257]葉向高：《答南二太撫臺》，《蒼霞餘草》卷十。

[258]《澎湖殘檔》，第32頁。

[259]同上，第26頁。

[260]《澎湖殘檔》，第10頁。

[261]《馬克思恩格斯列寧斯大林論軍事問題》，人民出版社，1958年版，第2，7頁。

[262]朱杰勤：「他們在明朝軍隊進逼下，槀於我方兵力雄厚，不敢堅持抵抗，狼狽退出澎湖。」（《鄭成功研究論文選》第9頁）

[263]《巴達維亞城日誌》1625年4月9日。

[264]《巴達維亞城日誌》序說，第20頁。

[265]董應舉：《崇相集》，《與黃玉田書》。

[266]同上，《與熊撫臺書》。

[267]康熙《漳州府志》卷17兵紀上。

[268]何喬遠：《楊沈二公生祠碑》，《閩海贈言》卷一。

[269]董應舉：《崇相集》，《福海事》。

[270]同上。

[271]顧炎武：《天下郡國利病書》卷91福建。

[272]同①，《與黃玉田》。

[273]康熙《漳州府志》卷17兵紀上。

[274]同①，《答呂益軒》。

[275]孫承澤：《春明夢餘錄》卷四兵部一閩省海賊。

[276]《澎湖殘檔》,第28頁。

[277]同上,第19頁。

[278]《澎湖殘檔》,第19頁。

[279]同上,第28,37頁。

[280]同上。

[281]乾隆《海澄縣志》卷14叢談,遺事。

[282]同①,第6頁。

[283]同①,第10頁。

[284]同①,第31頁。

[285]黃克纘:《平紅夷崇勳圖詠序》,轉引自蘇同炳:《臺灣史研究集》,「國立」編譯館中華叢書編審委員會,臺北,1980年版,第60頁。

[286]黃克纘:《平紅夷崇勳圖詠序》:「俞以便宜許之,而請於公,從焉。」同上,第60頁。

[287]《馬克思恩格斯列寧斯大林論軍事問題》,人民出版社,1985年版,第28頁。

[288]宋起鳳:《稗說》,《明史資料叢刊》第2輯,第23頁。

[289]董應舉:《崇相集》,《與南二太公祖書》。

[290]《澎湖殘檔》,第31頁。

[291]《巴達維亞城日誌》1624年2月16日。

[292]邦特庫,上揭書,英譯本序,第20頁。

[293]《巴達維亞城日誌》1625年4月9日。

[294]《澎湖殘檔》,第23頁。

[295]同上。

[296]陳仁錫:《皇明世法錄》卷75澎湖圖説。

[297]甘為霖,上揭書,《史料選編》第92頁。

[298]同②1624年4月2日。

[299]同上。

[300]《巴達維亞城日誌》序説,第20頁。

[301]《雷約茲日記》1622年7月31日。

[302]岩生成一:《論朱印船的貿易額》,《史學雜誌》第59編第9號。

[303]《巴達維亞城日誌》序説,第19頁。

[304]同上，數年後的濱田彌兵衛事件，其括機已隱伏於此。

[305]關於荷蘭在臺灣的殖民統治及其與西班牙的殖民競爭，可參閱陳碧笙：《臺灣地方史》，第65-70頁。

[306]「不讓任何中國帆船開往馬尼拉群島或其他掌握在我們敵人手中的地方」。邦特庫，上揭書，第89頁。

[307]《納茨關於中國貿易的簡要報告》，《史料選編》第100頁。

[308]艾周昌：《早期殖民主義侵略史》，人民出版社，1982年版，第203頁。

[309]《納茨中國貿易報告》，同②第105頁。

[310]傅元初：《請開海禁疏》，《天下郡國利病書》卷91。

[311]《納茨中國貿易報告》，《史料選編》第105頁。

[312]參閱曹永和：《臺灣早期歷史研究》，第35-36頁。

[313]〔日〕荒井政治：《經濟社會史入門——日本與西洋》，東洋經濟新報社，東京，昭和55年版，第114頁。

[314]〔日〕岩生成一：《近世初期的對外關係》，岩波書店，東京，昭和9年版，第44頁。

[315]蘇同炳：《臺灣史研究集》，「國立」編譯館中華叢書編審委員會，臺北，1980年版，第22頁。

[316]關於這次鬥爭的性質，請參閱陳碧笙：《鄭芝龍的一生》，收入《鄭成功研究論叢》，福建教育出版社，1984年版。

[317]萬曆《泉州府志》卷三輿地下風俗。

[318]董應舉：《崇相集》，《米禁》。

[319]陳仁錫：《皇明世法錄》卷七五《閩海》。

[320]同上。

[321]陳懋仁：《泉南雜誌》，學海類編第35冊。

[322]乾隆《泉州府志》卷三十名宦二。

[323]同③。

[324]葉向高：《與潘太一太守》，《蒼霞餘草》卷九。

[325]《澎湖殘檔》，第4頁。

[326]宋禎漢：《修政恤民疏》，《明臣奏議》卷三三，叢書集成初編本。

[327]董應舉：《崇相集》，《與南二太公祖書》。

[328]鄭若曾：《籌海圖編》卷四福建事宜。

[329]顧炎武：《天下郡國利病書》廣東四。

[330]《崇禎長編》崇禎三年十二月乙己。

[331]《澎湖殘檔》，第15頁。

[332]《兵部題行兵科抄出福建巡撫朱題稿》，《鄭氏史料初編》，臺灣文獻叢刊第157種，第6頁。

[333]同⑤。

[334]沈鈇：《上南巡撫暨巡海公請建澎湖城堡置將屯兵永為重鎮書》，康熙《詔安縣志》卷十二藝文志。

[335]朱紈：《章疏增設縣治以安地方事》，轉引自小葉田淳：《日本與南中國》，野田書房，臺北，昭和17年版，第24頁。

[336]乾隆《海澄縣志》卷六秩官志。

[337]董應舉：《崇相集》，《與南二太公祖書》。

[338]《澎湖殘檔》，第4頁。

[339]《崇禎長編》崇禎三年十二月乙己朔。

[340]《崇禎長編》崇禎三年十二月乙己朔。

[341]同上。

[342]《兵部尚書王之臣為鄭芝龍進攻銅山中左官兵禦戰失敗事題行稿》，《歷史檔案》1981年第4期。

[343]曹履泰：《上蔡五嶽道尊》，《靖海紀略》卷二。

[344]曹履泰：《上朱撫臺》，同上，卷一。

[345]曹履泰：《答朱明景撫臺》，同上。

[346]〔英〕C.R.博克塞：《鄭芝龍（尼古拉‧一官）的興衰》，載《中國史研究動態》1984年第8期。

[347]參閱陳碧笙：《鄭芝龍的一生》。

[348]見上揭《歷史檔案》1984年第4期。

[349]曹履泰：《朱明景撫臺》，同①卷一。

[350]董應舉：《崇相集》，《福海事》。

[351]董應舉：《崇相集》，《福海事》。

[352]《崇禎長編》崇禎三年十二月乙己朔。

[353]《兵部題行兵科抄出兩廣總督李題稿》，《鄭氏史料初編》。

[354]張燮：《經世挈要》卷八海賊。

[355]《明史》卷三二三《雞籠傳》。

[356]《馬克思恩格斯選集》第三卷，第417頁。

[357]菲律喬治：《西班牙與漳州之初期通商》、《南洋問題資料譯叢》1957年第4期。

[358]張蔭桓：《三洲日記》卷5。

[359]引自張天澤：《中葡通商研究》第77頁。

[360]《明史》卷323《呂宋》

[361]道光：《福建通志》通紀九‧明二。

[362]朱紈：《朱中丞甓餘集》《明經世文編》卷205。

[363]高供：《高文襄公文集》《明經世文編》卷302

[364]《明史》卷304《梁芳傳》。

[365]範表：《玩鹿亭稿》卷5。

[366]同上。

[367]林仁川：《明末清初私人海上貿易》第3章，華東師大出版社1987年。

[368]程紹剛譯註：《荷蘭人在福爾摩莎》第89頁，臺灣聯經出版事業公司，2000年。

[369]同上第120頁，第126頁。

[370]江樹生譯註：《熱蘭遮城日誌》第1冊第105頁，臺南市政府發行，2000年。

[371]同上第1冊第110至111頁。

[372]江樹生譯註：《熱蘭遮城日誌》第1冊第132頁，臺南市政府發行，2000年。

[373]程紹剛譯註：《荷蘭人在福爾摩莎》第147頁。

[374]江樹聲譯註：《熱蘭遮城日誌》第1冊第9頁。

[375]同上第1冊第10頁。

[376]江樹聲譯註：《熱蘭遮城日誌》第1冊第16頁。

[377]同上第1冊第14頁。

[378]江樹聲譯註：《熱蘭遮城日誌》第1冊第43、44頁

[379]同上第1冊第109頁。

[380]程紹剛譯註：《荷蘭人在福爾摩沙》第148頁。

[381]程紹剛譯註：《荷蘭人在福爾摩沙》第90頁。

[382]同上第102頁。

[383]程紹剛譯註：《荷蘭人在福爾摩沙》第92頁。

[384]江樹聲譯註：《熱蘭遮城日誌》第1冊第85頁。

[385]同上第108、109頁。

[386]全漢升：《明代中葉澳門的海外貿易》、《香港中文大學中國文化研究所學報》第5卷第1期。

[387]江樹聲譯註；《熱蘭遮城日誌》第1冊第47頁。

[388]程紹剛譯註：《荷蘭人在福爾摩沙》第150頁。

[389]程紹剛譯註：《荷蘭人在福爾摩沙》第16頁。

[390]江樹聲譯註：《熱蘭遮城日誌》第1冊第56頁。

[391]同上第1冊第144頁。

[392]同上第1冊第400—403頁。

[393]江樹聲譯註：《熱蘭遮城日誌》第1冊第65頁。

[394]程紹剛譯註：《荷蘭人在福爾摩沙》第251頁。

[395]同上第363頁。

[396]尹章義：《延平王國的性質及其在國史上的地位》，臺灣，《歷史》月刊，2002年6月號（第173期）；尹章義：《延平王國的性質及其在國史上的地位——敬答廈門大學鄧孔昭教授》，載楊國楨主編《長共海濤論延平——紀念鄭成功驅荷復臺340週年學術研討會論文集》，上海古籍出版社，2003年出版。

[397]楊英：《先王實錄》，福建人民出版社，1981年版，第253—254頁。

[398]尹章義：《延平王國的性質及其在國史上的地位》，臺灣，《歷史》月刊，2002年6月號（第173期），第39頁。

[399]據倪在田《續明紀事本末》卷十三，「永曆奔亡」整理而成。

[400]夏琳：《海紀輯要》卷一，臺灣文獻叢刊本，第4—20頁。

[401]楊英：《先王實錄》，福建人民出版社，1981年版，第223頁。

[402]倪在田：《續明紀事本末》卷十三，臺灣文獻叢刊本，第3冊，第320頁。

[403]同上。

[404]楊英：《先王實錄》，福建人民出版社，1981年版，第244頁。

[405]盧若騰：《東都行》，載諸家《臺灣詩鈔》，臺灣文獻叢刊本，第23頁。

[406]王忠孝：《惠安王忠孝公全集》，臺灣省文獻委員會，1993年版，第195頁。

[407]張煌言：《冰槎集·上延平王書》，《張蒼水詩文集》，臺灣文獻叢刊本，第30—31頁。

[408]張煌言：《採薇吟·得故人書至自臺灣二首》，同上，第183頁。

[409]未著撰人，《行在陽秋》，臺灣文獻叢刊第234種，第74頁。

[410]《大清聖祖仁皇帝實錄》，卷六。

[411]顧誠：《南明史》，中國青年出版社，1997年版，第1019頁。

[412]夏琳:《海紀輯要》卷一、卷二,臺灣文獻叢刊本,第30、33頁。

[413]同上,卷二,第33頁。

[414]夏琳:《海紀輯要》,卷二,臺灣文獻叢刊本,第33-34頁。

[415]廈門大學臺灣研究所等:《康熙統一臺灣檔案史料選輯》,福建人民出版社,1983年版,第70頁。

[416]臺灣省文獻委員會編:《臺灣史》,眾文圖書公司,1979年2月版,第155頁。

[417]臺灣省文獻委員會編印:《重修臺灣省通志》卷七,政治志·建置沿革篇,第18頁。

[418]黃秀政、張勝彥、吳文星:《臺灣史》,五南圖書出版公司,2002年版,第56頁。

[419]張廷玉等:《明史》卷七十五,中華書局,1974年版,第6冊,第1849—1850頁。

[420]鄭亦鄒:《鄭成功傳》卷下,臺灣文獻叢刊本,第24頁。

[421]沈云:《臺灣鄭氏始末》卷五,臺灣文獻叢刊本,第60頁。

[422]夏琳:《海紀輯要》卷三,臺灣文獻叢刊本,第72—73頁。

[423]臺灣省文獻委員會編印:《重修臺灣省通志》,職官志,文職表篇,第5—8頁。

[424]沈光文:《平臺灣序》,載范咸《重修臺灣府志》卷二十三,藝文四。

[425]夏琳:《海紀輯要》卷三,臺灣文獻叢刊本,第67-74頁。

[426]《閩海紀略》,臺灣文獻叢刊第23種,第61-64頁。

[427]阮旻錫:《海上見聞錄》,卷二,福建人民出版社,1982年版,第4-76頁。

[428]伊能嘉矩:《臺灣文化志》(中譯本),臺灣省文獻委員會編譯,1985年,中卷,第409頁。

[429]陳孔立主編:《臺灣研究十年》,廈門大學出版社出版,1990年,第252-255頁。

[430]施琅:《海疆底定疏》,《靖海紀事》,王鐸全校注,福建人民出版社,1983年,第132-135頁。

[431]同上。

[432]同上,第132—135頁。

[433]中國第一歷史檔案館整理:《康熙起居注》,中華書局出版,1984年,第1322頁。

[434]陳璸:《陳清端公文選》,臺灣文獻叢刊第116種,第11頁。

[435]周元文:《重修臺灣府志》卷十,藝文志。

[436]莊金德:《清初禁止沿海人民偷渡來臺始末》,《臺灣文獻》第15卷第3期,第2頁。

[437]楊熙:《清代臺灣:政策與社會變遷》,天工書局出版,1983年,第69頁;鄧孔昭前揭文。

[438]黃叔璥:《臺海使槎錄》,臺灣文獻叢刊第4種,第92頁。

[439]范咸:《重修臺灣府志》,卷十一,「武備三·義民」;余文儀:《續修臺灣府志》,卷十一,

337

「武備三・義民」。

[440]藍鼎元：《鹿洲全集》，蔣炳釗、王鈿點校，廈門大學出版社出版，1995年，第40頁。

[441]臺灣學者楊熙就認為：「我們可以肯定，施琅不曾嚴限移民入臺。否則，清初各官守的招徠政策就毫無意義可言了，更不會有『入籍者亦眾』或『流民歸者如市』的現象。」見氏著《清代臺灣：政策與社會變遷》，天工書局出版，1983年，第69頁。

[442]季麒光：《條陳臺灣事宜文》，陳文達：《臺灣縣志》，卷之十，藝文志。

[443]陳璸：《陳清端公文選》，臺灣文獻叢刊第116種，第11頁。

[444]同上，第13頁。

[445]施琅：《壤地初闢疏》，《靖海紀事》，福建人民出版社出版，1983年，第129頁。

[446]蔣毓英：《臺灣府志》，廈門大學出版社出版，1985年，第73頁。

[447]季麒光：《條陳臺灣事宜文》，陳文達：《臺灣縣志》，卷之十，藝文志。

[448]楊文魁：《臺灣紀略碑文》，高拱乾：《臺灣府志》，卷十，藝文志。

[449]莊金德：《清初嚴禁沿海人民偷渡來臺始末》（上），《臺灣文獻》第15卷第3期。

[450]周鐘瑄：《諸羅縣志》，卷七，兵防志。

[451]同上。

[452]陳璸：《陳清端公文選》，臺灣文獻叢刊第116種，第11頁。

[453]周元文：《重修臺灣府志》，卷十，藝文志。

[454]《欽定大清會典事例》，卷一百二十，見《清會典臺灣事例》，臺灣文獻叢刊第226種，第30頁。

[455]《大清聖祖仁皇帝實錄》，卷二百七十七。

[456]葛劍雄主編：《中國移民史》第六卷，福建人民出版社出版，1997年，第325頁。

[457]臺灣知府沈起元：《條陳臺灣事宜狀》，中國方志叢書臺灣地區第62號《臺灣理蕃古文書》，成文出版社有限公司印行，1983年，第75頁。

[458]同上，第76頁。

[459]藍鼎元：《鹿洲全集》，廈門大學出版社出版，1995年，第805頁。

[460]同上書，第588頁。

[461]《大清高宗純皇帝實錄》卷一百、卷二百六十五、卷二百九十二。福建巡撫吳士功：《題准臺民搬眷過臺疏》，見余文儀：《續修臺灣府志》，卷二十，藝文（一），奏疏。關於三次開放臺民搬眷過臺之事請參見莊金德：《清初嚴禁沿海人民偷渡來臺始末》一文。

[462]吏部《為內閣抄出福建巡撫吳士功奏》移會，《臺案匯錄丙集》，臺灣文獻叢刊第176種，第236—240頁。

[463]吏部《為內閣抄出福建巡撫吳士功奏》移會,《臺案匯錄丙集》,臺灣文獻叢刊第176種,第236—240頁;《大清高宗純皇帝實錄》,卷二百六十五。

[464]余文儀:《續修臺灣府志》,卷二十,藝文(一),奏疏。

[465]刑部《為內閣抄出浙閩總督楊廷璋奏》移會,臺灣文獻叢刊第176種,第241頁。

[466]《大學士公阿桂等奏摺》(移會抄件),《明清史料》戊編第四本,第305—312頁。

[467]同上。

[468]《清高宗實錄選輯》,臺灣文獻叢刊第186種,第619—624頁。

[469]《清高宗實錄選輯》,臺灣文獻叢刊第186種,第131—132頁。

[470]《大學士公阿桂等奏摺》(移會抄件),《明清史料》戊編第四本,第305—312頁。

[471]同上。

[472]《清高宗實錄選輯》,臺灣文獻叢刊第186種,第669頁。

[473]《清宣宗實錄選輯》,臺灣文獻叢刊第188種,第162、208頁。

[474]《清德宗實錄選輯》,臺灣文獻叢刊第193種,第2頁。

[475]沈有容:《仗劍錄》,載《臺灣研究集刊》,1986年第四期,第87—90頁。

[476]《南京湖廣道御史游鳳翔奏》,見《明季荷蘭人侵據彭湖殘檔》,臺灣文獻叢刊第154種,第3頁。

[477]甲以下的尾數略去,下同。

[478]蔣毓英:《臺灣府志》,卷之七,田土,陳碧笙校注,廈門大學出版社出版,1985年,第73頁。

[479]施琅:《壞地初辟疏》,《靖海紀事》,福建人民出版社出版,1983年,第129頁。

[480]同②。

[481]周鐘瑄:《諸羅縣志》,卷一,封域志。

[482]周鐘瑄:《諸羅縣志》,卷七,兵防志。

[483]高拱乾:《臺灣府志》,卷二,規制志。

[484]《雍正硃批奏摺選輯》,臺灣文獻叢刊第300種,第44頁。

[485]臺灣知府沈起元:《治臺私議》,中國方志叢書臺灣地區第62號《臺灣理蕃古文書》,成文出版社有限公司印行,1983年,第69頁。

[486]陳淑均:《噶瑪蘭廳志》,卷七,雜識。

[487]伊能嘉矩:《臺灣文化志》(中譯本),臺灣省文獻委員會編譯,1985年,上卷,第16頁。

[488]連橫《臺灣通史》卷一《開闢紀》,商務印書館1983年版,第5頁。

[489]戴月芳、羅吉甫:《臺灣全記錄》,臺灣錦繡出版有限公司1990年版,第33頁。

[490]（元）汪大淵《島夷志略》，中華書局1981年校釋本，第17頁。

[491]周文順：《臺陸關係通史》，中州古籍出版社1991年版，第104頁。

[492]（明）曹履泰《靖海紀略》卷一《答朱明景撫臺》，臺灣文獻叢刊第33種，第3頁。

[493]同上《通詳寬限蠲免稿》，第12頁。

[494]《巴達維亞城日記》，1631年4月2日。

[495]陳碧笙：《臺灣地方史》，中國社會科學出版社1982年版，第45頁。

[496]連橫《臺灣通史》卷一八《榷賣志》，商務印書館1983年版，第354頁。

[497]連橫《臺灣通史》卷一八《榷賣志》，商務印書館1983年版，第354頁。

[498]同上卷二七，第455頁。

[499]黃福才：《臺灣商業史》，江西人民出版社1990年版，第26頁。

[500]《巴達維亞城日記》，1628年6月27日，第61頁。

[501]（清）陳培桂、楊浚《淡水廳志》卷十五《番俗近古說》，1968年黃得時校訂排印本，《中國方志叢書》，臺灣成文出版社1983年影印，第377頁。

[502]陳碧笙：《臺灣地方史》，中國社會科學出版社1982年版，第93頁。

[503]查繼佐《東山國語》，臺灣文獻史料叢刊第163種，第98頁。

[504]黃福才：《臺灣商業史》，江西人民出版社1990年版，第58頁。

[505]楊英《從征實錄》，臺灣文獻叢刊第32種，第194頁。

[506]連橫《臺灣通史》卷二十《糧運志》，商務印書館1983年版，第380頁。

[507]同上卷十八《榷賣志》，第348頁。

[508]汪日昇《臺灣外紀》卷十三。

[509]同上，第10—11頁。

[510]《靖海紀事》，（清）施琅《陳臺灣棄留利害疏》，臺灣文獻叢刊第32種，第60頁。

[511]陳碧笙：《臺灣地方史》，中國社會科學出版社1982年版，第108頁。

[512]連橫《臺灣通史》卷二十《糧運志》，商務印書館1983年版，第108頁。

[513]（清）陳盛韶《問俗錄》，北京書目文獻出版社1983年標點本，第121頁。

[514]（清）陳培桂、楊浚《淡水廳志》卷十一《風俗》，1968年黃得時校訂排印本，《中國方志叢書》，（臺北）成文出版社1983年影印，第296—297頁。

[515]（清）六十七《番社採風圖考》，臺灣文獻叢刊第90種，第2頁。

[516]連橫《臺灣通史》卷二六《工藝志》，商務印書館1983年版，第452頁。

[517]林豪《澎湖廳志》卷二《規志·街市》。

[518]（清）黃叔璥《臺海使槎錄》，清乾隆元年序刊本，《中國方志叢書》，（臺灣）成文出版社1983年影印，第121頁。

[519]岸本美緒：《明清契約文書》，原載滋賀秀三主編《中國法制史——基本資料的研究》，東京大學出版社1993年。中譯載《明清時代的民事審判與民間契約》，第280—326頁，法律出版社，1998，北京。

[520]張晉藩：《清代民法綜論》中國政法大學出版社，1998，北京。下引張晉藩文均出自該書，不再一一註明。

[521]明清時期東南沿海及臺灣的地權分割為大、小租已為學界所詳細討論，本文不以地權分割為討論對象，而將大、小租等均視為地權，討論其交易形式。

[522]本文所引用的契約均出自日據初期「臨時臺灣舊慣調查會」《臺灣私法‧附錄參考書》之《清代臺灣大租調查書》，《臺灣私法物權編》，以下不再一一注出。

[523]張晉藩《清代民法綜論》，第128頁。

[524]周力農：《清代臺灣的胎借銀》，載中國社會科學院清史研究室編《清史論叢》第六輯，第82頁，中華書局，1985年，北京。

[525]關於傳統中國社會中不動產交易中「加找」問題，可參閱楊國楨《明清土地契約文書研究》第五章；人民出版社；北京，1988。陳鏗：《中國不動產的找價問題》，載《福建論壇》，1987年第5期；張富美，《清代臺灣典買田宅律令之演變與臺灣不動產交易的找價問題》，載陳秋坤、許雪姬編，《臺灣歷史上的土地問題》（中研院臺灣史田野研究室），第17—28頁，1992，臺北。

[526]丹尼爾‧布羅姆利著、陳郁等譯《經濟利益與經濟制度》，第19頁，上海三聯書店，上海人民出版社，1996年8月，上海。

[527]黃福才：《臺灣商業史》，南昌：江西人民出版社，1990；李祖基：《近代臺灣地方對外貿易》，南昌：江西人民出版社，1986；林滿紅：《四百年來的兩岸分合》，臺北：自立晚報文化出版部，1994；林滿紅：《茶、糖、樟腦業與晚清臺灣》，臺北：臺灣銀行經濟研究室，臺灣研究叢刊第115種（以下簡稱文叢），1978；林滿紅：《清末臺灣與中國大陸之貿易形態比較》，《臺灣師大歷史學報》第6期；林滿紅：《貿易與清末臺灣的社會經濟變遷（1860—1895）》，《食貨月刊》9：4；溫振華：《淡水開港與大稻埕中心的形成》，《臺灣師大歷史學報》第6期。

[528]周凱：《廈門志》（文叢第95種，1961），卷9，第171頁。

[529]《1870年廈海關年度貿易報告》，收於廈門市志編委會編，《近代廈門社會經濟概況》，廈門：鷺江出版社，1990（以下引文簡稱《廈概況》），頁50。

[530]同上，第41—42頁。

[531]《1872年廈海關年度貿易報告》，《廈概況》，第80頁。

[532]《1874年廈海關年度貿易報告》，《廈概況》，第127頁。

[533]《1865年閩海關年度貿易報告》，收於福州海關編，《近代福州及閩東地區社會經濟概況》，福

州：華藝出版社，1992（以下引文簡稱《福概況》），第9頁。

[534]《1867年閩海關年度貿易報告》，《福概況》，第42頁。

[535]《1875年廈海關年度貿易報告》，《廈概況》，第156頁。

[536]《1876年廈海關年度貿易報告》，同上，第173頁。

[537]《1877年廈海關年度貿易報告》，《廈概況》，第185頁。

[538]《1878年廈海關年度貿易報告》，同上，第191頁。

[539]《1875年廈海關年度貿易報告》，同上，第160—161頁、164頁。

[540]《1879年廈海關年度貿易報告》，《廈概況》，第201頁。

[541]《1881年廈海關年度貿易報告》，同上，第250頁。

[542]《1880年廈海關年度貿易報告》，《廈概況》，第224頁。

[543]《1882-1891年廈海關十年報告》，同上，第261頁。

[544]謙祥譯：《1882-1891年臺灣淡水海關報告書》，《臺灣銀行季刊》9：1（1957），第151頁。

[545]謙祥譯：《1882—1891年臺灣淡水海關報告書》，第152頁。

[546]謙祥譯：《1882-1891年臺灣淡水海關報告書》，第153頁。

[547]《廈門關稅務司柏卓安申呈總稅務司赫德函》，光緒14年2月初7日，收於廈門海關檔案室藏，《申字箱簿》第10號。

[548]《1882-1891年廈海關十年報告》，《廈概況》，第290頁。

[549]《1880年廈海關年度貿易報告》，《廈概況》，第209頁。

[550]同上注。第211頁。

[551]《1880年廈海關年度貿易報告》，《廈概況》，第219頁。

[552]《1877年廈海關年度貿易報告》，同上，第188頁。

[553]《1867年淡水海關年度貿易報告》，收於聶寶璋編，《中國近代航運史資料》，上海：上海人民出版社，1983，第1299頁。

[554]《1870年臺南海關年度貿易報告》，同上，第1299頁。

[555]《1873年廈海關年度貿易報告》，《廈概況》，第96頁。

[556]《1880年廈海關年度貿易報告》，同上，第212頁。

[557]《1882-1891年廈海關十年報告》，《廈概況》，第285頁。

[558]《1867年閩海關年度貿易報告》，《福概況》，第52頁。

[559]《1882-1891年閩海關十年報告》，同上，第376頁。

[560]常關不登記進口的空民船，只統計裝貨的民船，因此，結關出口的民船多於進口的民船。

[561]同②，第60頁。

[562]《1882—1891年閩海關十年報告》，《福概況》，第400頁。

[563]王連茂、莊景輝：《1908年泉州社會調查資料輯錄》，《泉州工商史料》1983：2，第174頁。

[564]同①，第376頁。

[565]謙祥譯：《1882—1891年臺灣淡水海關報告書》，第158、167頁。

[566]同上注。

[567]謙祥譯：《1882—1891年臺灣臺南海關報告書》，第189—190頁。

[568]謙祥譯：《1882—1891年臺灣淡水海關報告書》，第162頁。

[569]謙祥譯：《1882—1891年臺灣臺南海關報告書》，第173頁。

[570]同上。

[571]謙祥譯：《1882—1891年臺灣臺南海關報告書》，第173頁。

[572]《1870年廈海關年度貿易報告》，《廈概況》，第53頁。

[573]《1869年淡水海關年度貿易報告》，收於《中國近代航運史資料》，第1297頁。

[574]《1882—1891年廈海關十年報告》，《廈概況》，第330頁。

[575]李國祁：《中國現代化的區域研究——閩浙臺地區1860-1916》（臺北）中研院近代史所專刊（44）1982。陳其南：《土著化與內地化：論清代臺灣漢人社會的發展模式》《中國海洋發展史論文集》（臺北）中研院中山人文所（1984）。陳孔立：《移民社會向定居社會發展模式》《清代臺灣移民社會研究》廈門大學出版社1990。

[576]本文的社會學觀點和方法主要參考吳增基主編《現代社會學》（上海人民出版社1997）〔法〕艾德加·莫蘭：《社會學思考》（上海人民出版社2001）具體出處恕不一一註明。

[577]林仁川：《略論清代臺灣社會的失調與控制》福州大學學報2002年1期。

[578]王相：《平和縣志》卷10。

[579]周鐘瑄：《諸羅縣志》卷8。

[580]《臺灣省通志稿》卷7。

[581]林仁川：《明清時期臺灣的稻米生產》，《中國農史》2002年3期。

[582]黃嘉謨：《甲午戰前之臺灣煤務》第216頁。

[583]陳孔立：《臺灣歷史綱要》第304頁。

[584]李國祁：《中國現代化的區域研究——閩浙臺地區1860—1916》，第474頁。

[585]莊金德：《清代臺灣的婚姻禮俗》，《臺灣文獻》14卷3期。

[586]英格爾斯：《人的現代化》殷陸君譯，四川人民出版社，1985，第4頁。

[587]川野重任《臺灣米穀經濟論》,臺灣研究叢刊第102種,臺灣銀行經濟研究室編印。

[588]根岸勉治:《日據時代臺灣農業企業與米糖相剋關係》,載《臺灣銀行季刊》第9卷第4期。矢內原忠雄:《帝國主義下的臺灣》,臺灣叢書譯文本第一種,臺灣省文獻委員會出版,無年月。

[589]柯志明《所謂的『米糖相剋』問題:以日據臺灣作為一個依附發展的例子》,《臺灣風物》第40卷第2期。

[590]塗照彥《日本帝國主義下的臺灣》,東京大學出版會,1975,東京。

[591]柯志明:《所謂的『米糖相剋』問題:以日據臺灣作為一個依附發展的例子》,《臺灣風物》第40卷第2期。

[592]柯志明:《所謂的『米糖相剋』問題:以日據臺灣作為一個依附發展的例子》,《臺灣風物》第40卷第2期。

[593]張漢裕:《臺灣米糖比價之研究》,《臺灣銀行季刊》第5卷第4期。

[594]臺灣總督府殖產局:《臺灣農家經濟調查·第二報》,農業基本調查第五,大正十二年(1923年)5月刊。

[595]何保山:《臺灣的經濟發展》第46頁,上海譯文出版社,1981年1月,上海。

[596]臺灣總督府殖產局:《臺灣農家經濟調查第一報》,農業基本調查書第一。

[597]事實上林本源製糖會社成立時因強行收買農民的土地而引起騷動,導致糖務局長引咎辭職。

[598]《臺南廳農會第一次米種改良事業成績,1916年。》轉引自獻生《日據時代臺灣米穀農業技術開發》,《臺灣銀行季刊》第9卷第2期。

[599]同上。

[600]農具中的大農具應歸入固定資本,小農具應歸入流動資本。但殖產局和農林廳的調查都沒有區分大、小農具,因此只得將它們歸為一類。

[601]臺灣總督府《臺灣農家經濟調查·第二報》·第六調查表,一、米作農家,(七),農業經營費,二蔗作農家(七),農業經營費等。

[602]在決定甘蔗收買價時也邀請一位蔗農代表,但顯然他是沒有什麼發言權的。

[603]參閱陳小沖「1937—1945年臺灣皇民化運動述論」,載《臺灣研究十年》,廈門大學出版社,1990,廈門。

[604]括弧為筆者所加,下同。

[605]以上諸志都收入古舜仁、陳存良譯《臺北州街莊志彙編》;臺北縣立文化中心印行,1998年7月,臺北縣。下引各街、莊志均出自該《彙編》,不再一一注出。

[606]《臺北州街莊志彙編》,張炎憲「主編序」。

[607]《鶯歌鄉土志》頁282。

[608]持地六三郎《臺灣殖民政策》,臺灣南天書局1998(據1912年復刻板),第299頁。

[609]《樹林鄉土志》第409頁。

[610]《三峽莊志》第十七章·人物,第616頁。

[611]《板橋街志》第二十章·人物,第116頁。

[612]吳文星《日據時期臺灣社會領導階層之研究》,第198—199頁,臺灣正中書局,1992年3月。

[613]《樹林鄉土志》第四章·教育,第二節·社會教育,第414頁。

[614]前揭吳著,第308頁。

[615]杜武志《日治時期的殖民教育》,第5頁,臺北縣立文化中心,1997,板橋。「教育敕語」乃指日本明治天皇侍讀元田永孚整理而成的明治天皇的「教學大旨」,於1890年(明治二十三年)10月3日發布。

[616]從上表來看,有幾間公學校從設立到「奉戴教育敕語」時間間隔較長,如尖山公學校、山子腳公學校、成福公學校等,這間隔乃是該公學校從設立到走上正軌的過程。如山子腳公學校,於1920年4月1日設立時,乃是藉用樹林公學校的教室;1922年新校舍落成則僅有教室2間;1923年4月1日方獲准設立為樹林公學校山子腳分教場;1923年10月15日;1925年4月;1926年9月10日又陸續增建教室,職員宿舍,辦公室;1930年3月31日方廢止樹林公學校山子腳分教場,獲准設立山子腳公學校,同年11月15日舉行開校典禮。以後方「接奉教育敕語」。作為分教場期間,未「接奉教育敕語」。未「接奉教育敕語」時如何舉行儀式不得而知,但作為修身科的內容,學生仍要接受「教育敕語」的教育。

[617]前揭杜著,第39頁。

[618]前揭杜著,第69頁。

[619]前揭吳著,第310頁。

[620]《板橋街志》第九章·教育·第四節·社會教育,第71—75頁。

[621]參閱羅志田「抵制東瀛文體:清季圍繞語言文字的論爭」,載《歷史研究》,2001年第二期。

[622]吳文星《臺灣社會領導階層之研究》自序。正中書局,1992,臺北。

[623]塗照彥:《日本帝國主義下的臺灣》第一章。人間出版社,1991年,臺北。

[624]柯志明:《糖業資本·農民·與米糖部門關係》,《臺灣社會研究季刊》第十二期,1992年5月。

[625]同①;柯志明《糖業資本·農民·與米糖部門關係》。

[626]塗照彥《日本帝國主義下的臺灣》第一章,人間出版社,1991年,臺北。

[627]柯志明:《糖業資本·農民·與米糖部門關係》,《臺灣社會研究季刊》第十二期,1992年5月。

[628]參閱西蒙·庫茲涅茨《各國的經濟增長·總產值和生產結構》,商務印書館,1985年,北京。

[629]參閱東嘉生《臺灣經濟史概論》,帕米爾出版社,1958年,臺北;矢內原忠雄《帝國主義下的臺灣》、臺灣叢書譯文本第一種,臺灣省文獻委員會印行,無年月;塗照彥《日本帝國主義下的臺灣》。

[630]臺灣總督府殖產課《臺灣移出米概況》。

[631]臺灣總督府殖產局《臺灣商工統計》。

[632]同上。

[633]參閱周憲文《日據時期臺灣企業之資本構成》,載氏著《臺灣經濟史》附錄,第1011—1048頁,開明書店,1980年5月,臺北。

[634]戴國煇「清末臺灣的一個考察」,《臺灣風物》30卷第四期。

[635]同上。

[636]《臺島米的產額》,臺灣協會會報51號。

[637]參閱周省人《清代臺灣米價志》,載《臺灣銀行季刊》第十五卷第四期,1964年12月。

[638]臺灣總督府民政局殖產部《產業調查錄》

[639]臺灣總督府殖產課《臺灣移出米概況》第九「米價」。

[640]臺北茶商會《制茶稅免除請願書》,臺灣協會會報14號。

[641]同上。

[642]松鶴生《臺灣茶的前途》,臺灣協會會報48號。

[643]《臺灣將來的糖產額》,臺灣協會會報34號。

[644]《臺灣樟腦製造商》,臺灣協會會報4號。

[645]《樟腦專賣》,臺灣協會會報6號。

[646]張繡文《臺灣鹽業史》,臺灣研究叢刊第35種。

[647]戴國煇:《臺灣與臺灣人》,研文堂,東京,1980年,第208頁。

[648]《中日戰爭》第三冊,中華書局,1991年版,第74頁。

[649]洪敏麟主編:《雲林、六甲等抗日事件關係檔案》,臺灣省文獻會,1978年,第206頁。

[650]《現代史資料(21)》臺灣,みすず書房,東京,1979年版,第31頁。

[651]《現代史資料(21)》臺灣,みすず書房,東京,1979年版,第59頁。

[652]轉引自若林正丈:《臺灣抗日運動史研究》,研文堂,1983年版,第230頁。

[653]王曉波編:《臺灣的殖民地傷痕》,帕米爾書店,臺北,1985年,第95頁。

[654]同上,第14頁。

[655]《臺灣民報》1924年9月11日。

[656]陳小沖：《日據時期臺灣的中華文化復興運動》，《臺灣研究》1993年第1期。

[657]若林正丈：《臺灣總督府祕密文書〈文化協會對策〉》，《臺灣近現代史研究》創刊號（1972年）。

[658]同上。

[659]葉榮鐘：《臺灣人物群像》，帕米爾書店，臺北，1985年，第152頁。

[660]王曉波編：《臺灣的殖民地傷痕》，帕米爾書店，臺北，1985年，第177頁。

[661]《十五年戰爭極密資料集》（第19集），《臺灣島內情報本島人的動向》，不二出版社，東京，1990年。參閱拙作：《「七七事變」與臺灣人》，《臺灣研究》1996年第2期。

[662]王育德：《苦悶的臺灣》，新觀點叢書（9），臺北，第151頁。

[663]楊肇嘉：《楊肇嘉回憶錄》，三民書局，臺北，1977年，第4頁。

[664]《臺灣人的生存權》，《臺灣民報》大正14年9月6日。

[665]《農民的最後生存權》，同上。

[666]《當真是要內地延長嗎？》，同上昭和2年7月3日。

[667]《拓務省與殖民地參政權》，同上昭和4年8月18日。

[668]《非設立民選議會不可》，同上昭和2年8月14日。

[669]《臺灣民報》昭和2年1月3日。

[670]《尊重殖民地的國民性就不是同化主義了》，同上大正14年2月21日。

[671]同上大正13年6月21日。

[672]《模範的殖民地自治》，同上昭和3年1月22日。

[673]《尊重殖民地的國民性就不是同化主義了》，《臺灣民報》大正14年2月21日。

[674]《敬呈畢業諸君》，同上大正14年4月11日。

[675]《詩學流行的價值如何》，同上大正4年10月4日。

[676]《有名無實的人才登庸法》，《臺灣民報》昭和5年1月18日。

[677]《臺灣社會運動史》第二冊，政治運動，創造出版社，臺北，1989年，第14頁。

[678]《臺灣民報》昭和6年8月1日。

[679]同①，第281頁。

[680]王曉波編：《臺胞抗日文獻選編》，帕米爾書店，1985年版，第14頁。

[681]同①，第283頁。

[682]吳壯達：《臺灣省農業地理》，科學出版社1979年版，第2章第30頁。

[683]臺灣氣象資料，轉引自吳壯達：《臺灣省農業地理》第2章。

[684]參見范壽山:《臺灣水資源開發之自然環境》,《臺灣之水資源》臺灣究叢刊第83種。

[685]郁永河:《裨海紀遊》卷下,臺灣文獻叢刊第44種。

[686]《清實錄臺灣史資料專輯》,福建人民出版社,1990年版,第164頁。

[687]周鐘瑄:《諸羅縣志》卷12,《臺灣叢書》第一輯,第二冊。

[688]謝金　:《臺灣縣志》卷2,同上,第四冊。

[689]陳培桂:《淡水廳志》卷13,《臺灣叢書》第一輯,第九冊。

[690]陳淑均:《噶瑪蘭廳志》卷5,同上,第八冊。

[691]蔣毓英:《臺灣府志》卷3,廈門大學出版社,1985年版。

[692]陳文達:《臺灣縣志》卷2。

[693]同上卷9。

[694]同上卷9。

[695]同上卷2。

[696]陳文達:《鳳山縣志》卷2。

[697]高拱乾:《臺灣府志》卷2。

[698]周鐘瑄:《諸羅縣志》卷2。

[699]連橫:《臺灣通史》卷31列傳三,商務印書館,1983年版。

[700]陳培桂:《淡水廳志》卷3。

[701]盧德嘉:《鳳山採訪冊》丙部圳道,臺灣文獻叢刊第二輯。

[702]王敬宜:《臺灣水資源開發概況與展望》,《臺灣之水資源》,臺灣研究叢刊第83種。

[703]《巴達維亞城日記》第2冊第292頁。

[704]引陳正祥:《臺灣之水資源及其開發》,同①。

[705]引陳正祥:《臺灣之水資源及其開發》,《臺灣之水資源》,臺灣研究叢刊第83種。

[706]以上參見王世慶:《從清代臺灣農田水利的開發看農村社會關係》。

[707]《臺灣省通志》卷4經濟志水利篇第三章日據時期。

[708]牛光祖:《抗戰中的臺灣革命》,《臺灣青年》,第十九期,1943年7月1日。

[709]《臺灣先鋒》,第二期,1940年5月15日,第6-7頁。

[710]同上,第8頁。

[711]《臺灣先鋒》,第六期,第11頁。

[712]劉啟光:《「革聯」半年來工作的檢討》,同上,第12頁。

[713]《臺灣青年》，第十九期，1943年7月1日。

[714]《臺籍志士在祖國之復臺努力》，第97頁，臺北近代中國出版社，1990年出版。

[715]《臺籍志士在祖國之復臺努力》，第143頁。

[716]《臺灣革命同盟會成立宣言》，同上，第98頁。

[717]同上，第147頁、143頁。

[718]《臺籍志士在祖國之復臺努力》，第147頁。

[719]《臺籍志士在祖國之復臺努力》，第149—160頁。

[720]《臺灣革命同盟會會章》，《臺籍志士在祖國的復臺努力》，第110—120頁。

[721]《臺灣革命同盟會第二屆大會宣言》，同上，第124—126頁。

[722]《臺灣革命同盟會第三屆代表大會報告書》，《臺籍志士在祖國的復臺努力》，第187—193頁。

[723]《臺灣革命同盟會第三屆代表大會宣言》，《臺籍志士在祖國的復臺努力》，第216—218頁。

[724]《臺灣革命同盟會第四屆代表大會宣言》，《臺籍志士在祖國之復臺努力》，第289—290頁。

[725]《抗戰時期收復臺灣之重要言論》，第28—32頁，第20—22頁，臺北近代中國出版社，1990年出版。

[726]《抗戰時期收復臺灣之重要言論》，第22—24頁，第18—19頁。

[727]《臺灣先鋒》，第十期，第9頁。

[728]同①，第38—39頁，35—37頁，32—34頁。

[729]《臺灣革命同盟會工作報告書》，《臺籍志士在祖國的復臺努力》，第145頁。

[730]《抗戰時期收復臺灣之重要言論》，第49頁。

[731]李友邦：《三年來之臺灣復省運動》，《抗戰時期收復臺灣之重要言論》，第68—69頁。

[732]《臺灣志士在祖國的復臺努力》，第133—138頁。

[733]《臺灣青年》，第十七期，1943年6月11日。

[734]同上。

[735]《臺籍志士在祖國的復臺努力》，第224—225頁。

[736]《抗戰時期收復臺灣之重要言論》，第198—201頁，220—222頁，204—207頁。

[737]《臺籍志士在祖國的復臺努力》，第292—293頁。

[738]同上，第294—295頁。

[739]《抗戰時期收復臺灣之重要言論》，第258—267頁。

[740]同上，第122—125頁。

[741]李友邦：《臺灣革命運動》，臺北人間出版社，1991年9月二版，第32—35頁。

[742]《閩臺關係檔案資料》，第177—178頁。

[743]《臺灣青年》，第五期，1943年2月11日。

[744]同上。

[745]《臺籍志士在祖國之復臺努力》，第131—132頁。

[746]《抗戰時期收復臺灣之重要言論》，第247—248頁。

[747]《臺灣青年》，第三十六號，1943年12月21日。

[748]《閩臺關係檔案資料》，第382頁。

[749]《臺籍志士在祖國之復臺努力》，第324—325頁。

[750]《臺籍志士在祖國之復臺努力》，第172—186頁。

[751]《臺灣問題文件》，人民出版社，1955年5月，第5頁。

[752]《閩臺關係檔案資料》，第297頁。

[753]《臺灣光復和光復後五年省情》（上），南京出版社，1989年12月，第4—11頁。

[754]《臺籍志士在祖國的復臺努力》，第226—288頁。

[755]同上，第395—397頁。

[756]《臺灣光復和光復後五年省情》，第17—27頁。

[757]同上，第49—57頁。

[758]《臺灣光復和光復後五年省情》（上），第113—114頁。

[759]《臺灣省通志稿》，卷10，「光復志」，第26頁。

[760]《臺籍志士在祖國的復臺努力》，第147頁。

[761]《閩臺關係檔案資料》，第339—340頁。

[762]《臺籍志士在祖國的復臺努力》，第143頁，123頁，222頁。

[763]《臺籍志士在祖國的復臺努力》，第300頁，304頁，309頁，143頁，147頁。

[764]同上，第163頁。

[765]《臺籍志士在祖國之復臺努力》，第165頁。

[766]同上，第181-185頁。

[767]《臺籍志士在祖國之復臺努力》，第219頁。

[768]同上，第399—400頁。

[769]同上，第172—173頁。

[770]《臺灣青年》，第三十七號，1944年1月1日。

[771]《中央設計局臺灣調查委員會職員詳細履歷表》，全宗號171，案卷號1630，存南京第二歷史檔案館。

[772]《軍委會政治部臺灣義勇隊名冊》，1943年6月，存臺北中央圖書館臺灣分館。

[773]李友邦：《與正報記者馬疎先生談話》，見李友邦：《瓦解敵偽軍工作概論》（新力叢書之八）附錄，新力週刊社，1938年11月初一版。

[774]臺「國防部人事參謀次長室」給連天雲先生覆文，（87）易日字第04754號，1998年3月25日。

[775]王大文：《考入黃埔第二期的前前後後》，引自《第一次國共合作時期的黃埔軍校》，第287頁，北京文史出版社，1984年5月。

[776]《民國廣東大事記》，第205-207頁，羊城晚報出版社，2002年11月。

[777]《吳鐵城回憶錄》，第119頁，臺灣三民書局，1981年1月三版。

[778]秦孝儀主編：《臺籍志士在祖國的復臺努力》，第65—68頁，近代中國出版社，1900年6月。

[779]王大文：《考入黃埔第二期的前前後後》，引自《第一次國共合作時期的黃埔軍校》，第288頁，文史資料出版社，1984年5月。

[780]《黃埔軍校大事記》，引自《黃埔軍校史料續編》，第535—536頁，廣東人民出版社，1994年3月。

[781]廣東革命歷史博物館編：《黃埔軍校史料》（1924—1927），第531—536頁，廣東人民出版社，1992年2月。

[782]臺灣「國防部人事參謀次長室」給連天雲先生覆文，（87）易日字第04754號，1998年3月25日。

[783]《民國廣東大事記》，第213頁，羊城晚報出版社，2002年11月。

[784]郭一予：《我對黃埔軍校的片段回憶》，廣東文史資料，第37輯，1982年12月。

[785]南京第二歷史檔案館存：《本局設立臺灣調查委員會組織事項》，1941年3月起1945年11月止，全宗號171。

[786]分見福建人民出版社出版之《李友邦與臺胞抗日》，第16—20頁，臺灣世界綜合出版社之《李友邦與臺胞抗日》，第27—32頁。

[787]見拙作《李友邦傳記與臺灣近代史》，第14—16頁，臺北縣文化局出版，2001年9月。

[788]孫中山：《在陸軍軍官學校開學典禮的演說》，1924年6月16日，引自《孫中山選集》，第915—926頁，北京人民出版社，1981年10月第2版。

[789]何元愷：《我在廣東陸軍講武學校學習和聽孫中山演講的回憶》，廣東文史資料，第52輯，1987年8月。

[790]王乃信等譯：《臺灣社會運動史》，第一冊，《文化運動》，第183—186頁，臺灣創造出版社，

1989年12月第二版。

[791]李友邦：《與正報記者馬疎先生談話》，第21—22頁。

[792]竹山：《臺灣青年運動的回顧》，《臺灣青年》，第一期，1933年1月1日。

[793]李友邦：《與正報記者馬疎先生談話》。

[794]李仲：《臺灣義勇隊隊長李友邦》，《李友邦先生紀念文集》，第416頁，世界綜合出版社，2003年元月1日。

[795]竹山：《臺灣青年運動的回顧》。

[796]《張深切全集》，卷一，《里程碑》，第317-333頁，臺灣文經出版社，1998年1月1日。

[797]《李友邦叛亂案》見李敖編：《安全局機密文件》，第一輯，第126—127頁。

[798]《中國共產黨浙江省組織史資料》，（1922.4—1987.12），第207頁，人民日報出版社，1994年11月第一版。

[799]沈福文：《奇人李友邦》，1987年4月於重慶四川美術學院。

[800]嚴秀峰編：《李友邦先生紀念文集》，第68—69頁，417頁，世界綜合出版社，2003年1月1日。

[801]嚴秀峰編：《紀念李友邦先生論文集》，第19頁，世界綜合出版社，2003年1月31日。

[802]李仲：《臺灣義勇隊隊長李友邦》，《臺聲》，1986年第4期。

[803]駱耕漠：《赤誠的愛國主義者》，全國政協文史辦公室主編：《文史通訊》，1982年第6期。

[804]見樓子芳抄錄：浙江省公安廳「雲和縣」，245-1-21-3號檔案。

[805]臺灣中研院近史所編：《二二八事件資料選輯》（二），第231頁，1893年6月出版。

[806]臺灣中研院近史所編：《二二八事件資料選輯》（二），第340—341頁，1893年6月出版。

[807]《李友邦叛亂案》，見《安全局機密文件》第一輯，第126—127頁。

[808]谷正文：《白色恐怖祕密檔案》，第117頁，臺灣獨家出版社，1995年9月。

[809]楊渡：《如此痛苦地擁抱祖國》，臺灣中時晚報，1992年4月26日。

[810]連衡先生從美國來信，2000年10月29日。

[811]《臺灣先鋒》，第4期，第6頁，臺北世界翻譯社，1991年9月重刊本。

[812]潘叔華：《李總隊長，我們懷念您》，《臺聲》，1991年第7期。

[813]陳鳴鐘、陳興唐：《臺灣光復和光復後五年省情》（上），南京出版社，1989年版，第3頁。

[814]楊鵬：《臺灣受降與二·二八事件》，載《陳儀生平及被害內幕》，中國文史出版社，1987年版，第7頁。

[815]福建省考察臺灣實業團：《臺灣考察報告》，第24—25頁。

[816]陳鳴鐘、陳興唐：《臺灣光復和光復後五年省情》（上），南京出版社，1989年版，第224—

225頁。

[817]中國第二歷史檔案館：《臺灣二·二八事件檔案史料》（上），檔案出版社，1991年版，第11頁。

[818]同上，11—12頁。

[819]陳鳴鐘、陳興唐：《臺灣光復和光復後五年省情》（上），南京出版社，1989年版，第224—225頁。

[820]周一鶚：《陳儀在臺灣》，載《陳儀生平及被害內幕》，第105頁。

[821]同上。

[822]陳鳴鐘、陳興唐：《臺灣光復和光復後五年省情》（上），南京出版社，1989年版，第40—50頁。

[823]《臺灣省行政長官公署公報》，第1卷，第1期。

[824]同上。

[825]葉潛昭編：《最新實用中央法規彙編》（一），彥明出版有限公司印行，第257—259頁，

[826]陳鳴鐘、陳興唐：《臺灣光復和光復後五年省情》（上），南京出版社，1989年版，第265頁。

[827]《陳儀生平及被害內幕》，中國文史出版社，1987年版，第95頁。

[828]《臺灣省行政長官公署公報》第1卷第1期。

[829]中國第二歷史檔案館：《臺灣二·二八事件檔案史料》（上），檔案出版社，1991年版，第63頁。

[830]臺灣省文獻會編印：《二二八事件文獻輯錄》，1991年版，第22頁。

[831]轉引自李敖《二二八研究三集》，李敖出版社，1989年版，第208頁。

[832]同上，「前言」第2頁。

[833]陳鳴鐘、陳興唐：《臺灣光復和光復後五年省情》（下），南京出版社，1989年版，第424—426頁。

[834]同上，425頁。

[835]陳鳴鐘、陳興唐：《臺灣光復和光復後五年省情》（下），南京出版社，1989年版，427—428頁。

[836]同上，448頁。

[837]唐賢龍：《臺灣事變內幕記》，轉引自鄧孔昭《二二八事件資料集》，稻鄉出版社，1991年版，第18頁。

[838]陳鳴鐘、陳興唐：《臺灣光復和光復後五年省情》（下），南京出版社，1989年版，第639頁。

[839]國民黨政府監察院檔案，1946年2月6日楊亮功給於右任的電報，藏中國第二歷史檔案館。

[840]同①。

[841]中國第二歷史檔案館：《臺灣二·二八事件檔案史料》（上），檔案出版社，1991年版，第143頁。

[842]陳鳴鐘、陳興唐：《臺灣光復和光復後五年省情》（下），南京出版社，1989年版，第639—640頁。

[843]同上，（上），第268頁。

[844]中國第二歷史檔案館：《臺灣二·二八事件檔案史料》（上），檔案出版社，1991年版，第139頁。

[845]臺灣中研院近代史所：《口述歷史》（4），《二二八事件專號》，1993年版，第44頁。

[846]中國第二歷史檔案館：《臺灣二·二八事件檔案史料》（上），檔案出版社，1991年版，第92—93頁。

[847]臺灣省文獻會編印：《二二八事件文獻輯錄》，1991年版，第18—19頁。

[848]鄧孔昭：《二二八事件資料集》，稻鄉出版社，1991年版，第52頁。

[849]陳鳴鐘、陳興唐：《臺灣光復和光復後五年省情》（上），南京出版社，1989年版，第302—303頁。

[850]《陳儀生平及被害內幕》，中國文史出版社，1987年版，第108頁。

[851]郭紹宗：《對於臺灣工業建設之意見》，陳鳴鐘、陳興唐主編：《臺灣光復和臺灣光復後五年省情》，南京出版社出版，1989年，第90頁。

[852]《民國三十四年六月二十七日臺灣調查委員會黨政軍聯席會第一次會議記錄》，中國國民黨中央委員會黨史委員會編：《光復臺灣之籌劃與受降接收》，1990年，第141—143頁。

[853]《臺灣新生報》，1947年1月1日4版。

[854]同②。

[855]黃通等編：《日據時期臺灣之財政》，聯經出版事業公司出版，1987年，第33頁。

[856]唐賢龍：《臺灣事變的原因》，廈門大學臺灣研究所編：《二·二八起義資料集》，1981年，第18頁。

[857]楊風：《臺灣歸來》，上海《文匯報》，1947年3月4日。

[858]楊肇嘉《楊肇嘉回憶錄》，第355頁，轉引自賴澤涵、馬若孟、魏萼：《悲劇的開端，臺灣二二八事變》，時報文化出版事業有限公司出版，1993年，第144頁。

[859]同②。

[860]唐賢龍：《臺灣事變的主因》，陳芳明編：《臺灣戰後史資料選，二·二八事件專輯》，1991年，第73頁；路荻：《臺灣煤礦業近貌》，《南靖新報》，1947年1月20日。

[861]陳芳明編：《臺灣戰後史資料選，二·二八事件專輯》，1991年，第74—75頁；北庚：《臺灣——中國的愛爾蘭？》上海《文匯報》1946年11月1日。

[862]於百溪：《陳儀治臺的經濟措施》，全國政協文史資料研究委員會等編：《陳儀生平及被害內幕》，中國文史出版社出版，1987年，第119頁。

[863]何漢文：《臺灣二·二八起義前因》，廈門大學臺灣研究所編《二·二八起義資料集》1981年版，第8-9頁；鈴木正夫：《關於陳儀之備忘錄——與魯迅、許壽裳、郁達夫之間的關係》，陳俐甫、夏榮和合譯，《臺灣風物》第四十二卷第一期，第29頁。

[864]何漢文：《臺灣二·二八起義前因》。

[865]同上。

[866]何漢文：《臺灣二·二八起義前因》。

[867]《和平日報》1945年8月5日第一版。

[868]陳芳明編：《臺灣戰後史資料選，二·二八事件專輯》，1991年，第52—55頁；張琴：《臺灣真相》，中國第二歷史檔案館編：《臺灣二·二八事件檔案史料》，檔案出版社出版，1991年，第141—143頁；楊風：《冬初話臺灣》，上海《文匯報》，1946年11月21日。

[869]張琴：《臺灣真相》；唐賢龍：《臺灣事變的原因》。

[870]同上。

[871]臺「行政院」二·二八研究小組：《二二八事件研究報告》，時報出版公司出版，1994年，第21頁。

[872]同上。

[873]同上。

[874]《臺灣新生報》社論：《談營私舞弊問題》，1947年2月12日。

[875]楊風：《臺灣歸來》（寫於2·28夜），上海《文匯報》，1947年3月5日。

[876]張琴：《臺灣真相》。

[877]同上。

[878]王克生：《地域之見在臺灣》，上海《僑聲報》，1946年11月26日；陳芳明編：《臺灣戰後史資料選，二·二八事件專輯》，1991年，第37頁。

[879]《臺灣年鑒》，光復後大事年表，第11-12頁。

[880]王國用：《與君共訴臺灣苦》，上海《大公報》，1946年11月7日。

[881]《臺灣——賊的世界》，上海《僑聲報》，1946年10月30日、11月1日。

[882]同上。

[883]唐賢龍：《臺灣事變的原因》。

355

[884]張琴：《臺灣真相》。

[885]北庚：《臺灣——中國的愛爾蘭？》上海《文匯報》，1946年11月1日。

[886]上海《僑聲報》社論：《答臺灣新生報》，1946年8月4日。

[887]唐賢龍：《臺灣事變的原因》。

[888]賴澤涵、馬若孟、魏萼：《悲劇的開端，臺灣二二八事變》，時報文化出版事業有限公司出版，1993年，第118頁。

[889]《亂後臺灣視察觀感》，上海《大公報》，1947年4月12日。

[890]中央社記者寇冰華：《惕灣新舊之間》，上海《東南日報》，1947年6月7日。

[891]楊奎章：《念祖國，看臺灣》，上海《大公報》，1946年11月17日。

[892]楊奎章：《念祖國，看臺灣》，上海《大公報》，1946年11月17日。

[893]1946年上海《僑聲報》根據記者的調查及臺胞的報告相繼發表了一系列文章，對臺灣光復後官員的貪汙、工廠復工的緩慢、失業嚴重等問題予以報導，引起了長官公署的不滿。陳儀遂授意長官公署撰文，並交由官方控制的《臺灣新生報》以社論的形式發表，對《僑聲報》的報導進辯解和反駁，雙方引發了一場筆墨官司。參見1946年7月2日及7月10日《臺灣新生報》及1946年7月28日及8月4日上海《僑聲報》。

[894]《臺灣接管計劃綱要》，中國國民黨中央委員會黨史委員會編：《光復臺灣之籌劃與受降接收》，1990年，第112頁。

[895]林鵬：《臺灣受降與二·二八事件》，全國政協文史資料研究委員會等：《陳儀生平與被害內幕》，中國文史出版社出版，1987年，第95-96頁。

[896]葛敬恩：《接收臺灣紀略》，同上書，第113頁。

[897]同②。

[898]按照國民政府的財政制度，中央軍隊及中央各機關駐在各省的經費均由中央統籌支給，不由各省負擔。但因臺灣有自己的貨幣，情況特殊，故當時在臺灣的中央軍隊及中央機關所需經費暫由臺灣省墊付，實際上有去無回，造成省財政上相當大的負擔。參見楊鵬前揭文。

[899]《長官公署時期之臺灣經濟》，（統計）之（14），物價之變動，《臺灣銀行季刊》第一卷第二期，第177頁。

[900]唐賢龍：《臺灣事變的原因》。

[901]同上。

[902]林鵬：《臺灣受降與二·二八事件》，全國政協文史資料研究委員會等：《陳儀生平與被害內幕》，中國文史出版社出版，1987年，第97頁。

[903]《長官公署時期之臺灣經濟》，（統計）之（4），米穀供需概況，《臺灣銀行季刊》第一卷第二期，第157頁。

[904]胡天：《春天到了，臺灣百病齊發！》，上海《文匯報》，1947年3月1日；鳳炎：《臺灣最近物價的飛漲》，上海《文匯報》，1947年3月4日。

[905]唐賢龍：《臺灣事變的原因》。

[906]楊克煌：《回憶二・二八起義》，廈門大學臺灣研究所編：《二・二八起義資料集》（上），1981年，第38頁。

[907]《長官公署時期之臺灣經濟》，（統計）之（14），物價之變動，《臺灣銀行季刊》第一卷第二期，第177頁。

[908]1947年2月14日陳儀就物價管制在記者會上的書面談話，中國第二歷史檔案館編：《臺灣二・二八事件檔案資料》，檔案出版社出版，1991年，第105—107頁

[909]《臺中市有錢無米買，警局總動員，調查存糧》，上海《益世報》，1947年3月6日。

[910]臺北婦女因無米饑餓，母子三人縛在一起投河自盡；基隆市一產婦因無錢買米扼死嬰兒，然後自己上吊，上海《文匯報》，1947年2月18日。

[911]《觀察週刊》特約臺灣通訊：《隨時可以發生暴動的臺灣》，1947年2月20日寄自臺北，廈門大學臺灣研究所編：《二・二八起義資料集》（上冊），1981年，第49頁。

[912]朱文影：《行政長官公署時期臺灣經濟之探討（一九四五—一九四七）》，《臺灣風物》四十二卷第一期。

[913]朱匯森主編：《中華民國史事紀要》，臺北「國史館」，1990年，第429—430頁。

[914]楊克煌：《臺灣人民民族解放鬥爭小史》，湖北人民出版社，1956年版，第204頁。

[915]《臺獨》編輯組：《寫在「二・二八紀念文集」之前》，載《臺獨》第24期。

[916]臺灣省行政長官公署：《臺灣省二・二八暴動事件報告》，轉引自廈門大學臺灣研究所《二・二八起義資料集》（下），1981年版，第139頁。

[917]林木順：《臺灣二月革命》，見廈門大學臺灣研究所《二・二八起義資料集》（上），1981年版，第107頁。

[918]國民黨政府監察院檔案，《楊亮功、何漢文呈報臺變經過情形及善後辦法》，藏南京中國第二歷史檔案館（下同）。

[919]林木順：《臺灣二月革命》，見《二・二八起義資料集》（上），第167—169頁。

[920]國民黨政府監察院檔案，《楊亮功、何漢文呈報臺變經過情形及善後辦法》。

[921]同上。

[922]國民黨政府監察院檔案，《楊亮功、何漢文呈報臺變經過情形及善後辦法》。

[923]蘇新：《關於二・二八事件處理委員會》，《臺灣與世界》第39期。

[924]唐賢龍：《臺灣事變內幕記》，見廈門大學臺灣研究所《二二八起義資料集》（上），第77頁。

[925]同上。

[926]同上，第61頁。

[927]《二‧二八事件處理委員會組織大綱（草案）》，見《二二八起義資料集》（下），第31頁。

[928]《二‧二八事件處委會告全國同胞書》，同上，第34—35頁。

[929]《二‧二八事件處理大綱》3月6日通過時為32條，3月7日又追加10條，一般稱32條，亦有稱42條的。

[930]「臺灣自治青年同盟」傳單，同①，第47頁。

[931]《臺灣省自治青年同盟章程》，同上，第46頁。

[932]臺灣旅平同鄉會等：《二‧二八大慘案日誌》，見《二二八起義資料集》（下），第22頁。

[933]勉之：《花蓮紛擾紀實》，見《二二八起義資料集》（下），第2、7頁。

[934]何漢文：《臺灣二‧二八起義見聞紀略》，見《二二八起義資料集》（上），第174頁。

[935]廈門大學臺灣研究所：《二二八起義資料集》（下），第56頁。

[936]同上，第58頁。

[937]同上，第51—52頁。

[938]何漢文：《臺灣二‧二八起義見聞紀略》，見《二二八起義資料集》（上），第177頁。

[939]同②，第51—52頁。

[940]同②，第160頁。

[941]《二‧二八事件處理大綱》，見《二二八起義資料集》（下），第38—41頁。

[942]「臺灣省自治青年同盟」《綱領》、傳單，同上，第46—47頁。

[943]「臺灣民主聯盟」《告臺灣同胞書》，同上，第42—44頁。

[944]林木順：《臺灣二月革命》，見《二二八起義資料集》（上），第133頁。

[945]唐賢龍：《臺灣事變內幕記》，見《二二八起義資料集》（上），第74頁。

[946]臺灣旅平同鄉會等《二‧二八大慘案日誌》，見《二二八起義資料集》（下），第21頁。

[947]《臺灣省行政長官公署公報》，第一卷，第一期。

[948]唐賢龍：《臺灣事變內幕記》，見《二二八起義資料集》（上），第15頁。

[949]國民黨政府監察院檔案，《楊亮功、何漢文呈報臺變經過情形及善後辦法》。

[950]同②，第19—20頁。

[951]《觀察週刊》特約臺灣通訊《隨時可以發生暴動的臺灣》，見《二二八起義資料集》（上），第48頁。

[952]國民黨監察院檔案，《臺灣省現任公務人員概況》。

[953]陳玉璽：《二·二八事件對臺灣社會政治發展的影響》注一，載《臺灣與世界》39期。

[954]柯喬治：《被出賣的臺灣》，玉山學舍，1973年版，第206頁。

[955]國民黨政府監察院檔案，《楊亮功、何漢文呈報臺變經過情形及善後辦法》。

[956]張琴：《臺灣真相》，見《二二八起義資料集》（上），第41頁。

[957]《臺灣省參議會第一屆第一次大會特輯》，第44頁。

[958]同②。

[959]《臺灣省參議會第一屆第一次大會特輯》，第41頁。

[960]國民黨政府監察院檔案，《楊亮功、何漢文呈報臺變經過情形及善後辦法》。

[961]《臺灣省參議會第一屆第一次大會特輯》，第44頁。

[962]同①。

[963]22—23頁。

[964]據臺灣省行政長官公署統計室編印的《臺灣物價統計月報》第十二、十四、十五期有關數字編成。

[965]國民黨政府檢察院檔案，《臺北市主要民生日用品價格》。

[966]唐賢龍：《臺灣事變內幕記》，見《二二八起義資料集》（上），第22—23頁。

[967]國民黨政府檢察院檔案，1946年2月6日楊亮功給於右任的電報。

[968]陳碧笙：《臺灣地方史》，福建人民出版社，1982年版，第254頁。

[969]楊克煌：《臺灣人民民族解放鬥爭小史》，湖北人民出版社，1956年版，第146—147頁。

[970]楊肇嘉：《楊肇嘉回憶錄》（下），臺灣三民書局，1967年版，第250頁。

[971]《臺灣省參議會第一屆第一次大會特輯》，第48頁。

[972]《臺灣省參議會第一屆第一次大會特輯》，第89頁。

[973]同上，第59頁。

[974]同上，第81—82頁。

[975]柯喬治：《被出賣的臺灣》，臺灣玉山學舍，1973年版，第190頁。

[976]同上。

[977]楊肇嘉：《楊肇嘉回憶錄》（下），臺灣三民書局，1967年版，第354頁。

[978]柯喬治：《被出賣的臺灣》，臺灣玉山學舍，1973年版，第202—203頁。

[979]韋名：《臺灣的二·二八事件》，七十年代雜誌社，1975年版，第102—107頁。

[980]孫中山：《建國大綱》，見張其昀主編《國父全書》，中華學術院，1974年。

[981]阮毅成：《地方自治與新縣制》自序，臺灣聯經出版事業公司，1978年。

[982]中共重慶市委黨史工作委員會等：《重慶談判紀實》，重慶出版社，1983年版，第250—251頁。

[983]《政治協商會議資料》，四川人民出版社，1981年版，第274頁。

[984]《中華民國憲法》，見張其昀主編《國父全書》，中華學術院，1974年。

[985]《二·二八事件處理大綱》，見《二二八起義資料集》（下），第38—41頁。

[986]林木順：《臺灣二月革命》，同上書（上），第139頁。

[987]《二·二八處委會三月八日聲明》，同上書（下），第41—42頁。

[988]「臺灣自治爭取聯盟」傳單，同上，第50頁。

國家圖書館出版品預行編目(CIP)資料

大陸對臺研究精粹：歷史篇 / 李祖基 主編. -- 第一版.
-- 臺北市：崧博出版：崧燁文化發行，2019.02
　面；　公分
POD版
ISBN 978-957-735-654-3(平裝)

1.臺灣史 2.臺灣研究

733.21　　　　108001803

書　名：大陸對臺研究精粹：歷史篇
作　者：李祖基 主編
發行人：黃振庭
出版者：崧博出版事業有限公司
發行者：崧燁文化事業有限公司
E-mail：sonbookservice@gmail.com
粉絲頁　　　　　　　網　址：
地　址：台北市中正區重慶南路一段六十一號八樓815室
8F.-815, No.61, Sec. 1, Chongqing S. Rd., Zhongzheng Dist., Taipei City 100, Taiwan (R.O.C.)
電　話：(02)2370-3310 傳　真：(02) 2370-3210
總經銷：紅螞蟻圖書有限公司
地　址：台北市內湖區舊宗路二段121巷19號
電　話：02-2795-3656　傳真：02-2795-4100　網址：
印　刷：京峯彩色印刷有限公司（京峰數位）

　　本書版權為九州出版社所有授權崧博出版事業股份有限公司獨家發行電子書及繁體書繁體字版。若有其他相關權利及授權需求請與本公司聯繫。
定價：750 元
發行日期：2019 年 02 月第一版
◎ 本書以POD印製發行